Sabine Hock · Liesel Christ

Sabine Hock

Liesel Christ Volksschauspielerin

Eine Biographie

Verlag Waldemar Kramer

Bibliografische Information Der Deutschen Bibliothek
Die Deutsche Bibliothek verzeichnet diese Publikation in der Deutschen Nationalbibliografie; detaillierte bibliografische Daten sind im Internet über http://dnb.ddb.de abrufbar.

ISBN 3 7829 0546 6
www.frankfurtbuecher.de
Umschlagentwurf: Peter H. Schäfer, Frankfurt am Main
Umschlagbilder: Kurt Bethke, Nachlass Liesel Christ
Druck: Betz-Druck GmbH, Darmstadt
Buchbinderische Verarbeitung: Schaumann GmbH, Darmstadt

Inhalt

Vorwort

Auf der „Frankfurter Treppe“ steht Liesel Christ. Sie ist es, unverkennbar in ihrer typischen Mimik und Gestik, zwischen all den anderen Persönlichkeiten aus dem geistigen Leben der Stadt im 20. Jahrhundert. Aus der Ferne wirkt das monumentale Wandbild, das der Münchner Künstler Stephan Huber für das Foyer des „Maintower“ geschaffen hat, wie eine Fotografie. Bei der Annäherung löst es sich plötzlich in Unschärfe auf: Es ist ein Mosaik, bestehend aus Tausenden von winzigen Glassteinchen, gelegt in monatelanger Arbeit nach althergebrachter Technik.

Der Beruf des Mosaiklegers gleicht dem des Biographen. Beide müssen mit handwerklichem Geschick präzise Steinchen für Steinchen zusammensetzen. Die eigentliche Kunst aber beherrschen sie nur, wenn es ihnen gelingt, dabei im ständigen Wechsel zwischen Annäherung und Distanzierung eben kein Stückwerk, sondern ein großes Ganzes entstehen zu lassen: Aus dem richtigen Abstand betrachtet, fügt sich ihre Arbeit dann zu einem stimmigen und realistischen Bild.

Ich habe Liesel Christ im Jahr 1989 persönlich kennengelernt, im Rahmen der Recherchen zu einer von mir mitverfassten und 1991 als Buch erschienenen Dokumentation über die „Hesselbachs“. Durch diesen ersten Kontakt kam ich zum Volkstheater, wo ich ab 1990 freiberuflich in der Dramaturgie tätig war. Dadurch habe ich Liesel Christ in ihren letzten Lebensjahren direkt in ihrer Arbeit als Prinzipalin und Schauspielerin erlebt. Doch mein eigenes Bild der Christ musste ich erst einmal „vergessen“, als ich mit der Arbeit an ihrer Biographie begann. Erst aus der Distanz konnte ich unbefangen an die Recherchen herangehen und mich darüber, nun aus ganz anderer Perspektive, wieder an Liesel Christ annähern. In das neu gewonnene Bild konnte ich später meine eigenen Erinnerungen an sie wieder einfügen.

Als ich Liesel Christ traf, war sie schon eine lebende Legende. Mamma Hesselbach, Prinzipalin des Volkstheaters, Frankfurts Botschafterin in der Welt: Das Image, das die Christ populär gemacht hat, reduzierte sie zwangsläufig auch. Viele ihrer früheren Rollen, das Wunderkind auf den Frankfurter Bühnen, die Operettensoubrette in Heilbronn oder der Publikumsliebling der Landesbühne Rhein-Main etwa, erschienen vergleichsweise unbedeutend und gerieten fast in Vergessenheit. Doch Liesel Christ hat in jedem Lebensabschnitt, seit ihrem ersten Bühnenauftritt im Alter von viereinhalb Jahren, ihren Weg gefunden und aus allen Lebenslagen etwas für sich gemacht. So fügte sich Rolle für Rolle ihr Leben, ihre Karriere zu einem geglückten Ganzen, und wenn diese Frau nur eine der vielen Rollen, vielleicht nur ein winziges „Röllchen“ nicht gespielt hätte, dann wäre aus ihr nicht das geworden, was sie ist: Liesel Christ.

An diesem Lebensentwurf orientiert sich die vorliegende Biographie von Liesel Christ. Im Zentrum werden also nicht ihre Zeit als Mamma Hesselbach in der Fernsehserie oder ihre späten Jahre als Gründerin und Prinzipalin des Frankfurter Volkstheaters stehen. Vielmehr wird allen Stationen in ihrem Künstlerleben ein gebührender Platz eingeräumt. Natürlich sollen dabei auch die Fans der „Hesselbachs“ wie des Volkstheaters, jener beiden Institutionen, die das – nicht nur hessische – Kulturleben geprägt haben, auf ihre Kosten kommen, zumal ich mich entschlossen habe, die eingetrampelten Pfade der oft massenweise überlieferten Berichterstattung möglichst nicht zu gehen. Ich würde mich daher freuen, wenn meine Leserinnen und Leser in diesem Buch allerhand vorher Unbekanntes und Interessantes entdecken könnten. Nicht finden werden sie allerdings „Enthüllungsstories“ im Stile der derzeit inflationären Autobiographien aus der „Starszene“, selbst wenn ich hier den Blick hinter das Image einer Schauspielerin versuche.

Die vorliegende Biographie richtet sich zwar durchaus an ein breites Publikum, ist jedoch auf wissenschaftlicher Basis erarbeitet, wobei die Quellen durch gründliche Recherchen und Auswertung erschlossen wurden. Mein besonderes Augenmerk galt eigenen (biographischen) Aussagen von Liesel Christ, etwa in Interviews mit Presse, vor allem aber mit Hörfunk und Fernsehen sowie in ihrem Buch „Mei Frankfort“ (1992). Aus dem Nachlass von Liesel Christ stellte mir die Familie, namentlich die Töchter Gisela Dahlem-Christ und Bärbel Christ-Heß, einige wichtige Dokumente sowie umfangreiches, leider oft undatiertes Presse- und Fotomaterial zur Verfügung. Gisela Dahlem-Christ, die mutig und engagiert an die Aufarbeitung der eigenen Vergangenheit heranging, stand mir in zahlreichen Gesprächen immer wieder Rede und Antwort und ermöglichte außerdem eine gemeinsame Archivreise nach Heilbronn. Bärbel Christ-Heß durchforstete mit mir in vielstündiger Arbeit den Nachlass ihrer Mutter und das Archiv des Volkstheaters, um Quellen- und vor allem Fotomaterial zu sichten. Außerdem unterstützten mich über 40 weitere Freunde, Kollegen und Zeitgenossen von Liesel Christ, die mir ihre Erinnerungen an sie erzählten oder schrieben. Ihnen allen, die im Quellenverzeichnis auch namentlich genannt sind, gilt mein besonderer Dank.

Wichtiges Quellenmaterial stammt außerdem aus dem Besitz folgender Archive und Institutionen, deren Mitarbeiterinnen und Mitarbeitern ich wegen ihrer oft äußerst engagierten Hilfe ebenfalls zu Dank verpflichtet bin: aus dem Institut für Stadtgeschichte und der Stadt- und Universitätsbibliothek in Frankfurt am Main, dem Hessischen Hauptstaatsarchiv in Wiesbaden, den Stadtarchiven in Bielefeld, Heilbronn, Koblenz und Mainz sowie den Archiven des Theaters Bielefeld, der Frankfurter Neuen Presse, der Heilbronner Stimme, des Hessischen Rundfunks, des Zweiten Deutschen Fernsehens und vor allem des Volkstheaters Frankfurt. Zur Geschichte des Theaters, insbesondere in Frankfurt, konnte ich zurückgreifen u. a. auf Publikationen von Heinrich Heym (1963), Albert Richard Mohr (ab 1968), Jürgen Kirschner (1989), Kai Gniffke (1990) und Bettina Schültke (1997), auf Periodica wie den Frankfurter Theater Almanach, die Blätter der Städtischen Bühnen und die „Volksbühne“ sowie auf Festschriften, Programmhefte und Besetzungszettel einzelner Theater. Zur Geschichte der Medien-„Familie Hesselbach“ lagen mir u. a. die Bücher von Harald Schäfer

(1973 und 1996) sowie von Sigrid Butteron et al. (unter Mitarb. d. Verf., 1991) vor, wobei ich zu dem letztgenannten Werk auch Materialien (wie z. B. Gesprächsprotokolle) aus der Entstehungsphase nutzen konnte. Sämtliche Quellen- und Literaturangaben sind detailliert im Anhang aufgeführt.

Dieses Buch erscheint mit freundlicher Unterstützung der Vereine „Frankfurter Volkstheater e. V.“ und „Freunde Frankfurts, Verein zur Pflege der Frankfurter Tradition e. V.“ . Mein ganz besonders herzlicher Dank gilt der Verlegerin Dr. Henriette Kramer, meinem „Lektor“ Prof. Dr. Dieter Rebentisch sowie vor allem meiner Familie. Ohne ihre Hilfe wäre das Projekt nicht abgeschlossen worden.

Frankfurt am Main, im August 2004 — Sabine Hock

1919–1923
Das Lieschen
Dreizehntes Kind einer Arbeiterfamilie

Am 16. April 1919, einem Mittwoch, kam Johanna Elisabeth Christ in Frankfurt am Main zur Welt. Sie wurde in der elterlichen Wohnung im ersten Stock des Hauses Koselstraße 42 im Nordend geboren. Das Mädchen war die erste gemeinsame Tochter des damals bereits 48 Jahre alten Werkmeisters Ludwig Karl Christ und seiner fast 42-jährigen Ehefrau Marie – und doch das Nesthäkchen einer Großfamilie. Der Vater hatte sieben, die Mutter fünf Kinder aus früheren Beziehungen mit in die Ehe gebracht.

Ihre Jüngste wurde durch Pfarrer Gsell vom Evangelischen Vereinshaus Nordost am 4. Mai 1919 in der Familienwohnung getauft. Den amtlichen Rufnamen Elisabeth fanden Eltern und Geschwister im alltäglichen Gebrauch wohl zu streng und sperrig für das Baby. Von Geburt an riefen die Großen ihr wirklich wonniges Schwesterchen liebevoll „Lieschen". Aber bei offizielleren Anlässen konnte das Kind doch schlecht als „Lieschen Christ" vorgestellt werden! Die Mutter kreierte daher den Namen, unter dem das Mädchen schon bald stadtbekannt und populär werden sollte: Liesel Christ.

Der Vater Ludwig Karl Christ (1871–1943)

Die Familie Christ stammte ursprünglich aus dem Taunus. Seit der ersten Hälfte des 19. Jahrhunderts war sie in Wörsdorf ansässig, einer größeren Landgemeinde im späteren (seit 1867 bestehenden) Untertaunuskreis, die erst 1971 in die Stadt Idstein eingegliedert wurde. Dort wurde am 15. Januar 1837 Philipp *Ferdinand* Christ geboren, der wie sein früh verstorbener Vater das Schneiderhandwerk erlernte. Am 4. Oktober 1864 musste Ferdinand Christ erleben, wie sein Heimatdorf bei einem großen Brand schwer zerstört und verwüstet wurde. Vielleicht nahm der damals 27-Jährige dieses Ereignis zum Anlass, sein Glück in der Fremde zu versuchen.

Viele junge Männer aus dem Taunus zog es seinerzeit, verstärkt noch in den Jahren des wirtschaftlichen Aufschwungs nach der Reichsgründung von 1871, nach Heddernheim, einem nordwestlich vor der Stadt Frankfurt am Main gelegenen, damals noch (bis 1910) eigenständigen Dorf mit knapp 2.500 Einwohnern. Dort hatten die Brüder Rupertus und Theodor Hesse im Jahr 1852 die Heddernheimer Kupferwerke begründet. In dieser Fabrik auf der Kaltmühle wurden die „Pendler" aus dem Taunus nur zu gern beschäftigt, denn sie waren billiger als die ortsansässigen Arbeitskräfte. Ob Ferdinand Christ in Heddernheim auch schon „uff der Kaltmiehl" arbeitete oder noch seinen erlernten Handwerksberuf ausüben konnte, ist nicht überliefert. Spätestens die Generation seiner Söhne jedoch wechselte vom Handwerker- in den Arbeiterstand.

Die meisten Fabrikarbeiter aus dem Taunus kehrten zumindest am Wochenende immer wieder in ihre Heimatdörfer zurück. Hingegen wurde Ferdinand Christ durch seine Heirat mit der Büglerin *Dorothea* Theresia Bernhard, einer gebürtigen Heddernheimerin, wohl in Heddernheim sesshaft. Am 9. März 1871 wurde dem Ehepaar hier ein Sohn, Ludwig *Karl* Christ, geboren. Er lernte später das Schlosserhandwerk und arbeitete zunächst als Maschinenschlosser, schließlich als Werkmeister bei den Heddernheimer Kupferwerken.

Seine neue Heimat fand Karl Christ jedoch im benachbarten Ort Praunheim, woher seine erste Ehefrau, die Schneiderstochter *Dorothea* Elisabeth Wilhelmine Franz, stammte. Aus der 1893 geschlossenen Ehe von Karl und Dorothea Christ gingen sieben Kinder hervor: Karl *Ferdinand* (* 1893), *Sophie* Johanna (* 1895), Bertha (* 1896), Dorothea Elisabeth gen. *Dora* (* 1902), Karl (* 1903), Konrad (* 1905) und *Wilhelm* Ludwig (* 1908). Am 3. Juli 1909, als der jüngste Sohn fast genau 15 Monate alt war, starb die 40-jährige Mutter an den Folgen einer Totgeburt. Dorothea Christ geb. Franz soll zumindest das Grundstück und vielleicht auch das Haus in Praunheim, in der Heddernheimer Straße 13 (ab 1911: In der Römerstadt 251), in den Besitz der Familie Christ gebracht haben. Möglicherweise aber hat das Ehepaar Karl und Dorothea Christ das Haus erst errichtet, etwa um das Jahr 1904/05, denn aus dieser Zeit sind entsprechende Anträge zur Wasser- und Gasversorgung der Liegenschaft erhalten. Später sollten auch Liesel Christ und deren Töchter in dem Praunheimer Haus daheim sein.

Die Mutter Marie Christ geb. Brühmann verw. Wiesemann (1877–1950)

Die Mutter von Liesel Christ kam aus dem Waldecker Land. In Mengeringhausen bei (Bad) Arolsen wurde Christiane *Marie* Brühmann als eine von drei Töchtern des Schreiners Christian Friedrich *Wilhelm* Brühmann und seiner Ehefrau *Helene* Sofie geb. Neurath am 13. Oktober 1877 geboren. Maries seit 1895 verwitwete Mutter, eine ausgebildete Krankenschwester, war eine sehr strenge und energische Frau. Die entschiedene Protestantin wollte es nicht dulden, als ihre mittlerweile 18-jährige Tochter sich in einen katholischen Mann verliebte. Obwohl Marie bald ein Kind von ihrem Verlobten erwartete, setzte Helene Brühmann die Trennung des jungen Paares durch. Maries ältester Sohn, Wilhelm gen. *Willy* Brühmann, kam daher am 4. September 1896 unehelich zur Welt.

Gut zweieinhalb Jahre später, am 7. Mai 1899, heiratete Marie Brühmann einen 27-jährigen Viehhändler aus Vasbeck, Wilhelm Wiesemann, dem sie in der Folgezeit fünf Kinder, in regelmäßigem Abstand von jeweils zwei Jahren, gebar: Wilhelm (* 1899), Marie (* 1901), Albert (* 1903), Karoline gen. *Lina* (* 1905) und Karl (* 1907). Sie selbst trug zum Familieneinkommen bei, indem sie mit einem Karren über Land zog, von Hof zu Hof, um den Bäuerinnen an der Haustür Schüsseln, Töpfe, Pfannen, Kellen und alle möglichen Haushaltswaren feilzubieten. Auch auf den Jahrmärkten und Messen der Gegend war sie mit einem stattlichen fahrbaren Stand vertreten, wo sie außerdem Bonbons, Zuckerstängel und allerhand andere Süßigkeiten verkaufte.

Wahrscheinlich 1908 trafen Marie Wiesemann geb. Brühmann gleich zwei harte Schicksalsschläge: Ihr noch nicht 37-jähriger Mann und ihr jüngster, kaum ein Jahr alter Sohn starben. Die junge Witwe hielt es nun nicht mehr im Waldeckischen. Anfang August 1909 meldete sie sich und ihre Kinder bei der Polizeiverwaltung in Korbach ab und zog nach Frankfurt am Main. Dort lebte bereits eine ihrer Schwestern, in deren Wohnung in der Habsburger Allee 30 auch die immerhin noch sechsköpfige Familie Wiesemann unterkam, bevor sie 1911 eine erste eigene Wohnung in Frankfurt beziehen konnte.

In der aufstrebenden Großstadt am Main wollte Marie Wiesemann einen Neuanfang wagen. Möglicherweise beabsichtigte die knapp 32-Jährige zuerst, in ihrer alten Profession weiter zu arbeiten, denn auf dem Einwohnermeldeamt ließ sie sich noch als selbstständige „Hausiererin", wie es damals hieß, eintragen. Doch schon bald nahm sie eine Stelle bei den Heddernheimer Kupferwerken an. Dort lernte Marie Wiesemann den ebenfalls früh verwitweten Werkmeister Karl Christ kennen – und lieben.

Ein Stern ging auf

Mitten im Ersten Weltkrieg, am 24. Juni 1916, schlossen Karl Christ und Marie Wiesemann geb. Brühmann die Ehe. Es war eine glückliche Verbindung, obwohl oder gerade weil sie von Anfang an schweren Zeiten standhalten musste. Die Großfamilie Christ-Wiesemann wohnte zunächst in dem seit 1910 zu Frankfurt eingemeindeten Ort Praunheim, in dem Haus In der Römerstadt 251, wo schon die älteren Christ-Kinder aufgewachsen waren. Dort waren die Wiesemanns bereits im April/Mai 1916, also noch vor der Hochzeit der Eltern, eingezogen.

Hochzeitsbild der Eltern Karl und Marie Christ geb. Brühmann mit elf ihrer Kinder aus früheren Ehen, 1916

Willy Brühmann, Maries Ältester, lebte zu dieser Zeit schon nicht mehr bei der Mutter, sondern in den USA, wohin ihn, spätestens wohl um 1912/13, seine dorthin ausgewanderte Tante geholt hatte. Dafür wurde bereits am 21. August 1916 das erste gemeinsame Kind des frisch gebackenen Ehepaars Karl und Marie Christ geboren, der Sohn Friedrich *Ludwig*, dessen Tod die Familie allerdings schon zweieinhalb Monate später betrauern musste.

Möglicherweise war die Not, die bereits zu Beginn des Kriegswinters 1916/17 herrschte, nicht unschuldig am Sterben des Säuglings. Während des Ersten Weltkriegs hatte die Zivilbevölkerung trotz eines komplizierten Systems kriegswirtschaftlicher Zwangsmaßnahmen bald unter Hunger und Kälte zu leiden. In jenem „Kohlrübenwinter" 1916/17 kam es in der Familie Christ-Wiesemann, deren Kinder sonst sich gut verstanden und zusammenhielten, manchmal zu Gerangel, weil die Mutter angeblich das Frühstücksbrot ihren leiblichen Kindern etwas dicker belegte als den angeheirateten.

Im Frühjahr 1917 brach eine ernste Krise über die Familie herein. Der Vater Karl Christ, der bei Kriegsbeginn 43 Jahre alt war, wurde zunächst zwar nicht zum Kriegsdienst eingezogen, aber „sein" Betrieb, die Heddernheimer Kupferwerke, war wie alle Industrieunternehmen bei Kriegsbeginn unverzüglich auf die Kriegsgüterproduktion umgestellt worden. Somit musste Karl Christ in der Rüstungsindustrie arbeiten, ob ihm das nun geschmeckt haben mag oder nicht. Im Jahr 1917 jedenfalls verbüßte er eine mehrmonatige Haftstrafe im Zuchthaus Lichtenburg bei Prettin in Sachsen-Anhalt, wo damals hauptsächlich politische Gefangene einsaßen. Der Grund für diese Strafe ließ sich trotz intensiver Recherchen nicht mehr ermitteln. Wahrscheinlich hatte Karl Christ, der dafür bekannt war, mit seiner Meinung nie hinter dem Berg halten zu können, sich kriegsfeindlich geäußert oder verhalten. Die Haft bewirkte, dass er sich später nie wieder politisch engagierte. Seine Söhne und Schwiegersöhne jedoch standen in alter Arbeitertradition weiterhin der SPD nahe, weshalb wohl einzelne von ihnen später in der Zeit des Nationalsozialismus zumindest berufliche Benachteiligungen, bis hin zur Arbeitslosigkeit, erdulden mussten.

Die Umstände führten dazu, dass die vaterlos zurückgebliebene Familie Christ-Wiesemann sich vorübergehend trennen musste. Die beiden ältesten Kinder von Karl Christ lebten inzwischen ohnehin nicht mehr mit im Familienhaushalt: Ferdinand, gelernter Gärtner, stand bereits seit einiger Zeit im Kriegsdienst an der Front, und Sophie, die im Dezember 1917 den Arbeiter Martin Euler heiraten sollte, war schon im November 1916 ausgezogen und offenbar zum Schwesterndienst beim Roten Kreuz verpflichtet. Jetzt, in der Notsituation des Frühjahrs 1917, holte sie ihre jüngere Schwester Dora zu sich, während die übrigen vier Geschwister Christ in Praunheim wohnen blieben. Möglicherweise sorgte die 20-jährige Bertha für die jüngeren Brüder Karl, Konrad und Wilhelm; vielleicht kümmerten sich auch Verwandte vonseiten der leiblichen Mutter mit um die Kinder. Marie Christ dagegen bezog mit ihren eigenen Kindern am 12. Mai 1917 eine Wohnung in der Roßdorfer Str. 24 in Bornheim, einer Gegend, die ihr bereits aus ihrer ersten Zeit in Frankfurt vertraut war. Die drei jüngeren Wiesemann-Kinder wurden in jenen Kriegsjahren wenigstens zeitweise zur Erholung zu Verwandten im Waldeckischen geschickt. Erst nach der Haftentlassung des Vaters kam die Großfamilie im November 1917 wieder zusammen.

Wenige Wochen vor Kriegsende, am 25. September 1918, konnten die Eltern Christ mit sechs ihrer Kinder im Alter von zehn bis 17 Jahren eine neue Familienwohnung beziehen. Diese lag im ersten Stock des Hauses Koselstraße 42 im Frankfurter Nordend. Das um 1891 errichtete (und im Zweiten Weltkrieg zerstörte) Mietshaus an der Ecke zur Weberstraße bot zwei Läden für eine Kurz- und eine Kolonialwarenhandlung im Erdgeschoss und auf vier Stockwerken Wohnungen für insgesamt acht Parteien, meist vermietet an Handwerker und kleine Kaufleute. Auch die inzwischen flügge gewordenen „Großen" der Familie Christ-Wiesemann, die durch Beruf und Heirat meist brav im familiär vorgegebenen Kleinhandwerker- und Arbeitermilieu verblieben waren, kamen gern und oft in die Koselstraße, brachten bald ihre Lebenspartner und Kinder mit und fanden hier im Notfall für einige Zeit einen Unterschlupf. Vor allem aber erwarteten Karl und Marie Christ wieder Familienzuwachs.

Mitten im unruhigen Revolutionsjahr 1918/19, als auch in der Stadt Frankfurt ein Arbeiter- und Soldatenrat die politischen Geschicke mitbestimmte, wurde ihr jüngstes Kind Johanna *Elisabeth* Christ am 16. April 1919 geboren. Obwohl die Zeiten sich nicht so schnell ändern sollten, musste die Familie, aber besonders die Mutter in Lieschens Geburt ein gutes Zeichen für die Zukunft sehen. Denn am Tag danach traf der Sohn Wilhelm Wiesemann in der Koselstraße ein. Der gelernte Bäcker war als 18-Jähriger im Februar 1918 zum Militär eingezogen worden und, anders als sein bereits am 16. November 1918 aus dem Kriegsdienst entlassener Stiefbruder Ferdinand Christ, bisher nicht zurückgekehrt. Im Militärlager Wegscheide bei Bad Orb (wo übrigens schon bald darauf, im Jahr 1920, das bis heute beliebte Schullandheim für Frankfurter Kinder gegründet werden sollte) hatte er am 15. April 1919 endlich seine Entlassungspapiere erhalten und sich gleich nach Hause aufgemacht, wo er nicht nur seine Mutter und den Stiefvater, sondern auch das neugeborene Schwesterchen begrüßen konnte. Wer wollte angesichts einer solch glücklichen Fügung der Ereignisse nicht glauben, dass das dreizehnte Kind den Sonnenschein wieder ins Haus bringen würde?

Ein Bad als Bühne

Das Lieschen musste man einfach gern haben. Die etwas pummelige Kleine mit ihren dunklen Augen und blonden Locken war, wie man in Frankfurt sagt, aber auch „werklich zu goldisch". Vor allem die stolze Mama und die Schwester Mariechen Wiesemann, die bei Liesels Geburt fast 18 Jahre alt und damit die Älteste der ständig im Haushalt in der Koselstraße lebenden Geschwister war, vergötterten das Kind gera-

Lieschen mit der Mutter Marie Christ (li.) sowie den Schwestern Mariechen (o.) und Lina (re.) Wiesemann, um 1921

dezu und verwöhnten es sehr. Von ihren großen Schwestern wurde Lieschen regelrecht ausstaffiert, wie ein Püppchen, wobei zum Vorteil gereichte, dass Mariechen von Beruf Näherin war. Sie konnte deshalb mit großem Geschick die ganze Garderobe der Kleinen, vom fein bestickten Spitzenunterhemdchen bis zum damals hochmodernen Dirndlkleid, selbst herstellen oder zumindest Mutter und Schwestern dazu anleiten.

Mariechen Wiesemann, die später (1925) ihren Stiefbruder Karl Christ heiraten sollte, übte ihren Beruf selbstständig aus, in der Wohnung in der Koselstraße, wo sie im Schlafzimmer eine Weißzeugnäherei betrieb und dafür mehrere Näherinnen beschäftigte. Hier begann, so erzählt es die Familientradition, die Bühnenkarriere von Liesel Christ. Das Lieschen gesellte sich nämlich oft zu den arbeitenden Frauen, schwätzte mit ihnen oder spielte mit den herumliegenden Stoffresten, Garnfäden und Knöpfen. Irgendwann kam die kaum Vierjährige auf die Idee, das in dem Raum befindliche „Frankfurter Bad" als Bühne zu benutzen. Sie stieg in die durch einen Vorhang vom Zimmer abgetrennte Badewanne und unterhielt von dort aus die Näherinnen mit kleinen Darbietungen, wie sie sie wohl vom Kasperltheater her kannte. Die Frauen amüsierten sich köstlich über die kokette, durchaus schon wirkungsbewusste Kleine, die offensichtlich nicht nur Spaß an dem Spiel, sondern auch Talent dazu hatte.

Eines von Mariechens Lehrmädchen, Maria Porz, die selbst aushilfsweise im Opernchor sang, meinte, dass Liesel sicher gut in das (damals offenbar gerade neu eingerichtete) Kinderballett des Opernhauses passen würde: „Das Lieschen spielt uns doch immer so gerne was vor!" Als das Mädel nicht locker ließ und bald auch die Kleine für die Idee begeistert hatte, gab Mutter Marie – wohl ohnehin nicht allzu schweren Herzens – nach. Eines schönen Tages hat sie ihr Lieschen fein angezogen, um es am Opernhaus vorzustellen, bei Ilse Petersen, der dortigen Primaballerina, Choreographin und Ballettleiterin, die das Kinderballett gegründet hatte und nun auch leitete. Liesel gefiel und wurde prompt in die Kinderballettschule aufgenommen. Künftig ging sie regelmäßig, mindestens einmal wöchentlich, zur Ballettstunde ins Opernhaus.

1923–1933
Die kleine Christ
Kinderstar auf den Frankfurter Bühnen

Ungefähr im Jahr 1924 bekam die etwa fünfjährige Liesel ihre erste wichtige Rolle am Frankfurter Opernhaus: Sie sollte das Kind der Madame Butterfly spielen, eigentlich eine stumme, aber für den Handlungsverlauf der Oper unverzichtbare Rolle. Als die blonde Kleine an jenem Abend ihres ersten Auftritts endlich während des zweiten Akts auf die Bühne geführt wurde, blieb sie jedoch gar nicht still, sondern brüllte lauthals los. Sie fürchtete sich vor den großen Kollegen, die ihr sonst so vertraut und nun so fremd waren. Die Sopranistin Elisabeth Kandt etwa, die seit 1920 in der Titelrolle der damals zum Repertoire des Frankfurter Hauses gehörenden Oper brillierte, war ganz weiß geschminkt und trug eine tiefschwarze Perücke, wie es der Bühnenstil der Zeit eben von einer Japanerin verlangte. Angesichts dieser bleichen Frau, die ihre „Mutter" sein sollte, konnte sich Liesel gar nicht beruhigen. Kurzerhand packte der Tenor Hermann Schramm, der in der Rolle des Goro ebenfalls gerade auf der Szene war, die vor Angst heulende Kleine und trug sie in die Kulisse zurück. Elisabeth Kandt konnte weitersingen, auch wenn Madame Butterfly in dieser Vorstellung ohne ihr blondes Söhnchen auskommen musste.

Diese „Katastrophe" war nicht der allererste Auftritt von Liesel Christ, selbst wenn Journalisten beim Stricken des Stoffs, aus dem die Stars sind, das später gerne behaupteten. Es sollte aber auch nicht Liesels letzter Auftritt sein. Schon bald machte die „kl. Christ", wie sie auf den Besetzungszetteln des Opernhauses aufgeführt wurde, Karriere als beliebte Kinderdarstellerin bei den Frankfurter Bühnen.

Liesel macht nur einen Knicks

Am 4. Dezember 1923 – so will es die Familienüberlieferung – stand Liesel Christ zum ersten Mal auf der Bühne, und zwar als Mitglied des Kinderballetts im Frankfurter Opernhaus. In jenen Adventstagen holten die Menschen in der Mainstadt wie überall in Deutschland erst mal Luft. Mit der Einführung der Rentenmark ab 16. November 1923 war gerade die Inflation zu Ende gegangen. Die enervierende Zeit, als einem das Geld förmlich zwischen den Fingern zerrann, war vorbei. „Das neue Geld veränderte die Welt der Stadt", notieren Madlen Lorei und Richard Kirn in ihrer Chronik der zwanziger Jahre in Frankfurt. „Plötzlich hatte Arbeit wieder Sinn. Zwar war noch viel schlechtes Geld im Umlauf, und es würde noch lange die Portemonnaies und Brieftaschen verstopfen, aber fast Tag für Tag wurde das Leben stabiler."[1]

Am Anfang der neuen Zeit, jener Ära der goldenen Zwanziger, die nur so kurz dauern sollte, stand also Lieschens erster Bühnenauftritt, der – wie sie später (1970) einem Journalisten erzählte – eher unspektakulär verlief: Als Ersatz im Kinderballett sei sie, das letzte von zehn kleinen Mädchen, einmal über die Szene getrippelt.[2] Die Oper, die auch in der Notzeit trotz einer Intendantenkrise unverdrossen weitergearbeitet hatte und gerade für den 11. 12. 1923 die Erstaufführung von Janáčeks „Jenufa" vorbereitete, spielte am 4. Dezember 1923 abends um sieben Uhr eine Vorstellung von „Die lustigen Weiber von Windsor" mit Walter Schneider als Falstaff. Als kleine Ballerina könnte Liesel in dieser Aufführung mitgewirkt haben, zumal Ballettmeisterin Ilse Petersen, die eben u. a. das Kinderballett leitete, dafür große Tanzszenen einstudiert hatte. Aber auch am nächsten Tag, in der Premiere des diesjährigen Weihnachtsmärchens „Prinzessin Huschewind" unter der Regie von Josef Gareis, wiederum mit glänzenden Balletteinlagen in der Choreographie von Ilse Petersen, könnte das Mädchen dabeigewesen sein. Vielleicht hatte sie darin ihren ersten „richtigen" Auftritt als Hessenmädchen, von dem sie manchmal erzählte. Möglicherweise aber spielte sie diese Rolle erst in einem späteren Weihnachtsmärchen, denn sie erinnerte sich auch, dass sie in jenem Märchenspiel gleich dreifach besetzt gewesen sei: als Hessenmädchen, als Schweinchen und als „noch irgendwas",[3] und das Schweinchen tanzte sie nachweislich im Jahr 1925. Jedenfalls registrierte die Familie Christ stolz das erste Erscheinen ihrer Kleinen auf der Opernbühne, auch wenn die dazugehörigen Fakten in der mündlichen Tradition der Erinnerung im Laufe der Jahrzehnte vielleicht etwas durcheinander gerieten.

Hessenmädchen, wahrscheinlich in dem Märchen „Die Weihnachtsglocke", Opernhaus, 1925

Die breite Öffentlichkeit wird von Liesels ersten Auftritten ohnehin keine Notiz genommen haben. Als Mitglied des Kinderballetts oder der Statisterie, aber auch als Darstellerin kleinerer Kinderrollen wurde sie, wie damals üblich, auf den Besetzungszetteln nicht namentlich genannt. Deshalb lässt sich auch der (eingangs geschilderte) denkwürdige Auftritt als Kind der Butterfly nicht datieren. Es ist jedoch mündlich überliefert, dass Liesel ab dem Jahr 1924 solche und ähnliche Kinderrollen im Opernhaus übernommen hat, u. a. im „Rosenkavalier", der bereits seit 1911 zum Repertoire gehörenden Oper von Richard Strauss, deren Besetzung außer der Statisterie immerhin „vier kleine Kinder" und „einen kleinen Neger" verlangt. Vielleicht wirkte Lieschen sogar in der Aufführung des „Rosenkavaliers" vom 24. Februar 1924 mit, die Professor Clemens Krauß aus Wien mit außerordentlichem Erfolg dirigierte. Krauß, bisher Dirigent der Wiener Staatsoper, wurde daraufhin als Operndirektor nach Frankfurt berufen, wo er von 1924 bis 1929 glanzvoll wirkte.

Erik Wirl als Graf Tassilo mit Liesel Christ als Sari im Kreis des Kinderballetts in „Gräfin Mariza", Neues Operetten-Theater, 1925

Sicher durfte das goldige Lieselchen wieder beim Weihnachtsmärchen des Opernhauses 1924 mitmachen, in dem sogar eine der Hauptfiguren – wohl eher zufällig – ihren Vornamen trug: „Das Waldmännlein oder Fritzchens und Lieselchens Weihnachtserlebnisse" hieß das Stück, das der Bariton und Regisseur Josef Gareis selbst verfasst hatte und am 1. Dezember 1924 zur Uraufführung brachte. Der von den Kindern so genannte „Onkel Jupp", der „die kleine Christ" und ihre Karriere sehr förderte, inszenierte auch das (bereits erwähnte) Weihnachtsmärchen im nächsten Jahr, die Uraufführung des Stückes „Die Weihnachtsglocke" von Kurt Hartl mit Musik von Bruno Hartl am 4. Dezember 1925. Wahrscheinlich hat Lieschen in mindestens drei der zwölf von Ilse Petersen einstudierten Tänze mitgewirkt, etwa im „Tanz der Tulpen, Glockenblumen, Elfen und Pilze" im 2. Bild „Auf der Elfenwiese", den die Primaballerina Petersen mit allen Tänzerinnen des Opernhauses und den Kindern der Tanzschule aufführte. Vor allem aber wurde Liesel als das kleinste von vier Schweinchen in einem der Tänze zum ersten Mal namentlich auf einem Besetzungszettel des Opernhauses genannt.

Sari in „Gräfin Mariza", Neues Operetten-Theater, 1925

Mittlerweile hatte Liesel außerdem eine andere Frankfurter Bühne kennengelernt, das seit 1921 bestehende Neue Operetten-Theater (N. O. T.) im Vergnügungspalast „Groß-Frankfurt" am Eschenheimer Tor. Unter der Direktion von Emil Glock und Georg Land brachte das Haus im Herbst 1925 eine Novität heraus, die das rund 1.400 Plätze bietende Theater 1925/26 fast einhundertmal füllen sollte: „Gräfin Mariza" von Emmerich Kálmán. Zunächst hatte

Liesel Christ (sitzend als 2. v. li.) mit Spielkameraden, u. a. der späteren Journalistin Madlen Lorei (stehend ganz li.), auf einem Spielplatz im Nordend, um 1925/26

das N. O. T. das „I. Wiener Operetten-Ensemble" mit dem Stück nach Frankfurt geholt. Die Rolle des Grafen Tassilo sang Erik Wirl, der früher (1906–1922) als Erster lyrischer Tenor am Frankfurter Opernhaus gewirkt hatte und jetzt gefeierter Operettenstar in Berlin und Wien wie auf zahlreichen Gastspielreisen war. Eine Statisterie brachte das Wiener Ensemble üblicherweise nicht mit. Dafür hatte die Direktion des N. O. T. in Frankfurt zu sorgen. So mussten wohl auch die Dorfkinder vom Kinderballett des Opernhauses „ausgeliehen" werden. Sie durften ihre Rollen behalten, als die Operette ungefähr ab Oktober 1925 vom eigenen Ensemble der Frankfurter Bühne weitergespielt wurde. Eines der drei namentlich genannten Dorfkinder, die ihre guten Gaben und Wünsche zur Verlobungsfeier der Gräfin Mariza bringen, war Liesel Christ. Als die kleine Sari (sprich: Schari) in hübscher ungarischer Tracht hatte sie sogar ein Verschen aufzusagen: „Sari hat ja selber nix, / macht nur einen Knicks."

Alltag eines Theaterkinds

In späteren Jahren bekundete Liesel Christ immer, sie habe „eine sehr glückliche Kindheit" erlebt. Als Nesthäkchen im Kreis vieler älterer Geschwister sei sie von allen sehr verwöhnt worden. Trotz ihrer frühen Bühnenkarriere sei sie von ihren Eltern „ganz normal" erzogen worden, ganz so wie ihre anderen Geschwister eben auch. Daheim konnte sich der Frankfurter Kinderstar keine Extravaganzen leisten. Wenn sie doch einmal etwas angestellt hatte, bekam sie, genau wie ihre Geschwister, „ihr Fäng". Eines Tages zog Liesel in spielerischem Übermut einen (wohl von den Brüdern aus Amerika geschickten) Kaugummi ganz lang und wickelte ihn sich so um den Hals, dass ihr die Haare kurz geschnitten werden mussten, um das Klebzeug zu entfernen. Solche eher kleinen Streiche konnte sich ein Theaterkind, das auf seine äußere Erscheinung achten musste, eigentlich nicht erlauben.

Ansonsten durfte Liesel in ihrer Freizeit draußen herumtoben wie alle Kinder. Oft wurde den älteren Brüdern aufgetragen, das Lieschen mitzunehmen und ja gut auf die Kleine aufzupassen. Wenn die großen Buben dann in Ruhe ihren geliebten Fußball spielen wollten, buddelten sie das Schwesterchen einfach am Rand des Spielfelds in den Sand ein, so dass es nicht weglaufen konnte. Später erkundete das Mädchen auf eigene Faust die Spielplätze im Nordend, wo sich immer ein paar Nachbarskinder zum Mitspielen fanden, darunter die spätere Journalistin Madlen Lorei. Wie einen neuen Spielplatz begriff die kleine Liesel dann auch das Theater, wohin sie oft mit ihrer Puppe oder einem Teddybären unter dem Arm ging.

Trotz allem verlangte die Theaterarbeit dem Kind allerhand Disziplin ab. Zu ihren frühesten Erinnerungen, so erzählte Liesel Christ oft, gehörten die Wege von ihrem Elternhaus in der Koselstraße bis zur Oper, deren Bau das kleine Mädchen gewaltig beeindruckte: „Ich konnte die schwere, mit eisernen Ornamenten verzierte Tür kaum öffnen“, erinnerte sie sich einmal.[4] Da die Christs sich die Fahrt mit der Straßenbahn nur selten leisten konnten, ging die Mutter mit ihrem Töchterchen meist zu Fuß ins Theater, immer „die Anlaach entlang“, inzwischen oft mehrmals in der Woche, denn außer der Ballettstunde standen ja jetzt Proben und Vorstellungen an. Am Tag wartete die Mutter, meist handarbeitend oder lesend, auf einer Bank unter einer riesigen alten Linde hinter dem Opernhaus, bis ihr Lieschen „gegenüber“ aus „dem kleinen Türchen für die Orchestermitglieder“[5] herauskam, um wieder nach Hause zu gehen.

Während mancher Pausen setzten sich Mutter und Tochter bei schönem Wetter auch hinaus an den Weiher in der Anlage, die heute den Namen der Schauspielerin trägt, und lernten dort gemeinsam Texte: Da Lieschen noch nicht – oder während der ersten Schuljahre zumindest noch nicht gut genug – lesen konnte, las die Mama ihr die Sätze vor, und sie musste diese nachsprechen, bis sie die Rolle „intus“ hatte. Teilweise mussten die beiden auf diese Art ein beträchtliches Textpensum bewältigen, denn inzwischen bekam „die kleine Christ“ schon erste Hauptrollen, etwa in „Peterchens Mondfahrt“ (1926).

Eher nebenbei war das Lieschen zu Ostern 1925 eingeschult worden: „Ich war nicht besonders aufgeregt, da ich durch das Theaterspielen an viele Menschen gewöhnt war“, erinnerte sie sich.[6] Die gerade Sechsjährige kam in die Kleistschule, eine evangelische Volksschule für Knaben und Mädchen in der Kleiststraße 22 im Nordend. Künftig musste der Alltag noch besser organisiert werden. War abends eine Vorstellung angesetzt, musste Liesel mittags „vorschlafen“, um am nächsten Morgen in der Schule fit zu sein. Wenn der kleine Quirl bei diesen Mittagsstündchen so gar keine Ruhe geben wollte, schob die Mutter nur eine Nikolauslarve durch den Türspalt. Diese „Drohgebärde“ verfehlte ihre Wirkung nie: Sofort war Lieschen still und schlief.

Eigentlich aber ging nicht nur dem Kind, sondern auch den Eltern das Theater gegenüber der Schule vor. Karl und Marie Christ, die – so ihre Tochter Liesel – ursprünglich „überhaupt nix mit em Theater zu tun hatte *[sic!]*“[7], haben die Bühnenkarriere ihrer Jüngsten immer unterstützt und gefördert. Oft genug mussten sie eine Entschuldigung schreiben, weil Lieschen, etwa wegen wichtiger Endproben im Opernhaus, den Unterricht nicht besuchen konnte. Das mussten die Lehrer einfach hinnehmen. Schließlich hatte Mama Christ gleich anlässlich von Liesels Einschulung mit dem Rektor gesprochen und kategorisch erklärt: „Aber für die Proben bekommt meine Tochter frei!"

„Peterchens Mondfahrt"

Durch das Weihnachtsmärchen des Opernhauses 1926 wurde „die klaa Christ" in ganz Frankfurt bekannt und beliebt: Liesel spielte die Titelrolle in „Peterchens Mondfahrt". Dieses Märchen vom Maikäfer Summsemann, der mit dem braven Geschwisterpärchen Peterchen und Anneliese zum Mond fliegt, um sich dort vom bösen Mondmann sein sechstes Beinchen wiederzuholen, hatte das hiesige Theaterpublikum bereits bei der Erstaufführung am 8. Dezember 1915 bezaubert. Damals glänzten die Kinder Flory Jacoby als Peterchen und Niddy Impekoven als Anneliese. Vor allem Niddy, die elfjährige Tochter des populären Schauspielers Toni Impekoven, begeisterte die kleinen und großen Frankfurter. Es wird erzählt, man habe für das tanzbegabte Mädchen auf Initiative ihres Vaters eigens das Stück geändert: Seitdem rückt nämlich der Mondmann das geraubte Maikäferbeinchen nur heraus, weil ihn Anneliese mit einem Tanz zu Tränen rührt. Tatsächlich gab die elfengleiche Niddy schon drei Jahre später, am 4. Dezember 1918, ihren ersten Solotanzabend in Frankfurt. Damit begann ihre internationale Karriere als Ausdruckstänzerin. Das weltberühmte Wunderkind wurde in den zwanziger Jahren zum Idol zahlreicher junger Mädchen, und vielleicht war Niddy Impekoven auch ein Vorbild für die kleine Ballerina Lieschen Christ.

Seit jener strahlenden Erstaufführung stand das Märchenspiel „Peterchens Mondfahrt" von Gerdt von Bassewitz mit der Musik von Clemens Schmalstich jedenfalls alle paar Jahre wieder, bis zuletzt 1940/41, auf dem Spielplan des Opernhauses. Bei der dritten Frankfurter Inszenierung des Stückes 1926 waren noch einige Darsteller der hiesigen „Urbesetzung" dabei, u. a. der Regisseur Josef Gareis selbst als Sandmännchen und vor allem Hermann Schramm „als prächtiger Maikäfer"[8], was dem Opernsänger letztlich den lebenslangen Spitznamen „Summseschramm" einbrachte. Für die Rollen des Geschwisterpaars wurden zwei erst siebenjährige Mädchen aus der Kinderschar der Ballettschule des Opernhauses ausgewählt: Lilly Uhl sollte die Anneliese, Liesel Christ das Peterchen spielen. Beide hatten bereits etwas Bühnenerfahrung, und auch gemeinsam waren sie im vergangenen Jahr schon in winzigen „Röllchen" aufgetreten, etwa als Kinder der Kaiserin in der Operette „Auf Befehl der Kaiserin!" während der Sommerspielzeit 1925 und als Schweinchen in dem Weihnachtsmärchen „Die Weihnachtsglocke" des Winters 1925/26.

Beide Mädchen gingen ziemlich unbefangen an ihre Aufgabe heran: Für sie sei das Theater damals wirklich noch „ein Spiel" gewesen, meinte Lilly Uhl rückblickend. Manchmal fiel es den Kindern allerdings schwer, zwischen Realität und Bühnengeschehen zu unterschei-

FRANKFURTER OPERNHAUS

SAMSTAG DEN 25. DEZEMBER 1926

NACHMITTAGS 3 UHR / ENDE 5½ UHR / AUSSER ABONNEMENT

In der neuen Einstudierung und Inszenierung

Peterchens Mondfahrt

Ein Märchenspiel in 7 Bildern von Gerdt von Bassewitz / Musik von Clemens Schmalstich
Inszenierung und Spielleitung: Josef Gareis / Musikalische Leitung: Willy Czernik
Entwurf der Bühnenbilder: Walter Dinse

1. Bild: Zu Hause
2. Bild: Auf der Sternenwiese
3. Bild: Im Schlosse der Nachtfee
4. Bild: Auf der Weihnachtswiese
5. Bild: Die Fahrt nach dem Mondberg
6. Bild: Auf dem Mondberg
7. Bild: Zu Hause

PERSONEN

Die Mutter	Betty Mergler	Der Sturmriese	Wilhelm Fischer
Peterchen } die Kinder	kl. Christ	Der Regenfritz	Otto Weindel
Anneliese } die Kinder	kl. Uhl	Der Wassermann	Alexander Eberle
Minna, das Dienstmädchen	Marie Wellig-Bertram	Frau Holle	Anna Könitz
Der Maikäfer	Hermann Schramm	Die Sonne	Else Dörheit
Das Sandmännchen	Josef Gareis	Die Morgenröte	Mary Haan
Peterchens Sternchen	kl. Fuchs	Die Abendröte	Martha Mracz
Annelieses Sternchen	kl. Müller	Der Morgenstern	Elfriede Bernhardt
Die Nachtfee	Erna Recka	Der Abendstern	Erna Herwig
Das Taumariechen	Annie Hiebel	Der Weihnachtsmann	Emil Staudenmeyer
Der Donnermann	Rudolf Brinkmann	Der Pfefferkuchenmann	Oskar Wittazscheck
Die Blitzhexe	Vera Fränzel	Der Mann im Mond	Richard von Schenck

Zeit: In einer Mainacht, wenn die Kinder schlafen

Ballett-Einlage „Auf der Spielzeugwiese"
Musik von Willy Czernik / Tänze: eingeübt von Ilse Petersen

1. Marsch der Holzsoldaten (Kinder der Ballettschule)
2. Charakterpuppen (Kinder der Ballettschule)
3. Mohren und Nußknacker (3 Tänzerinnen, 3 Tänzer)
4. Tirolertanz (Ida Schuck, Rosa Beck, Hansi Grötzbach, Wera Donalies)
5. Mexikanisches Reiterspiel (Tänzerinnen)
6. Charlie mit seinen dressierten Bären (Arthur Sprankel und Schüler der Ballettschule)
7. Menuett (Liesel Christ, Lilli Uhl)
8. Harlekin (Ilse Petersen)
9. Schlusstanz (das gesamte Ballettpersonal)

Technische Einrichtung: Walter Dinse / Die Dekorationen sind gemalt von Hans Nüsse und Karl Bender-Menke / Kostüme: Kurt Floegel u. Marie Weyhe-Bastian / Beleuchtungseinrichtung: Albert Plück / Inspizienten: Albert Dobbertin und Karl Jordan

Größere Pause nach dem 3. Bild

Preise D: Goldmark 1. bis 4.50 (Parkett)

Besetzungszettel, Opernhaus, 25. Dezember 1926

den. „Wir glaubten, wir würden tatsächlich vom Mann im Mond gefressen, wenn wir unser Menuett nicht ordentlich tanzten!", erzählte Lilly Uhl. „Wir standen deshalb fürchterliche Ängste aus und mussten für diese Szene sogar jedesmal regelrecht auf die Bühne geschubst werden."[9]

Insgesamt war es doch ein Wagnis, die immerhin recht umfangreichen Rollen von Peterchen und Anneliese mit solch kleinen Kindern zu besetzen. Wenn die Sache klappte, müsste der Effekt aber umso größer sein. Und die Rechnung ging auf: Am 3. Dezember 1926 erlebte das Märchenspiel „Peterchens Mondfahrt" seine erfolgreiche Premiere, und zwar unter der musikalischen Leitung von Willy Czernik, der sogar eine eigene, mit Tänzen von Ilse Petersen ausgestaltete Ballett-Einlage „Auf der Spielzeugwiese" dazu komponiert hatte (und der fast vier Jahrzehnte später einmal die Musik zu der Fernsehserie „Die Firma Hesselbach" schreiben sollte). Die Presse war des Lobes voll. „Es war eine schöne Fahrt ins Märchenland, und es gab zwischendrin begeistertes Gekicher, ängstliche Rufe und fachliche Bemerkungen, zum Schlusse heftigen, andauernden Beifall", schrieb der Kritiker der Frankfurter Zeitung, nachdem er zuvor alle Mitwirkenden gepriesen hatte: „Das lustigste freilich waren die beiden Geschwister: Peterchen (Liesel *Christ*) und Anneliese (Lilly *Uhl*), besonders die kleine Christ, ein richtiges Theaterkind."[10] Auch in anderen Kritiken hieß es, dass Liesel ihre Rolle „ganz reizend" und „sehr bravourös" gemeistert habe.[11]

Bis Ende Januar 1927 ging „Peterchens Mondfahrt" meist am Mittwoch-, Samstag- und Sonntagnachmittag von drei bis halb sechs Uhr über die Bühne, insgesamt 25-mal, womit es die höchste Aufführungszahl aller Inszenierungen des Opernhauses in dieser Spielzeit erreichte (und zwar vor den neu einstudierten Opern „Fidelio" mit 16, „Carmen" mit 15 und „Manon" mit 14 Vorstellungen). Bei knapp 1.800 Plätzen im ausverkauften Opernhaus dürften also fast 45.000 kleine und große Frankfurter das Stück und somit Liesel Christ als Peterchen gesehen haben, darunter auch Madlen Lorei, die gleich bei Peterchens erstem Auftritt aufschrie: „Des ist ja gar kaan Bub, des ist ja die Liesel!"[12]

Künftig wurde „die klaa Christ" aber nicht nur von den Nachbarskindern aus dem Nordend immer und überall in der Stadt wiedererkannt. Wenn sie mit ihrer Mutter nach der Vorstellung aus dem Opernhaus herauskam und am Opernplatz in die Straßenbahn einstieg (was sie sich nun, gerade spät abends, doch öfter einmal leisteten), flüsterte Marie Christ dem Töchterchen zu: „Guck emal, Lieschen, die Leut haben dich erkannt! Sag schön guten Tag!" Und dann, so erinnerte sich Liesel Christ noch fast 70 Jahre später, „bin ich in de Trambahn rum und hab gesagt: ‚Gudn Tach! Ich bin's Lieschen!' un hab Knickschen gemacht un so. Das war… das ist mein Leben bis zum heutigen Tag."[13]

Die kleine Diva

Der Ruhm kam dem Lieschen eher unverhofft: „Ich bin da reingewachsen", sagte sie einmal, „und ich wusst gar nicht, wo ich da hineingewachsen bin."[14] Das Theaterspielen habe ihr einfach „ungeheuren Spaß" gemacht.[15] Und plötzlich wurde sie gefeiert als „das Wunderkind von Frankfurt"! Sie genoss ihren Erfolg sichtlich. Noch während der Laufzeit von „Peterchens Mondfahrt" durfte „die kleine Diva" (so eine Theaterkritik im Jahr 1928)[16] auch einige repräsentative Auftritte in der Öffentlichkeit wahrnehmen, was sie im folgenden Fall allerdings eher einem glücklichen Zufall verdankte.

Am Samstag, den 8. Januar 1927, veranstaltete der Bund tätiger Altstadtfreunde zum glanzvollen Faschingsauftakt in der Festhalle, wo damals gerade der Zirkus Sarrasani gastierte, den „Zirkus Wanebach". Bei dieser Wohltätigkeitsgala zugunsten der Altstadtkinder debütierten Frankfurter „Stars in der Manege", wobei ihnen hiesige Reiter, Fechter und Turner sekundierten. Stadtrat Dr. Heinrich Langer, der Personaldezernent, präsentierte eine Pferdedressur mit feurigen Araberhengsten, Messechef Otto Ernst Sutter gab im Kostüm des Maharadschas den Elefantenbändiger, und Direktor Max Fleischer (der in der Stadtverordnetenversammlung u. a. der Deputation für den Zoologischen Garten angehörte) ritt „mit Todesverachtung und rotem Frack" auf einem Nilpferd. Die Schauspielerin Kundry Siewert, die eigentlich in den Löwenkäfig steigen wollte, musste angeblich darauf verzichten, weil sie die Löwen bei der Hauptprobe „in den Zustand der Liebesraserei versetzt“ hatte, und kutschierte daher nur mit einem Löwenbaby auf dem Arm durchs Manegenrund. So berichtete der Frankfurter General-Anzeiger über die gelungene Zirkusrevue.[17]

Clemens Krauß jr. im „Zirkus Wanebach“, Festhalle, 1927

Eigentlich hatte auch Opernintendant Clemens Krauß seinen Auftritt im „Zirkus Wanebach“ versprochen, dann aber kurzfristig und unbegründet wieder abgesagt. Die Programmzettel waren jedoch schon gedruckt. Darauf stand, dass der Herr Kapellmeister 32 Girls vorführen würde, die die Choreographin Ilse Petersen als „Schlittenponies“ trainiert hatte. Kurzerhand wurde Liesel nach der Vorstellung im Opernhaus noch in den Zirkus gebracht und „inkognito“ in einen Frack gesteckt: „So trat der *kleine Clemens* für den großen in die Manege und dirigierte seine 32 (...) *Frankfurt-Girls* mit dem gleichen Erfolg wie Papa die Herzen im Parkett“, meldete der General-Anzeiger.[18] Die Presse nahm dem Intendanten seine Absage der Wohltätigkeitsveranstaltung ziemlich übel. Der Journalist Bruno Elkin konnte sich die spitze Bemerkung nicht verkneifen, dass „der hochverehrte Herr Professor Krauß“ ja vollkommen habe ersetzt werden können, und zwar „durch einen allerliebsten kleinen Jungen (oder war es ein kleines Mädel?) (...), der seine Aufgabe mit viel Grazie und angeborenem Humor reizend bewältigte.“[19] Erst in der folgenden Zeitungsnummer konnte Elkin die wahre Identität des kleinen Dirigenten lüften: „Liebe kleine Christ!“, schrieb er. „Bitte, bitte, wenn Du abermals im ‚Circus Wanebach‘ auftreten solltest, verleugne doch nicht Geschlecht und Name! Stolze, kleine Ballerina! Bist die Attraktion des Festes und nennst Dich einfach Clemens Krauß jr.!“[20]

Auch beim Schiffsfestzug zum 85. Geburtstag des Frankfurter Lokalschriftstellers Adolf Stoltze am 10. Juni 1927 durfte das „Frankfurter Wunderkind“ Liesel Christ dabei sein. Auf dem festlich geschmückten Motor-Salonschiff „Ingeborg“ von „Flettners Personen-Schiffahrts-Gesellschaft“ unternahm der Jubilar mit geladenen Gästen eine nachmittägliche Mainfahrt flussaufwärts nach Rumpenheim und wieder zurück, wobei ihm unterwegs allerhand Huldigungen dargebracht wurden. Auf der Heimfahrt schloss sich dem Festschiff an der Gerbermühle die gesamte Main-Personen-Dampferflottille an. Zwischen Untermain- und Wilhelmsbrücke begegneten sie Gott Moenus, der die Schauspieler Mathilde Einzig und Hans Nerking, die beiden Hauptdarsteller aus Stoltzes legendärem Lokalstück „Alt-Frankfurt“, in ein Gespräch zum Lob des Dichters verwickelte.

Der ohnehin längst zum „populärsten Frankfurter" gekürte Jubilar bedankte sich für die ihm erwiesenen Ehren mit dem Gedicht „An mein Frankfurt". Eine Strophe davon, wenn auch in leicht veränderter Fassung, wurde später Liesel Christ zum Lebensmotto, das sie sich besonders „ans Herz gelegt" hatte. Sie schrieb sich den „sehr schöne Spruch" auf einen gelben, mit einem „Smiley" verzierten Notizzettel, den sie bis kurz vor ihrem Tod immer in ihrem Portemonnaie trug:

„Solange Kräfte mir sich regen,
Gehören sie der Vadderstadt.
Ihr und uns allen Gottes reicher Segen –
Dies sei mein Wunsch an Dankes statt."[21]

Der Erfolg bescherte der „kleinen Christ" aber nicht nur interessante Repräsentationspflichten, sondern auch neue Rollenverpflichtungen. Als Kinderdarstellerin und Solotänzerin trat sie weiterhin bei den Städtischen Bühnen wie beim Neuen Operetten-Theater auf, wo sie genauso gut eine Prinzessin Crescentia Luise (in der Operette „Hoheit tanzt Walzer", 1927) wie einen Prinzen Max von Morenien (in der Operette „Die Herzogin von Chicago", 1928) abgab. Unbestrittener Star jedoch war sie auch künftig in den Weihnachtsmärchen der Frankfurter Bühnen. Zunächst wollte das Opernhaus an seinen Vorjahreserfolg von „Peterchens Mondfahrt" anknüpfen, und es brachte am 9. Dezember 1927 das – nicht nur thematisch sehr ähnliche – Märchenspiel „Das Weihnachtssternlein" von Vicki Baum mit Musik von Willy Czernik zur Uraufführung. Wieder spielten Liesel Christ und Lilly Uhl ein Kinderpaar namens Peter und Liesel, wenn auch der Peter – wie der Frankfurter General-Anzeiger bemerkte – „heuer etwas ungezogener geworden" war[22]. Das von Czernik komponierte „Große Spielzeug-Ballett" im fünften Bild kam sogar ziemlich modern daher. Einer der Tänze hieß „Jonny spielt auf", genau wie die Oper von Ernst Křenek, die damals gerade zum ersten Mal in Frankfurt gegeben worden war. „Jazz war mit dieser Premiere auch in das Weihnachts-Märchen eingezogen", vermerken Madlen Lorei und Richard Kirn.[23]

Die kleine Spezialistin für „Hosenrollen", um 1928/29

Im folgenden Jahr wurde der Kinderstar für das Weihnachtsmärchen von der Konkurrenz abgeworben: Im umgestalteten Neuen Operetten-Theater, das gerade zu Beginn der Saison am 10. August 1928 mit einem Gastspiel von Franz Lehár und Richard Tauber festlich wiedereröffnet worden war, gab Liesel Christ die Hauptrolle in „Das neugierige Sternlein" von A. Bethe-Kuhn. Publikum wie Presse waren begeistert:

„Daß ein kleines Mädel die Titelrolle spielt und im Mittelpunkt des szenischen Geschehens steht – so etwas kommt natürlich nur im Weihnachtsmärchen vor. Und dieses Weihnachtsmärchen vom ‚*Neugierigen Sternlein*' im *Operettentheater* hat Liesel *Christ* als kleine, den Frankfurtern schon bekannte Diva zur Hauptperson. Vielleicht wird sie einmal ein großer Star werden? Warum auch nicht? Schon jetzt fliegen ihr die Herzen des großen und kleinen Publikums zu, und besonders den kleinen Buben hat sie es angetan. Wie die jungen Verehrer strahlen und ihr zuklatschen! Es ist auch gar zu köstlich, wie das neugierige Sternlein stracks weg von der Milchstraße in den Unkenteich purzelt, bei Fröschen, Störchen und Bären allerlei erlebt, bis es der Weihnachtsmann wieder in den Himmel zu dem trostlosen Mondvater (Karl *Reul*) zurückbringt."[24]

Liesel hatte sich diesmal offenbar die lukrativste Rolle in den Weihnachtsmärchen der Frankfurter Bühnen aussuchen können. Im Opernhaus, wo zugleich Brentanos „Trilltrall und seine Brüder" mit der jungen Schauspielerin Lena Martin-Bössnicker (ebenfalls einer ehemaligen Kinderdarstellerin) in der Hauptrolle gegeben wurde, hatte „die kleine Christ" inzwischen zwar auch einige Privilegien genossen, und während der Proben und Vorstellungen durfte sie dort sogar in der Garderobe der Primadonna Else Gentner-Fischer sitzen. Die Städtischen Bühnen zahlten immerhin 25 Mark Abendgage, aber das N. O. T. bot gar 30 Mark für jede Märchenvorstellung (was damals ungefähr dem Lohn einer angelernten städtischen Arbeiterin für eine Woche mit 48 Stunden entsprach). Bei angeblich 43 Aufführungen des „Neugierigen Sternleins" 1928/29 kam somit das hübsche Sümmchen von 1.290 Mark zusammen. Das Geld konnte die weiterhin in einfachen Verhältnissen lebende Familie Christ gut brauchen. Die Eltern investierten jedoch zunächst in Lieschens Karriere und schafften ein Klavier an, das die Schauspielerin sogar über Kriegs- und Nachkriegszeit retten konnte. Es steht bis heute im Volkstheater.

In der Römerstadt

Von dem Geld, das Lieschen verdiente, steckten die Eltern Christ aber auch allerhand in das familieneigene Haus in Praunheim, wohin sie mit ihrer Jüngsten um 1931 zogen. Die drei lebten künftig in der Drei-Zimmer-Wohnung im ersten Stock des Hauses In der Römerstadt 251, wozu eine große Wohnküche und – auf halber Treppe – ein WC, aber kein Bad gehörten. Die älteren Geschwister waren mittlerweile längst erwachsen und selbstständig, wenn auch manche von ihnen immer wieder einmal ihr Quartier in dem Praunheimer Haus nahmen. So wohnte damals der inzwischen als Straßenbahnschaffner arbeitende Bruder Wilhelm Wiesemann mit seiner Frau Lotti geb. Troittmann im zweiten Stock. Auch der Bruder Karl Christ, der mit seiner Stiefschwester Mariechen Wiesemann verheiratet war und seit März 1930 selbst eine kleine Tochter hatte, kam mit seiner Familie aus der vorherigen, gemeinsam mit den Eltern unterhaltenen Wohnung in der Koselstraße zunächst mit nach Praunheim, bis er bald darauf ein eigenes Heim, wiederum im Nordend, beziehen konnte.

Die ehemals ländliche Umgebung des Christschen Hauses, das noch zum eigentlichen Ortskern des alten Dorfes Praunheim gehörte, hatte sich seit der Mitte der zwanziger Jahre gründlich verändert. Auf freiem Feld waren hier im Zuge des „Niddatalprojekts" unter Stadtbaurat Ernst May zwei Siedlungen des „Neuen Frankfurt" entstanden, die Siedlung Praunheim im Südwesten (1926–1929) und die Römerstadt im Osten (1927–1929), die mit ihren insgesamt über 2.600 Wohneinheiten zur Beseitigung der drängenden Wohnungsnot beitragen sollten. Anders als die üblichen „Altbauten", wie sie auch die Christs bewohnten, boten die Siedlungen den Mietern modernsten Komfort. In der Römerstadt verfügten fast alle Haushalte über Zentralheizung, Einbauküche, Rundfunkanschluss und einen eigenen Nutzgarten, und vor allem waren sie voll elektrifiziert. „Wir haben Amerika direkt vor den Toren!", schwärmte der Berichterstatter des Frankfurter General-Anzeigers anlässlich des Erstbezugs der Siedlung im August 1928. Der Luxus hatte aber auch seinen Preis: Einfache Arbeiter konnten sich die Mieten gerade in der Römerstadt nicht leisten. Die überkommene Bevölkerungsstruktur in Praunheim, wo einst hauptsächlich Bauern und Arbeiter beheimatet waren, begann sich zu verändern, und damit wandelte sich, anfangs beinah unmerklich, das politische Klima in dem traditionell stark sozialdemokratisch geprägten Stadtteil. Gerade in den Schulen aber würden die Auswirkungen schon bald zu spüren sein, was auch das Lieschen erfahren sollte.

Als krönender Abschluss der architektonisch bahnbrechenden Siedlung Römerstadt wurde am 20. August 1929 die „Schule in der Römerstadt" eingeweiht, die nach einem Entwurf von Martin Elsässer, dem Baumeister der kurz zuvor errichteten Großmarkthalle, und Walter Schütte 1928/29 entstanden war. In seiner Eröffnungsansprache nannte der städtische Schuldezernent Dr. Rudolf Keller den Bau das „Zeichen einer neuen pädagogischen Gesinnung". In diesem freundlichen, im Grünen gelegenen Schulgebäude könne, so meinte er, „die Griesgrämigkeit der alten Schule (...) keinen Platz mehr haben".[25] Dafür sollte auch die sorgfältige und moderne Innenausstattung in lebendigen, aufeinander abgestimmten Farben sorgen. In den sonnigen Klassenzimmern mit Ausblick auf das Niddatal gab es keine Bänke mehr, sondern der Kindergröße angepasste Schulmöbel. „Der entthronte Lehrer"[26] saß nicht auf dem Katheder, sondern am gleichen Tisch wie die Schüler. Bei schönem Wetter war sogar Unterricht im Freien, auf der Dachterrasse, möglich.

Mit ihrem Umzug nach Praunheim wechselte Liesel Christ auf die neue Schule in der Römerstadt. Die knapp Zwölfjährige kam in die III. Klasse der Volksschule (was der heutigen 6. Klasse entspricht), die damals mit 28 Schülerinnen und Schülern noch nicht voll besetzt war. Erst nach und nach wurden die insgesamt 16 geplanten Klassen der neueröffneten Schule aufgefüllt, bis sie schließlich die angestrebte Stärke von jeweils 40 Schülern erreicht hatten. So war auch die III. Klasse gerade erst im Laufe des Schuljahrs 1930/31 aus neu hinzugezogenen Kindern verschiedenster Herkunft und unterschiedlichsten

Wissenstands gebildet worden, was an die Klassenleitung höchste pädagogische Anforderungen stellte.

Nach den Sommerferien 1930 war Liesel Oestreicher geb. Cahn, die selbst neu in das Kollegium der Schule gekommen war, zur Klassenlehrerin der schwierigen „Dritten" bestimmt worden. Schon nach wenigen Monaten zeigte sich, dass die 37-jährige Lehrerin ihre Aufgabe mit viel pädagogischem Geschick, Humor und Geduld meisterte. Von einer Revision des Unterrichtsbetriebs durch die städtische Schuldeputation kurz vor Ende des Schuljahrs 1930/31 konnte Schulrat August Henze lobend berichten:

Die Ballerina, um 1927/28

> „Frau Oestreicher ist mir aus ihrer früheren Arbeit in Förderklassen als tüchtige, fleissige, energische und zielbewusste Lehrerin bekannt, die durch ihr ganzes Wesen, insbesondere den ihr eigenen Frohsinn, ihre Schüler anzufeuern und für sich zu gewinnen weiss. Schwierigkeiten, die ihr erwachsen, vermögen sie nicht abzuschrecken und in ihrem Wirken zu lähmen. Sie hat auch in ihrer jetzigen Klasse ihre ganze Kraft und Energie eingesetzt, sich in ihren Anforderungen auf die Leistungsfähigkeit ihrer Schüler gut eingestellt und bereits erreicht, dass ein Zusammenschweissen der Klasse angebahnt, zum mindesten ein williges freudiges Arbeiten in derselben erzielt ist."[27]

Im folgenden schilderte der Schulrat ausführlich den Unterricht von Frau Oestreicher in ihrer III. Klasse:

> „Aus der Schrift ‚Die Regentrude' soll die Regenszene, nachdem sie gelesen ist, dargestellt werden. Es werden die Hauptgedanken herausgestellt, die für die Darstellung erforderlichen Personen ermittelt und sonstige Vorbereitungen erledigt. Die Klassenlehrerin erreicht durch ihre Lebendigkeit, dass die Kinder mit vollem Interesse bei

der Sache sind. Das erste Bild der Scene wird dann von den Kindern recht selbständig und ansprechend dargestellt. Weiter wird das Gedicht ‚Der Erlkönig' behandelt. (...) Frau Oestreicher trug nach wenigen einführenden Worten das Gedicht gleich vor. Die Kinder stellten dann Fragen und erteilten sich nach Möglichkeit gegenseitig selbst Auskunft. Die Klasse nahm daran lebhaften Anteil. (...) Beim Einlesen wurde auch das Lesen mit verteilten Rollen nicht vergessen."[28]

Es ist nur zu gut vorstellbar, wie begeistert gerade das „Theaterkind" Liesel Christ in einem so konzipierten Unterricht mitging.

Die bei der Revision im März 1931 gelobten reformpädagogischen Unterrichtsprinzipien unter der Schulleitung von Heinrich Lotter fanden allerdings schon bei einer erneuten Prüfung des Schulbetriebs im Dezember 1932 amtlicherseits weniger Anklang. Nach seinem Besuch in der nunmehrigen I. Klasse (der heutigen 8. Klasse) von Frau Oestreicher musste Magistratsoberschulrat Heinrich Schüßler zwar zugestehen, dass die Lehrerin „fleissig in der Klasse gearbeitet und besonders erzieherisch gute Erfolge erzielt" habe.[29] Doch für diesen Prüfer alten Stils zählte offenbar stur eingepauktes und abrufbares Wissen mehr: Er gab den Kindern ein Probediktat, bei dem nach seiner strengen Beurteilung 15 der 33 anwesenden Schüler mit vier und mehr Fehlern glatt „versagt" hätten. Die Zeit, den eigenen Unterricht der Klassenlehrerin anzuhören, nahm sich der Schulrat allerdings nicht.

Die Kinder aus der I. Klasse, zuletzt 23 Jungen und 17 Mädchen, hatten ihre Frau Oestreicher längst ins Herz geschlossen. Auch Liesel liebte die Lehrerin geradezu und hielt in späteren Jahren, sogar nach deren Emigration in die USA, weiterhin Kontakt zu ihr. Offenbar verstand es die Pädagogin, ihre Schüler zu motivieren und auch für besondere Projekte zu begeistern. So war die Klasse mit Feuereifer dabei, als am 1. Juli 1932 ein „Bunter Abend" im Festsaal der Schule veranstaltet wurde, dessen Erlös für ihren bald anstehenden Wegscheideaufenthalt bestimmt war. Das Eintrittsgeld, das 30 Pfennig pro Person betrug, sollte bedürftigen Mitschülern die Fahrt in das Frankfurter Schullandheim ermöglichen. In dem bunten Festprogramm mit immerhin 22 Nummern trat selbstverständlich auch Liesel Christ auf. Ihr Solotanz, den sie bei einer ähnlichen „Wegscheidefeier" der Schule am 20. und 21. März 1933 noch einmal wiederholte, dürfte ein Höhepunkt des Abends gewesen sein.

Zum Lohn für alle Mühen fuhr die Klasse dann vom 12. August bis zum 8. September 1932 auf die Wegscheide. Dabei wurde sie allerdings von dem naturwissenschaftlich interessierten Lehrer Fritz Voigt und dessen Frau begleitet – und nicht von ihrer geliebten Klassenlehrerin, die daheim außer Mann und zweijährigem Kind auch ihre pflegebedürftige alte Mutter zu versorgen hatte. Trotzdem blieben die Wochen auf der Wegscheide für Liesel Christ unvergesslich. Noch wenige Monate vor ihrem Tod besuchte sie das bei Bad Orb gelegene „Kinderdorf", um dort ihre Erinnerungen aufzufrischen. Spontan entschloss sie sich, die Sanierung des etwas in die Jahre gekommenen Schullandheims zu unterstützen. Im Sinne der mittlerweile verstorbenen Schauspielerin wurde daher mit einer Benefizveranstaltung im Volkstheater am 12. Oktober 1997 eine Initiative zugunsten der Wegscheide gestartet, die es sich zum Ziel gesetzt hatte, in dem Frankfurter „Kinderdorf" ein „Liesel-Christ-Haus" zu schaffen. Leider konnte dieses Vorhaben dann doch nicht realisiert werden.

Abschluss einer Kinderkarriere

Am Ende des ersten Jahres in Praunheim konnte Liesel Christ auf der Bühne noch einmal an ihren bisher größten Erfolg anknüpfen. Am 6. Dezember 1931, fast genau fünf Jahre nach ihrem ersten Auftritt in „Peterchens Mondfahrt", spielte sie in der Neuinszenierung des Stückes am Opernhaus wieder die Titelrolle. Es sollte die letzte große Rolle des nunmehr 12-jährigen Kinderstars in einem Weihnachtsmärchen der Frankfurter Bühnen sein. Zu Weihnachten 1935 wurde Liesel zwar noch einmal zur Hauptperson in einem Märchen des Opernhauses – aber eben nicht mehr als „die klaa Christ", sondern als angehende Schauspielerin.

In der Neuinszenierung von „Peterchens Mondfahrt" 1931 gab es allerhand Veränderungen, was sich schon auf dem Besetzungszettel zeigte. So spielte neben Liesel als Peterchen nun die kleine Torina Nitschker die Anneliese. Vor allem aber alternierte Hermann Schramm, der beliebte „Summseschramm", in der Rolle des Maikäfers offenbar mit dem Operettenbuffo Emil Seidenspinner. Außerdem war die Aufführung unter der Regie von Rudolf Scheel etwas modernisiert worden, so dass es jetzt beispielsweise einen „Tanz der Micky-Mäuse" in der – wie immer von Ilse Petersen einstudierten – Balletteinlage „Auf der Spielzeugwiese" gab. Insgesamt musste die Inszenierung jedoch mit weniger Aufwand als die früheren Weihnachtsmärchen auskommen, und trotz niedrigster Eintrittspreise von 0,50 bis 2,50 Reichsmark konnten lediglich zwölf Vorstellungen im Dezember 1931 und Januar 1932 (also nur knapp halb so viele wie 1926/27) gegeben werden. Die Folgen der allgemeinen Krise machten sich inzwischen überall bemerkbar.

Auf den Frankfurter Bühnen hatte sich das Ende der goldenen Jahre bereits vor Ausbruch der Weltwirtschaftskrise 1929 angekündigt. Die Städtischen Bühnen machten schon 1928/29 infolge von Personalproblemen eine schwierige Zeit durch: Beide Intendanten, Richard Weichert für das Schauspiel und Clemens Krauß für die Oper, und mit ihnen zahlreiche wichtige Kräfte der Bühnen verließen zum Ende der Spielzeit die Stadt, und es galt, gleichwertigen Ersatz zu finden. Der Wechsel an der Theaterspitze konnte aber auch für bewährte Gäste, Kinderdarsteller und selbst Statisten bedeuten, dass sie sich und ihr Können neu beweisen mussten, um wieder engagiert zu werden. Dies dürfte für Liesel kein allzu großes Problem gewesen sein, zumal sie in ihrer Tanzlehrerin Ilse Petersen, die den Städtischen Bühnen als Ballettmeisterin erhalten blieb, wie bisher eine Fürsprecherin gehabt haben dürfte. In Stücken mit Tanzszenen, für die auch Kinder benötigt wurden, wurde „die

Szene (mit Liesel Christ als 2. v. re.) aus „Der Froschkönig", Waldtheater im Stadion, 1932

kleine Christ", teilweise sogar als Solotänzerin, weiter eingesetzt. So tanzte sie in der Frankfurter Erstaufführung von „Kakadu-Kakada", dem Kinderstück von Carl Zuckmayer, im Schauspielhaus am 6. Dezember 1930 den Bräutigam in der Balletteinlage „Puppenhochzeit". Das war in Zeiten wachsender Arbeitslosigkeit, in denen die Leute sich wegen geringster Gagen um winzigste Statistenrollen geradezu rissen, besser als nichts. Wichtigere Kinderrollen aber blieben Liesel, außer der erwähnten Reprise als Peterchen, zumindest bei den Städtischen Bühnen künftig versagt: Sie war einfach zu groß dafür geworden. Einer Zehnjährigen hätte man etwa das Söhnchen der Butterfly nicht mehr abgenommen.

Ein paar schöne Erfolge konnte Liesel in jenen Jahren jedoch auf einigen anderen „Märchenbühnen" der Stadt feiern. Zwar musste das erst vor Jahresfrist modernisierte und wiedereröffnete Neue Operetten-Theater am 11. August 1929 schließen. An seiner Stelle wurde sechs Wochen später der „Ufa-Palast Groß-Frankfurt" eröffnet, eines der ersten Frankfurter Tonfilmtheater, das sich bald zu einem der bedeutendsten Erstaufführungskinos am Ort entwickeln sollte. In dem Saal mit 1.245 Sitzen wurde zunächst aber auch die vom Neuen Operetten-Theater begonnene Reihe der Märchenaufführungen, an jedem Mittwoch- und Samstagnachmittag nicht nur zur Weihnachtszeit, fortgesetzt. So stand das „Wunderkind" Liesel Christ hier weiterhin in verschiedenen Märcheninszenierungen auf der Bühne. Einen besonderen Triumph erlebte sie als „allerliebstes Rotkäppchen, das sich bald alle Herzen gewonnen hatte", wie der Frankfurter General-Anzeiger damals schrieb[30]. Mit diesen Märcheninszenierungen tingelte sie auch im Frankfurter Umland, u. a. nach Darmstadt und Bad Homburg. Außerdem wurde damit das Waldtheater im Stadion beschickt.

Das neue, erst 1925 eingeweihte Frankfurter Waldstadion, damals Deutschlands größte Sportstätte, besaß eine Freilichtbühne mit ca. 1.200 Plätzen. Dieses Waldtheater war am 1. Juli 1928 mit einer Aufführung von Shakespeares Komödie „Der Widerspenstigen Zähmung" (mit Ellen Daub als Katharina und Leopold Biberti als Petrucchio) eröffnet worden. Seitdem wurden dort regelmäßig Freilicht-Märchen-Aufführungen, zunächst teilweise in Inszenierungen des N. O. T. bzw. später des Ufa-Palasts, geboten. Liesel Christ wirkte hier 1932 in dem Märchen „Der Froschkönig" mit. In jenem Jahr ermöglichten erstmals Sponsoren bedürftigen Schulkindern den kostenlosen Besuch der Vorstellungen des Waldtheaters im Rahmen der Ferienspiele. Drei Jahre später war Direktor Albert Maurer, der das Waldtheater als selbstständige Bühne seit etwa 1930 leitete, aggressivsten Anwürfen nationalsozialistischer „Volksgenossen" ausgesetzt. Obwohl sich alle gegen ihn vorgebrachten Anschuldigungen als haltlos erwiesen, wurde Maurer (der mit einer Jüdin verheiratet war) zum Ende der Spielzeit 1935 entlassen. Das Waldtheater wich im Zuge eines grundlegenden Stadionumbaus 1956–1959 einem Hockeyplatz.

Für das geschlossene Neue Operetten-Theater sprang ab 1929 auch das Schumann-Theater in die Bresche. Der imposante Zirkus- und Theaterbau am Hauptbahnhof, errichtet 1905 von dem Zirkusdirektor Albert Schumann, diente inzwischen längst nicht mehr als Manege. Das rentierte sich nicht mehr. Das „Schumann", zumal es in den späten 1920er Jahren ebenfalls die Krise zu spüren bekam und zeitweise schließen musste, verlegte sich lieber ganz auf Varieté, Operette und Revue. Bei einigen der äußerst aufwendigen und glamourösen Operettenaufführungen dort wirkte auch Liesel Christ mit. Im Jahr 1929 salutierte sie als stolzer Kadett auf der Terrasse von Sanssouci in der Revue-Operette „Casanova" von Ralph Benatzky, und kaum zwei Jahre später trat sie als Infantin von Spanien in der Operette „Die drei Musketiere" desselben Komponisten auf, wiederum einer üppig ausgestatteten Historienrevue, in der das Mädchen ein prächtiges Brokatkleid mit einem über zehn Kilogramm schweren Reifrock tragen – oder vielmehr: schleppen musste.

Um diese Zeit lief die Karriere der „kleinen Christ" allmählich aus. Mit der bereits erwähnten Wiederholung ihres Erfolges als Peterchen in „Peterchens Mondfahrt" 1931/32 war die große Zeit des Kinderstars Liesel Christ eigentlich vorbei. Sie hatte die Kinderrollen an (fast) allen Frankfurter Bühnen rauf- und runtergespielt. Nun war sie als Kinderdarstellerin ihrem Fach regelrecht „entwachsen". Es wurde etwas ruhiger um „die klaa Christ", die sich in Praunheim erst einmal intensiver der Schule widmen musste. Sie brauchte ihren Abschluss. Danach, das stand für sie felsenfest, wollte sie „richtig" zum Theater gehen.

Umbrüche im Frühjahr 1933

Liesel würde keine Primaballerina werden. Das war schon seit einiger Zeit klar, obwohl das Mädchen durchaus musikalisch und tänzerisch talentiert war. Aber sie brachte nicht die äußere Erscheinung einer Tänzerin mit: Sie war „nicht ätherisch genug", wie sie selbst einmal sagte,[31] sondern wirkte eher pummelig und bodenständig. Dennoch ging sie weiterhin in die Ballettstunden im Opernhaus, die ja ihre wichtigste Verbindung zur Bühne waren, denn dort wurden die Kinderdarsteller für die Produktionen fast aller Frankfurter Theater ausgewählt.

Daneben suchte Liesel, die schon während der Jahre im Nordend gern zu Tanz- und Gymnastikstunden in den Frankfurter Turn- und Fechtclub in der Weberstraße gegangen war, auch an ihrem neuen Wohnort in Praunheim bald weiteren sportlichen Ausgleich und somit Kontakt zu gleichaltrigen Mädchen. Ihr Vater und ihre Brüder waren alle sportlich aktiv. Der Vater war Turner, Leichtathlet und Kassenwart der Turngemeinschaft (TG) Praunheim, und Ferdinand, sein Ältester, hatte 1911 sogar den Fußball-Sport-Verein in Praunheim mitbegründet. Es lag also nahe, dass nun auch Liesel in die TG Praunheim eintrat, wo sie turnte und wohl – wie ihre Brüder – Handball spielte sowie zu besonderen Anlässen, etwa in Märchenspielen bei Vereinsfeiern in der örtlichen Gaststätte, auch manchmal auf der Bühne stand. Sommers ging Liesel oft zum Schwimmen an die Nidda, in die sie sich – entgegen aller Verbote – waghalsig vom Wehr hinein stürzte. Außerdem fuhr sie leidenschaftlich gern Fahrrad, wobei sie allerhand Kunststückchen vollführte, bis sie eines Tages im Burgfeld in der Römerstadt mit einem Auto zusammenstieß. Der Unfall ging glimpflich ab. Doch der Schock saß tief: Sie hat später ihren beiden Töchtern trotz deren inständiger Bitten niemals ein Fahrrad gekauft.

Die Mitgliedschaft im Sportverein sah der Vater Karl Christ in seiner alten Abneigung gegen jegliches politisches Engagement zugleich als Schutz vor einem möglicherweise angetragenen, aber unerwünschten Eintritt in eine Partei oder parteinahe Organisation. „Wenn einer was von dir will, dann sagste, du bist im Praunheimer Turnverein, und des langt!", wies er seine jüngste Tochter Liesel stets an. Nach der nationalsozialistischen Machtübernahme am 30. Januar 1933 hätte das Befolgen dieser ziemlich naiven Verhaltensmaßregel durchaus gefährlich werden können. Selbst in der ehemals freien Stadt Frankfurt und gar in deren „rotem" Stadtteil Praunheim schlug im Zuge der „Gleichschaltung" die politische Stimmung in der Bevölkerung rasch um. Zwei der Brüder aus der als SPD-nah geltenden Arbeiterfamilie Christ-Wiesemann passten sich zumindest nach außen hin dem neuen Regime an: Der früh (1936) verstorbene Wilhelm Wiesemann fungierte als Blockwalter der NSV in der Ortsgruppe Frankfurt-Praunheim, und Konrad Christ trat in die NSDAP ein, angeblich auf Druck seiner künftigen Schwiegereltern, die ihm sonst ihre Tochter nicht zur Frau gegeben hätten. Dagegen folgte Lina Krengel geb. Wiesemann, Marie Christs Tochter aus erster Ehe, ihrem jüdischen Mann in die Emigration nach Amerika, wo zwei ihrer Brüder, Bill Brühmann und Albert Wiesemann, schon seit einigen Jahren lebten.

Bereits im Frühjahr 1933, nur wenige Wochen nach der nationalsozialistischen „Machtergreifung", musste auch die noch nicht ganz 14-jährige Liesel erste Folgen des politischen Umschwungs erfahren. Kurz vor ihrem Volksschulabschluss erlebten sie und ihre Mitschüler, wie die geliebte Klassenlehrerin infolge von antisemitischen Hetzkampagnen die Schule in der Römerstadt verlassen musste. Zunächst wurde Liesel Oestreicher in einer Pressenotiz „Jüdische Lehrerin als Doppelverdienerin" im Frankfurter Volksblatt vom 2. März 1933 namentlich denunziert und daraufhin sofort vom Schuldienst beurlaubt. Sogleich nahm sich der Elternbeirat der Schule des „beunruhigenden Sachverhalts" an und forderte im Interesse „weitester Kreise der Elternschaft", dass die jüdische Lehrerin „unverzüglich" entlassen werden solle.[32] Auch (nicht immer uneigennützig vorgebrachte) Beschwerden aus dem Kollegium über die angeblich „zersetzende Tätigkeit" von Frau Oestreicher gingen ein, u. a. wegen des „stark marxistischen" und „pazifistischen" Geistes in ihrer Klasse. So behauptete eine Vertretungslehrerin, die ganz offen auf die Stelle der Verleumdeten spekulierte, dass deren Klasse nach Hitlers Wahlsieg „Freiheit und Rotfront" hinter ihr her gebrüllt hätte.[33] Unter erheblichem Druck beantragte Liesel Oestreicher trotz ihrer unsicheren wirtschaftlichen Lage am 23. Mai 1933 ihre endgültige Entlassung aus dem Schuldienst, der vier Monate später stattgegeben wurde. Die hervorragende Pädagogin schlug sich und ihre Angehörigen mit Privatunterricht durch, bis ihr mit Mann und Tochter nach dem Novemberpogrom 1938 noch die Emigration in die USA gelang.

Zu Ostern 1933 schlossen Liesel Christ und ihre Kameraden mit der I. (der heutigen 8.) Klasse die Schule ab. Zu ihrer suspendierten Lehrerin, die ganz in der Nähe der Schule wohnte, hielten die Jugendlichen weiterhin Kontakt. Lediglich einer der Jungen glaubte einmal, sie provozieren zu müssen, und besuchte sie in „brauner" Uniform, aber Frau Oestreicher sah darüber hinweg und sagte nur: „Ach, Bub, schön, dass du da bist!", worauf der Junge tief beschämt war. Liesel Christ, deren schauspielerische Begabung die Pädagogin immer gefördert hatte, blieb sogar über die Emigration hinaus in Verbindung mit Liesel Oestreicher. Durch einen glücklichen Zufall im Jahr 1955 konnte die inzwischen arrivierte Schauspielerin ihre alte Lehrerin erstmals in Amerika besuchen.

1933–1936
Die jüngste Schauspielschülerin
Elevin an der „Hochschule für Musik und Theater der Stadt Frankfurt am Main"

Beim Abschluss der Volksschule zu Ostern 1933 war Liesel Christ ziemlich genau 14 Jahre alt. „Es gab für mich nie eine Entscheidung, was ich mal werrn sollt", erinnerte sie sich.[34] Denn eigentlich stand für sie wie für alle anderen schon seit Jahren fest: Das Lieschen geht einmal zum Theater, wenn nicht als Ballerina, dann als Schauspielerin. Folglich sah Liesel nur eine mögliche Fortsetzung ihres Lebenswegs: die Ausbildung an der Schauspielschule. Alles andere, etwa den weiteren Schulbesuch oder eine Lehre, hätte sie als lästige Pflicht empfunden, als reine Zeitverschwendung, die sie nur noch länger von ihrem Wunschziel, der Arbeit in ihrem Traumberuf als „echte" Schauspielerin, fernhalten würde.

Liesel bewarb sich also sofort an der Schauspielschule ihrer Heimatstadt. Doch so leicht wurde man schon damals dort nicht aufgenommen. Einerseits befand sich auch die 1919 gegründete Frankfurter Schauspielschule im Frühjahr 1933 völlig im Umbruch. Andererseits war Liesel eigentlich zu jung für das Schauspielstudium. Es gab Schwierigkeiten. In deren Folge musste Liesel erst einmal eine Lehre als Modistin anfangen. Aber sie ließ nicht locker. Nach bestandener Eignungs- und Aufnahmeprüfung wurde die 14-Jährige schließlich mit einer Sondergenehmigung zur Ausbildung an der Schauspielschule zugelassen. Denn, so meinte ihr ehemaliger Studienkollege Heini Göbel treffend, „für gewisse Rollen ist man nie zu jung".[35] Zu Semesterbeginn im September 1933 konnte somit Liesel Christ als jüngste Schülerin ihr Studium an der neu eingerichteten „Hochschule für Musik und Theater der Stadt Frankfurt am Main" aufnehmen.

Lehrjahre

Im Zuge der nationalsozialistischen „Gleichschaltung" mussten noch während der laufenden Spielzeit 1932/33 zahlreiche bewährte und beliebte Kräfte die Städtischen Bühnen in Frankfurt verlassen. Zum 1. Juni 1933 wurde Hans Meissner zum neuen Generalintendanten für Oper und Schauspiel bestellt. Der 37-Jährige, gebürtiger Frankfurter und zuletzt Intendant in Stettin, empfahl sich vor allem durch seine Theatererfahrung für das wichtige Amt. Bereits von 1924 bis 1930 hatte er als Theaterleiter in seiner Vaterstadt gewirkt, als Intendant des Künstlertheaters für Rhein und Main (des Vorläufers der späteren Landesbühne Rhein-Main), das er nach dem inflationsbedingten Zusammenbruch neu aufgebaut hatte. Der ehemalige Sozialdemokrat, der sich aus Furcht vor möglichen Konsequenzen aus seiner politischen Vergangenheit nun umso bedingungsloser zur NSDAP bekannte, ging nach der Übernahme der Frankfurter Generalintendanz sofort die Neuordnung

Gemeinschaftsunterricht an der Theaterhochschule bei Franz Schneider (mit Liesel Christ im hellen Kleid mit schwarzen Knöpfen im re. Bildteil), 1933

des hiesigen Bühnenwesens an. Trotz aller Konzessionen an das herrschende Regime wurde er dabei seinem Ruf als hochqualifizierter Theaterfachmann gerecht, der sich schwülstigen Nazidramaturgen und politischen Gesinnungsregisseuren haushoch überlegen zeigte.

So organisierte Meissner bis Herbst 1933 auch die Ausbildung zum Bühnenberuf neu. Die drei bereits bestehenden Ausbildungsstätten, nämlich die Frankfurter Schauspielschule, die Opern- und Opernchorschule an Dr. Hoch's Konservatorium und die Tanzschule der Städtischen Bühnen, fasste der Generalintendant unter seiner verantwortlichen Leitung zusammen zu einer „Hochschule für Theater". Diese war zunächst dem (dadurch zur „Hochschule für Musik und Theater der Stadt Frankfurt am Main" erhobenen) Hoch'schen Konservatorium angegliedert, wurde nach dessen Anerkennung als Staatliche Musikhochschule 1937 dann als stadteigene Einrichtung verselbstständigt. Ihren Sitz hatte die Theaterhochschule somit in Dr. Hoch's Konservatorium in der Eschersheimer Landstraße 4 (direkt neben dem Volksbildungsheim), einem heute nicht mehr erhaltenen, kriegszerstörten Neorenaissancebau, der jüngst jedoch zu besonderen Ehren kam: Sein Abbild zierte die Rückseite des letzten Hundertmarkscheins, denn diese Geldnote war Clara Schumann, der berühmtesten Lehrerin des Konservatoriums, gewidmet.

Als „unerläßliche Vorbedingung" für eine effiziente Arbeit der neuen Theaterhochschule sah Meissner eine „strenge Begabtenauslese", wie er später (1940) in einer kleinen Festschrift ausführte: „Die wahllose Ausbildung von Schülern für die Theaterlaufbahn in früherer Zeit hatte zu einer ungeheueren Vermehrung beschäftigungsloser Künstler und zu einer gewissen Verelendung des Standes geführt. Eine strenge Prüfung hält darum Ungeeignete vom künstlerischen Beruf fern und bewahrt sie vor späterem wirtschaftlichen Elend."[36] Diese Ansicht entsprach den explizit seit 1935 gültigen Anordnungen der Reichstheaterkammer, wonach jeder Bewerber eine „Eignungsprüfung" vor einem Gremium dieser Kammer abzulegen hatte, bevor er überhaupt zur Aufnahmeprüfung an einer Schauspielschule zugelassen wurde. Nach Erinnerungen von Liesel Christ hatten sich zu ihrer Zeit rund 250 junge Leute für die „Eignungsprüfung“ beworben, von denen nur noch knapp die Hälfte (nämlich 120) zur Aufnahmeprüfung geladen wurde. Aufgenommen wurden schließlich 19 Schüler, wozu sich auch Liesel Christ zählen durfte. Aber noch während der Ausbildung wurde kräftig weiter „gesiebt“. Im Jahrgang von Liesel Christ (1935/36) erreichten gerade einmal 14 Schüler den Abschluss der Ausbildung mit der „Leistungsprüfung“.

Liesel Christ (2. v. re.) mit Freundinnen von der Theaterhochschule beim Sportunterricht im Stadion, um 1934/35

Dieses Staatsexamen für den Schauspielerberuf wurde auch „Reifeprüfung“ genannt. Als „Lehrziel“ der Hochschule für Theater hatte deren Leiter Hans Meissner nämlich „die Aufgabe“ formuliert, „junge, begabte Menschen in einem Zeitraum von 2–3 Jahren zu bühnenreifen Schauspielern, Einzelsängern, Chorsängern und Tänzern auszubilden“. Sie sollten „nach Abschluß des Lehrganges in der Lage sein, allen künstlerischen Anforderungen der Bühne gerecht zu werden, also die mögliche innere und handwerkliche Reife zu erreichen“.[37] Angesichts eines solchen Anspruchs wird klar, warum die Schulleitung zunächst zauderte, die 14-jährige Liesel Christ zur Ausbildung anzunehmen. Die Kleine war sicherlich begabt, aber ob sie tatsächlich in zwei oder drei Jahren schon die postulierte „Reife“ haben könnte? Es dürfte daher kein Zufall sein, dass Liesel die volle Studienzeit von sechs (statt möglicherweise nur vier) Semestern erfüllen musste, bis sie zur Abschlussprüfung zugelassen wurde.

Die Ausbildung war, wie ein Berichterstatter des „Frankfurter Volksblatts“ nach einer Besichtigung der Schauspielschule 1936 festhielt, „straff und zielbewußt“ organisiert. Mit Rücksicht auf das Lehrpersonal, das sich fast ausschließlich aus aktiven Künstlern der Städtischen Bühnen zusammensetzte, um allein schon dadurch den Bezug zur Praxis zu gewährleisten, war der Unterricht werktäglich meist von 9 bis 11 Uhr und von 16 bis 19 Uhr angesetzt. „Streng ist die Disziplin“, hielt der journalistische Besucher in seiner Reportage fest. „Ist ein Schüler gezwungen, dem Unterricht fernzubleiben, so gelten für ihn die gleichen Vorschriften wie für die ordentlichen Bühnenmitglieder. Er hat also bei Erkrankung beispielsweise sich so zeitig zu entschuldigen, als ob die Theaterleitung noch eine Ersatzkraft benachrichtigen müsse.“[38]

Der „vielseitige und reichliche Stundenplan“[39] ließ den Eleven wenig Zeit für Müßiggang. Immerhin mussten die Schauspielschüler ein Programm von 12 Fächern bewältigen: Sprachausbildung, Ausbildung des Klangbewusstseins, Mimik, Rollenstudium, Gemeinschaftsunterricht, Theatergeschichte, Kunstgeschichte und Kostümkunde, Rhythmische Gymnastik, Tanz, Fechten, Unterricht im Sportfeld und Schminkkursus; dazu kam noch eine im Sinne der NS-Ideologie eingeführte „Staats- und kulturpolitische Erziehung“. Die Verbindung zwischen all den dramatischen, theoretischen und sportlichen Fächern knüpfte der Gemeinschaftsunterricht, den der Schulleiter Franz Schneider, ein bewährter Schauspieler und Regisseur der Städtischen Bühnen, hielt.

Der Schwerpunkt der Ausbildung aber lag auf dem dramatischen Unterricht, dem Rollenstudium, worin die Schüler nicht nur als Ensemble im Gemeinschaftsunterricht, sondern vor allem einzeln oder in kleinen Gruppen von vier bis fünf Teilnehmern unterwiesen wurden, wie wiederum der Reporter des „Frankfurter Volksblatts“ beschreibt: „Ruhig hört der Lehrer einer kleinen Szene zu, verbessert hier und da, bemängelt sprachliche Fehler oder korrigiert die Geste. Dann das Ganze von vorne und so lange, bis die Szene sitzt. Das Hauptbestreben des dramatischen Unterrichts ist, daß die Schüler lernen, ihre Rollen *mit innerer Überzeugung* zu gestalten.“[40] Insgesamt acht Rollen mussten für die Reifeprüfung studiert und „makellos gekonnt“ werden.

Für das Rollenstudium suchten sich die Lehrer ihre Schüler bei einem innerschulischen Vorsprechen aus. Liesel Christ kam zunächst zu Luise Glau und vor allem auch zu Paul Verhoeven, dessen glänzende Karriere als Schauspieler, Regisseur und Bühnenautor damals von den Städtischen Bühnen in Frankfurt aus ihren Lauf nahm. Nach seinem Weggang nach Berlin (1935) wurde er an der Theaterhochschule ersetzt durch die damals neu nach Frankfurt verpflichtete Schauspielerin Lotte Brackebusch, die sich dem hiesigen Publikum als Marthe Schwerdtlein in „Faust I“ bei den Römerbergfestspielen 1935 vorgestellt hatte. Sie war Liesels Lehrerin in deren letztem Jahr an der Schauspielschule.

Besonderen Wert wurde auch auf Sprachausbildung und Sprechschulung gelegt, wofür die Sprachlehrerin Maria Gluck-Wetzelsberger, die Ehefrau des Opernkapellmeisters Bertil Wetzelsberger, zuständig war. Mit der herausragenden Sprecherzieherin arbeiteten die Schauspielschüler hart: „Wir haben Tag und Nacht Verse gebimst, so dass ich sie heute noch im Ohr und auf der Zunge habe“, erinnerte sich der Schauspieler Heini Göbel, einer der älteren Mitschüler von Liesel Christ.[41] Vor allem wurde den meist ihrer heimatlichen Mundart anhängenden Schauspielschülern auch die hochdeutsche Bühnensprache gelehrt. Liesel, obwohl sie als Theaterkind nicht wirklich im Dialekt groß geworden war, ließ in der Hochsprache das Frankfurterische anklingen. „Es hat meinen Vater ein großes Eckhaus gekostet, dass ich die Endsilben gelernt habe!“, scherzte sie gerne.[42] Andererseits mussten sich die Schauspieleleven die gängigen Bühnendialekte aneignen, vor allem Bairisch und Wienerisch, denn insbesondere „süddeutsche“

Mimikunterricht an der Theaterhochschule bei Paul Verhoeven, 1934. Das Entsetzen soll mimisch dargestellt werden: Alle mühen sich redlich, nur Liesel Christ (4. v. li. in der 1. Reihe) unterdrückt mühsam das Grinsen

Volksstücke und Schwänke sowie österreichische Salonstücke und Operetten wurden üblicherweise – egal, ob in Hamburg oder München – in ihrer „Originalsprache" gegeben.

Auf der Schauspielschule lernte Liesel Christ auch die Darmstädterin Suse Seyferth kennen, ihre beste Freundin, die nach ihrer Verheiratung allerdings den Beruf bald aufgab. Zu ihrem Jahrgang 1935/36 gehörte außerdem Siegfried Lowitz, der später als Fernsehkommissar („Der Alte") populär werden sollte. Weitere Mitschülerinnen und Mitschüler waren u. a. im Jahrgang 1933/34 Heini Göbel, im Jahrgang 1936/37 Georg Aufenanger, Konrad Georg, Richard Münch und Benno Sterzenbach, im Jahrgang 1937/38 Agnes Fink und Christl Pfeil sowie im Jahrgang 1938/39 Antje Ruge. Bei ihren Kameraden sei Liesel Christ, so erzählte Heini Göbel, „sehr beliebt" gewesen:

> „Liesel war gern gesehen, weil sie sehr jung war, alles sehr leicht nahm und immer gelacht hat. Von Temperament, Ausstrahlung und Äußerungen her war sie, wie man sich ein junges Mädchen eben so vorstellt: amüsant, lieb, nett anzuschauen. Der Altersunterschied von Liesel zu uns anderen Schülern war sehr groß. Wir waren fast alle mindestens fünf bis sechs Jahre älter als sie. Liesel war für uns immer ‚die Kleine', und wir haben sie nicht ganz für voll genommen: ‚Mal sehn, was aus der wird!', haben wir bei uns gedacht. Sie hatte zwar ein angeborenes Spieltalent, war sehr temperamentvoll und leichtfüßig, zumal sie ja auch einmal tanzen gelernt hatte. Aber man hat eben noch kein rechtes Profil in diesem Alter und kann noch in kein Charakterfach eingeordnet werden. Sie hätte ebenso gut eine jugendliche Heldin wie eine muntere Naive werden können."[43]

Auch auf der Theaterhochschule blieb Liesel also „die kleine Christ". Zwar zählten hier ihre Erfahrungen als Kinderdarstellerin wenig, und sie musste wie alle anderen ihr Handwerk von der Pike auf lernen. Aber als das Nesthäkchen wurde sie, wie schon daheim, doch manchmal bevorzugt. Sogar die Lehrer hätten bei ihr „einen anderen Maßstab angelegt", glaubte Heini Göbel.[44] Tatsächlich nutzten sie die unverbildete Jugend der „Kleinen" gelegentlich für theatralische Zwecke effektvoll aus. So erinnerte sich Georg Aufenanger, dass Liesel und er als die beiden jüngsten Schüler oft als Liebespaar „eingeteilt" worden seien: „Beide unberührt und völlig unbelastet, beide hemmungslos gut", meinte er.[45] Nur hin und wieder fehlte es dem „Backfisch" doch etwas an dem nötigen Ernst. So sollte die Klasse im Mimikunterricht bei Paul Verhoeven einmal „Entsetzen" ausdrücken. Auf dem davon aufgenommenen Gruppenfoto für einen Zeitungsbericht blicken alle mehr oder minder „entsetzt" drein – außer Liesel, die sich einfach das Lachen nicht verkneifen kann. Noch in ihrer späteren Bühnenlaufbahn war die Schauspielerin als eine furchtbare „Lachwurzen", wie es im Theaterjargon heißt, bei den Kollegen berühmt und berüchtigt.

Skihaserl und gestiefelter Kater

Während der Ausbildung an der Theaterhochschule waren die Schauspielschüler verpflichtet, bereits in kleineren Rollen an den Städtischen Bühnen mitzuwirken. Für die meisten von ihnen, die nicht wie Liesel Christ schon als Kind auf der Bühne gestanden hatten, waren solche Auftritte eine wichtige Probe in der Praxis ihres künftigen Berufs. Insbesondere für die Inszenierungen der „Sommerspielzeit" zur leichten und unbeschwerten Unterhaltung des Publikums während der offiziellen Theaterferien wurden die Schauspielschüler gern herangezogen. So wirkten Liesel Christ und einige ihrer Kameraden im Sommer 1935 in der Uraufführung des eher belanglosen Lustspiels „Tiroler Hütchen" von Stefan Grengg im Schauspielhaus mit. In dieser somit bei sengender Hitze im Juli gegebenen Wintersportkomödie spielte sie ein Skihaserl aus England, das während seines Urlaubs in Tirol (vergeblich) auf die Liebe eines Skimeisters hofft. Als der Skimeister Loisl präsentierte sich der neu engagierte Bonvivant Fritz Saalfeld erstmals dem Frankfurter Publikum, und als sein tolpatschiges Pendant Seppl debutierte der jugendliche Komiker Bum Krüger auf der hiesigen Bühne. In weiteren Rollen brillierten die beliebten Schauspieler Toni Impekoven und Georg Lengbach. Außerdem lernte Liesel Christ wohl bei dieser Produktion ihre acht Jahre ältere Kollegin Lia Wöhr kennen, die damit beauftragt war, die eingesetzten Schauspielschüler ein bisschen in die Bühnenwelt „einzuweisen".

Im selben Jahr konnte Liesel Christ noch einmal die Hauptrolle in einem Weihnachtsmärchen des Opernhauses übernehmen. Unter der Regie von Dr. Walter Jockisch spielte sie die Titelpartie in „Der gestiefelte Kater", einem „lustigen Märchenspiel" von Arthur Wagner mit Musik von Josef Vorsmann, das am 8. Dezember 1935 seine Frankfurter Erstaufführung erlebte. An der Seite des Müllersburschen Frieder, gespielt von Bum Krüger, hatte Liesel als der rotgestiefelte Kater Munz zweieinhalb Stunden lang allerhand Abenteuer im Kampf gegen den

Kater Munz (mit Bum Krüger als Frieder) in „Der gestiefelte Kater", Opernhaus, 1935

König Runkenill (Emil Staudenmeyer), den Zauberer Dullerdopp (Carl Ebert) und die böse Waldhexe (Poldi Eberle) zu bestehen, bevor zum guten Schluss dank dem leibhaftig auftretenden Weihnachtsmann (Alfred Dome) doch noch alle in das Lied „O du fröhliche" einstimmen konnten. Publikum wie Presse waren von der „wunderbaren" Aufführung begeistert: „Natürlich hatten der frische, immer gleich jungenshaft unbekümmerte Frieder Bum *Krügers* und der kluge, mit seinem schwarzen Näschen und dem spärlichen Schnurrbart pfiffig dreinschauende gestiefelte Kater Liesel *Christs* die uneingeschränkte Zuneigung der jungen Gäste", schrieb der Kritiker des Frankfurter General-Anzeigers,[46] und der Rezensent des Taunusboten jubelte gar: „Liesel Christ war ein gestiefelter Kater zum Verlieben!"[47]

Außer dem Erfolg, zum ersten Mal als Schauspielerin in einer größeren Rolle neben arrivierten Kollegen bestanden zu haben, dürfte der jungen Hochschülerin auch die Gage willkommen gewesen sein. Denn die Familie Christ hatte es in den dreißiger Jahren nicht allzu üppig, zumal Karl Christ zuletzt in einem jüdischen Betrieb tätig war, der „arisiert" und abgewickelt wurde. Zur Aufbesserung des Familieneinkommens suchten sich Vater und Tochter daher kleine Jobs. Während Karl Christ mit seinem Fahrrad für ein Möbelhaus in der Innenstadt unterwegs war, um fällige Ratenzahlungen einzutreiben, „modelte" die 16-jährige Liesel gelegentlich für Fotoaufnahmen bei einer Agentur, natürlich ganz brav und züchtig, etwa für Foto-Illustrationen harmloser Geschichten auf den Unterhaltungsseiten von Zeitungen und Zeitschriften. So erschien in der legendären „Frankfurter Illustrierten" wohl 1935 eine heitere Fotostory mit dem Titel: „Fräulein – Sie haben ein Loch im Strumpf!"[48] Das Fräulein „spielt" unverkennbar die junge Liesel Christ, auch wenn ihr Name in dem Artikel nicht ausdrücklich genannt wird. Sie beendet darin die lästige Anteilnahme ihrer Mitmenschen an dem kleinen Missgeschick des Alltags kurzerhand, indem sie sich einen Zettel an das Bein des Ärgernisses heftet: „Weiß schon!"

Für größere Sprünge langte der schmale Verdienst allerdings nicht. Mit ihren Freunden und Kameraden von der Theaterhochschule traf sich Liesel daher gern im Café Roma gegenüber dem Schauspielhaus (etwa an der Stelle des heutigen „Eurotower", des früheren BfG-Hochhauses, am Willy-Brandt-Platz), wo die Schauspielschüler dienstags und freitags mit Risotto und Spaghetti durchgefüttert wurden – zum günstigen Preis von 50 (statt sonst 90) Pfennig für die große Portion. Gelegentlich gesellte sich dort auch Madlen Lorei zu ihnen, die spätere

Journalistin, die damals als Anwaltsgehilfin arbeitete und ihre nebenbei verfassten Kurzgeschichten im Café Roma „begutachten“ ließ. Überhaupt war das 1932 eröffnete Lokal des Italieners Ulisse Corbi und seiner Frankfurter Frau Margarete ein beliebter Künstlertreff. Vom Theater kamen etwa Ellen Daub, Claire Kaiser, Toni Impekoven sowie in späteren Jahren Martin Held und Otto Rouvel herüber, und gelegentlich waren sogar echte Stars zu Gast, wie z. B. Gustaf Gründgens, Marianne Hoppe und Carl Raddatz.

Römerbergfestspiele

Im Goethejahr 1932 hatten Schauspielintendant Alwin Kronacher und Kulturdezernent Max Michel die Römerbergfestspiele begründet, die sich sofort zu einem wahren Publikumsmagneten entwickelten. Dank des ungeheuren Erfolgs in jenem ersten Sommer wurden die Freilichtspiele künftig alljährlich veranstaltet, wobei die nationalsozialistischen Stadtoberen nun allerdings versuchten, die Festspiele als ihre Erfindung auszugeben und für ihre Zwecke zu vereinnahmen. Der Römerberg wurde zum „Bayreuth des deutschen Schauspiels“ stilisiert, worum sich das Publikum aber nur wenig scherte. Die Zuschauer kamen vielmehr wegen des sensationellen Open-Air-Spektakels mit meist mehreren hundert Mitwirkenden. Um die beeindruckenden Massenszenen, eine Spezialität der Römerbergfestspiele und insbesondere ihres Intendanten Hans Meissner, überhaupt realisieren zu können, wurden sämtliche Bühnenkräfte mobilisiert und unzählige Statisten angeworben, und natürlich wurden auch alle Schauspielschüler auf dem Römerberg eingesetzt.

„Fräulein, Sie haben ein Loch im Strumpf!“ Erstes Bild einer Fotostory, Frankfurter Illustrierte, wohl 1935

Die Chance, aus dem unübersehbaren Meer der Statisten aufzutauchen, erhielten die Theaterhochschüler im Jahr 1935, als Goethes „Faust I“ zum ersten Mal auf dem Spielplan der Römerbergfestspiele stand. In der Inszenierung von Hans Meissner mit einem Bühnenbild von Caspar Neher gaben Hans Jungbauer den Faust, Robert Taube den

Mephisto und Lotte Brackebusch die Marthe. Hanni Hoeßrich, „das blonde Gretchen“ der Premiere am 30. Juli 1935, alternierte mit „dem schwarzen Gretchen“ Maria Wimmer. Außerdem bot das Stück einigen Schauspielschülern zumindest kleinere Rollen. So trat Liesel Christ als Dienstmädchen und als Meerkatze auf. Die Kritiker registrierten sie höchstens einmal in einer Aufzählung der Nebendarsteller. Mit der letzten von 15 „Faust“-Vorstellungen, die von halb neun Uhr abends bis oft nach ein Uhr nachts dauerten, endeten am 1. September 1935 die Festspiele in diesem Sommer. Doch sollte Goethes „Faust“ als alljährlich wiederkehrende Inszenierung bei den Römerbergfestspielen etabliert werden. So durfte Liesel Christ in ihren beiden „Röllchen“ auch bei der Wiederaufnahme 1936 und 1937 mitmachen, und der Kritiker des Frankfurter General-Anzeigers vom 21. 7. 1936 bemerkte immerhin: „Im Furioso der Hexenküche taten sich Fränze Roloff [Hexe], Liesel Christ [Meerkatze] und Georg Aufenanger [Meerkater] hervor.“[49]

Im Sommer 1937, als Liesel Christ bereits ihr erstes Jahr des Engagements in Koblenz hinter sich hatte, wurde die junge Schauspielerin für kleinere Rollen in gleich drei (von insgesamt vier) Stücken der Römerbergfestspiele verpflichtet. Außer ihren beiden gewohnten Chargen im „Faust“ spielte sie Leonorens Kammermädchen Rosa in der Wiederaufnahme der grandiosen Inszenierung von Schillers Trauerspiel „Die Verschwörung des Fiesko zu Genua“, zum letzten Mal mit dem einmaligen Joachim Gottschalk in der Titelrolle, der nur wenige Monate später die Städtischen Bühnen wegen seiner Ehe mit einer getauften Jüdin verlassen musste.

In einer winzigen Nebenrolle, als Kellnerin in der Schenke zu Rothenburg, trat Liesel Christ zudem in dem Bauernkriegsdrama „Florian Geyer“ von Gerhart Hauptmann auf, womit jener Festspielsommer am 1. Juli 1937 eröffnet wurde. Die spektakuläre Aufführung von Hans Meissner mit angeblich über 1.000 Mitwirkenden bildete den Auftakt der Feierlichkeiten zu Hauptmanns 75. Geburtstag im November 1937, so dass der Dichter selbst bei der Premiere – trotz hartnäckigen Regens – anwesend war. Beim Schlussapplaus stieg „der große, alte Mann“ auf die Bühne, schüttelte den beiden Hauptdarstellern Hermann Schomberg und Eva Bubat die Hand „und wandte sich dann, stumm grüßend, dem Publikum zu, ein sichtbarer Mittler dieser beredten Dichtung zwischen Darstellern und Zuschauern“.[50] Beim anschließenden Empfang um Mitternacht im Römer war als eine der Mitwirkenden der Festspiele auch Liesel Christ eingeladen.

Deren große Stunde bei den Römerbergfestspielen schlug allerdings erst im folgenden Sommer. Eigentlich sollte Liesel Christ wieder nur ihre üblichen Chargen in „Faust I“ und „Florian Geyer“ spielen, was sie anfangs auch tat. Doch schon kurz nach der „Faust“-Premiere am 16. Juli 1938 fiel die Schauspielerin Elisabeth Neuwirth, die Darstellerin des Lieschens, krankheitshalber aus. Ab der dritten Vorstellung am 25. Juli 1938 sprang Liesel für sie ein. An zwei Abenden stand die 19-Jährige als Lieschen am Brunnen auf dem Römerberg neben der von ihr hochverehrten Käthe Dorsch, die mit ihren fast 50 Jahren das Gretchen spielte. Dieses Erlebnis hat Liesel Christ später als „einen der beeindruckendsten Momente ihres Lebens“ bezeichnet.[51] Dafür gab sie gern ihre Chargen, ab Mitte August auch in „Florian Geyer“, auf. Nach dem Ende des Gastspiels der gefeierten „Staatsschauspielerin“ Käthe Dorsch auf dem Römerberg übernahm die 28-jährige Frankfurterin Else Knott, das Gretchen des Vorjahres, wieder die Rolle. Bis zur letzten Vorstellung an Goethes Geburtstag 1938 war nun sie die Bühnenpartnerin von Liesel Christ in der Brunnenszene.

Im Jahr darauf, bei den letzten Römerbergfestspielen, war Liesel Christ wahrscheinlich nicht mehr dabei. Sie war inzwischen im Engagement in Heilbronn, das mit einer Verpflichtung zur Sommerspielzeit am Kurtheater Wildbad verbunden war. Ihr Mitwirken bei den Römerbergfestspielen aber blieb für sie ein unvergessliches Erlebnis. Gleich bei der Gründung ihres Volkstheaters 1971 versuchte sie daher, die Tradition der Frankfurter Freilichtspiele fortzusetzen. Sie fand die geeignete Spielstätte im Innenhof des Dominikanerklosters, wo das Volkstheater bereits im Sommer 1971 seine erste Freilichtsaison gab. Acht Jahre später, im August 1979, schlug die Prinzipalin ihre Bühne gar auf dem Römerberg auf, für eine Fernsehaufzeichnung der Inszenierung von Goethes „Urfaust“ auf Hessisch, worin sie selbst die Marthe spielte. Während der Produktion hatten die Darsteller nicht nur gegen heftigen Regen und Wind, sondern auch gegen den gewaltigen Straßenlärm zu kämpfen. Das machte dem – trotz alledem faszinierten – Publikum schmerzlich bewusst, dass es wohl nie wieder Römerbergfestspiele geben können wird.

Abschluss zum Aufbruch

Zum Ende des Sommersemesters 1936 bestand Liesel Christ ihren Abschluss an der Theaterhochschule. Dafür musste sie erst einmal die erwähnte Reifeprüfung der Schule ablegen, und danach musste sie außerdem den Leistungsnachweis bei der Reichstheaterkammer erbringen, um in deren „Fachschaft Bühne“ aufgenommen zu werden. Erst dann stand ihr damals die deutsche Bühnenwelt offen.

Das erste Engagement wurde den Absolventen üblicherweise durch die Schulleitung vermittelt, wie Generalintendant Meissner, wenn auch in ziemlich pathetischen Worten, festhielt:

> „Die Leitung der Hochschule hat es immer als ihre Ehrenpflicht betrachtet, den mit dem Zeugnis der Reife entlassenen Schülern zur Anstellung an einer deutschen Bühne zu verhelfen. Die Schulleitung steht zu diesem Zweck in ständiger Fühlungnahme mit den Leitern deutscher Theater und mit den amtlichen Bühnenvermittlern.“[52]

So hatte auch Liesel Christ beim Abschluss des dreijährigen Studiums ihr erstes Engagement bereits in der Tasche. Zum Anfang der neuen Spielzeit am 1. September 1936 sollte sie an das Stadttheater Koblenz gehen. Direkt nach der erfolgreichen Hochschulentlassung jedoch erhielt sie zunächst einen zweimonatigen Gastvertrag bei den Städtischen Bühnen ihrer Heimatstadt, und zwar – wie schon geschildert – für die Römerbergfestspiele 1936, bei denen sie somit erstmals nicht nicht nur als Schauspielschülerin ihre Pflicht zur Mitwirkung erfüllte, sondern als fertig ausgebildete Schauspielerin ihren Beruf ausübte. Wie in ihr amtliches Arbeitsbuch eingetragen, begann Liesel Christ also ihre (zweite) Theaterlaufbahn am 1. Juli 1936, weshalb sie im Sommer 1961 ihr 25-jähriges Bühnenjubiläum feierte. Erst später zählte sie ihre Kinderjahre am Theater mit, so dass sie nur zwölf Jahre nach dem silbernen Fest, nämlich am 4. Dezember 1973, schon das goldene, das 50-jährige Bühnenjubiläum beging.

1936–1944
Unsere Liesel Christ
Debütantin in Koblenz und Operettensoubrette in Heilbronn

Endlich hatte sich Liesel Christ die Voraussetzungen für den Schauspielerberuf geschaffen. Wenn sie ernsthaft einsteigen wollte, dann – so erinnerte sie sich später in einem Fernsehinterview – „hatte man den Eltern aber gleich gesagt: ‚Es wäre gut, wenn das Lieschen wegkäme von Frankfurt, erst mal woanners hin, denn sonst bleibt die immer un ewig in Frankfurt die klaa Christ! Es wär besser, sie ging erst emal raus.'"[53]

Allzu weit „raus" konnte Liesel jedoch nicht gehen, denn sie war erst 17 und damit noch lange nicht volljährig. Der Papa musste also ihre Arbeitsverträge mit unterschreiben. Schon deshalb führten die üblichen Wanderjahre durch die deutsche Provinz die frisch gebackene Schauspielerin nicht sehr weit fort von ihrer Vaterstadt. So nahm sie ihr erstes Engagement nach Abschluss der Theaterhochschule am Stadttheater in Koblenz an, und zwei Jahre später wechselte sie nach Heilbronn.

Zwei muntere Anfängerjahre in Koblenz

Pünktlich zu Beginn der Spielzeit 1936/37, am 1. September 1936, trat Liesel Christ das Engagement in Koblenz an. Die Hauptstadt der Rheinprovinz mit ihren damals rund 68.000 Einwohnern konnte stolz behaupten, eines der ältesten Theater in Deutschland zu besitzen. Das traditionsreiche Haus ging gerade zielstrebig auf sein 150-jähriges Jubiläum in der kommenden Spielzeit 1937/38 zu. Der klassizistische Bau, heute der einzige erhaltene Theaterbau dieser Epoche am Mittelrhein, war einst nach Plänen des Architekten Peter Joseph Krahe 1786 erbaut und als Hoftheater des Kurfürsten Clemens Wenzeslaus am 23. November 1787 eröffnet worden. Nicht zuletzt dank der verkehrsgünstigen Lage der Stadt an der Mündung der Mosel in den Rhein kamen hierher nicht nur renommierte Schauspieler wie Heinrich George (1935/36) und Paul Wegener (1937/38) zu Gastspielen, sondern auch zahlreiche Theaterdirektoren aus dem ganzen deutschsprachigen Raum auf Talentsuche. Manchem jungen Schauspieler wurde somit die Koblenzer Bühne zum Sprungbrett in eine große Karriere. Zur Koblenzer Zeit von Liesel Christ etwa machte gerade ein Schauspieler von sich reden, der vor dem Ersten Weltkrieg u. a. in Koblenz angefangen hatte: Willy Birgel, der bereits seit den zwanziger Jahren am Mannheimer Nationaltheater zum echten Theaterstar avanciert war, begann just im Jahr 1936 seine Karriere als Hauptdarsteller beim deutschen Film und wurde kurz darauf zum „Staatsschauspieler" ernannt.

Während der beiden Jahre von Liesel Christ in Koblenz erlebte das Stadttheater einen gewaltigen Aufschwung – wenn auch unter dem Vorzeichen der nationalsozialistischen Herrschaft. So verkündete damals der Gauleiter Gustav Simon:

> „Deutlich wird sichtbar, daß der Aufbau unseres Theaters dem allgemein sich ankündigenden Aufschwung gefolgt ist. Dieser Aufschwung verdient nun eine steigende Anteilnahme der gesamten Bevölkerung von Koblenz und Umgebung an den kulturellen Gütern der Nation. Mehr als Kameradschaftsabende bei Wein und Bier vermag ein gemeinsamer Genuß hoher geistiger Güter den Gemeinschaftsgedanken zu stärken. Auf das Theater bezogen aber heißt dies: Durch gemeinsamen Theaterbesuch *aller* zu seelischem Erlebnis und dadurch zur Gemeinschaft der deutschen Nation!"[54]

Unter der Intendanz zunächst von Dr. Hans Preß (bis März 1937), dann von Fritz Richard Werkhäuser (ab 1937/38) war der Spielplan des Hauses somit den Anforderungen der nationalsozialistischen Kulturpolitik angepasst. Trotz dem volkserzieherischen Anspruch an das Theater waren jedoch pure politische Agitationsstücke oder „Bekenntnisdramen" nicht unbedingt erwünscht: „Was wir wollen ist mehr als das dramatisierte Parteiprogramm", hatte selbst Propagandaminister Joseph Goebbels bei der Eröffnung der Reichskulturkammer 1933 konstatiert.[55] Doch sollten die Autoren gefördert werden, die geeignet erschienen, eine neue Kunstgattung des „nationalsozialistischen Dramas" schaffen zu können. So mussten alle deutschen Bühnen, zumindest gelegentlich, Stücke der staatlich erwünschten Dramatiker in den Spielplan aufnehmen. In Koblenz wurde damals beispielsweise das 1935 uraufgeführte Schauspiel „Marsch der Veteranen" des Frankfurter Chefdramaturgen Friedrich Bethge herausgebracht, eines der erfolgreichsten zeitgenössischen Dramen mit insgesamt 56 Inszenierungen von 1935 bis 1939, das seinem Autor 1935 den „Nationalen Buchpreis" einbrachte. Bei der Koblenzer Erstaufführung am 15. Januar 1938 musste Liesel Christ nicht mitwirken, was sie einzig ihrem Rollenfach verdankte: Obwohl in dem Stück insgesamt 34 Rollen zu besetzen waren, war darin keine für die muntere Naive.

Aber auch die Inszenierungen der (zumeist deutschen) Klassiker, worauf die Intendanten in jenen Jahren gerne auswichen, boten Liesel Christ kaum große Rollen in ihrem Fach. Wie schon bei den Römerbergfestspielen stand sie oftmals wieder im Schatten der jugendlichen Heldinnen und Sentimentalen, denen diese Dramen, zumal zu dieser Zeit, „gehörten". Ihr Debüt in Koblenz am 25. September 1936 gab Liesel Christ somit in zwei Chargen an einem Abend mit zwei Stücken von Heinrich von Kleist, als Knabe in dem Fragment „Robert Guiskard" (mit Goswin Hoffmann in der Titelrolle) und als Zweite Magd in dem Lustspiel „Der zerbrochene Krug" (mit Adolf Gerstung als Dorfrichter Adam).

Schon kurz darauf, am 6. Oktober 1936, aber durfte sich die 17-Jährige, wohl dank ihrer echten Jugend, dem Koblenzer Publikum doch in einer tragischen Hauptrolle vorstellen, und zwar als Annchen in dem naturalistischen Drama „Jugend" von Max Halbe unter der Regie des Intendanten Hans Preß. Die effektvoll gebaute Romanze zwischen dem Studenten Hans und seiner blutjungen Cousine Annchen, die mit dem Opfertod des Mädchens für ihren Geliebten endet, konnte zumindest von der Kritik ganz im Sinne der NS-Ideologie umgedeutet werden. So sah der Kritiker des Koblenzer General-Anzeigers die „Einsicht in das Gesetz der Vererbung" als wichtigste Lehre aus diesem Liebesdrama. Zugleich lobte er die „sehr feinfühlige und verhaltene" Inszenierung, die die „den Szenen innewohnende Dramatik" klar herausarbeite und die „den Zuschauer tief ergreifende" Tragik von Akt zu Akt steigere, ohne „ins bloß Theatralische abzugleiten". Unter den Darstellern, wozu Goswin Hoffmann als Pfarrer Hoppe und Alois Giani (ebenfalls ein junger Absolvent der Frankfurter Theaterhochschule) als Hans gehörten, nannte der Kritiker die Anfängerin Liesel Christ an erster Stelle:

„Die junge Schauspielerin Liesel Christ ist für die Rolle des Annchen recht geeignet. Das herzliche, naiv sinnliche Wesen dieses westpreußischen Mädchentyps spricht aus der Darstellung der Künstlerin. In manchen Entwicklungsstadien der überschwänglich, mit der ersten Unbedingtheit Liebenden hätte man freilich mehr Zwischenfarben, mehr seelische Feingliederung gewünscht."[56]

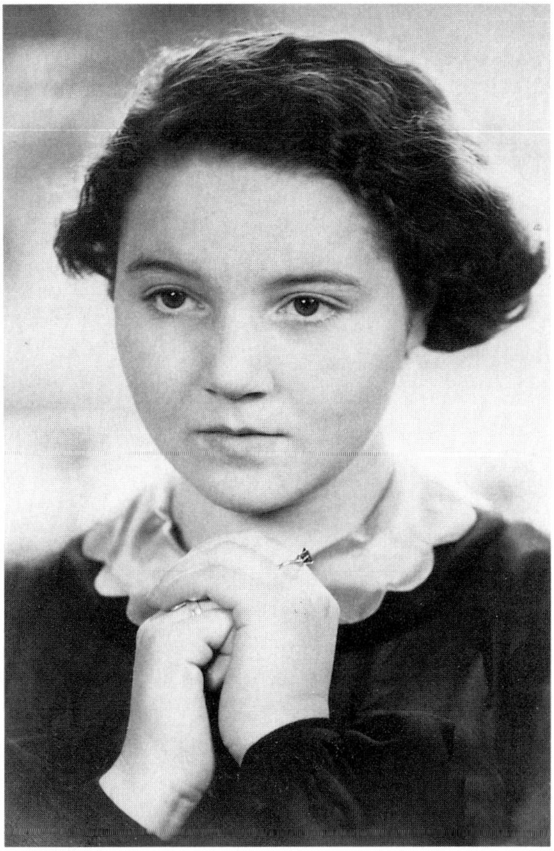

Koblenz, um 1938

Das war immerhin eine so wohlmeinende und konstruktive Kritik, dass „die junge Schauspielerin" hoffnungsvoll darauf aufbauen konnte.

Nach diesem Ausflug in das dramatische Fach wurde Liesel Christ hauptsächlich in ihrem eigentlichen Metier beschäftigt. In Lustspielen, Schwänken und Volksstücken spielte sie die üblichen Chargen rauf und runter: Sie war etwa die Kellnerin in „Der Brandner-Kaspar schaut ins Paradies", die Marie in „Der Etappenhase", ein Zimmermädchen in „Eine Frau wie Jutta", die Haushälterin Veronika in „Spiel' nicht mit der Liebe!" oder eine Zofe in der Eichendorff-Adaption „Wider Willen". Bei den Proben zu einem solchen Stück mag sich die folgende Episode zugetragen haben, die Liesel Christ gern erzählte:

„In meinem ersten Engagement in Koblenz, das hat man mir lange nachgesagt, da hab ich einmal ein Dienstmädchen gespielt, und da hat der Regisseur gesagt: ‚Ei, mein liebes Kind, Sie können ruhig so reden, wie Ihnen der Schnabel gewachsen ist, so wie Sie daheim sprechen! Ihren Dialekt!' Und da soll ich gesagt haben: ‚Aber ich bitte Sie, ich kann doch gar kein Dialekt sprechen!'"[57]

Dass die muntere Naive außer Kammerkätzchen und Kellnermädchen schon in ihrem ersten Engagement gleich einige Hauptrollen bekam, verdankte sie dem „neuen" Lustspiel der dreißiger Jahre, das den Spielplan aller deutschen Bühnen im „Dritten Reich" – wenn auch abhängig von der Haltung der jeweiligen Intendanten mancherorts etwas mehr oder weniger – beherrschte. Gerade unter Fritz Richard Werkhäuser, der zuvor als Nachfolger des nunmehrigen Frankfurter Generalintendanten Hans Meissner das Künstlertheater für Rhein und Main geleitet hatte und zur Jubiläumsspielzeit 1937/38 das Koblenzer Stadttheater übernahm, wurde weniger der volkspädagogische Anspruch als vielmehr der ebenfalls verordnete Unterhaltungsauftrag des Theaters angenommen. Traditionell stellte sich der neue Intendant zwar mit der Inszenierung eines Klassikers in Koblenz vor, nämlich mit Schillers Drama „Don Carlos" (mit Erhard Steinke in der Titelrolle), worin Liesel Christ die Marquise von Mondecar spielte (23.10.1937). Danach gestaltete Werkhäuser den Spielplan aber eher heiter, bunt und unterhaltsam. Das entsprach dem Willen von Partei wie Publikum. Denn, wie immer in schweren Zeiten, waren die Menschen dankbar für ein paar Stunden der Ablenkung, und wenn die Zuschauer dann entspannt und erholt aus dem Theater kamen, war das wiederum ganz im Sinne des Regimes. Keineswegs zufällig trug die staatliche „Freizeitbewegung" den vielsagenden Titel „Kraft durch Freude" (KdF), und diese „NS-Gemeinschaft KdF" stellte übrigens auch in Koblenz eine der Besucherorganisationen des Stadttheaters.

Wenn zwar keine Bühne mit einem ideologisch überfrachteten Spielplan hätte weiterexistieren können, so konnten doch auch kein Theater und schon gar nicht seine „Macher" ganz ohne Zugeständnisse an den Nationalsozialismus überleben. Selbst die harmlos daherkommenden Lustspiele „neuer" Autoren, wie etwa die damaligen Erfolgsstücke von Sigmund Graff, Jochen Huth, Kurt Sellnick und dem Gespann Alfred Möller/Hans Lorenz, die in Koblenz in den Jahren von 1936 bis 1938 gespielt wurden, waren keineswegs völlig „ideologiefrei". Sie waren nicht unbedingt reine „Gesinnungskomödien", aber spiegelten doch, ob nun beabsichtigt oder nicht, den Geist der NS-Zeit wider. Natürlich handelten auch diese Komödien hauptsächlich von der Liebe, aber es ging dabei immer „anständig" zu. Selbst der kleinste Hauch von Erotik war tabu. Ein Ehebruch, der in den Lustspielen der zwanziger Jahre komische Verwicklungen zuhauf ausgelöst hatte, war plötzlich nichts mehr zum Lachen. In solchermaßen moralisch gereinigten Komödien wurde zwangsläufig auch ein anderes, der NS-Ideologie und ihrer Zeit gemäßeres Frauenbild transportiert.

In dem Lustspiel „Die vier Gesellen" von Jochen Huth etwa, das am 27. Januar 1937 Premiere in Koblenz hatte, wird vier jungen Frauen ihr rechter Platz in der Gesellschaft zugewiesen. Die begabten, aber mittellosen Kunststudentinnen Marianne Krug, Franziska Ellern, Käthe Winter und Lotte Waag (gespielt von Ellen Krug, Ruth Weber, Liesel Christ und Helga Dohrn) gründen gemeinsam die Reklamefirma „Die vier Gesellen". Die mit viel Idealismus begonnene Arbeitsgemeinschaft hält jedoch in den Anfechtungen des Alltags nicht. Zum guten Schluss werden drei der Mädchen vom Schreibtisch weg geheiratet, und Franziska, die Talentierteste, entsagt dem Erfolg im Brotberuf ebenso wie dem Glück im Privatleben, um sich ganz der wahren Kunst zu widmen. In der durchaus im leichten Lustspielton gehaltenen Aufführung von Peter Blanck, die der Koblenzer General-Anzeiger gar als „eine der in sich geschlossensten und ausgeglichensten Inszenierungen der letzten Jahre" rühmte, überzeugte Liesel Christ als „naive, treue und in der Kochkunst wohlbeschlagene Käthe", der die Entscheidung zwischen Beruf und Ehe nicht allzu schwer fällt.[58]

Therese in der Operette „Liebe in der Lerchengasse", 1938

Um die gesellschaftliche Stellung der Frau geht es auch in dem Lustspiel „Die Primanerin" von Sigmund Graff, das mit Liesel Christ in der Titelrolle am 10. März 1938 erstmals in Koblenz aufgeführt wurde. Im Mittelpunkt dieser Variation der „Feuerzangenbowle" mit weiblicher Hauptperson steht Kitty, die Primanerin, die sich plötzlich in der Rolle der Arztgattin wiederfindet – und langweilt. Deshalb nimmt sie heimlich den wegen ihrer Heirat aufgegebenen Schulbesuch wieder auf, um ihren Ehemann mit dem Zeugnis der Reife überraschen zu können. Das insgesamt etwas „hausbacken" geratene Lustspiel wies doch so viele witzige Situationen auf, dass die Hauptdarstellerin Liesel Christ unter der Regie von Hugo Welle ihr komisches Talent erneut zeigen konnte und – so die Kritik – verdient „den brausenden Beifall der schmunzelnden Zuschauer" erntete.[59]

Unbeschwert heitere Rollen bescherte der Schauspielerin ihr eher unverhoffter Einsatz in einigen Operetten. Gerade zur Spielzeit 1936/37 war der Programmbereich des Musiktheaters am Koblenzer Stadttheater finanziell und personell wesentlich aufgestockt worden, so dass künftig von 36 geplanten Inszenierungen einer Spielzeit etwa 12 Opern, 12 Operetten und nur 12 Sprechstücke sein sollten. Dennoch reichte das Opern- und Operettenensemble mit sechs (später sieben) Damen und acht Herren nicht zur Besetzung großer Operetten aus. Da mussten eben auch die sechs Schauspielerinnen und elf Schauspieler des Ensembles „ran", und in den kleinen und kleinsten Rollen wurden sogar Mitglieder des Chors und des Balletts eingesetzt. Die muntere Naive Liesel Christ, die über eine sichere Naturstimme verfügte und ja auch eine Tanzausbildung genossen hatte, übernahm die zusätzliche Aufgabe nur zu gerne, nicht zuletzt in Erinnerung an ihre

Kinderzeit in Frankfurt, als sie in vielen fantastischen Operettenproduktionen mitgewirkt hatte. In Koblenz spielte sie, meist unter der Regie von Jack Lüttger, einem der beiden festengagierten Spielleiter für die Operette am Stadttheater, etwa die Wirtschafterin Suse in „Die Königin befiehlt", die Nella in „Wenn Liebe erwacht", die Französin Juliette in „Die Geisha", die Peppa in „Zauberin Lola", die Therese in „Liebe in der Lerchengasse" und die Monika in „Die Bauernprinzessin". Damit meisterte sie immerhin mittlere Operettenpartien so erfolgreich, dass sie in ihrem nächsten Engagement in Heilbronn bald hauptsächlich als Operettensoubrette eingesetzt wurde.

Nicht nur auf der Bühne gab sich Liesel Christ in den Koblenzer Jahren heiter. Bei den traditionellen Festen der Saison wie dem Nikolausball und dem Pre-Ma-Bü, dem Maskenball für Presse, Malerei und Bühne, soll die „Muntere" sogar „besonders munter" gewesen sein.[60] Die junge Schauspielerin war flügge geworden und genoss ihr freies und unabhängiges Leben in Koblenz, auch wenn sie dabei manchmal finanzielle Sorgen geplagt haben dürften. Mit einer monatlichen Gage von 80 oder 90 Mark konnte sie sich nicht allzu viel leisten, zumal sie, wie damals üblich, noch die Bühnengarderobe für zeitgenössische Stücke selbst stellen musste. Mitten in ihrer ersten Spielzeit drohte sogar der Verlust des Engagements: Das altehrwürdige Koblenzer Stadttheater sollte aus feuerpolizeilichen Gründen geschlossen werden! Letztlich wurde entschieden, den Bau während einer verlängerten Sommerpause gründlich zu sanieren und modernisieren, weshalb die Spielzeit bereits am 15. Mai 1937 (statt wie sonst meist am 31. Mai) endete. Für die junge Schauspielerin Liesel Christ war es somit nicht nur ein Herzenswunsch, während der in Koblenz spielfreien Zeit von über drei Monaten wieder bei den Römerbergfestspielen in ihrer Heimatstadt mitwirken zu dürfen. Sie brauchte dieses Engagement in Frankfurt dringend, denn in den Theaterferien wurde selbst den festangestellten Schauspielern gewöhnlich keine Gage bezahlt.

Nach zwei Spielzeiten wollte Liesel Christ nicht länger in Koblenz bleiben. Sie hatte hier ihre erste große Liebe erlebt, und nach deren Ende hielt sie nichts mehr in der Stadt. Ihrer Karriere würde der Wechsel an eine andere Bühne ohnehin förderlich sein. Ihre letzte Rolle in Koblenz war eher unbedeutend. Sie spielte eine Krankenschwester in der Komödie „Dr. med. Hiob Prätorius" von Curt Goetz unter der Regie von Hugo Welle (6. 5. 1938). Damit verabschiedete sich Liesel Christ beinahe unbemerkt von der Koblenzer Bühne. Nach einem Intermezzo auf dem Römerberg wollte sie im Herbst neu beginnen, am Stadttheater Heilbronn, wo sie ab 1. September 1938 engagiert war. Der Heilbronner Presse nannte sie das Annchen in „Jugend" und die Käthe Winter in „Die vier Gesellen" als ihre liebsten Rollen, zwei wichtige Rollen ihrer glücklichen Koblenzer Anfängerjahre, die ihr frühe Erfolge eingebracht hatten.

Vom Rheinischen ins Schwäbische

Die Entscheidung für Heilbronn hatte Liesel Christ eher zufällig getroffen: „Ich hatte auch einen Manager, des war damals so üblich, und der kam dann und hat gesagt: ‚Pass emal auf, ich bin jetzt Intendant von Heilbronn geworden, und da nehm ich dich mit nach Heilbronn. No, gut, da bin ich nach Heilbronn gegangen."[61] Im Deutschen Bühnen-Jahrbuch konnte die junge Schauspielerin nachschlagen, dass das dortige Stadttheater sogar Wohnungen für neu engagierte Mitglieder besorge, wobei das möblierte Zimmer durchschnittlich 25 bis 30 Mark Monatsmiete koste. So bekam Liesel ein nettes Zimmerchen zur Untermiete bei der Familie des Beleuchters Willy Plocher. Die mütterlich besorgte Hausfrau bot ihr gleich bei der ersten Besichtigung an: „Un wenns jetzt kalt wird, kriegsch en Teppich ins Bett!" Die Frankfurterin, die für solche Fälle lediglich „Koltern" oder auch „Wolldecken" kannte, brachte nur entsetzt hervor: „Des hab ich aber net gern im Bett!"[62]

Trotz solcher Anfangsschwierigkeiten mit dem fremden schwäbischen Dialekt gewöhnte sich Liesel Christ schnell in ihrem neuen Wohnort ein, der ihr – wie sie zeitlebens bekannte – bald zur „zweiten Vaterstadt" wurde. Die Heilbronner machten es der Schauspielerin aber auch leicht. Sie fühlten sich von jeher ihrem Stadttheater und dessen Mitgliedern besonders eng verbunden und leisteten sich in ihrem beschaulichen, rund 61.000 Einwohner (1938) zählenden Städtchen ein stattliches Theater mit immerhin 800 Plätzen. Der Jugendstilbau war im Jahr 1912 allein aus Mitteln der Bürgerschaft errichtet worden, worauf die Inschrift an der Fassade stolz hinwies. Am 1. Oktober 1938, also gerade zwei Wochen nachdem Liesel Christ ihr Engagement angetreten hatte, konnte das Stadttheater das 25-jährige Jubiläum seiner Eröffnung feiern.

Tatsächlich reichte die Theatertradition in Heilbronn noch viel weiter zurück. Im Mittelalter, als es hier wie allerorten noch gar keine feste Bühne gab, sollen in der damals freien Reichsstadt gar die historischen Vorbilder für wichtige Figuren in der deutschen Dramenliteratur gelebt haben. Am Marktplatz mitten in der malerischen Altstadt befand sich nicht nur das Rathaus, in dessen Saal einst Götz von Berlichingen hatte Urfehde schwören müssen, sondern auch das „Käthchenhaus", wo das Käthchen von Heilbronn daheim gewesen sein soll. Auch wenn Kleist in seinem Ritterschauspiel eigentlich gar keine historischen Personen verwandte, so hat er damit der Stadt am Neckar doch ein einzigartiges literarisches Denkmal gesetzt.

Aber Liesel Christ kam nicht als Käthchen und auch nicht als Gretchen nach Heilbronn. Sie taugte weiterhin nicht zur jugendlichen Heldin und Sentimentalen, auch wenn sie auf dem aus Koblenz eingesandten Bewerbungsfoto noch so innig schmachtend blickte. Franz-Joseph Delius wusste das. Der seit 1937 amtierende Intendant des Heilbronner Stadttheaters, der also wahrscheinlich Liesels erwähnter „Manager" gewesen sein dürfte, holte sie lieber als muntere Liebhaberin an sein Haus und verpflichtete sie damit in einem Rollenfach, das nicht nur besser zu ihrem Naturell, sondern auch zu seiner Spielplankonzeption passte.

Auf dem Programm des Intendanten Delius, der sich – noch entschiedener als die Koblenzer Kollegen – NS-zeitgemäß weitgehend in eine Dramaturgie des Eskapismus zur harmlosen Unterhaltung rettete, standen 1938/39 acht Opern (mit insgesamt 61 Aufführungen), fünf Schauspiele (mit insgesamt 38 Aufführungen) und sieben zeitgenössische, oft nur mit mäßigem Erfolg gelaufene Lustspiele (mit insgesamt 45 Aufführungen). Die „Schlager der Saison" (mit zehn und mehr Aufführungen) in diesen drei Kategorien waren: „Flitterwochen" (13 Aufführungen), „Die Zauberflöte" (12 Auff.), „Die verkaufte Braut" (12 Auff.), „Tannhäuser" (10 Auff.) und „Faust I" (10 Auff.). Auch wenn diese „Hitparade" von einer Komödie angeführt wird, so zeigt sich doch eine gewisse Vorliebe für das Musiktheater, die beim Blick auf die weitere Statistik erst recht bestätigt wird: Das Hauptgewicht lag eindeutig auf der Operette mit elf Inszenierungen und 113 Aufführungen, wobei sieben Werke zehn und mehr Vorstellungen erlebten. Bei dieser Spielplangestaltung blieb Delius auch in den kommenden Spielzeiten. Den Wünschen des Publikums entsprechend setzte er den Akzent allerdings noch stärker auf die Operette, deren Aufführungszahlen er weiter erhöhte (1939/40: insgesamt 146 Aufführungen von 10 Werken).

Im Herbst 1938 stellte sich Liesel Christ als Lieschen im „Faust I" und als Charlotte in „Schwarzbrot und Kipfel" dem Heilbronner Publikum vor, also in einer klassischen Rolle, die sie wenige Wochen zuvor noch auf dem Frankfurter Römerberg gespielt hatte, und in einer zeitgenössischen Komödie, die allerdings nur vier Aufführungen in Heilbronn erlebte. Künftig sollte es für die Schauspielerin aber wieder, wie schon in Koblenz, kaum eine Gelegenheit geben, eine klassische Partie zu übernehmen. Vielmehr wurde sie vor allem in Operetteninszenierungen eingesetzt: Sechs von zwölf nachgewiesenen Rollen ihrer ersten Saison in Heilbronn spielte sie in Operetten und musikalischen Komödien. Gerade in den großen, besonders erfolgversprechenden Operetteninszenierungen von Ferry Waldoff unter der musikalischen Leitung von Willy Nölling wurde sie gebraucht. Nur mit allen Bühnenkräften von Oper, Schauspiel, Ballett und Chor, insgesamt knapp 60 Damen und Herren, ließen sich die damals populären Operettenaufführungen im Historienrevuestil verwirklichen. Dank ihrer guten (obwohl nicht ausgebildeten) Stimme und ihrer Erfahrungen im Operettenfach bekam Liesel Christ bald die Rollen der Margot in Millöckers „Die Dubarry", der Feodora in Heubergers „Der Opernball" und der Mascha in Lehárs „Der Zarewitsch" (der 1938/39 insgesamt 18-mal in Heilbronn gegeben wurde und damit die erfolgreichste Inszenierung der Saison war).

Natürlich wurde die „Muntere" auch oft in ihrem Fach im Sprechstück, zumeist in Lustspielen, eingesetzt. In ihrer ersten Heilbronner Spielzeit verkörperte sie etwa die Magd Fieken (neben dem beliebten Komiker Otto März als Müllerknecht Christian) in dem norddeutschen Bauernstück „Für die Katz" und das Dienstmädchen Tini in der Ehekomödie „Flitterwochen", und im Weihnachtsmärchen 1938 durfte sie noch einmal das Rotkäppchen, eine ihrer Glanzrollen der Frankfurter Kinderstarzeit, geben. Insgesamt hatte sich also an ihrem Rollenspektrum gegenüber der Koblenzer Zeit nichts geändert, wobei es ihr gefallen haben dürfte, dass sie in Heilbronn trotz der schwierigen Umstände politisch noch unbelasteter Theater spielen konnte. Das verdankte sie nicht zuletzt ihrem gesteigerten Einsatz in Operetten. Aber auch die Pressekritik verhielt sich hier weitgehend neutral und deutelte nur selten einmal im Sinne der NS-Ideologie herum.

Das Dienstmädchen Tini in „Flitterwochen", 1939

Als Tini in „Flitterwochen" und als Frau Tippes in „Der Maulkorb" ging Liesel Christ im Sommer 1939 auch mit an das Kurtheater Wildbad im Schwarzwald, das mit dem Heilbronner Stadttheater eng verbunden war, von dessen Intendanten geleitet und von dessen Ensemble bespielt wurde. Traditionell wurden hier in den Sommermonaten, etwa von Ende Mai bis Anfang September, heitere und unterhaltsame Aufführungen geboten, die als hochwillkommene Abwechslung von den Kurgästen nur allzu gern besucht wurden. Angesichts des fast absehbaren Erfolges agierten die Darsteller, jenseits vom üblichen Druck des sonstigen Theateralltags, voll unbeschwerter Spielfreude. Sie wurden von Zuschauern und Kritikern geradezu überschwänglich gefeiert sowie mit Applaus und Blumen reich verwöhnt. Auch Liesel Christ konnte sich sonnen. „Liesel *Christ* hat als Dienstmädchen natürlichen Humor und feiert als Naive vom Lande manchen herzlichen Sondererfolg", hielt das Wildbader Badblatt in seiner Besprechung der „Flitterwochen"-Inszenierung fest,[63] und in der Kritik der Aufführung von Spoerls „Maulkorb" (unter der Regie von Otto März) wurde die Schauspielerin über den grünen Klee gelobt:

„Liesel *Christ*, die immer ihre Rollen mit einer eigenen Note versieht, hat als die ‚liebe Frau Tippes', Inhaberin der Weinstube am

Links: „Mein Sohn, der Herr Minister", 1938/39

Rechts: Dolly (wahrscheinlich mit Otto März als Filosel) in „Meine Schwester und ich", 1938/39

Treppchen, wiederum eine meisterliche Gestaltung gezeigt; sie ist rücksichtsvoll und eindringlich zugleich, da sitzt jedes Wort mit unverrückbarer Deutlichkeit."[64]

Unter solchen Umständen genoss Liesel die Sommermonate in Wildbad, wo sie im Café Winkler, einer Konditorei mit einer kleinen Pension, wohnte. Sie wähnte sich fast wie im Urlaub und ließ sogar ihre neunjährige Nichte Elfriede aus Frankfurt in den Schulferien im August 1939 zu Besuch kommen, um die Kleine an ihrem Glück teilhaben zu lassen. Leider litt das Kind so unter Heimweh, dass die gute „Tante Lieslein" es lieber bald wieder nach Hause fahren ließ. Auch sie selbst konnte die Zeit in Wildbad nicht mehr unbeschwert auskosten. Sie fühlte sich gar nicht wohl. Mühsam schleppte sie sich über die letzten Vorstellungen, bevor sie als Notfall ins Krankenhaus im benachbarten Neuenbürg eingeliefert wurde. Dort musste sie sich sofort einer Blinddarmoperation unterziehen. Als sie aus der Narkose erwachte, wurde sie von der Krankenschwester „begrüßt" mit den Worten: „Der Krieg hat angefangen."

„Die Chrischt"

In den ersten Kriegsjahren änderte sich im Theateralltag in Heilbronn zunächst nicht allzu viel. Es war keine Frage, dass weiter gespielt wurde. Von höchster Stelle waren die Bühnen dazu verpflichtet, „den Volksgenossen auch in schwerer Zeit Erbauung und Aufheiterung zu bieten", wie den Heilbronner Theaterfreunden auf einem eingelegten Flugblatt in der Werbeschrift für die kommende Spielzeit 1939/40 mitgeteilt wurde. Die Saison konnte lediglich erst etwas verspätet beginnen, da zunächst die Luftschutzräume im Theater ausgebaut werden mussten. Im übrigen lief unter dem Intendanten Delius alles weiter wie bisher. Auch wenn erste „Bunte Abende für die Wehrmacht" auf dem Programm auftauchten, so wurde ansonsten das bewährte Spielplankonzept nicht aufgegeben. Nur die Regisseure kamen und gingen von einer Saison zur nächsten. Liesel Christ aber blieb, auch nachdem sie am 16. April 1940 volljährig geworden war, in der Stadt am Neckar. Wegen des Krieges duldete ihr Vater nicht, dass sie das Engagement wechselte: „Ich sollte in Heilbronn bleiben, damit ich in der Nähe der Eltern sei", erläuterte sie einmal.[65]

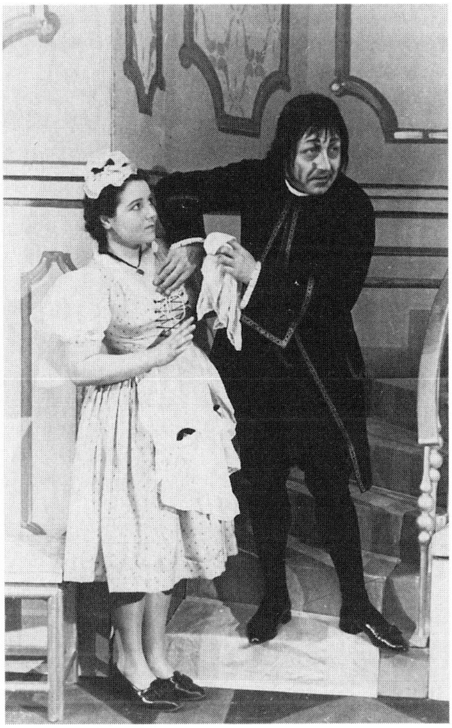

Dorchen in „Tartüff", 1939

Beherzt spielte sich Liesel Christ weiterhin durch literarische Lustspiele, zeitgenössische Komödien und vor allem Operetten, insgesamt rund zwölf Inszenierungen im Jahr, in denen sie nur zu oft als Dienstmädchen, Köchin, Kellnerin, blaustrümpfige Tante oder vorwitzige Nichte auftreten musste – bis gelegentlich eine größere und manchmal gar eine Hauptrolle winkte. In der Spielzeit 1939/40 war sie etwa die Cleonice in Goldonis Komödie „Der Lügner", wohl das Dorchen im „Tartüff" und wieder der gestiefelte Kater im Weihnachtsmärchen, die Minna in der damals vom Film her bekannten Operette „Die Tänzerin Fanny Elßler", die Kellnerin Jette in Zellers „Vogelhändler" und auch die Prinzessin Tutti in der „Ballnacht in Florenz", zumeist unter der Regie von Otto März, Wolf von Hebenstreit und – für die Operetten – Georg Vilmar-Vorlauf. Als die Magd Zenz in dem Schwank „Der verkaufte Großvater" behauptete sie sich wieder einmal in einer komischen Rolle an der Seite von Otto März (in der Titelpartie). Mit diesem Stück und wahrscheinlich einer Aufführung der Komödie „Das lebenslängliche Kind" gastierte das Heilbronner Ensemble, darunter auch Liesel Christ, im Sommer 1940 erneut in Wildbad.

In der nächsten Saison bekam Liesel Christ zwei klassische Komödienrollen, die Franziska in Lessings „Minna von Barnhelm" und die Lachmarie in Shakespeares „Was ihr wollt", die sie beide an der Seite von Gertrud Quinque (als Minna bzw. Olivia) unter der Regie des kommenden Intendanten Werner Schlatterer spielte. Auch in zeitgenössischem Lustspiel, Schwank und Operette musste sie sich 1940/41 wieder bewähren. In der Wintersportkomödie „Trockenkursus", deren Premiere am 16. Januar 1941 mit „herzlichem und dankbarem Beifall" aufgenommen wurde, verdiente sich die „muntere Mollige" in ihrer Rolle als „reizender, quecksilberiger, sehr beweglicher Skihase" nicht nur das Herz eines Skimeisterläufers (Hans Rüdgers), sondern auch das

Minna (mit Beppo Mosandl als Dominik und Fritz Hofmann als Johann Elßler) in „Die Tänzerin Fanny Elßler", 1939

Die Magd Zenz (wahrscheinlich mit Otto März als Großvater) in „Der verkaufte Großvater, 1940

Lob des Kritikers.[66] Besondere Erfolge errang Liesel Christ inzwischen aber in den Operetten, jetzt meist in Inszenierungen von Willy Popp unter musikalischer Leitung von Willy Nölling, etwa als Emma in Vetterlings „Das Mädchen aus der Fremde" (10. 11. 1940) oder als Julie in Benatzkys „Bezauberndes Fräulein" (13. 3. 1941), beides Dienstmädchen, die sie „mit Temperament und natürlicher Lustigkeit"[67] auf die Bühne brachte. Das „Tangolied" der Julie trug ihr sogar regelmäßig einen Sonderapplaus auf offener Szene ein. Beim Publikum war „die Chrischt", wie man die Schauspielerin mittlerweile in Heilbronn nannte, also längst bekannt und beliebt.

Nach Liesels letztem Gastspielsommer in Wildbad 1941 brach eine harte neue Spielzeit in Heilbronn an. Der Wechsel in der Intendanz, die nun der seitherige Oberspielleiter Werner Schlatterer übernahm, brachte einige Veränderungen, neue Aufgaben und Herausforderungen. Liesel Christ wurde seit langem wieder einmal im klassischen und zeitgenössischen ernsten Drama eingesetzt. In Schillers Tragödie „Maria Stuart" unter der Regie von Richard Rau etwa spielte sie Marias Kammerfrau Margareta Kurl an der Seite von Marianne Jentgens in der Rolle der schottischen Königin. Auch durfte Liesel Christ in jener Saison zwei Ausflüge in die Oper wagen, und zwar als Barbarina in der „Hochzeit des Figaro" und als eine der drei adeligen Waisen im „Rosenkavalier", die sie in den Inszenierungen von Max von Wistinghausen unter musikalischer Leitung von Dr. Ernst Müller sang.

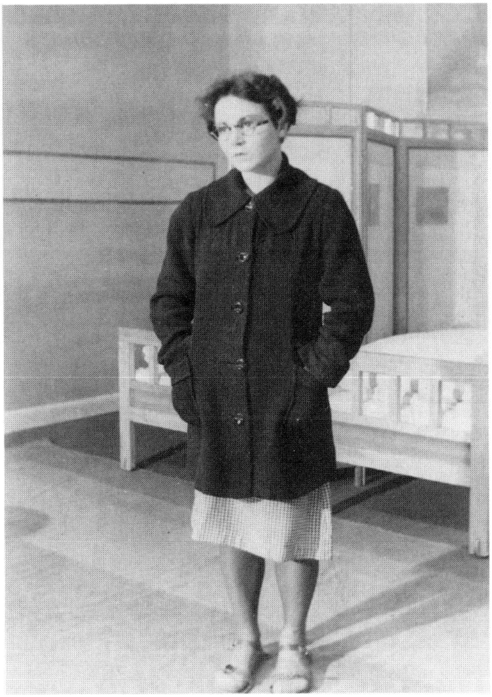

Fanny Sulivan in „Das häßliche Entlein", um 1940-44

Daneben absolvierte die Schauspielerin ihr übliches Programm in Lustspiel und Operette, so dass sie 1941/42 so viele Rollen wie nie zuvor in einer Spielzeit, nämlich mindestens 15, bewältigen musste. Gleich zu Saisonbeginn, am 28. September 1941, konnte sie auch wieder die Hauptrolle in einem Lustspiel geben: In der Komödie „Das törichte Fräulein Susi" in der Regie des neuen Intendanten Werner Schlatterer sorgte sie als Titelfigur Susi Stadler, Stenotypistin in einem Kurhotel, für einen „vergnüglichen Lustspielabend für offene Gemüter". So meinte der Kritiker des Heilbronner Tagblatts angesichts einiger „pikanter Szenen" mit Liesel im (doch sehr züchtigen) Hemdhöschen. Insgesamt lobte er die Christ aber für ihre schauspielerische Leistung: „Sehr fein, wie die Darstellerin von der naiven Haltung eines unerfahrenen Mädchens in die helle Bewußtheit der Frau hinüberwechselt, die durchsetzt, was sie will oder – genauer gesagt – die verrät, was sie sich wünscht."[68] Dieser nahezu prophetische Satz könnte beinahe als Motto über der beruflichen wie privaten Entwicklung der jungen Schauspielerin im kommenden Jahr stehen.

Zunächst spulte Liesel Christ aber wieder einmal die seit Koblenz gewohnte Reihe der Kammermädchen und Köchinnen ab, von der frankfurterisch babbelnden Köchin Auguste in dem Lustspiel „Junggesellensteuer" über das Dienstmädchen Minna in dem ihr wohlbekannten Weihnachtsmärchen „Peterchens Mondfahrt" bis zur Haushälterin Betua in der Uraufführung der Revue-Operette „Liebe lacht im Lärchenhof". Bei aller Routine verstand sie es, jede dieser Rollen individuell zu gestalten und dadurch die größtmögliche Wirkung zu erzielen. Mit der Weihnachtspremiere des Jahres 1941 gelang „der Chrischt" dann der endgültige Durchbruch als Operettensoubrette. In der Operettenneuheit „Rosen für Viktoria" in der Regie von Werner Schlatterer unter musikalischer Leitung von Willy Nölling brillierte sie an der Seite

Maria (wahrscheinlich mit Fritz Hofmann als Junker Tobias von Rülp, Rolf Hübner als Bleichenwang und Hermann Kunder als Narr) in „Was ihr wollt", 1940/41

Maria in „Was ihr wollt", 1940/41

ihrer Bühnenpartner Rudolf Moller und Fritz Wilde mit ihrem komischen Talent:

„Die ‚unmögliche' Schriftstellerin Phyllis Gaarden war Liesel *Christ*; es war eine Freude, mit welchem Operettentemperament, mit welcher Natürlichkeit und mit welchem Humor sie spielte, sang und tanzte. Ihr Partner, Rudolf *Moller*, beweglich in Spiel und Tanz, zielte als die ‚unwahrscheinliche Erscheinung' des Gesandtschaftssekretärs Pit Patten mit sichtlichem Streben auf komische Wirkungen; er war wirklich, wie Phyllis einmal sagt, ‚unwahrscheinlich drollig'. Mit ihren lustigen und burlesken Duett- und Tanzszenen errangen *Christ* und *Moller* vielfachen Beifall; Schlager und Tanz ‚Mein kleines Mädel ist meine große Liebe' mußten sie wiederholen. Eine Wiederholung gab es auch bei dem Tanzschlager ‚So gebaut wie Sie, mein Fräulein', den Liesel *Christ* und Fritz *Wilde*, als Weltenbummler Sleep-Well eine urkomische Figur, mit unbeschwerter Lustigkeit starteten."[69]

Das Premierenpublikum im ausverkauftem Haus dankte den Darstellern mit „reichlichem Beifall", vielen Blumen und sogar kleinen Weihnachtsgeschenken.

Nach dreieinhalb arbeitsreichen Jahren hatte sich Liesel Christ somit in die erste Garde der Heilbronner Darsteller gespielt – nicht in ihrem eigentlichen Metier als Schauspielerin, sondern im Fach der komischen Operettensoubrette. Ihren Erfolg und ihre Popularität konnte die 22-Jährige in einer Reihe von Operetteninszenierungen des Frühjahrs 1942 auskosten, zumal sie offenbar die ihr kongenialen Bühnenpartner, Rudolf Moller und Fritz Wilde, gefunden hatte. Schon am 16. Januar 1942 feierten sie einen neuen Triumph. In Mollers Inszenierung von Kollos „Drei alte Schachteln" begeisterte das temperamentvolle Buffopaar Liesel Christ und Fritz Wilde wieder Presse wie Publikum: „Den Vogel in fröhlichem Humor schossen Liesel Christ als Auguste und Fritz Wilde als Hasenpfeffer ab", berichtete der Kritiker Alexander Renz im Heilbronner Tagblatt. „Für ihr komisches Duett auf dem Regimentsball (…) ernteten sie einen Sturm von Applaus. Liesel Christ erklomm den Höhepunkt ihres Erfolges mit dem Lied ‚O Gott, wie sind die Männer dumm'; wie sie diese Strafpredigt an die Männer brachte, war hervorragend!"[70] Einige Monate später, am 1. April 1942, inszenierte dann Fritz Wilde „Die Perle von Tokay", worin Liesel Christ (als Gusti) diesmal mit Rudolf Moller (als Tibor von Lakatos) das lustige Paar gab, das in seiner unbändigen Spiellaune das Publikum mitriss.

Gegen Ende der Saison, ab 31. Mai 1942, spielte Liesel Christ ihre vorerst letzte neue Bühnenrolle, die „muntere und resolute" Schwester Rosel der Titelheldin „Monika" in der Operette von Nico Dostal. Trotz ihrer Erfolge musste die Schauspielerin danach doch etwas kürzer treten: Sie erwartete im Herbst 1942 ein Baby.

Auguste (mit Fritz Wilde als Cornelius Hasenpfeffer) in „Drei alte Schachteln", 1942

Bartolo und Barbarina

Mit dem Intendantenwechsel zur Spielzeit 1941/42 waren zahlreiche neue Bühnenkräfte an das Stadttheater Heilbronn gekommen. Das Opernensemble wurde fast völlig neu zusammengestellt. Als I. seriöser Bass wurde Fritz Dahlem (1913–1996) verpflichtet. Der gebürtige Duisburger hatte seine Gesangsausbildung in Köln absolviert und war dann als Konzertsänger in der Tonhalle seiner Heimatstadt aufgetreten. Der Ruf nach Heilbronn war sein erstes Bühnenengagement. Am 8. Oktober 1941 debütierte er als Pater Heilmann in der Lortzing-Oper „Undine" in einer Inszenierung des ebenfalls gerade neu verpflichteten Regisseurs Fritz Wilde, die die Presse als einen „verheißungsvollen Anfang" des neuen Opernensembles wertete[71]. Weitere wichtige Rollen von Dahlem während seiner Heilbronner Zeit (1941–1944) waren: Amtmann Wall („Die beiden Schützen", 1941/42), Onkel Bonze („Madame Butterfly", 1941/42), Leutnant Zuniga („Carmen", 1.1.1942), Justitiar Engel („Der Evangelimann", 8.3.1942), Heinrich der Vogler („Lohengrin", 13.9.1942), Bogdanowitsch („Die lustige Witwe", 1942/43), König Thoas („Iphigenie auf Tauris", 20.1.1943), Ramphis („Aida", 1943/44), Lord Syndham („Zar und Zimmermann", 1944) und der Komtur („Don Giovanni", 17.3.1944). Die Heilbronner Kritik lobte, je nach den Erfordernissen der Rolle, den „männlichen" oder den „pastoralen" Ausdruck seiner Stimme und attestierte ihm anlässlich einer „ausgezeichneten" Aufführung des „Lohengrin" 1942, dass sein Bass „eine schöne dunkle Färbung" habe und „in allen Lagen gleich gut" klinge[72]. Nach nur einem Jahr am Stadttheater hatte sich der Debütant künstlerisch gut weiterentwickelt: „Sein Baß hat an Festigkeit und Klarheit wesentlich zugenommen", notierte der Rezensent Paul Kachler nach einer „beglückenden" Premiere von Humperdincks „Hänsel und Gretel" mit Fritz Dahlem als Besenbinder am 15. November 1942.[73]

Bald nach Beginn seines Engagements in Heilbronn im September 1941 dürfte Fritz Dahlem auch seine dortige Kollegin Liesel Christ kennengelernt haben. In dem doch nicht allzu großen Stadttheater lief man sich zwangsläufig irgendwann über den Weg, zumal die Mitglieder der Oper verpflichtet waren, in kleineren Rollen im Schauspiel auszuhelfen – und umgekehrt. So standen Fritz Dahlem und Liesel Christ spätestens am 5. November 1941 zum ersten Mal gemeinsam auf der Bühne. Die Schauspielerin erlaubte sich damals einen der bereits erwähnten Abstecher zur Oper: In Mozarts „Hochzeit des Figaro“ sang sie die Barbarina, eine Sopranpartie, die durchaus mit einer Soubrette besetzt werden kann. Dahlem, ein schlanker, gut aussehender 28-Jähriger, musste den „alten“ Dr. Bartolo, Figaros Vater, geben. Vielleicht gefiel ihm schon damals das resche Bärbchen besser als die ihm von Mozart verpasste Marcellina. Auch später wirkten Fritz Dahlem und Liesel Christ noch gelegentlich gemeinsam in einer Inszenierung mit, selbst wenn sie offenbar niemals direkte Bühnenpartner waren: Der seriöse Bass und die muntere Soubrette werden auf der Bühne eben selten ein Paar. So etwas passiert nur im „richtigen“ Leben.

Am 4. Juni 1942 heirateten der Opernsänger Fritz Dahlem und die Schauspielerin Liesel Christ.

Freud und Leid

Genau vier Monate nach der Hochzeit, am 4. Oktober 1942, brachte die junge Frau ihr erstes Kind zur Welt: „Unser gesundes, kräftiges Sonntagsmädel Gisela ist angekommen!“, verkündeten die stolzen Eltern Liesel und Fritz Dahlem unverzüglich in einer Anzeige im Heilbronner Tagblatt. Doch in der kaum besiegelten Ehe kriselte es bereits.

Noch am Wochenbett in der Klinik Dr. Weßel in Heilbronn entzündete sich der Konflikt an der Frage der künftigen Kindererziehung. Auf Druck von Dahlems streng gläubiger Mutter wurde das Neugeborene im Krankenhaus sofort katholisch getauft. Liesel, geschwächt von einem Wochenbettfieber, ließ es geschehen, setzte aber wenigstens ihren Namenswunsch durch: Das Kind sollte nicht Maria heißen, sondern Gisela, wie ihre Freundin in Wildbad, die Tochter des dortigen Kurarztes Dr. Sommer, die somit zur Patentante des Mädchens wurde.

Auch in einer anderen, ihr noch viel wichtigeren Frage würde Liesel niemals nachgeben. Die junge Frau war viel zu besessen von ihrem Beruf, hatte sich ihre Erfolge viel zu hart erarbeitet, als dass sie künftig als glückliche Hausfrau und Mutter hätte daheim bleiben können. Außerdem konnte die kleine Familie ihre Gage gut gebrauchen. Immerhin hatte sich die Christ von 120 auf 360 Mark Monatsgage hochgearbeitet, wobei sie inzwischen sogar bezahlten Urlaub und ein Weihnachtsgeld erhielt, während ihr Mann gerade 250 Mark monatlich verdiente. Auch wenn Dahlem sich anstrengte und seine Gage in der kommenden Spielzeit 1943/44 tatsächlich auf 350 Mark stattlich steigerte, so blieb sie, nach einer erneuten Gagenerhöhung auf 380 Mark, ihm immer noch voraus – und zwar nicht nur auf der Gehaltsliste, sondern auch auf der Erfolgsleiter. In einer Ehe, in der sich zumindest ein Partner nicht vom traditionellen Rollenverständnis lösen konnte, waren ständige Streitigkeiten somit vorprogrammiert. Es gehört nicht allzu viel Phantasie dazu, sich solche geradezu „klassischen“ Ehekräche vorzustellen. Sie warf ihm mangelnden Ehrgeiz vor, wogegen er ihr übertriebene Karrieresucht vorgehalten haben mag.

Letztlich konnte die Schauspielerin Berufs- und Familienleben in Heilbronn nicht vereinbaren. Die kleine Gisela wurde im Alter von elf Tagen zu ihren Großeltern Christ nach Frankfurt gegeben. Kaum zwei Monate später spielte Liesel Christ, die ihren Geburtsnamen auf der Bühne beibehielt, schon wieder ihre erste Premiere, das aufwendig inszenierte Weihnachtsmärchen „Suse Schmutzfinks Abenteuer", in dem sie in der Titelrolle glänzte (9. 12. 1942). Selbst an den Festtagen konnte die junge Mama ihr Baby wohl nicht in Frankfurt besuchen, da sie ihre beruflichen Pflichten, nicht zuletzt die gerade jetzt anstehenden Märchenvorstellungen, in Heilbronn hielten. Jedenfalls erinnerte sich die Koloratursängerin Edith Stuppi an ein komisches Erlebnis mit ihrer Kollegin Liesel Christ, das sie just an jenem Weihnachten 1942 hatte:

Suse in dem Weihnachtsmärchen „Suse Schmutzfinks Abenteuer", 1942

„Flotows ‚Martha' wurde an drei aufeinanderfolgenden Tagen gespielt. Am dritten Tag allerdings nicht abends, sondern nachmittags. Und an eben diesem Nachmittag war Edith Stuppi bei ihrer Kollegin Utty Bohnhorst. Beide vertrieben sich die Zeit mit Kartenlegen. Die Stuppi erklärte gerade, daß ‚das Glück bei der dunklen Dame liege', als die Tür aufgerissen wurde und die ‚dunkle Dame' *Liesel Christ* atemlos hereinstürmte und rief: ‚Du hast doch jetzt Vorstellung!' Wie der Blitz ab ins Theater, wo Kapellmeister Willy Nölling in Erkenntnis der Situation die Ouvertüre bereits zum zweiten Mal ‚vom Stapel' ließ. Die Operettensoubrette Anny Murr stand schon bereit, brauchte aber nicht mehr einzuspringen, und die Vorstellung verlief ohne weitere Zwischenfälle."[74]

Der Theateralltag ging also weiter. Liesel Christ konnte an ihre großen Operettenerfolge anknüpfen. Das populäre Buffopaar Christ/Wilde wurde etwa als Etelka und Arpád in Dostals „Die ungarische Hochzeit" unter der Regie von Rolf Burmeister (23. 2. 1943) wieder stürmisch gefeiert, obwohl die Soubrette gerade stimmlich etwas indisponiert war. Doch das wusste sie, ganz professionell, durch ihr „reizend schalkhaftes und geschmeidiges Spiel"[75] auszugleichen. In der folgenden Saison übernahm die Christ in dem neuen Operettenschlager „Lisa, benimm dich!", wiederum einer Inszenierung von Burmeister (23. 1. 1944), die Titelrolle. Sie war eine „tolle Lisa, voll Natürlichkeit, Temperament, Ausgelassenheit und kapriziöser, lustiger Einfälle, als ob ihr Rolle und Partie geradezu auf den Leib geschrieben wären", meinte nicht nur der Kritiker des Heilbronner Tagblatts.[76] Überhaupt zeigte sich das mittlerweile stark kriegsgestresste Publikum „besonders dankbar"[77] für die heitere Unterhaltung. Dennoch haderte Liesel Christ in diesen Zeiten manchmal. Offenbar machte ihr ihre persönliche Lage, die Krise in ihrer Ehe und die Trennung von ihrem Kind, doch zu schaffen. Ein Freund, so erzählte sie einmal, habe dann „immer zu ihr gesagt: ‚Du darfst jeden Abend Hunderte von Menschen vergessen machen, was draußen geschieht – und da willst du auch noch ein privates Glück?'"[78]

„Wir werden ‚unsere Liesel Christ' nicht so bald vergessen!"

Liesel Christ spürte, dass ihre Zeit in Heilbronn vorbei war. Gewiss, sie hatte in der Neckarstadt wichtige und schöne Jahre verlebt, aber nun musste sie gehen – auch wenn das Heilbronner Publikum sie noch so sehr liebte. Künstlerisch hatte sie hier alles erreicht. Wenn sie sich beruflich weiterentwickeln wollte, musste sie fort. Ihr Vater konnte keine Bedenken mehr äußern, denn er war am 19. Juni 1943 gestorben. Bei aller Trauer um den geliebten Papa erwachte in ihr der alte Traum aller Schauspieler: Sie wollte nach Berlin. Trotz der langen acht Jahre in der Provinz war sie erst 25, also noch jung genug, um es weiter hinauf schaffen zu können. Sie wollte zunächst in ein Engagement wechseln, das ihr als Sprungbrett in die Hauptstadt dienen könnte. Bald hatte sie eine vielversprechende Verpflichtung nach Görlitz in der Tasche, mit einer Zusage für Gastspiele in Breslau, wo schon so viele große Schauspielerkarrieren begonnen hatten. Mitten im Krieg bereitete sie also ihren Umzug an die Neiße vor.

Heilbronn, März 1944

Damit hoffte Liesel Christ, auch ihre private Misere zu beenden. Dahlem und sie wollten sich scheiden lassen. Künftig würde sie gern mit ihrem Kind und ihrer Mutter zusammenleben. Während der letzten Spielzeit in Heilbronn hatte sich Liesel nämlich ernste Sorgen um ihre Familie in Frankfurt machen müssen. Genau seit Giselas 1. Geburtstag, dem 4. Oktober 1943, war ihre Heimatstadt bevorzugtes Ziel alliierter Luftangriffe. Bei den schweren Bombardements wurde ihr Elternhaus in Praunheim beschädigt, das in unmittelbarer Nähe zu den Heddernheimer Kupferwerken, einem wichtigen Angriffsziel, lag. Wahrscheinlich nach dem Großangriff vom 29. Januar 1944 zog Marie Christ mit der durch den Bombenterror völlig verängstigten Gisela aufs Land, nach Lindenstruth bei Reiskirchen in der Nähe von Gießen, wohin kurz darauf auch ihre älteste Tochter Marie mit den drei Kindern evakuiert wurde. So erlebten sie die katastrophalen Märzangriffe auf Frankfurt 1944 nicht mit. Auch wenn Liesel ihre Tochter nun also einigermaßen in Sicherheit wusste, so hätte sie sie doch lieber bei sich gehabt. Es wurde geplant, dass Gisela mit der Oma etwa im Herbst 1944 nach Görlitz nachkommen sollte.

An einem Sonntagabend im Juli 1944 verabschiedete sich Liesel Christ von ihrem Heilbronner Publikum. Sie bekam, zusammen mit zwei ebenfalls ausscheidenden Kollegen, eine regelrechte Abschiedsvorstellung, eine Aufführung der Operette „Wiener Blut" in der Inszenierung von Fritz Wilde unter der musikalischen Leitung von Willy Nölling, in der Liesel als Pepi an der Seite ihres Bühnenpartners Carl-Heinz Hartmann als Josef ein letztes Mal brillierte. Das Heilbronner Tagblatt berichtete:

„Mit der fröhlichen, melodienseligen Johann Straußschen Operette ‚*Wiener Blut*' klang die Spielzeit 1943/44 aufheiternd und zugleich von leiser Abschiedswehmut überhaucht aus. Denn es verabschiedeten sich (...) drei bewährte Kräfte aus dem Operetten-Ensemble: unsere Operetten-Soubrette Liesel *Christ*, die nach erfolgreichster, sechsjähriger Tätigkeit auf unserer Bühne an das Stadttheater Görlitz als Erste Operetten-Soubrette verpflichtet worden ist, unsere Operetten-Sängerin Anny *John* (...) und unser Operetten-Buffo Carl-Heinz *Hartmann* (...).

Am nahesten (...) ging den Herzen des Heilbronner Publikums der Abschied von Liesel *Christ*. (...) Und indem Liesel Christ als Pepi zum letzten Male auf unserer Bühne die Funken ihres Temperaments, ihrer Natürlichkeit, ihrer Drolligkeit, ihres Humors und ihres Gefühls in Spiel und Gesang sprühen ließ, wurde man sich bewußt, daß die scheidende Künstlerin in der Zeit ihres hiesigen Wirkens zum festen Begriff einer atmosphäregebenden Persönlichkeit in den Operetten-Aufführungen unseres Theaters geworden ist, die der Operette in Spiel, Tanz und Gesang zu geben wußte, was sie verlangt, um zu zünden. Wir werden ‚unsere Liesel Christ' nicht so bald vergessen.

Waren die Scheidenden schon während der Aufführung mit viel herzlichem und dankbarem Beifall überschüttet worden, so steigerte sich der Applaus am Schluß des Abends zum wahren Orkan, der sich schließlich zur Ovation des Dankes und der Sympathie für Liesel Christ gestaltete. Es gab 28 Vorhänge!"[79]

Die Christ, deren Schwester Marie zu dem großen Ereignis sogar aus Lindenstruth angereist war, nahm gerührt all die Blumen und Geschenke der Heilbronner entgegen. Sie bekam nicht nur einen prächtigen Strauß mit 150 roten Rosen, sondern auch zwei ganze Tische voll mit Würsten, Käse, Obst und anderen Leckereien, was angesichts der schlechten Versorgungslage im Krieg nicht zu verachten war.

Wenige Wochen zuvor waren Fritz Dahlem und Liesel Christ durch Urteil des Landgerichts Heilbronn vom 19. 6. 1944 rechtskräftig geschieden worden. Dahlem, der als I. seriöser Bass nach Wilhelmshaven wechseln wollte, hatte sich schon am 28. Juni 1944 in einer Aufführung von Verdis „Nabucco“ im Heilbronner Stadttheater verabschiedet: „Die Rolle des Hohepriesters Amon bot ihm vielfältige Möglichkeit, seinen fülligen, kraftvoll klingenden Baß wirkungsvoll zur Geltung zu bringen und das sorgsam abgewogene Maß des Agierens durch dramatische Akzente zu beleben“, meinte ein Journalist in seinem durchaus herzlichen Abschiedsartikel für Dahlem. „Sein Amon besaß in Erscheinung und Geste die würdevolle Hoheit, aber auch die in jähem Ausbruch sich offenbarende Glut des seinem Gott und Volk verfallenden Priesters, wie er auch gesanglich in musikalischer Prägnanz der Charakterisierung klargeprägte Züge und gefühlswarmen Gehalt gab. Als Ganzes war es eine Leistung, die bei den Hörern zu voller Resonanz kam und in ihnen von der musikalischen und schauspielerischen Persönlichkeit Fritz Dahlems einen besonders freundlichen Eindruck hinterließ.“[80] Trotz solch durchaus positiver Kritiken setzte Dahlem, der am Stadttheater Wilhelmshaven kriegsbedingt nicht mehr zum Spielen kam, seine Bühnenkarriere nach dem Krieg nicht fort. Nach einer Ausbildung zum Physiotherapeuten arbeitete er erfolgreich in diesem Beruf.

Abschied und Wiederkehr

Am 23. Juli 1944 hatte Liesel Christ Heilbronn verlassen. Doch schon wenige Monate später kehrte sie zu einem Besuch, wahrscheinlich im Rahmen der „Truppenbetreuung“, zurück. Am 3. Dezember 1944 fuhr sie wieder fort, nur einen Tag vor dem schweren Luftangriff auf die Stadt, bei dem rund 6.350 Menschen ums Leben kamen und die gesamte Altstadt mit dem schönen Jugendstiltheater vernichtet wurde.

Auch in den ersten Nachkriegsjahren blieb Liesel Christ mit ihren ehemaligen Kollegen und Freunden in Heilbronn in Verbindung. 1946/47 spielte sie am „Heilbronner Künstlertheater“ unter der Direktion von Fritz Wilde, das zunächst mit bunten Unterhaltungsprogrammen in Filmtheatern, Wirtshaussälen und Gemeindehallen gastierte und an Weihnachten 1946 seine erste feste Spielstätte im Gasthof zur Sonne in Sontheim bezog. Dort war Liesel mit Töchterchen Gisela einmal herzlich begrüßter Ehrengast in einer Märchenvorstellung von „Schneeweißchen und Rosenrot“. Als der große Bär die Bühne betrat, verschwand die Kleine schreiend unter ihrem Sitz – was der Mutter ziemlich peinlich war.

Bei einem ihrer Gastspiele 1946 besuchte Liesel Christ, zusammen mit Oberbürgermeister Paul Metz und ihrem Kollegen Fritz Wilde, auch die ausgebrannte Ruine des Stadttheaters. „Der Grund war sehr einfach“, erzählte sie später in einem Interview. „Ich besaß kaum mehr ein Kleidungsstück, wußte aber genau, daß sich die Kostüme noch in dem Theatergebäude befanden. Ob Sie es glauben oder nicht: auf dem Schnürboden entdeckte ich noch das zuletzt von mir getragene Kostüm genau so, wie ich es damals hingehängt hatte. Der ganze Fundus war erhalten geblieben. Übrigens fand ich auch noch meine Garderobe praktisch in unverändertem Zustand vor.“[81]

Über zwanzig Jahre später stand Liesel Christ wieder in der Bauruine, wo sie sich noch immer auskannte „wie in ihrer Handtasche“[82]. Damals war sie zum 3. Großen Wohltätigkeitsball des Deutschen Paritätischen Wohlfahrtsverbandes am 11. November 1967 nach Heilbronn gekommen, wozu alle ehemaligen Mitglieder des alten Stadttheaters eingeladen waren. Absoluter Höhepunkt des Bunten Programms war der Auftritt von Liesel Christ. Die mittlerweile durch das Fernsehen populär gewordene Schauspielerin trug ein selbstgedichtetes „Heilbronn-Lied“ (nach der Melodie von „Heile, heile Gänsje“) vor, in dem sie bekannte: „Ein jeder hat e Vadderstadt, / doch ich, ich hab glei zwaa“, nämlich Frankfurt und Heilbronn,[83] und dann sang sie mit Fritz Wilde, dem Conférencier des Abends, ihr Duett aus „Drei alte Schachteln“.

Noch in jener Ballnacht rief Liesel Christ spontan zur Gründung einer „Aktionsgemeinschaft Stadttheater“ auf, die, wohl nach dem Vorbild der Frankfurter Bürgerinitiative für das Opernhaus, den Wiederaufbau des Heilbronner Theaters endlich vorantreiben sollte. „Ich würde als erstes Mitglied dieser Aktionsgemeinschaft beitreten“, erklärte sie bei ihrem Besuch in der Theaterruine einem Journalisten. „Und ich würde mich bereit erklären, mit einer Liste von Haus zu Haus zu gehen, wenn es sein müßte!“ Als der Reporter darauf meinte, das sei wohl doch etwas zu viel verlangt, rief sie nur aus: „Für dieses Haus ginge ich auf die Barrikaden!“[84]

Die Stadt Heilbronn vergaß „ihrer“ Liesel Christ das Engagement für die Wiedererrichtung des Stadttheaters nicht. Als der moderne Neubau mit der Premiere des Musicals „My fair Lady“ am 16. November 1982 endlich eröffnet wurde, war die Schauspielerin von Oberbürgermeister Dr. Hans Hoffmann persönlich dazu eingeladen, und die Presse sichtete sie in der Pause beim Tanz mit dem Intendanten Klaus Wagner. Vor allem aber spielte Liesel Christ eine der vier Eröffnungspremieren, die Komödie „Sturm im Wasserglas“ im Großen Haus (28. 11. 1982), worin sie als Frau Vogl einen überwältigenden Publikumserfolg erzielte. In den Wochen ihres Gastspiels, in denen sie sich auch in das Goldene Buch der Stadt eintragen durfte (23. 12. 1982), erreichten sie immer wieder Glückwünsche und Briefe von alten und neuen Heilbronner Freunden, Bekannten und Fans. So sandte ihr nach der letzten Vorstellung am 8. Januar 1983 Gretel Beilharz, die Inhaberin des ortsansässigen Kaufhauses, eine Karte:

> „Gestern war ich nun in Heilbronn bei Dir u. Deiner so netten, gescheiten Geschichte im neuen Haus und freute mich riesig über den großen Applaus und die vielen Blumen. Einer der Sträuße u. die einzelnen Rosen für Deine Spielpartner waren von mir... Und wie nett war das Transparent *Wiederkommen!* am Schluss! Hab Dir zugewinkt – aber das konntest Du bei den vielen Menschen ja nicht sehen...“[85]

Auch wenn aus dem erneuten „Wiederkommen“ nichts wurde, so erinnerte sich Liesel Christ weiterhin gern an ihre Heilbronner Zeit: „Es waren sechs harte und doch beglückende Jahre in meinem Leben“, schrieb sie einmal.[86]

1944–1945
Fußgängerin von Görlitz nach Frankfurt
Eine Frau in der schwersten Rolle ihres Lebens

Im letzten Kriegsjahr, zum 1. August 1944, hatte Liesel Christ ihr Engagement in Görlitz angetreten. Die Schauspielerin wollte die schöne Stadt am östlichen Rand der Oberlausitz gern zu ihrer neuen Heimat machen und richtete sich sogleich eine Drei-Zimmer-Wohnung ein, ihr erstes eigenes Zuhause, in dem sie nicht „möbliert" oder gar zur Untermiete wohnte. Bald würde auch Töchterchen Gisela mit der Oma hierher kommen. Einstweilen begann Liesel mit den Proben am Stadttheater. Doch zum Auftreten sollte sie nicht mehr kommen.

Am 24. August 1944 ordnete Propagandaminister Joseph Goebbels, der seit knapp einem Monat als „Reichsbevollmächtigter für den totalen Kriegseinsatz" fungierte, die Schließung aller Theater bis zum 1. September 1944 an.

Schauspielerin im Kriegseinsatz

Liesel Christ hatte sich von dem „wunderschönen" neuen Engagement viel versprochen. Die Verpflichtung nach Görlitz verdankte sie wahrscheinlich dem Operettensänger und -regisseur Jack Lüttger, der sie einst in Koblenz für die Operette „entdeckt" hatte und der inzwischen, seit der Spielzeit 1943/44, als Oberspielleiter der Operette am Stadttheater in Görlitz wirkte. Dass die Christ hier einen Vertrag als Erste Operetten-Soubrette bekam, bedeutete für sie einen echten Aufstieg im Rollenfach. Außerdem erhielt sie damit die Chance, sich aus der Theaterprovinz hochzuarbeiten. Der Schritt von Heilbronn nach Görlitz war sicher noch nicht allzu bedeutend. Doch immerhin konnte Görlitz, mit 95.000 Einwohnern (1943) die zweitgrößte Stadt in Niederschlesien, ein (bereits seit 1851 bestehendes) Theater mit etwa 1.000 Plätzen betreiben. Vor allem aber wurde der Schauspielerin zusätzlich ein Gastvertrag im wirklich großstädtischen Breslau versprochen, das zur Station auf dem Weg nach Berlin und somit ganz nach oben hätte werden können.

Statt dessen saß Liesel Christ in Görlitz nun sinnlos fest, während die Alliierten an allen Fronten vorrückten. Alle durch die Schließung der Bühnen frei gewordenen Theaterkräfte sollten zum Kriegsdienst bei der Wehrmacht, in der Rüstungsindustrie oder der Kriegsproduktion herangezogen werden. Zu diesem Zweck musste sich auch Liesel Christ bis zum 15. September 1944 beim Arbeitsamt in Görlitz melden. Nach eigenen Angaben kam sie zunächst noch in ihrem Beruf als Schauspielerin zum Kriegseinsatz, und zwar bei der „Truppenbetreuung", obwohl selbst dieses Programm zur Unterhaltung und somit moralischen „Stärkung" der Wehrmacht im Zuge der Maßnahmen für den „totalen Krieg" stark eingeschränkt worden war. So dürfte Liesel Christ sicher nicht mehr zum Theaterspielen direkt hinter die – mittlerweile ständig einbrechende – Front gefahren sein. Vielmehr trat sie meist bei Bunten Abenden in Lazaretten und Versehrtenheimen „in der Heimat“ auf.

In Görlitz etwa erhielt die NS-Freizeitorganisation „Kraft durch Freude“, die eigentlich nach Goebbels' erwähnter Anordnung vom 24. 8. 1944 ihre „Truppenbetreuung“ hätte einstellen müssen, einmal die Sondergenehmigung, verwundete Soldaten „zu frohen Stunden“ einzuladen. Unter dem sinnigen Motto „Windstärke 11“ führte ein Unteroffizier als Ansager durch „das abwechselungsreiche Programm“, das – wie die lokale Presse in ideologischer Verbrämung berichtete – „Schaffende der Rüstung“ zur Aufheiterung für ihre verwundeten „Kameraden“ gestalteten. Neben Laientanzgruppen, einem Fliegerchor und zwei klarinettespielenden Infanteristen traten zwei Überraschungsgäste „vom Stadttheater“ auf: „Liesel Christ (...) war unzweifelhaft der Liebling des Abends. ‚Schimpft nicht immer auf die Frauen‘, rief sie den Landsern in ihrer frischen Art zu. In einem Duett gab sie sich mit einem weiteren Stern am Görlitzer Künstlerhimmel, dem Operettentenor im feldgrauen Rock, ein Stelldichein. Man spürte die Freude der Künstler, die jetzt in Wehrmacht und Rüstung tätig sind, wieder einmal auf den Brettern, die für sie die Welt bedeuten, stehen zu dürfen.“[87]

Inzwischen war offenbar auch Liesel Christ in der Kriegsproduktion, zwar nicht in der Rüstungsindustrie, eingesetzt. In den letzten Kriegsmonaten arbeitete die Schauspielerin an der Maschine in einer Strumpffabrik.

Flucht nach Hause

Am 7. Mai 1945 sprengten abziehende deutsche Truppen in Görlitz die Neißebrücken. Am selben Tag soll Liesel Christ die Stadt verlassen haben. So ist es in ihrem Arbeitsbuch vermerkt, das jedoch das Stadttheater auch nachträglich unter Verwendung dieses Datums als des üblichen Stichtags ausgefüllt und, etwa zum späteren Nachweis für eine Rentenberechtigung, nach Frankfurt gesandt haben könnte. Ansonsten müsste sich die Schauspielerin mitten in den Wirren der letzten Kriegstage noch ordnungsgemäß bei ihrem Arbeitgeber abgemeldet und ihr Arbeitsbuch zurückerhalten haben, das sie dann über die Flucht (bei der sie fast alles, auch ihre übrigen Papiere, verlor) gerettet hätte. Kurz vor Kriegsende jedenfalls, als die russische Armee schon äußerst nahegerückt war, schloss sich Liesel Christ mit ihrer 67 Jahre alten Mutter Marie und ihrer zweieinhalbjährigen Tochter Gisela einem der vielen Flüchtlingstrecks nach Westen an.

Mit einem Handwagen, auf den sie die nötigsten Sachen gepackt hatten, zogen die drei los. Einige Wochen waren sie unterwegs, quer durch Sachsen, von Görlitz bis nach Leipzig, meist zu Fuß. Nur manchmal wurden sie von einem Lkw oder einem Traktor ein Stückchen mitgenommen. Der rumpelige Leiterwagen mit all ihren Habseligkeiten flog bei einer Schießerei in der Nähe von Torgau an der Elbe in die Luft. Als die beiden Frauen mit dem Kind bei Eilenburg die Mulde durchqueren mussten, half ihnen ein menschenfreundlicher Landser, der auf seinem Rücken die kleine Gisela hinüberbrachte. Während die Großmutter mit einem alten, fast absinkenden Kahn übersetzen konnte, musste Liesel den eiskalten Fluss durchschwimmen. Prompt wurde die 26-Jährige, die aus einer neuen Beziehung wieder ein Kind erwartete, krank. Knapp schafften sie es noch, wenigstens die Grenze zum amerikanisch besetzten Gebiet zu überschreiten.

Die drei fanden zunächst einen Unterschlupf in Kupsal, einem winzigen Dorf bei Krostitz nördlich von Leipzig, später dann direkt in Leipzig, wohl bei den Eltern eines Theaterkollegen der Christ, wo sie sich von den Strapazen des langen Fußmarsches etwas erholen konnten. Wahrscheinlich als die Amerikaner infolge der Berliner Deklaration vom 5. Juni 1945 begannen, Sachsen zu räumen, um es den Sowjets zu übergeben, brach Liesel Christ „so schnell wie möglich" wieder auf: Sie wollte „zurück nach Frankfurt".[88]

Die Frauen bekamen heraus, dass vom Bahnhof in Leipzig aus ständig Lastwagen in alle Himmelsrichtungen starteten. Tatsächlich konnten sie auf einem offenen Pritschenwagen mitfahren, der über Nürnberg und Frankfurt ins Rheinland wollte. Zusammengepfercht mit vielen anderen Flüchtlingen mussten sich Liesel, ihre Mutter und Gisela hinten auf der Ladefläche drängen, während eine Krankenschwester in Tracht den Beifahrersitz vorn im Führerhaus belegte. Mitten auf der „Reise" rief plötzlich einer ihrer Mitfahrer: „Der fährt ja in eine ganz andere Richtung!" Kurz darauf hielt der Wagen in Hof an der Grenze. Die „Schwester", die inzwischen ihre Tracht abgelegt hatte, versuchte gewaltsam, den Lkw in die Tschechoslowakei umzulenken: „Nach einem Tumult sprang die Frau ab, und der Fahrer raste mit Karacho weg", erinnerte sich Liesel Christ in einem Zeitungsinterview. „Das war unsere Rettung!"[89]

Nach einer fast zweimonatigen Odyssee kamen Liesel und Marie Christ mit der kleinen Gisela ungefähr im Juli 1945 in Frankfurt an. Ihre schwerste Rolle, sagte Liesel später oft, sei „der Fußgänger von Görlitz nach Frankfurt" gewesen.

„Und dann ging's neu los!"[90]

Die Stadt, in die die Frauen heimkehrten, bot ein trauriges Bild. Frankfurt war eine einzige riesige Trümmerwüste. Die gesamte gotische Altstadt, einst die größte ihrer Art in Deutschland, war bei den schweren Luftangriffen der Alliierten im März 1944 in Schutt und Asche gesunken. Das Opernhaus, das Schauspielhaus, auch der Römerberg – sämtliche Stätten, an denen „die kleine Christ" früher Theater gespielt hatte, waren zerstört. Von den insgesamt rd. 177.500 Wohnungen (1939) waren 80.500 vernichtet und 53.000 beschädigt. Zumal die kriegsbedingt drastisch (von 553.000 auf 269.000) gesunkene Einwohnerzahl schnell wieder stieg, herrschte bereits im Sommer 1945 drängende Wohnungsnot. Zu ihrem Glück konnte Marie Christ mit ihrer Tochter Liesel und ihrer Enkelin Gisela das Haus in Praunheim wieder beziehen, das zwar einen Bombenschaden erlitten hatte, aber bald wiederhergerichtet werden konnte.

Gleich nach ihrer Ankunft musste Liesel Christ einen Wettlauf mit den Ämtern antreten. Sie brauchte für sich und ihre Angehörigen eine Zuzugsgenehmigung, um sich in der Stadt polizeilich melden und damit auch Lebensmittelkarten bekommen zu können. Doch der Zu- wie auch der Rückzug nach Frankfurt wurden angesichts der Wohnraumsituation und der Versorgungslage erschwert, im August 1945 sogar zeitweise ganz verboten. Im Kampf mit den Behörden zeigte sich Liesel stur: „Hier bin ich geboren, hier bin ich aufgewachsen, hier hab' ich mein Elternhaus, hier bleib' ich!", sagte sie – und blieb. Letztlich mit der polizeilichen Anmeldung und den daraufhin zugeteilten Lebensmittelkarten. Eine Anerkennung als Flüchtling erreichte sie allerdings nicht, da sie zum maßgeblichen Stichtag noch in Heilbronn und nicht in Görlitz gemeldet war. Somit erhielt die Familie keinerlei besondere Flüchtlingshilfen und schon gar keine Entschädigung für das verlorene Inventar ihrer Görlitzer Wohnung.

Am 9. Oktober 1945 brachte Liesel Christ in ihrem Elternhaus in Praunheim ihr zweites Kind zur Welt. Die ganze Familie und vor allem Gisela, die sich „auf ein Brüderchen eingestellt"[91] hatte, wurden enttäuscht: Das Baby war wieder ein Mädchen. Liesel gab ihrer zweiten Tochter den Namen Bärbel. Auch Gisela freundete sich schnell mit der Schwester an. Trotzdem oder vielmehr gerade deswegen durfte man die Dreijährige nicht mit dem Säugling allein im Zimmer lassen. Sofort versuchte sie, das Baby aus dem Bettchen zu zerren, um damit zu „spielen". Zur ersten Friedensweihnacht bekam sie daher endlich ihr eigenes „Kind" geschenkt, einen von Mutter und Tante selbstgebastelten Puppenjungen, dem aus einer alten Kiste sogar noch ein Wagen gezimmert wurde.

Bei ihren Ämterlaufereien hatte Liesel Christ gleich auch das Wichtigste erledigt. Sie hatte sich um eine Arbeitserlaubnis bemüht. So erhielt sie eine der ersten Lizenzen der amerikanischen Besatzungsmacht. Damit konnte sie sich ihren „einzigen Traum" erfüllen: Endlich „in Frieden Theater zu spielen, und zwar ohne Druck von oben"![92] Im November 1945, nur wenige Wochen nach Bärbels Geburt, begann die Schauspielerin wieder mit den Proben.

1945–1953
Überlebenskünstlerin zwischen Kabarett und Kinderzimmer, Komödie und Kaufhaus
Eine alleinerziehende Schauspielerin in den ersten Nachkriegsjahren

Sylvester 1945 verhieß Liesel Christ den ersehnten Neubeginn. „Zwei Stunden Frohsinn“ bekam das in jeder Hinsicht hungrige Publikum an diesem Abend „im überfüllten Börsensaal“ geboten. Der Conférencier Michael Arco in seiner „unbeschwert lächelnden Art“ präsentierte ein „harmloses“ Unterhaltungsprogramm, das kaum Kabarett zu nennen war. Ein Chansonnier (Michael Arco selbst) und eine Soubrette (eben Liesel Christ) brachten ein paar Songs, eine Sopranistin (Maria Madlen Madsen) sang heitere Opernarien, etwa von Nicolai, eine Ballettmeisterin (Christl Ebling) trat als Solotänzerin auf, und die Musikkapelle H. H. Lingner spielte dazu.

Eigentlich glich das Programm den Bunten Abenden, wie sie Liesel Christ zuletzt, noch bis kurz vor Kriegsende, gegeben hatte, und doch war es sensationell: Die dargebotenen Chansons stammten aus der Weimarer Zeit, von Tucholsky, Kästner und anderen Autoren, die während des „Dritten Reichs“ verboten gewesen waren. Zwölf Jahre lang hatte keine deutsche Bühne die Texte aufführen dürfen. Jetzt sang die Christ beispielsweise Tucholskys „Chanson für eine Frankfurterin“ wieder: „Des find ich goldisch!“, und die „vielen Menschen“ im Saal amüsierten sich köstlich darüber. Mitten in der hellen Freude des Publikums musste der Journalist Richard Kirn plötzlich an die traurige Wahrheit hinter den alten Liedern denken. „Als Arco und seine begabte Partnerin Liesel Christ mit Tucholskys ‚Anna-Luise‘ den ganzen Saal ins Lachen brachten“, so notierte Kirn in seinem Zeitungstagebuch, „flog uns schmerzhaft der Gedanke an: Wissen die Lachenden etwas von diesem toten Tucholsky, seinem einsamen furchtlosen Kampf um ein besseres Deutschland, seinem einsamen, resignierten Sterben?“[93]

Mit leerem Magen vor vollen Häusern

Wieder in Frankfurt auf der Bühne zu stehen! Liesel Christ hatte es – trotz aller widrigen Umstände – erreicht. Kaum acht Monate nach Kriegsende wirkte sie in Arcos Buntem Programm im Börsensaal mit. Dieser Saal der ehemaligen Getreidebörse in dem ansonsten stark bombengeschädigten Börsengebäude am Rahmhof war die einzige Spielstätte, die dem Theater im kriegszerstörten Frankfurt am Jahreswechsel 1945/46 zur Verfügung stand. Nachdem der Saal enttrümmert und notdürftig hergerichtet worden war, war er bereits im Herbst 1945 als Behelfstheater für die Städtischen Bühnen eröffnet worden. Die Ausstattung des Zuschauerraums, der Bühne wie der Garderoben war äußerst einfach. So waren die leeren Fensterhöhlen zunächst nur grob mit Brettern vernagelt worden, und nach Erinnerungen von Liesel Christ musste das Publikum anfangs sogar seine Stühle selbst mitbringen. Die vom Hunger geplagten Künstler arbeiteten unter so schweren Bedingungen, dass sie manchmal kaum die Vorstellung durchhielten. „In schlechten Proberäumen, bei bitterster Kälte mit leerem Magen spielen zu müssen, erforderten Liebe zur Kunst und viel Begeisterung", schrieb Carl Tesch rückblickend.[94]

Am Enthusiasmus für ihren Beruf fehlte es Liesel Christ jedenfalls nicht. Im Herbst 1945, kurz nach ihrer Registrierung durch die amerikanischen Besatzungsbehörden, tat sich die Schauspielerin mit alten Kollegen zusammen, die sie in Frankfurt wiedergetroffen hatte. „Herz und Hirn"[95] der Truppe war der Schauspieler und Operettenkomiker Michael Arco, der früher am Neuen Theater (1929–1932) und dann an dem daraus hervorgegangenen Kleinen Haus der Städtischen Bühnen (ca. 1938–1942) verpflichtet gewesen war. Zuletzt am Deutschen Theater in Den Haag engagiert, war er bei Kriegsende aus den Niederlanden zurück nach Frankfurt geflohen. Hier bemühte er sich unverzüglich um eine Lizenz der amerikanischen Militärregierung, die es ihm erlaubte, Theateraufführungen für das deutsche Publikum zu veranstalten. Aufgrund solcher Lizenzen an private Träger funktionierte 1945/46 das gesamte Theatersystem, da es nach den Plänen der Amerikaner eigentlich dezentralisiert werden sollte. Selbst die „Städtischen" Bühnen standen in dieser Übergangszeit auf einer privaten Basis, und zwar mit dem Schauspieler und Regisseur Toni Impekoven als Lizenzträger und damit erstem Nachkriegsintendanten an der Spitze. Schon deshalb konnte Arco, zumal als ehemaliges Mitglied des Frankfurter Ensembles, mit seiner Truppe dann auch im – eigentlich den Städtischen Bühnen als Ersatzspielort zugedachten – Börsensaal auftreten.

Spätestens zu Anfang November 1945 begannen Michael Arco, Liesel Christ und ihre Kollegen mit den Proben. Sie wollten ein Kabarettprogramm auf die Bühne stellen. Eine andere Form des Theaters, die Aufführung eines Schauspiels oder gar einer Operette, hätten sie in der Not der frühen Nachkriegszeit kaum realisieren können. Es mangelte nicht nur an Proberäumen und Spielstätten. Auch alles, was man sonst noch für eine Theatervorstellung brauchte (vom Bühnenbild über die Kostüme bis hin zu den Requisiten und Rollenbüchern), war äußerst schwer zu beschaffen. Jeder musste mithelfen, organisieren und improvisieren, damit eine Aufführung überhaupt zustandekommen konnte. Zur Not musste sogar das Publikum dazu beitragen und etwa das Brennmaterial zum Beheizen des Saals mitbringen. Liesel Christ plagten damals echte Kleidersorgen: Woher nur sollte sie die passende Garderobe für den Auftritt am Sylvesterabend bekommen? Dank ihrer Freundin Gisela, der Kurarzttochter aus Bad Wildbad, konnte sie sich schließlich um sieben Ecken herum ein seidenes Abendkleid und silberne Schuhe aus Vorkriegszeiten besorgen. Sie war so stolz auf ihr elegantes „Outfit", dass sie darin die ganze Sylvestervorstellung hindurch überhaupt nicht fror, obwohl das Publikum in dicken Wintermänteln im kaum geheizten Saal saß. Nach der Veranstaltung dann wurde sie von einer Dame angesprochen: „Ja, Frau Christ, es war alles wunderschön, aber – unter uns – Ihr Abendkleid ist etwas unmodern...!" (Zu dieser Zeit teilte sich Liesel Christ mit ihrer Mutter einen einzigen Wintermantel: Wenn die eine ausging, musste die andere zu Hause bleiben. Diesen Mantel hatten sich die Frauen übrigens aus „drei verschiedenen schwarzen Wollstoffresten und einem Stück braunen Wollstoff, mit dem [Vater Christ] schon die Fenster vom Luftschutzkeller verdichtet hatte,"[96] geschneidert.)

Insgesamt zeigte sich das Publikum jedoch „glücklich" über jene – zwar bescheidenen – Neuanfänge des Theaterlebens. Auch Liesel Christ empfand die frühen Nachkriegsjahre, in denen sie endlich wieder unbeschwert Theater spielen durfte, „mit leerem Magen vor vollen Häusern"[97], als „sehr beglückende"[98] Zeit. Wahrscheinlich war sie mit Arcos Kabarett schon vor jenem legendären Sylvesterabend 1945 aufgetreten. In den Wochen vorher hatte die Truppe wohl auf allen möglichen Gasthausbühnen der Umgegend gastiert. Aber auch vor schwerverwundeten Soldaten im Lazarett in Königstein soll sie gespielt haben, und „die Erbarmungswürdigen" seien „so dankbar" gewesen[99]. Mit dem Programm aus der Börse, das u. a. um Chansons von Benatzky erweitert wurde, gastierten Arco & Co. außerdem im Frühjahr 1946 in der „Schauburg" in Bornheim, einem der ersten wiedereröffneten Kinos in der Stadt, das seinen Saal dem Kabarett für Matineen überließ. An einem Sonntagmorgen im Sommer 1946 hob Arco in der „Schauburg" ein neues Programm aus der Taufe, in dem er zusammen mit Liesel Christ u. a. Songs aus Brechts „Dreigroschenoper" brachte und den Sketch „Aus dem Leben einer politischen Agentin" von Ernst Nebhut uraufführte. Mit diesen und anderen Darbietungen dürften Michael Arco und Liesel Christ auch weiterhin über Land getingelt sein. Im Juni 1946 etwa spielten die beiden fast zwei Wochen lang im Kabarett „Ali-Baba" in Speyer am Rhein. Während Arco auf dem Programmzettel als der Star des Abends angekündigt war, wurde seine Bühnenpartnerin unter dem Namen „Lisl Christ (Lindner)" vorgestellt.

Liesel Christ mit Michael Arco, ihrem wichtigsten Bühnenpartner der frühen Nachkriegsjahre (im Kostüm zu dem Chanson „Anna-Luise" von Tucholsky), Kabarettprogramm, um 1946

Um diese Zeit nämlich lebte Liesel Christ zusammen mit Heinrich Lindner (*1920), dem Vater ihrer Tochter Bärbel, und den beiden Kindern in ihrem Elternhaus in Praunheim. Offenbar verband die Schauspielerin mit der neuen Beziehung so große Hoffnungen, dass sie sogar erwog, ihren eingeführten Bühnennamen zugunsten von dem Namen ihres Mannes aufzugeben. Doch das Familienleben funktionierte nicht; offenbar konnte sich der Vater nicht mit der Berufstätigkeit der Frau arrangieren. Schon bald kehrte Lindner in die „Ostzone" zurück, nach Greifswald, um dort Forstwirtschaft zu studieren. Aus der DDR, wo er später als Oberforstmeister in Potsdam-Babelsberg lebte, konnte er – zumindest zeitweise – wenigstens den Unterhalt für seine Tochter Bärbel zahlen.

Tingeltangel

„Wenn ich auf der Bühne stehe, lebe ich!", bekannte Liesel Christ.[100] In der ersten Nachkriegszeit wurde der jungen Frau und Mutter das Theaterspielen auf ganz andere, viel prosaischere Weise zur Existenzfrage. Angesichts der Not jener Jahre dienten gerade die Auftritte in den Dorfgasthäusern dazu, die Versorgung mit Lebensmitteln aufzubessern. Die Zuschauer vom Land bezahlten ihren Eintritt üblicherweise mit Naturalien, einem Ei, etwas Brot, gar einem Stückchen Wurst oder einem Krug Milch. Jeder Künstler hatte deshalb immer eine Schüssel oder eine Milchkanne im Theatergepäck, um die „erspielten" Nahrungsmittel auch den Lieben daheim mitbringen zu können. Besonders begehrt waren die Gastspiele in amerikanischen Kasernen, bei denen sich die hungrigen Künstler einmal richtig sattessen durften. Über amerikanische Soldaten, die sie anlässlich solcher Auftritte kennenlernte, konnte Liesel Christ außerdem bald Kontakt zu ihren Brüdern in den USA aufnehmen, so dass die Familie schon früh die wirklich überlebenswichtigen „Carepakete" von dort geschickt bekam. In den wunderbaren Päckchen steckten Dinge, die die damals vier- oder fünfjährige Gisela noch nie gesehen hatte: Zum ersten Mal in ihrem Leben konnte die Kleine einen Bonbon probieren.

Wohl noch vor der Trennung von Bärbels Vater entschloss sich Liesel Christ, ihre Mutter mit den beiden Kindern aufs Land, wieder nach Lindenstruth, zu schicken, wo die Versorgungslage wenigstens etwas besser als in der Stadt war. Außerdem war die Schauspielerin dann unabhängiger in der Ausübung ihres Berufs. Die Tingelei mit Kabarett- und Varietéprogrammen wäre noch schwerer zu organisieren gewesen, wenn sie sich zudem um die Töchter hätte kümmern müssen. Einmal nahm die Schauspielerin die kleine Gisela doch zu einem Gastspiel mit, zu Freunden nach Heilbronn, wo das Kind dann prompt so schwer erkrankte, dass es auch nach der Abreise der Mutter wochenlang dort bleiben musste und schließlich nur dank einer auf dem Schwarzmarkt besorgten Penicillingabe genas. Da wusste Liesel ihre beiden Mädchen lieber in Großmutters guter Obhut auf dem Land, wo sie sie zwischendurch ja gelegentlich besuchen konnte.

Außer beim Kabarett von Michael Arco erschlossen sich der Schauspielerin, vor allem dank ihrer guten Kontakte in der Branche, bald weitere Engagements. So war sie in Verbindung geblieben mit Freunden und Kollegen in Heilbronn, die schon am 1. November 1945 das bereits erwähnte „Heilbronner Künstlertheater", eine private Spielgemeinschaft mit ehemaligen Mitgliedern des Stadttheaters, gegründet hatten. Als Mitglied von dessen Ensemble wirkte die Christ um

1946/47 in einigen Kabarettrevuen und Unterhaltungsabenden mit, deren Titel zugleich das harmlos-heitere Programm charakterisierten: „Nur nicht den Humor verlieren!“, „Zwei bunte Stunden“, „Rund um die Liebe“, „Fröhliche Ostern“ und „Für jeden etwas“, so lauteten die Losungen, unter denen Liesel Christ und Kollegen in Heilbronn und Umgebung auftraten, in Lichtspielhäusern, Postsälen und Gemeindehallen, zum Frühlingsfest des Schwimmvereins ebenso wie zur Maifeier der ortsansässigen SPD. Von Publikum wie Presse wurde die Christ als „der ausgemachte Liebling der Heilbronner Theaterbesucher“[101] stürmisch begrüßt. Angesichts ihrer Darbietungen, vom Operettenschlager über den Sketch bis zum Chanson, darunter natürlich auch wieder Tucholskys „Anna-Luise“ (jetzt im Duett mit Dr. Günther Engelhardt), meinte ein Kritiker „anerkennend“, dass sie sich „langsam zu einer jungen Claire Waldoff entwickeln könnte“.[102] Organisiert wurden die Heilbronner Programme von Liesels altem Kollegen Fritz Wilde, der die Lizenz für eine Theater- und Konzertdirektion erhalten und die Leitung des Heilbronner Künstlertheaters übernommen hatte. Bei Wilde war u. a. der 1949 verstorbene Münchner Volkssänger und Komiker Weiß Ferdl unter Vertrag, an dessen wahrscheinlich letzter Tournee daher auch Liesel Christ teilnahm.

Bei einem ihrer Auftritte im Frankfurter Raum um 1946/47 sah Wolf Schmidt die Christ. Der frühere Journalist hatte nach dem Krieg ein Kabarett gegründet, „Die Zeitgenossen“, mit denen er durch die amerikanische und die britische Zone reiste sowie regelmäßig in Radio Frankfurt, Stuttgart, München und Bremen zu hören war. Das Konzept für dieses „neue Zeit-Theater“, wie er es nannte, hatte Schmidt selbst entwickelt:

> „[Es] verschmilzt Elemente des Sprechstückes, der Operette und des literarischen Kabaretts mit einer Kultivierung des zeitnahen Sketschs zu dem conférencelosen Nonstop-Programm, das nichts mit ‚buntem Abend‘ zu tun hat, sondern die Qualität einer überdurchschnittlichen Theaterveranstaltung mit der Breitenwirkung des Massenvarietés verbindet. Es werden nur Themen behandelt, die alle angehen, und sie werden so behandelt, daß der Gebildete nicht durch Primitivität abgestoßen und die breitere Zuhörermasse nicht durch zu hohe Ansprüche abgeschreckt wird.“[103]

Als Organisator, Autor und Hauptdarsteller der „Zeitgenossen“ suchte Schmidt öfter einmal neue Künstler für sein Kabarett, und nun fragte er Liesel Christ, ob sie nicht bei ihm mitspielen wolle. Sie sagte zu. Geprobt wurde in Schmidts Elternhaus in Friedberg, und dann ging's los, auf eine Tournee durch Oberhessen, von der die Schauspielerin erzählte:

> „Wir sind durch den Vogelsberg gezogen mit einem offenen Lkw; wir haben auf jeder kleinen Gasthausbühne gespielt. Wenn wir nachts im Herbst heimgefahren sind, haben wir unter den Apfelbäumen gehalten, die Zweige geschüttelt, damit die Äpfel auf den Lastwagen fielen, und dann sind wir schnell abgebraust. Das ging gut, bis wir eines Tages Bauern mit Knüppeln bewaffnet bemerkten, die

ihr Obst bewachten. Wolf meinte: ‚Aha, anscheinend habbe die de Schnubbe geroche, mer könne uns jetzt net mehr so lang aufhalte.'"[104]

Bald ein Jahr lang war Liesel Christ mit Wolf Schmidt, seiner Partnerin (und späteren Ehefrau) Gretl Pilz und den „Zeitgenossen" unterwegs. Eine Tournee an Rhein und Ruhr musste sie jedoch in Bochum abbrechen, weil sie infolge der andauernden Unterernährung an Hungerödemen litt. Bevor sie nach Frankfurt zurückfuhr, wurde sie von Schmidt zum Abschied getröstet: „Aber wir finden uns wieder!" – Fast genau zwölf Jahre später, im Frühjahr 1959, wurde Liesel Christ in den Hessischen Rundfunk eingeladen, zu einem Gespräch mit Hans-Otto Grünefeldt, dem damaligen Chef der Fernsehunterhaltung, dem sie dann gegenüber saß. Plötzlich öffnete sich hinter ihr – wie von Geisterhand – eine Tür, und eine vertraute Stimme sprach: „Ich hab dir gesagt: Ich finde dich wieder!" Es war Wolf Schmidt, der Liesel Christ an diesem Tag den Antrag machte, seine Frau Hesselbach in der Fernsehserie zu werden.

Behelfsoperetten

Als Liesel Christ wieder einmal zu Besuch nach Lindenstruth kam, lief ihr Gisela entgegen. Die etwa Fünfjährige war gewaltig gewachsen, so dass ihr die einst aus Frankfurt mitgenommenen Anziehsachen nicht mehr passten. Sie steckte dafür in einem viel zu langen Kleid mit Schürze, trug aber noch die zu klein gewordenen Schuhe und hatte einen „unmöglichen" Haarschnitt. Als dieses „Bauernkind" die Mutter dann auch noch auf breitestem Oberhessisch begrüßte, sah Liesel darin das Signal: Die Familie musste wieder in Frankfurt zusammenkommen, entschied sie.

Seit der Trennung von Bärbels Vater musste Liesel Christ erst recht arbeiten, um den Lebensunterhalt für sich und ihre Töchter zu verdienen. Dass sie Familie und Beruf vereinbaren konnte, verdankte sie weiterhin ihrer Mutter, mit der sie und die Kinder künftig wieder in dem Praunheimer Haus zusammenlebten. „Die Oma hat uns er- und verzogen!", pflegt Gisela Dahlem-Christ rückblickend zu sagen.[105] Im Zweifelsfall wandte Marie Christ einfach die bei ihren Kindern erprobten Erziehungsmethoden an. Selbst die spätestens seit Lieschens Zeiten eingeführte „Drohgebärde" mit der Nikolauslarve wirkte auch bei den Enkeltöchtern, falls diese einmal nicht schlafen wollten. Vor allem aber mussten Gisela und Bärbel früh lernen, dass sie Rücksicht auf die Mutter und deren Beruf zu nehmen hatten. Die Großmutter hielt die Kinder beispielsweise dazu an, dass sie vormittags leise sein mussten, wenn Liesel abends zuvor spät von der Vorstellung heimgekommen war: „Pst! Mama schläft!" Dafür sahen die Mädchen ihre Mutter nie beim Textlernen. Das erledigte die Schauspielerin immer nachts, im Bett, und wenn sie ihr Pensum geschafft hatte, legte sie sich, ein wenig abergläubisch, das Rollenbuch unters Kopfkissen.

Bis die beiden Töchter erwachsen waren, blieb Liesel Christ alleinerziehende Mutter und damit Hauptverdienerin der Familie, auch wenn sie bald eine Lebensfreundschaft gefunden hatte. Der Mann an ihrer Seite war künftig der Publizist Karl Gerold (1906–1973), der Chefredakteur, spätere alleinige Herausgeber und Verleger der Frankfurter Rundschau, der seit seiner Zeit im Schweizer Exil mit der Pianistin Elsy Lang verheiratet war. Deshalb wurde die Verbindung zwischen Karl Gerold und Liesel Christ nie offiziell. Ihre Freunde und Kollegen kannten das Geheimnis wohl, und den Töchtern Christ wurde Gerold ein väterlicher Freund und Ratgeber.

Liesel Christ und Karl Gerold während eines Urlaubs am Thumsee, 1949

Nach dem Abbruch der Tournee mit den „Zeitgenossen" um 1947 musste Liesel Christ sich auch beruflich wieder neu orientieren. Mit dem Tingeln sollte schon aus gesundheitlichen Gründen erst einmal Schluss sein. Außerdem war die Arbeit am Kabarett nur eine echte Notlösung gewesen. Eigentlich wollte die Christ an ihre Erfolge als Operettensoubrette anknüpfen. Die Chance dazu konnten ihr vielleicht die vielen kleinen Theater bieten, die in jenen Jahren überall wie Pilze aus dem Boden schossen. Die meisten verschwanden so schnell wieder, wie sie aufgetaucht waren; manche aber hielten sich trotz aller Widrigkeiten, wie etwa das von dem Regisseur und Schauspieler Fritz Rémond 1947 gegründete und bis heute (2004) bestehende Kleine Theater im Zoo in Frankfurt, das mittlerweile Theatergeschichte auch über die Grenzen der Stadt hinaus geschrieben hat. Während Rémonds Bühne durchaus literarischen Anspruch erhob, musste Liesel Christ ein Theater finden, das sich mehr der leichteren Muse verschreiben wollte. Eine prächtige Operetteninszenierung im alten Stil zu verwirklichen, wäre gerade von den kleinen Bühnen angesichts des an allen Ecken und Enden herrschenden Mangels zwar noch immer nicht zu leisten gewesen, doch an kleinere musikalische Lustspiele konnten sie sich schon heranwagen.

So kam Liesel Christ zunächst an das am 1. Januar 1948 gegründete „Theater der Stadt Bad Homburg" unter der Leitung des Ballettmeisters Andreas Volpert, das zunächst im Saalbau in der Luisenstraße spielte, aber schon Freilichtaufführungen im Schlosspark für den Sommer plante. Bei seiner Aufbauarbeit setzte das Theater auf die rege Unterstützung der Bevölkerung. So wurden „alle Einwohner von Bad Homburg v. d. H." in einem Flugblatt aufgerufen, „ihr eigenes Theater" nicht nur „durch regelmäßigen Besuch" und die Mitgliedschaft in der „Besuchergemeinschaft" zu unterstützen: „Helft uns beim Aufbau durch eine kleine freiwillige Spende", bat Direktor Volpert, „denn jeder Nagel, jeder alte Strohhut oder Sonnenschirm ist wertvoll für uns, und wohl in jedem Haushalt gibt es noch unnütze alte Dinge, die uns bei dem heutigen Materialmangel helfen können."[106]

Frankfurt am Main, Weihnachten 1948

In seinem Spielplan konzentrierte sich das Theater der Stadt Bad Homburg zunächst völlig auf die Operette und das musikalische Lustspiel, weshalb das erste Ensemble aus einer Soubrette (nämlich Liesel Christ), einer Sängerin und drei Sängern sowie einer Tanzsoubrette und einer Solotänzerin bestand. Als prominenter Gast war Liesels Kollege Michael Arco vorgesehen. Noch im Januar 1948 wurde das Theater mit der Operette „Spiel' nicht mit der Liebe!" in einer Inszenierung von Volpert eröffnet, worin Liesel Christ die Rolle der Haushälterin Veronika spielte, die sie bereits zu Beginn ihrer (zweiten) Karriere in Koblenz 1937 einmal gegeben hatte. Nach einigen Monaten mit „regelmäßigen Operettenaufführungen" eröffnete die Bühne ihr „Schauspiel",[107] und zwar mit einer Inszenierung des Zwei-Personen-Stücks „Herr Lamberthier" von Louis Verneuil, wiederum unter Volperts Regie, mit Liesel Christ als Germaine und Eberhard Müller-Elmenau als Maurice.

Derweil war auch in Frankfurt ein neues Operettentheater gegründet worden, so dass Liesel Christ nun in ihrer Heimatstadt eine Beschäftigung in ihrem Fach als Operettensoubrette bekam. Jenes „Frankfurter Operettentheater", geleitet von Ernst Altmann, spielte vor allem in der Aula der Freiherr-vom-Stein-Schule am Südbahnhof in Sachsenhausen, also ganz in der Nähe des Kleinen Komödienhauses der Städtischen Bühnen, das von 1946 bis 1951 in einer Turnhalle in der Veitstraße 7 (an der Schnittstelle zwischen Garten- und Schifferstraße) eingerichtet war. Angesichts der winzigen Bühne in der Schulaula musste sich das Operettentheater, entgegen der Verheißung in seinem Namen, eher auf das musikalische Lustspiel beschränken.

Dokumentiert ist etwa eine Inszenierung von Benatzkys Musikkomödie „Bezauberndes Fräulein", die Direktor Altmann in eigener Bearbeitung und Regie zudem noch auf die eingeschränkten Möglichkeiten der kleinen Bühne anpassen musste. Auch die Originalbesetzung des Orchesters musste unter der musikalischen Leitung von Rudi Franz auf wenige Instrumente reduziert werden. Doch die Aufführung mit den Damen Eva Warweg in der Titelrolle und Liesel Christ als deren Gegenspielerin sowie den Herren Michael Arco als Paul und Otto Hofner als Felix wurde von der Kritik hoch gelobt als „vorbildliche Inszenierung, die in der Reihe der Frankfurter Operettenaufführungen nach dem Kriege als eine der wesentlichsten Leistungen steht"[108]. Die Christ gefiel vor allem wegen ihrer „temperamentvollen Ausgelassenheit"[109]. „Reizvoll, apart und kess" sei sie als Soubrette am Operettentheater gewesen, erinnerte sich der Kollege Danielo Devaux,[110] der wohl im Herbst 1948 in dem Lustspiel „Meine Nichte Suzanne" dort mit ihr auf der Bühne stand. Die Gagen, die Schauspieler und Sänger für ihr Engagement am Operettentheater erhielten, reichten nicht zum Leben. Devaux putzte in dieser Zeit tagsüber Fenster und spielte abends Theater. Die Christ trat zusammen mit anderen Kollegen, u. a. Arco, in kleinen Gesangsnummern im Künstlerlokal im ersten Stock des Frankfurter Hotels „Insel" in der Großen Gallusstraße auf, wo die Gäste für wenig Geld gut zu essen bekamen.

Letztlich überlebte das Operettentheater die allgemeine Theaterkrise nach der Währungsreform vom Juni 1948 nicht: Seit die Leute für ihr Geld wieder etwas kaufen konnten, gaben sie es plötzlich nicht mehr für Theaterkarten aus. Dennoch wagte es „der singende Bonvivant"[111] Otto Hofner, Altmanns Erbe anzutreten. Er eröffnete das „Frankfurter Lustspielhaus", das das Programm, einen großen Teil des Ensembles und die Bühne in der Freiherr-vom-Stein-Schule vom pleite gegangenen Operettentheater übernahm. Im Kolleg der Gastwirtschaft „Stolper-Eck" gegenüber dem Straßenbahndepot am Südbahnhof begannen wohl im Februar 1949 die Proben für die Eröffnungspremiere, das Operettenlustspiel „Besuch am Abend" von Willi Kollo unter der Regie von Ernst Altmann, eine eher simpel gestrickte Komödie nach dem Schema „Tänzerin erobert Beamtenherz". Den Finanzbeamten Elegius Färneböck gab Michael Arco, die Tänzerin Miss Jessie Liesel Christ:

> „‚Wir wollen's wieder mal versuchen', sagt Liesel Christ, die probeweise als Tänzerin Jessie schon auf dem besten Weg ist, zwischen aufgestellten Stühlen den verkalkten Steuerdezernenten Färneböck (Arco) auf den Pfad der Liebe zu führen. Bevor sie ihn am Abend besucht, sind Frauen nur ein Aktenzeichen für Färneböck. ‚Kollo muß Arco gekannt haben', meint Liesel Christ, ‚die Rolle ist ihm auf den Leib geschrieben.'"[112]

So berichtete die Frankfurter Neue Presse am 1. März 1949 von den Proben, und auch die Frankfurter Rundschau vom selben Tag schilderte die Atmosphäre auf der Probebühne im „Stolper-Eck":

> „Bunte Faschingsbänder ziehen sich an der Decke entlang; rot glitzernde Herzen baumeln von den Lampen herab. Inmitten dieser närrischen Dekoration stehen neun Stühle herum: sie symbolisieren eine Junggesellenklause, in der eine nüchterne Beamtenseele ihr keusches Dasein fristet. ‚Sind Sie überhaupt ein Mann?' zwitschert eine frivole junge Dame (Liesel Christ) in den Raum. ‚Nö', antwortet Michael [Arco] treuherzig, und als sie ihn singenderweise an-

fleht: ‚Sag mir schön „Gut' Nacht"!' fällt er vor Schreck vom Stuhl. An der Wand sitzt Poldi und souffliert. Sie tut es mit Begeisterung und läßt ihr R dramatisch rollen. Nebenan sitzt Erni Altmann, der Regisseur, mit Shawl und Baskenmütze angetan. Er dirigiert mit seiner Pfeife die Bewegung der Spielenden. Manchmal greift er in die Handlung ein, verfeinert die Wortmusik des Dialogs und probiert ein paar Gebärden aus. Er macht Bobby (Karl [d. i. Wolfgang] Bieger), der in das Gespräch zwischen Liesel und Michael unwirsch eingreift, eindringlich klar, wie er sich benehmen soll: ‚Gigolo-Manieren, weißt du – keß, mit Talmi-Eleganz.' Der andere kapiert und wird zum Gigolo. Ueber dem Ofen klirrt ein rotes Faschingsherz. Am Fenster sitzt Herr Frieß und greift heftig in die Tasten."[113]

Immerhin hatte sich Direktor Hofner hohe Ziele gesteckt: „Ich bin bestrebt", erklärte er der Presse, „vor allem künstlerisch hochwertige Aufführungen herauszubringen, die schauspielerisch sowohl wie musikalisch bis ins Detail ausgefeilt sind."[114] Tatsächlich wurde die Eröffnungspremiere des Frankfurter Lustspielhauses am 9. März 1949 „ein triumphaler Erfolg"[115] bei Presse wie Publikum. Der „Clou des Abends"[116], so meinte die Kritik einstimmig, sei Michael Arco: „Der Mann sollte patentiert werden. Michael kann schüchtern sein wie ein frisch gefangener Kanarienvogel, kühn wie ein Torero in den besten Jahren und amtlich erhaben wie das fleischgewordene Finanzamt selber."[117] Als seine Partnerin konnte „die entzückend charmante Liesel Christ"[118] jedoch durchaus bestehen: „Liesel Christ, die Tänzerin, die sein [d. i. des Beamten] seelisches Terrain mit sex appeal attackiert, bringt die wohldosierte Mischung von übersprudelndem Temperament und erfrischend natürlicher Darstellung mit; zu dem beweist sie sich als gute Sängerin und Tänzerin."[119] Lediglich der Kritiker der Frankfurter Neuen Presse meinte, dass sie ihre Rolle „anfangs ein bißchen geziert gegeben" habe, um sich „dann aber in eine hochpikante Mischung von natürlicher weiblicher Raffinesse und frischem Gefühls-Charme" zu steigern.[120]

Miss Jessie (mit Otto Hofner als Bruno Kraft) in „Besuch am Abend", Frankfurter Lustspielhaus, 1949

In den kommenden Märzwochen spielte das Frankfurter Lustspielhaus seinen „Besuch am Abend" täglich (außer montags) um 19 Uhr auf der Miniaturbühne in der Aula der Freiherr-vom-Stein-Schule, wofür die Eintrittskarten, je nach Platzkategorie, zwischen einer und vier D-Mark kosteten. Danach gastierte „das neue Haus der heiteren Kunst"[121] mit dem Stück auch in Kino- und Gasthaussälen in Frankfurt und Umgebung. Einmal, zu einer Nachmittagsvorstellung in einer Praunheimer Wirtschaft, wollte das Kindermädchen, das inzwischen im Hause Christ die fast 72-jährige Großmutter etwas entlasten sollte, seine Chefin beinahe nicht fortgehen lassen: „Ei, Frau Christ, was wollen Sie denn schon weg? Es ist ja viel zu früh!“ Auf die erstaunte Nachfrage der Schauspielerin erklärte es: „Aber das Stück heißt doch: ‚Besuch am Abend‘!“ Diese Anekdote, so erinnerte sich der Schauspieler Wolfgang Bieger, musste Liesel in den Garderoben der Frankfurter Bühnen zum Gaudium der Kollegen auch später noch immer wieder erzählen.[122]

Trotz des erfolgreichen Starts erlebte das Frankfurter Lustspielhaus nur wenige Premieren. Die Christ wirkte zumindest noch in einer Inszenierung des musikalischen Lustspiels „Frauen haben das gern“ von Walter Kollo mit. Bald darauf musste die Bühne infolge der anhaltenden Theaterkrise wegen Besuchermangels schließen. Diese Pleite stürzte alle Mitglieder des Ensembles, darunter auch Liesel Christ, in finanzielle Nöte.

Intermezzo mit Lilian Harvey

Die Misere nach der Schließung des Lustspielhauses hoffte Liesel Christ aufzuhalten durch eine Tournee mit Lilian Harvey, wofür sie und ihr Kollege Michael Arco ab Herbst 1949 verpflichtet worden waren. Mit dem Auftritt an der Seite des einstigen Ufa-Filmstars erfüllte sich für Liesel ein Traum: „Lilian Harvey war immer mein Idol“, bekannte sie später einmal, „und wenn ich früher vor einer Operettenpremiere Lampenfieber hatte, habe ich mir zur Beruhigung einen ihrer Filme angesehen.“[123]

Lilian Harvey, die sich als „das süßeste Mädel der Welt“ an der Seite von Willy Fritsch durch die Tonfilmoperetten der dreißiger Jahre gesungen und getanzt hatte, hatte dem nationalsozialistischen Deutschland 1939 den Rücken gekehrt. Genau zehn Jahre später kam die seitdem in Frankreich lebende Schauspielerin erstmals nach Kriegsende in das Land ihrer größten Erfolge zurück. Im Sommer 1949 erhielt sie ein Angebot der Konzertdirektion Ebner aus Frankfurt am Main für eine Tournee durch Westdeutschland. Am 5. September 1949 traf die Harvey in Frankfurt ein. „Der Verkehrsschutzmann vor dem Hauptbahnhof und ein Schornsteinfeger (...) bekamen als erste zu spüren, daß Lilian Harvey wieder im Lande ist“, berichtete „Der Spiegel“. „Der Ufa-Star von Vor-Vielen-Jahren, der mit Willy Fritsch eines der patentiertesten Filmlieblingspaare bildete, fiel dem Schutzmann um den Hals. Dem gerade daherkommenden Schornsteinfeger drückte Lilian abergläubisch die rußige Hand.“[124]

Von Frankfurt aus brach Lilian Harvey zu der Tournee auf, bei der sie ihre alten Filmschlager wieder zu Gehör brachte: „Das gibt’s nur einmal! Das kommt nicht wieder!“ Im bunten Rahmenprogramm, das Michael Arco moderierte, trat eben auch Liesel Christ auf. Am 6. September 1949 war Tourneepremiere in Koblenz, und dann ging es über Trier wieder erst einmal zurück nach Frankfurt, wo es zu einem unerfreulichen Zwischenfall kam. Kurz vor der Weiterreise nach Berlin ver-

Lilian Harvey, Liesel Christ und Michael Arco bei einer Tourneebesprechung in Frankfurt, 1949

darb ein Frankfurter Friseur Lilians Haare: Infolge einer Dauerwelle fielen ihre Locken aus. Vorbei war es mit dem sprichwörtlich gewordenen „blonden Traum“, der nicht erst seit dem Filmtitel von 1932 zu Lilians Markenzeichen geworden war. Dennoch fand das geplante Gastspiel in Berlin, an der Filmbühne Wien auf dem Kurfürstendamm, statt – allerdings mit mäßigem Erfolg für den früheren Publikumsliebling. „Einige Nummern des Rahmenprogramms erwarben mehr Beifall als Lilians Vortrag“, notierte „Der Spiegel“[125], was für die Harvey nicht gerade schmeichelhaft, aber für die Christ durchaus rühmlich gewesen sein dürfte. Nach wenigen Wochen mit weiteren Auftritten in Berlin, Heidelberg, Darmstadt und Mannheim wurde die Tournee angesichts des mangelnden Zuspruchs für den früheren Star vorzeitig abgebrochen. Lilian gab jedoch einzig und allein ihrer verhunzten Frisur die Schuld an dieser Katastrophe. Tatsächlich wurde der Presse offiziell bekanntgegeben, dass Lilians „Haarunfall“ das vorzeitige Ende der Gastspielreise verursacht habe.

Von den Turbulenzen der Tourneetage erholten sich Lilian Harvey und Liesel Christ bei einem fast vierwöchigen Urlaub, den sie im Oktober 1949 gemeinsam mit Liesels Töchtern und zeitweise auch Karl Gerold am Thumsee bei Bad Reichenhall verbrachten. Lediglich Gisela, die während dieser Ferientage ihren siebten Geburtstag feierte, war in dieser Zeit ziemlich bedrückt. Auf einer Bootsfahrt zu zweit fand Lilian den Grund für den Kummer des Mädchens heraus. Gisela litt unter Schwierigkeiten in der Schule, weil sie mit dem Lesenlernen nicht zurechtkam. Lilian brachte dem Kind daraufhin einfach das Lesen bei.

Im März 1950 hatte die Tournee ein weiteres, allerdings unerfreulicheres Nachspiel, und zwar im Gerichtssaal in Frankfurt. Lilian Harvey hatte einen Schadenersatzprozess gegen den Friseur angestrengt, der ihr die Haare ruiniert hatte. Im Laufe der Verhandlung vertrat ihr Anwalt die Ansicht, dass der durch die „unsachgemäße Behandlung“ des Friseurs ausgelöste Haarausfall die Schauspielerin zu wochenlangem Pausieren und damit zum Abbruch der Tournee gezwungen habe. Er forderte daher eine Entschädigung in Höhe von 17.160 Mark für ausgefallene Gagen zuzüglich 5.000 Mark Schmerzensgeld für die ausgestandenen „seelischen Qualen" durch den Haarverlust. Nach über 20 Monate dauernder Verhandlung wurde die Klage der Harvey abgewiesen. Die Tournee schloss somit endgültig mit einem wirtschaftlichen Desaster ab, nicht nur für den Star, sondern auch für alle anderen Beteiligten wie beispielsweise Liesel Christ.

Am Ende der Karriere?

Im Jahr 1949 stand Liesel Christ plötzlich ohne berufliche Perspektiven da. Der hoffnungsvolle Neubeginn nach 1945 hatte nicht gehalten, was sie sich versprochen hatte. Alle Versuche, sich mit einem festen Engagement an einer Bühne in Frankfurt und Umgebung zu etablieren, waren an den unglücklichen Umständen der Theaterkrise gescheitert. Die bestehenden Frankfurter Theater brauchten keine Operettensoubrette. Die Städtischen Bühnen befanden sich ohnehin gerade im Umbruch. Es zeichnete sich ein Intendantenwechsel ab, der nach einem langwierigen Bewerbungsverfahren mit der Wahl von Harry Buckwitz zum neuen Generalintendanten am 8. Dezember 1950 endlich vollzogen wurde. Buckwitz, der bereits in seinem ersten Amtsjahr das wiederaufgebaute Schauspielhaus als „Großes Haus" wiedereröffnen konnte, setzte seinen Schwerpunkt zwangsläufig nicht gerade auf die Operette. Bis heute ist „der General" insbesondere für seine Frankfurter Brechtinszenierungen bekannt, die er zu einer Zeit herauszubringen wagte, als der Dramatiker wegen seiner politischen Haltung von bundesdeutschen Bühnen boykottiert wurde. Aber auch kleinere Frankfurter Bühnen, die als Privattheater zumeist gerade erst gegründet und aufgebaut wurden, etwa das Kleine Theater im Zoo (1947) und das Intime Theater am Börsenplatz (1950) von Fritz Rémond sowie das Theater am Roßmarkt (1950) von Helmut Kollek, hatten für eine Bühnenkünstlerin vom Fach der Christ zunächst keine Verwendung. Die 30-jährige Schauspielerin musste sich einen anderen Job suchen, um sich und ihre Familie durchzubringen. Also arbeitete sie als Verkäuferin, u. a. in dem Fachgeschäft „Leder-Vater" in der Stiftstraße und im Kaufhaus „Defaka" am Salzhaus.

Außer der beruflichen Krise musste Liesel Christ in diesen Jahren auch private Probleme verkraften. Am 14. September 1950 starb ihre Mutter Marie Christ im Alter von fast 73 Jahren. Künftig musste Liesel mit ihren Kindern ganz allein zurechtkommen. Für die achtjährige Gisela und die fünfjährige Bärbel brachte der Tod der geliebten „Oma" einschneidende Veränderungen im Alltag mit sich. Vor allem drohte der kleinen Familie infolge von Erbstreitigkeiten der Verlust des Praunheimer Hauses. Letztlich blieb Liesel Christ nichts anderes übrig, als dem Verkauf ihres Heims zuzustimmen. Mit dem Umzug in eine Zwei-Zimmer-Wohnung in der Waldschmidtstraße 71 begann im Mai 1954 ein neuer Abschnitt in ihrem Familienleben.

Glückliche Fügungen

Fast schien es schon so, als hätte Liesel Christ den beruflichen Anschluss verpasst, als hätte die 32-Jährige auf der Bühne keine Zukunft mehr. Beinahe zwei Jahre lang hatte sie nicht mehr gespielt. Da führte sie ein glücklicher Zufall an die 1951 gerade gegründete „Hessische Volksbühne“, ein Wandertheater, das in der Tradition der früheren Rhein-Mainischen Landesbühne gute Theatervorstellungen selbst in die entlegensten Winkel des Rhein-Main-Gebiets bringen wollte. Die neue Bühne unter der Leitung von Helmut Bläss hatte ihren festen Sitz mit Büro und Probenraum in Frankfurt, in einem Trümmerkeller im Gärtnerweg 40, in dem es bei Regen immer Hochwasser gab, so dass Kulissen und Kostüme dann schnell gerettet werden mussten. Trotz solch bescheidener Arbeitsvoraussetzungen erzielte die Hessische Volksbühne bald beachtliche Erfolge überall im südhessischen Raum. In ihrer ersten Spielzeit 1951/52 brachte sie zwölf Inszenierungen heraus, die bei insgesamt 180 Vorstellungen an 50 Orten des Rhein-Main-Gebiets von rund 50.000 Zuschauern besucht wurden. Während der folgenden Sommerspielzeit gastierte das Theater an etwa 20 Freilichtbühnen und in Kurorten in Hessen. Seiner Direktion unterstanden auch die Freilichtbühne in Kronberg im Taunus und das Zimmertheater in Bad Nauheim. Angesichts dieses raschen Aufstiegs wurde die Volksbühne sogar bald mit Subventionen aus Landesmitteln bedacht.

Eines Tages im Jahr 1951 suchte die Hessische Volksbühne „eine quirlige Schauspielsoubrette“[126]. Wahrscheinlich auf Empfehlung des Kollegen Wolfgang Bieger, der einst von Liesel an das Frankfurter Lustspielhaus vermittelt worden war und sich nun „revanchieren“ wollte, stellte sich die Christ vor – und wurde engagiert. In der musikalischen Komödie „Der Mann mit dem Zylinder“ von Just Scheu und Ernst Nebhut, die seit der Frankfurter Uraufführung 1950 rasch populär geworden war, bekam sie die Rolle der Jolie, eines „temperamentgeladenen Volkskindes“, die sie „mit ihren Kirschaugen und netten Schnippigkeiten“ voller Spiel- und Lebenslust gab.[127] Die Inszenierung von Georg Aufenanger, die zweite der Hessischen Volksbühne überhaupt, erlebte nach der erfolgreichen Premiere in Bad Orb insgesamt 80 Vorstellungen im ganzen Rhein-Main-Gebiet. Das freche und fröhliche Bühnenpaar Liesel Christ als Jolie und Wolfgang Bieger als Boubou trat gemeinsam auch bei offziellen Anlässen für Presse und Rundfunk auf, was u. a. der beliebte Rundfunkmoderator Just Scheu, der Co-Autor des Stücks, gelegentlich arrangierte.

In der Spielzeit 1952/53 sollte Liesel Christ zum festen Schauspielensemble der Hessischen Volksbühne gehören. Nachgewiesen ist jedoch lediglich ihr Mitwirken in der chorlosen Operette „Frau ohne Kuss“ von Walter Kollo, in der sie im Sommer 1952 wiederum mit Wolfgang Bieger ein Bühnenpaar bildete. Noch während dieser Arbeit wurden die beiden Schauspieler von Helmut Kollek an dessen Theater am Roßmarkt in Frankfurt engagiert. Für die Inszenierung von Strindbergs Trauerspiel „Fräulein Julie“ (Regie: Irmfried Wilimzig) wollte er Liesel Christ als Köchin Kristine und Wolfgang Bieger als Diener Jean.

Jolie (4. v. li.; mit Peter Petrowa als Louis Napoleon, Lieselotte Bettin als Gräfin, Wolfgang Bieger als Boubou und Herbert Mandel als Polizeichef sowie Eva Gardy am Flügel) in „Der Mann mit dem Zylinder", Hessische Volksbühne, 1951

„Ich habe ihn gewarnt: ‚Ich komme von der Operette!'", erzählte Liesel Christ rückblickend.[128] Aber der Theaterdirektor ging das Wagnis ein. So konnte die Christ ihr schauspielerisches Können im ernsten Fach beweisen. Und sie nutzte diese Chance. Ihre Bühnenpartnerin Martha Marbo, die die Titelrolle spielte, behielt diese Darstellung der Kristine sogar „in der intensivsten Erinnerung" von allen Rollen der Christ: „Da (...) sah man, was für eine glänzende Schauspielerin sie war: so herb, so kämpferisch – ich habe in manchen ‚Julie'-Inszenierungen nie eine bessere Christel gesehen."[129]

Nach diesem schauspielerischen Glanzlicht war geplant, dass Liesel Christ künftig häufiger im Theater am Roßmarkt gastieren sollte. Dem etwa zu Jahresbeginn 1953 gegebenen Trauerspiel „Fräulein Julie" folgte auch sogleich an Fasching 1953 ein Schwank, „Der Bräutigam meiner Frau" von Georg Lengbach und Otto Schwartz, den die Christ in ihrem altgewohnten Metier als Hausgehilfin mit etwas „Frankfurter Lokalkolorit" bereicherte. Damals spielte Kolleks am 26. September 1950 eröffnete Bühne noch in einem winzigen Theater mit 132 Plätzen (respektive harten Stühlen) im ersten Stock des halb zerbombten Hauses Am Roßmarkt 10. Die Zuschauer gelangten über eine dunkle Hintertreppe mit knarrenden Holzstufen zum Kassentisch in einem Flur, der kaum den Namen eines Foyers verdiente. Die Bühne war ein echtes „Nudelbrett" von knapp 20 Quadratmetern. Für die Schauspielerinnen gab es immerhin eine kleine Damengarderobe, so erinnerte sich Wolfgang Bieger, während sich die Herren im Büro des Theaterdirektors umkleiden mussten. Die beiden Stücke mit Liesel Christ gehörten zu den letzten Inszenierungen in diesem Behelfstheaterchen. Danach wurde das ruinöse Haus im Zuge der „Fluchtlinienbereinigung" abgerissen.

Das Theater am Roßmarkt zog auf die andere Straßenseite um, in das neue Geschäftshaus Am Roßmarkt 11, wo es – nun im wesentlich gediegeneren Ambiente – am 18. Dezember 1953 wiedereröffnet wurde. Im Eröffnungsprogrammheft wurde Liesel Christ unter den „Frankfurter Gastdarstellern“ der Bühne aufgezählt. Wahrscheinlich spielte sie danach aber nicht mehr „bei Kollek“. Im neuen Haus fügte sich der Theaterdirektor mehr und mehr dem Gesetz der „Frankfurter Dramaturgie“, das sich bereits seit der Einweihung des Großen Hauses der Städtischen Bühnen am 23. Dezember 1951 herauszubilden begonnen hatte: Künftig suchte das Publikum „in einem anderen Theaterraum“ als den Städtischen Bühnen, nämlich bei den Privattheatern, vor allem „Entlastung (...) vom Bildungs- und Zeittheater“, wie der Frankfurter Journalist Heinrich Heym es formulierte.[130] Zwei Jahrzehnte später sollte Liesel Christ selbst von diesem ungeschriebenen Gesetz profitieren, als sie mit ihrem Volkstheater eine von den Städtischen Bühnen vernachlässigte Nische ausfüllen konnte. Zunächst hatte die Schauspielerin jedoch das Nachsehen. Denn Kollek musste unter erheblichem finanziellem Druck ganz auf das heitere Boulevardtheater setzen, womit er das Theater am Roßmarkt zur 1963 daraus hervorgegangenen „Komödie“ hinleitete. Beim Boulevard war kein Platz mehr für eine Darstellerin vom Fach der Christ. Sie war eben einfach keine Salondame.

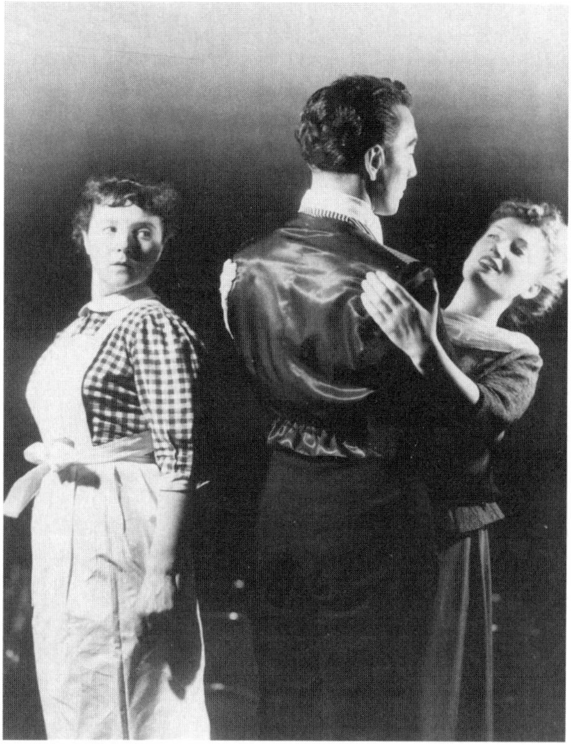
Kristine (mit Wolfgang Bieger als Jean und Martha Marbo als Fräulein Julie) in „Fräulein Julie“, Theater am Roßmarkt, 1953

Als das neue Theater am Roßmarkt eröffnet wurde, hatte Liesel Christ aber glücklicherweise schon ihren festen Platz an einer anderen Bühne gefunden – auch wenn sie selbst das noch nicht so ganz ahnen konnte. Die beiden vorausgegangenen Engagements, an der Hessischen Volksbühne 1951/52 und am Theater am Roßmarkt 1952/53, hatten sie dorthin geführt: Erst durch die Verpflichtung für eine dramatische Rolle bei Kollek hatte sich die Christ von ihrer Festlegung als Operettensoubrette befreit, und mit der Hessischen Volksbühne hatte sie wichtige Erfahrungen und Erfolge auf den Tourneen durch das Rhein-Main-Gebiet gesammelt. Noch im Jahr 1953 sollte der Hessischen Volksbühne die „Landesbühne Rhein-Main“ nachfolgen, ein neu gegründetes Wandertheater, das Liesel Christ bald zur künstlerischen Heimat wurde. Schließlich hatten die Jahre des Improvisierens, des Suchens und des Ausprobierens der Schauspielerin doch den rechten Weg gewiesen.

1953–1959
Liebling von Presse und Publikum
Von der Franziska zur Mutter Wolffen bei der Landesbühne Rhein-Main

Durch einen Vertrag vom 3. Oktober 1953 wurde Liesel Christ an die Landesbühne Rhein-Main verpflichtet. Ihr Engagement galt zunächst nur für ein einziges Stück, die Inszenierung von Lessings Lustspiel „Minna von Barnhelm", die die Eröffnungspremiere des neuen Theaters in Frankfurt sein sollte. Doch der Vertrag der Schauspielerin wurde dann immer wieder verlängert, zuerst stets um einen weiteren Monat, bald jeweils um eine ganze Spielzeit. So blieb die Christ insgesamt sechs Jahre lang bei der Landesbühne.

Schon ihre erste Rolle als Minnas Kammerfräulein Franziska zeigt, dass die 34-Jährige anfänglich ihr altgewohntes Metier beibehielt. Im Fach der Munteren spielte und sang sie sich durch alle möglichen klassischen, modernen und auch mundartlichen Komödien ebenso wie durch kleine Operetten und das obligatorische Weihnachtsmärchen. Ab 1955 wurde sie dann vertragsgemäß in „Rollen nach Individualität" besetzt. Als „Utiletée" (ab 1956) war sie auf gar kein Fach mehr festgelegt, sondern konnte nach Bedarf – allerdings auch in Chargen oder als Einspringerin – verwendet werden. Doch eigentlich bekam sie damit die Chance, sich künstlerisch weiterzuentwickeln. Plötzlich standen der Christ große Charakterrollen offen. Bald spielte sie Kleists Marthe Rull im „Zerbrochenen Krug" (1957) ebenso wie Hauptmanns Mutter Wolffen im „Biberpelz" (1958). Der Wechsel ins Charakterfach wurde schließlich auch vertraglich vollzogen: Zuletzt, in der Spielzeit 1958/59, war Liesel Christ als Komische Alte an der Landesbühne engagiert, was zugleich ihren Einsatz in bestimmten Mütterrollen bedeutete. Im Alter von 39 Jahren hatte sie somit das Rollenfach erreicht, in dem sie bis zu ihrem Lebensende brillieren sollte.

Theater zur Volksbildung

Die Landesbühne Rhein-Main basierte auf einer bewährten Konzeption mit jahrzehntelanger Tradition. Im Rahmen der Volksbildungs- und Volksbühnenbewegung war im Jahr 1906 das „Rhein-Mainische Verbandstheater" gegründet worden, eine Wanderbühne des Rhein-Mainischen Verbands für Volksbildung und des Frankfurter Ausschusses für Volksvorlesungen, die gute Theatervorstellungen auch in abgelegene Gegenden des Rhein-Main-Gebiets bringen sollte. Daraus ging nach dem Ersten Weltkrieg das „Künstlertheater für Rhein und Main" hervor, das weiterhin von den Volksbildungsverbänden getragen, aber auch aus öffentlichen Mitteln bezuschusst wurde. Seine regelmäßige Spielstätte in Frankfurt bekam das neue Wandertheater im Großen Saal des Volksbildungsheims, wo es am 15. Oktober 1920 mit Schillers

„Kabale und Liebe“ eröffnet wurde. Bedeutendster Leiter des Künstlertheaters war Hans Meissner (1924–1930), der spätere Generalintendant der Städtischen Bühnen. Ihm folgte Fritz Richard Werkhäuser, der 1937 als Intendant nach Koblenz ging, wo damals auch Liesel Christ engagiert war.

Das Künstlertheater für Rhein und Main, das sich gelegentlich auch „Rhein-Mainische Landesbühne“ nannte, bestand nach der Liquidation des Frankfurter Bundes für Volksbildung in der NS-Zeit (1937) fort und soll bis in den Krieg hinein als ein „Lieblingskind der Partei“ sogar besonders gefördert worden sein. Deshalb wurde ihm nach Kriegsende jegliche staatliche und städtische Unterstützung versagt. Derweil bauten Else Epstein und Carl Tesch ab Herbst 1945 den Frankfurter Bund für Volksbildung wieder auf. Tesch, der dem Bund als Leitender Direktor von 1948 bis 1969 vorstand, hatte ein Herz für das Theater und engagierte sich daher besonders in der Volksbühnenarbeit. Bereits 1947/48 begründete er die „Frankfurter Volksbühne“ neu, die erstmals 1921 eingerichtete Theaterbesucherorganisation des Bundes, und er war maßgeblich an dem Zusammenschluss der deutschen Volksbühnen in einem Verband beteiligt. Noch war es aber nicht an der Zeit, das eigene Theater des Frankfurter Bundes für Volksbildung wiedererstehen zu lassen.

Mit angemessener Distanz zur „braunen“ Vergangenheit knüpfte zunächst ein Privatunternehmen 1951 an die Tradition des Künstlertheaters an, die bereits erwähnte Hessische Volksbühne, bei der auch Liesel Christ vorübergehend spielte. Trotz beachtlicher Erfolge scheiterte die Hessische Volksbühne aber wohl am fehlenden institutionellen und materiellen Hintergrund. Als kurz darauf Carl Tesch ein neues eigenes Theater des Frankfurter Bundes für Volksbildung, die Landesbühne Rhein-Main, gründen wollte, konnte er auf ganz anderen Voraussetzungen aufbauen. Das Land Hessen und später auch die Stadt Frankfurt übernahmen die Finanzierung des Projekts mit. Die Organisation lag beim Frankfurter Bund für Volksbildung, der zugleich als Rechtsträger des Theaters fungierte. Durch Kooperationsverträge mit anderen Volksbühnenvereinen wurde bald ein erster Zuschauerstamm gesichert. Zudem förderte der Hessische Rundfunk, namentlich dessen Intendant Eberhard Beckmann, der zugleich als Vorsitzender (1945–1953), dann als Ehrenvorsitzender des Frankfurter Bundes für Volksbildung amtierte, die Gründung der Bühne.

Die künstlerische Leitung der Landesbühne Rhein-Main übernahm der Regisseur und Schauspieler Siegfried Nürnberger, der von den Städtischen Bühnen zu diesem Zweck freigestellt wurde. Als Sozialdemokrat und aktiver Mitarbeiter der Bühnengenossenschaft empfahl er sich besonders für diese Stellung. Der Kreis der fest engagierten Schauspieler musste zunächst klein gehalten werden, um dann auf dieser ersten Basis nach und nach ein eigenes Ensemble zu schaffen. Auch Liesel Christ erhielt am 3. Oktober 1953 zuerst nur den bereits erläuterten Stückvertrag für die Eröffnungspremiere. Sie gehörte damit zu den Gründungsmitgliedern, die die neue Landesbühne aufzubauen halfen.

Am Freitag, den 30. Oktober 1953, wurde die Landesbühne Rhein-Main in Frankfurt eröffnet. Die erste Premiere war noch nicht wieder im Volksbildungsheim, dessen Wiederaufbau erst wenige Monate später abgeschlossen werden sollte. So wurde Lessings Lustspiel „Minna von Barnhelm" im Festsaal des Studentenhauses an der Universität gegeben. Unter der Regie des Intendanten Siegfried Nürnberger spielten Liesel Christ (Franziska), Melanie de Graaf (Minna), Christa Rust (Dame in Trauer), Ernst Altmann (Wirt), Danielo Devaux (Riccaut), Wolfgang Feige (Tellheim), Klaus Friedrich (Feldjäger), Erwin Scherschel (Wachtmeister Werner), Anton Stein (Graf von Bruchsall) und Egon Zehlen (Just). Das Bühnenbild gestaltete Hermann Soherr, der künftig fest an der Landesbühne verpflichtet war.

Franziska (mit Wolfgang Feige als Tellheim) in „Minna von Barnhelm", Eröffnungsvorstellung der Landesbühne Rhein-Main, 1953

Aufgrund des volksbildenden Ideals, dem sich das neue Theater verpflichtet hatte, legte die Kritik hohe Maßstäbe an die Eröffnungspremiere an:

„Eine dankbare Aufgabe hat sich die neugegründete Landesbühne Rhein-Main gestellt. Sie will die theaterlosen Gemeinden und Städte Südhessens mit guten Vorstellungen besuchen und damit – unter staatlicher Förderung – an eine bewährte Tradition anknüpfen, die auf das in den zwanziger Jahren florierende Frankfurter Künstlertheater zurückreicht. Für ein Publikum, dessen Theaterfreudigkeit wenig Nahrung findet oder gar erst geweckt werden muß, ist das Beste gerade gut genug. Unter solchem Aspekt werden die Leistungen der jungen Landesbühne zu bewerten sein."[131]

Ein anderer Journalist gab außerdem zu bedenken, dass mit der neuen Landesbühne Rhein-Main immerhin „Frankfurts künstlerische Verantwortung mit auf die Reise" gehe – „nicht die irgendeines Badeortes oder einer Landeshauptstadt"[132]. Vor diesem Hintergrund beurteilte der Kritiker der Frankfurter Neuen Presse die Inszenierung von Nürnberger insgesamt als „eine Einstudierung solider Art", der er allerdings erhebliche darstellerische Mängel bescheinigte. Davon nahm er auch Liesel Christ nicht aus: „Liesel Christ gab ihre Franziska einfach hausbacken. Anmut, sprudelndes Temperament, spitzbübische Laune zeichnen diese Gestalt aus; es blieb nur das gute Herz."[133] Der Kollege von der Frankfurter Rundschau, der Liesel Christ zwar wesentlich milder behandelte, sah ebenfalls vor allem schauspielerische Schwächen in der Inszenierung. Er warnte sogar, dass die Landesbühne, auch wenn sie dem „Start junger Talente dienen“ müsse, „nie zu einem Tummelplatz derjenigen Engagementlosen werden“ dürfe, „die leider nicht ausreichend befähigt“ seien.[134] Lediglich der Kritiker der Boulevardpresse lobte die Aufführung uneingeschränkt.

Dem Publikum jedoch gefiel die Inszenierung. Schon die Frankfurter Premiere im ausverkauften Haus erhielt „herzlichen und ermutigenden“[135] Beifall, und besonders die nachfolgende Tournee mit „Minna“ verlief vielversprechend. Beim Start der Landesbühne waren bereits 18 Vorstellungen mit örtlichen Kulturverbänden in Südhessen fest abgeschlossen. Schließlich brachte es die Inszenierung auf insgesamt 34 Aufführungen und gehörte damit zu den erfolgreichsten in den ersten Spielzeiten des Wandertheaters. Beim ländlichen Publikum in theaterlosen Gegenden kamen die Aufführungen klassischer Lustspiele der Landesbühne ohnehin am besten an. Die kulturverwöhnten Großstadtzuschauer dagegen kannten von den Städtischen Bühnen andere Kost und goutierten eher einmal eine zeitgenössische Komödie oder eine frankfurterische Posse, wie sie ihnen im Großen Haus nicht geboten wurden. Ein junges Mädchen aus Frankfurt aber schrieb nach dem Besuch einer Landesbühnenvorstellung der „Minna“ in sein Tagebuch: „Am besten gefiel mir Liesel Christ.“ Aus dem Teenager, der künftig regelrecht für die Christ schwärmte, wurde später ebenfalls eine beliebte Schauspielerin: Gaby Reichardt.[136]

Aufgebaut von Siegfried Nürnberger

Trotz dem weitgehend geglückten Debüt der Landesbühne Rhein-Main blieb dem Intendanten Siegfried Nürnberger noch allerhand zu tun. In den kommenden Spielzeiten des Aufbaus mussten er und sein Team engagiert und unermüdlich arbeiten, um das neue Theater im städtischen wie im hessischen Kulturleben etablieren zu können. Es galt, ein eigenes Ensemble zu schaffen und zusammenzuhalten, ein stimmiges Spielplankonzept zu entwickeln und zu erproben, einen spezifischen Inszenierungsstil der Bühne zu finden und zu pflegen. Künftig sollte die Landesbühne eine neue Inszenierung pro Monat (außer während der Sommerpause) herausbringen, so dass etwa zehn Premieren im Jahr auf dem Programm standen.

In der ersten Spielzeit ging es im Dezember 1953 erst einmal mit einem Weihnachtsmärchen weiter. Dessen Premiere im Studentenhaus endete mit einem Auftritt vom Nikolaus, der aus „einem wohlgefüllten Sack“ jedem kleinen Zuschauer ein Geschenk überreichte. Auch wenn Eltern beim Kauf der Karten kein Päckchen abgegeben hatten, so ging doch kein Kind leer aus: Die übrigen Gaben hatte die „Coca-Cola-Gesellschaft“ gestiftet. Bei dem ansonsten ganz traditionell angelegten Spiel vom „Dornröschen“ galten „die Sympathien“ des jungen Publikums „vor allem dem lustigen Trio der Bediensteten, der törichten Magd (Liesel Christ), deren ständiger Klageruf ‚uh-je, uh-je‘ noch hinterher überall auf der Straße zu hören war, dem ausgelassenen Küchenjungen (Danielo Devaux) und seinem tapsigen, vergeßlichen Chef (Egon Zehlen)".[137]

Im neuen Jahr sollte der Spielplan in eine ausgewogene „Mischung (...) aus klassischem Gut, zeitnaher Dramatik und volkstümlicher Unterhaltung"[138] gebracht werden. Künftig spielte Liesel Christ vor allem in den klassischen und modernen, musikalischen und mundartlichen Komödien auf dem Programm der Landesbühne. Gelegentlich wurde sie einmal in einem ernsten Schauspiel eingesetzt, wie z. B. als leidende Mutter eines jungen Mädchens in dem englischen Erfolgsstück „Böses kommt geritten" von Lesley Storm (1955). Nur äußerst selten musste die Christ ihrer vertraglichen Verpflichtung zu kleinsten Rollen nachkommen. In dem Bühnenspiel „Die Bürger von Calais" von Georg Kaiser (30. 5. 1954) etwa, einer sehr aufwendigen Inszenierung des Intendanten Nürnberger, die zur Aufführung auf den Freilichtbühnen im Umland konzipiert war, wurden 33 Darsteller benötigt. Daher konnte in der Statisterie auf kein Ensemblemitglied – also auch nicht auf Liesel Christ – verzichtet werden. Doch die Produktion solcher „Problemstücke", die mit bis zu 10.000 Mark bezuschusst werden mussten, konnte sich die Landesbühne ohnehin nicht allzu oft leisten.

Toinette (mit Egon Zehlen als Argan) in „Der eingebildete Kranke", 1954

Im übrigen baute Intendant Nürnberger die Christ in ihrem angestammten Fach der heiteren Rollen gezielt zum Publikumsliebling der Landesbühne auf, was letztlich nur zum Nutzen des Theaters wie der Schauspielerin sein konnte. Noch im Laufe der ersten Spielzeit brillierte Liesel Christ in weiteren klassischen Komödienrollen. Just an ihrem 35. Geburtstag spielte sie erstmals die Toinette in Molières „Eingebildetem Kranken" (Regie: Ernst Altmann, 16. 4. 1954), an der Seite von Egon Zehlen in der Titelrolle, dem sie ein vergnüglicher „Widerpart" war: „Beschwingter, leichtfüßiger denn je und immer das Herz auf dem rechten Fleck (und mit dem schnippischen Mund voran) umgab ihn [d. i. Zehlen] Liesel *Christ* als köstlich-muntere Hausdonna Toinette", urteilte Alfred Happ in der Presse.[139] Derselbe Kritiker registrierte anlässlich der Premiere von Shakespeares „Komödie der Irrungen" (Regie: Michael Engelhardt, 18. 6. 1954), einem Verwechslungsspiel um zwei Zwillingspaare, wie die Christ in der Gunst der Zuschauer weiter stieg: „Und da war noch Emmelina, die tüllbehoste Köchin, für deren stürmisches Liebesbedürfnis zwei Dromios knapp ausreichen: Liesel *Christ*, die mit Zwitschern, Juchzern und Wehseufzern ihren

Emmelina (mit Danielo Devaux als Dromio aus Syrakus) in der „Komödie der Irrungen", 1954

Dranggefühlen Luft macht und sich spontan die Sympathie des Publikums erobert."[140]

Zu Beginn der neuen Saison im Spätsommer 1954 galt Liesel Christ längst als „erklärter Liebling" der Landesbühnenzuschauer. Diesen Ruf bestätigte sie in der Titelrolle des musikalischen Lustspiels „Die schöne Lügnerin" von Just Scheu und Ernst Nebhut (18. 8. 1954), das an den alten Ufa-Streifen „Der Kongreß tanzt" mit Lilian Harvey (1931) erinnert und später durch die Verfilmung mit Romy Schneider (1959) bekannt wurde. Die Premiere an der Landesbühne Rhein-Main machte vor allem die Christ „zu einem rauschenden Erfolg". Unter der Regie und Choreographie von Fritz Steidl, der zudem den Metternich spielte, verkörperte sie „die resolute kleine Frankfurter Korsettmacherin" Jenni, die im Wien des Jahres 1815 „sich in den tanzenden Kongreß hineinmogelt" und „einer illustren Gesellschaft von Fürstlichkeiten die Köpfe verdreht".[141] Beim Lob für Liesel überschlugen sich Publikum wie Presse geradezu:

> „Das Hauptereignis des Abends bleibt (...) die Jenni der Liesel *Christ.* Sie zieht – eine Meisterleistung reifer und fein ausgefeilter Charakterisierungskunst – alle Register von der leisen Komik bis zum schwankhaften kräftigen Humor, ohne jemals aus dem Rahmen erfrischender Natürlichkeit zu fallen."[142]

Außer in dieser „sehr volkstümlichen"[143] Rolle der Frankfurter Korsettmacherin bewährte sich Liesel Christ bald auch in echten Volksstücken im Frankfurter Dialekt. Von Anfang an brachte die Landesbühne meist jährlich, um Weihnachten und Neujahr herum, einen Lokalschwank heraus. Anders als im musikalischen Lustspiel, wie etwa bisher bei Scheu/Nebhut, bekam die Christ darin nicht (mehr) die – nach Possenmanier ohnehin oft eher „blassen" – Jungmädchenrollen. Besser standen ihr hier die biederen Bürgersfrauen und handfesten Marktwei-

Frau Knorzheimer (mit Egon Zehlen als Bürgercapitain und A. Willi Drost als Millerche) in „Der alte Bürgercapitain", 1955

ber an. So spielte sie in einer Serie mit Werken des Autors und Bearbeiters Carl Müller-Ruzika in dem frankfurterischen Volksstück „Anno dazumal“ mit Willi Umminger (Jan. 1954), in der Uraufführung der Fortsetzung „Krawall in Alt-Frankfurt“ mit Sofie Engelke und Egon Zehlen (Regie: Willi Drost, um 1954/55) sowie in der Lokalposse „Der alte Bürgercapitain“ nach Carl Malss mit Egon Zehlen als Bürgercapitain und Willi Drost als dessen Leibschütz „Millerche“ (Regie: Georg Aufenanger, 26. 12. 1955). In diesem ältesten Frankfurter Mundartstück überhaupt gab es ursprünglich gar keine passende Frauenrolle für die Christ. Kurzerhand erfand Bearbeiter Müller-Ruzika die „Gemiesfraa“ Knorzheimer dazu, als die die Schauspielerin brillieren konnte:

> „Es liegt eine eigene Komik darin, daß just die aus der dialogischen Substanz der Urfassung gewonnene Type der ‚Gemiesfraa‘ Knorzheimer zur Glanzpartie des Abends wird. Hier findet Liesel *Christ* Gelegenheit, alle Register ihrer Kunst zu ziehen. Scheint es zunächst, sie schöpfe einfach aus dem Grunde ihres urgesunden Naturells, so merkt man bald, wie durchdacht, wie ausgefeilt sie ihre Rolle anlegt. Da wird das innere Dabeisein und Miterleben in eine Form gebracht, die beides, die meisterlich beherrschte Spiel-Technik und den lebendig durchpulsten Naturton, in eins zusammenfügt.“[144]

Nach zwei erfolgreichen Spielzeiten verließ Intendant Siegfried Nürnberger die Landesbühne Rhein-Main, der er aber zumindest zeitweise noch bis Februar 1958 als Regisseur und Berater verbunden blieb. Mit Beginn der Saison 1955/56 übernahm er die Intendanz des Stadttheaters Mainz, wohin er später auch Liesel Christ nachholte, zunächst nur als Gast, ab 1959 als Ensemblemitglied. Von „ihrem“ Intendanten Nürnberger habe sie „in der Theaterarbeit viel profitiert“, meinte die Schauspielerin einmal rückblickend. Zusammen mit Wolf Schmidt und Fritz Rémond zählte sie ihn zu ihren drei wichtigsten Regisseuren.[145]

Mit der „Minna“ unterwegs

Die Landesbühne Rhein-Main war in Frankfurt beheimatet. Sie hatte ihren Sitz beim Frankfurter Bund für Volksbildung im mittlerweile wiederaufgebauten und zur Saalbau-AG gehörenden Volksbildungsheim am Eschenheimer Tor. Im Großen Saal des Gebäudes fanden seit der Wiedereröffnung am 18. Dezember 1953 auch die meisten Premieren der Landesbühne statt. Selten einmal wurde ein Stück nicht in Frankfurt herausgebracht, wie etwa Lessings Schauspiel „Nathan der Weise“ unter der Regie von Danielo Devaux, das als Klassikerinszenierung nur „für den ländlichen Gebrauch“ gedacht war. Erst aufgrund der Gastspielerfolge wurde diese Inszenierung mit Kurt Heinz Welke als Nathan und Liesel Christ als Daja auch in Frankfurt gegeben (19. 11. 1958). Ab Ende der 1950er Jahre bespielte die Landesbühne weitere Säle der Saalbau-Gesellschaft in Frankfurt, u. a. den seit 1957 kulturell genutzten Cantate-Saal im Großen Hirschgraben und das 1959 eröffnete Haus

Dornbusch, zumal das Volksbildungsheim durch den Um- und Ausbau spätestens ab 1961 nur eingeschränkt nutzbar war.

Trotz der Bindung an die Stadt war die Landesbühne Rhein-Main eigentlich als ein mobiles Theater konzipiert, das gute Aufführungen in die ländlichen Gebiete von Südhessen bringen sollte. Ihre Gastspiele unternahm sie in einem Umkreis bis 150 Kilometer um Frankfurt. Durch die Kooperation mit lokalen Kulturorganisationen bespielte die Landesbühne in der Saison 1954/55 bereits 48 hessische Orte. Ihre Hauptspielorte, in denen sie sämtliche ihrer Inszenierungen zeigte, waren damals Schotten, Weilburg, Limburg, Bad Homburg, Oberursel, Kelkheim, Bad Vilbel, Bergen-Enkheim, Mühlheim, Bad Orb, Neu-Isenburg, Sprendlingen, Egelsbach und Bensheim. Die Gesamtzahl ihrer Vorstellungen stieg von 137 im Jahr 1953/54 auf rund 240 ab dem Jahr 1956/57. Somit spielte die Bühne fast täglich (außer während der sommerlichen Theaterferien). Im Monat Dezember 1956 brachte sie es sogar auf 35 Aufführungen.

Durch die ausgedehnten Gastspiele wurden die Landesbühne und ihre Schauspieler schnell im ganzen Rhein-Main-Gebiet bekannt. Immerhin sahen in der Spielzeit 1956/57 fast 100.000 Besucher überall in Südhessen die Vorstellungen des Wandertheaters. Gerade durch die Präsenz der Bühne auf dem Land waren die Darsteller bald sehr „populär", wie Georg Aufenanger erzählte. Das Ensemble habe sozusagen aus „Schauspielern zum Anfassen" bestanden, meinte der damalige Organisationschef und spätere Intendant des Theaters. Aber auch das Frankfurter Publikum habe sich sehr stark mit den Mitgliedern des Ensembles identifiziert.[146] So avancierte Liesel Christ rasch zum „Star der Bühne", wie auch der Jurist Georg Bürger bestätigte[147], der die Schauspielerin als Kollegin seiner späteren Ehefrau Ilselore Quast an der Landesbühne 1954 kennenlernte.

Zu Beginn der 4. Spielzeit im August 1956 durfte Gründungsmitglied und Publikumsliebling Liesel Christ den neuen Touren-Lkw der Landesbühne auf den Namen „Minna" (in Erinnerung an die erste Landesbühnenpremiere) taufen. Der damals stolze 10.000 Mark teure Spezialwagen konnte mit Hilfe des Hessischen Rundfunks und dessen Intendanten Eberhard Beckmann, des Ehrenvorsitzenden des Frankfurter Bundes für Volksbildung, angeschafft werden. Der Vorsitzende des Bundes, Direktor Hermann Schaub, sah das Fahrzeug als „das äußere Zeichen einer im ständigen Ausbreiten begriffenen Kulturarbeit". Die als „Wagnis" begonnene Landesbühne sei inzwischen „ein fester Baustein im Kulturleben des Hessenlandes geworden", verkündete er in seiner festlichen Ansprache.[148] Danach versammelte er sich mit den weiteren „Paten" Carl Tesch, Eberhard Beckmann, Siegfried Nürnberger, Karl Striebeck, Egon Zehlen und anderen Zeugen um den neuen Kulissenwagen, an dessen Vorderrad nun Liesel Christ „mit sprühendem Temperament"[149] eine Flasche Sekt zerschmetterte.

Der Gastspielbetrieb blieb für die Mitwirkenden oft anstrengend, auch wenn sich die Landesbühne inzwischen ein festes Ensemble mit etwa 14 Kräften (1955) leisten konnte, so dass nicht jeder in jedem

Stück „drin“ und bei dem gemischten Spielplan auch nicht jeden Tag „dran“ war. Mit einem Bus wurden die Schauspieler am Nachmittag zu den Spielorten und in derselben Nacht wieder zurück nach Frankfurt gefahren. Georg Bürger erinnerte sich, dass die Christ „zuweilen von ihren Töchterchen Gisela und Bärbel zur Abfahrt gebracht“ wurde: „Bei den Abstechern zu anderen Spielorten stieg sie oftmals beim ‚Zott‘ [d. i. eine Gastwirtschaft in der Nähe ihrer Wohnung, an der] Ecke Wittelsbacher-/Habsburgerallee, in den Thespiskarren ein und nach der Rückkehr gegen Mitternacht wieder aus.“[150] Meist blieb da kaum Zeit für das Privatleben. So bemerkte Gaby Reichardt, die als junge Schauspielerin und Kollegin der Christ 1958 zu dem Ensemble kam, wohl treffend: „Die Landesbühne war unsere Familie.“[151]

Liesel Christ tauft den Touren-Lkw „Minna“ der Landesbühne Rhein-Main vor den Augen der Herren Siegfried Nürnberger, Hermann Schaub, Carl Tesch, Egon Zehlen und Karl Striebeck, 1956

Zwei Kinder allein zu Haus

Nach dem Verkauf ihres Elternhauses in Praunheim benötigte Liesel Christ offenbar sehr kurzfristig eine neue Bleibe für sich und ihre beiden Töchter. Trotz der anhaltenden Wohnungsnot der Nachkriegsjahre in Frankfurt fand sie eine Zwei-Zimmer-Wohnung in der Waldschmidtstraße 71 am Zoo. Am 19. Mai 1954 unterschrieb sie den Mietvertrag mit der Südwestdeutschen Gemeinnützigen Wohnungsbau AG, der zwar schon ab dem folgenden Tag, aber eigentlich nur bis zum 30. November des gleichen Jahres galt. Zur Garantie, dass sie die Wohnung zum vereinbarten Zeitpunkt wieder räumen würde, hinterlegte sie eine Kaution von 2.000 Mark, eine im Vergleich zur monatlichen Miete von 43,50 Mark ungeheuer hohe Summe, die sie wahrscheinlich nur dank ihrem Anteil am Verkaufserlös des Praunheimer Hauses aufbrachte. Tatsächlich blieben die Christs drei Jahre in der Waldschmidtstraße wohnen, bis sie im Tausch mit zwei älteren Damen eine größere Wohnung in der nahegelegenen Rhönstraße 70 bekommen konnten.

Die erste kleine Wohnung in der Waldschmidtstraße bot der dreiköpfigen Familie sogar ungewohnten Luxus: ein Badezimmer und eine Ölheizung. Künftig brauchten sie also endlich keine Kohlen mehr zu schleppen. Dennoch fiel gerade den beiden Kindern der Wechsel vom eigenen Haus mit Garten in die im dritten Stock eines Wohnblocks gelegene Etagenwohnung schwer. Immerhin, so erinnerte sich Gisela Dahlem-Christ, habe es in der Nachbarschaft sehr viele Kinder gegeben, mit denen sie auf den gepflasterten Straßen Rollschuh gelaufen seien und in den Trümmergrundstücken Räuber und Gendarm gespielt hätten.[152] Zum Trost für den verlorenen Hausgarten pachtete die Mutter bald einen Kleingarten, wo sie künftig, einer alten Familienleidenschaft folgend, ihr Obst und Gemüse selbst anbauten.

Beide Mädchen gingen von nun an auf die private Anna-Schmidt-Schule, die die mittlerweile fast neunjährige Bärbel bereits seit der zweiten Grundschulklasse im Montessorizweig besuchte. Gisela war bisher, wohl auch infolge familienrechtlicher Streitigkeiten mit ihrem Vater, auf das Internat der Odenwaldschule in Oberhambach geschickt worden. Jetzt wurde die knapp Zwölfjährige in das Gymnasium der Anna-Schmidt-Schule aufgenommen. Nach all den Sorgen und Nöten der vergangenen Jahre seit dem Verlust der geliebten Mutter und „Oma" geriet das Familienleben von Liesel Christ und ihren beiden Töchtern damit wieder in ruhigere Bahnen.

Der Alltag lief zwar etwas anders als in „normalen" Familien, in denen traditionell die Väter das Geld nach Hause brachten. Bei den Christs war und blieb die Mutter „der Haupternährer"[153]. Auch wenn sie alles für ihre Kinder getan hätte, was in ihren Kräften stand: Es gab Grenzen, die ihr der Beruf setzte. Das hatten die beiden Töchter längst zu akzeptieren gelernt. Nach dem Tod der Großmutter waren sie „viel allein"[154] und mussten „früh selbstständig"[155] werden. Wenigstens für eine gemeinsame Mahlzeit am Tag versuchte die Mutter bei ihren Töchtern zu sein. Ansonsten absolvierte sie pflichtbewusst das typische Tagespensum einer Schauspielerin: morgens Probe, nachmittags Rollenlernen, abends Spielen, nachts wieder Rollenlernen; dazu kamen während der Landesbühnenzeit noch die Busfahrten zu und von ihren Gastspielorten. „Wir kümmerten uns derweil um den Haushalt, das Treppeputzen, die Bankgeschäfte", berichtete Gisela Dahlem-Christ.[156] Die Kinder hatten es oft „nicht leicht", das musste Liesel Christ zugeben, aber sie fügte stolz hinzu: „Doch was auch war, auf meine Mädchen konnte ich mich immer verlassen."[157] Dabei blieb es – auch als sie später das Volkstheater gründete, aufbaute und an ihre Kinder weitergab.

Ausflug nach Hollywood

Ein amerikanischer Fernsehsender suchte eine Liesel Christ aus Frankfurt. Über das Adressbuch fand er eine gleichnamige Nichte der Schauspielerin. Doch diese Dame begriff gar nicht, warum ausgerechnet sie zu einer „TV-Show" nach Hollywood fliegen sollte. Am Tag vor der geplanten Abreise verwies sie die Fernsehleute endlich an „das Lieschen": Das war die „richtige" Liesel Christ! Danach „ging alles hoppladi-hopp", wie Gisela Dahlem-Christ erzählte.[158] Von den hektischen Stunden vor Liesels Abflug am 3. Januar 1955 berichtete damals eine Tageszeitung: „Um 9.15 Uhr begann der Wettlauf mit den Ämtern. Um 16 Uhr hatte sie alles zusammen: das Visum, den Impfschein nebst Pflästerchen am Arm. Um 19 Uhr startete sie nach New York."[159] Nach der überstürzten Abreise schrieb Liesel Christ noch aus dem Flugzeug eine Postkarte an ihre Kinder: „Nun bin ich gleich in New York. Ich brauchte nicht umsteigen und hatte herrliches Wetter. Bis jetzt ist mir alles sehr gut bekommen. Hier sitzt man ruhiger als im D-Zug."[160]

Von der plötzlichen Einladung nach Amerika doch ziemlich überrumpelt, begriff Liesel erst allmählich, worum es ging. Der eigentliche

Grund, weshalb der Fernsehsender ausgerechnet sie gesucht hatte, lag fast genau zehn Jahre zurück. Auf der Flucht aus dem Osten im Frühjahr 1945 hatte sich ihre Mutter Marie auch um die Sorgen und Nöte der anderen Menschen im Treck gekümmert. So half sie u. a. einer jungen Frau polnisch-jüdischer Herkunft. Diese Frau namens Helen Savaoglu-Ostrowsky wohnte sogar vorübergehend im Hause Christ in Praunheim, bis ihr die Auswanderung in die USA glückte. Zur Überraschung für Helen wollte nun ihr Ehemann Fred Ostrowsky ihre Biographie in der beliebten Fernsehshow „This is your life" mit Ralph Edwards inszenieren lassen. Dafür sollte auch ein Wiedersehen mit den wichtigsten Menschen in Helens Leben arrangiert werden. Deshalb wurde nach der Frankfurter Familie geforscht, die einst der jungen Frau in schwerer Zeit geholfen hatte.

Anstelle ihrer verstorbenen Mutter reiste Liesel also nach Hollywood. In einer Livesendung der Show am 6. Januar 1955 traf sie Helen. Fast wichtiger noch war der Frankfurterin das Wiedersehen mit ihren Brüdern und ihrer ehemaligen Klassenlehrerin Liesel Oestreicher in New York. Nach einer aufregenden Woche landete Liesel am 10. Januar 1955 wieder in Frankfurt. Auf dem Flughafen bereitete ihr die Presse einen großen Empfang, und am nächsten Tag war in allen Frankfurter Zeitungen von der damals noch ungewöhnlichen Reise der Schauspielerin zu lesen. So berichtete die Frankfurter Rundschau in einer ausführlichen Bildreportage:

„Als schon das Farbenspiel künstlicher Lichter den nächtlichen Flugplatz überstrahlte, setzte die luxuriöse Constellation der TWA, aus New York kommend, geschmeidig auf dem Rollfeld auf. Unter den Passagieren befand sich die Frankfurterin Liesel *Christ,* Publikumsliebling der Rhein-Main-Landesbühne. Strahlend, temperamentvoll, noch ganz unter dem Eindruck ungewöhnlicher Erlebnisse, begann sie gleich zu erzählen.
Am Montag war sie auf Einladung der N. B. C. nach Hollywood geflogen, um in der berühmten Television-Show von Ralph Edwards, Produzent und Conférencier der Sendereihe ‚This is your life', mitzuwirken. Der junge Amerikaner polnischer Abstammung Fred *Ostrowsky* hatte das ‚Baugerüst' für das Manuskript geliefert, in dessen Mittelpunkt das Leben seiner bildhübschen Frau Helen stand. Helen selbst, völlig ahnungslos, wurde am Abend der Show aus dem Zuschauerraum geholt. Man hatte alle Menschen zusammengeholt, die für sie von Bedeutung waren, unter anderen den Bundesrichter, der ihre Vereidigung als amerikanische Staatsbürgerin vorgenommen hatte,

Ankunft aus Amerika auf dem Frankfurter Flughafen nach dem Mitwirken in der Fernsehshow „This is your life", 1955

eine Tante mütterlicherseits, die jetzt in Griechenland wohnt, und Liesel Christ, die sie auf ihrer Flucht aus dem Osten 1945 kennengelernt hatte.
Mit dezenter musikalischer Untermalung wurde zunächst der ‚background' gezeigt: Hitler-Deutschland, kurz vor dem Zusammenbruch (wobei einige Takte des Horst-Wessel-Liedes ertönten), der Einmarsch der Amerikaner in Frankfurt-Praunheim, die Zerstörungen am Römerberg. Im Gespräch zwischen Ralph Edwards und Helen wurde auch erwähnt, daß die Eltern des jungen Ehepaares und Helens Brüder in Auschwitz umgekommen waren. Dann wurden Helen, völlig überraschend, die Menschen vorgestellt, die sie Jahre oder Jahrzehnte nicht mehr gesehen hatte. Liesel Christ, die bei der Probe, bei der ein farbiger Boy ihr völlig unaufgefordert, mittendrin, die Schuhe putzte, sehr aufgeregt war, wurde vom Regisseur getröstet: ‚Sie brauchen gar keine Angst zu haben, es sehen höchstens 500.000 Menschen zu.'
Daß es bei diesen erschütternden Wiedersehensszenen zu vielen Tränen kam, ist verständlich. Auch die Zuschauer im Studio weinten. Und Liesels Brüder Willi und Albert, die sie ‚drüben' wiedertraf, bekannten: ‚Wir haben alle geheult – es war die schönste Sendung, die wir bis jetzt gesehen haben.' Als Liesel dann vor dem Fernsehschirm über die Eindrücke bei ihrem ersten Amerikaflug befragt wurde, antwortete sie Ralph Edwards aus tiefstem Herzen: ‚Es war wunderbar....!' Und dieses begeisterte Wort der jungen deutschen Schauspielerin machte in ganz Amerika die Runde. Ueberall, auf den Parties, beim Einkaufsbummel auf Hollywoods Broadway und in New York, erkannte man sie und sprach sie an: ‚Ah, you are the german girl, who said „wuunderbar"!' (...)
Für drei Monate hatte Liesel Christ eine Einladung der Kosmetikfirma Hazel Bishop, welche die Sendereihe ‚This is your life' finanziert. Aber sie blieb dieser schönen Verlockung gegenüber fest: ‚Ich fliege nach Hause. Ich bin vertraglich gebunden – meine Arbeit wartet.'
Noch kommt Liesel alles wie ein Traum vor. ‚Kalifornien ist wirklich Gottes Garten! Diese Ueppigkeit, der Reichtum, die herrlichen Farben, diese Symphonie von schneebedeckten Bergen, Sonne, Palmen und blauer See!' Aber der federleichte helle Lama-Mantel, den man ihr in Hollywood vor dem Fernsehschirm als Geschenk überreichte, und die rote Samtschatulle mit ‚souvenirs' für ihre Kinder bezeugen, daß diese schöne, abenteuerliche Reise, bei der sie in einer Woche 15.000 Meilen (24.000 Kilometer) zurücklegte, Wirklichkeit war."[161]

„Beglückt entrüstete" Bürgersfrauen in „behäbigen" Inszenierungen

Nach Nürnbergers Weggang 1955 geriet die Landesbühne Rhein-Main in eine Intendantenkrise. Zeitweise, vor allem in einem führungslosen Interim ab Sommer 1957, behielt Nürnberger neben der Intendanz in

Mainz zwar noch die (ehrenamtliche) künstlerische Oberleitung der Landesbühne, was sich jedoch auf Dauer nicht bewähren konnte. Seine Nachfolger aber wurden lediglich in der Position eines künstlerischen Leiters eingestellt, zunächst 1956/57 Karl Striebeck, dann ab 1957/58 Horst Alexander Stelter, die, beide ursprünglich als Regisseure verpflichtet, dadurch nur mit eingeschränkten Kompetenzen in der Theaterleitung ausgestattet waren. Nach einer erneut völlig „kopflosen" Phase, in deren Verlauf selbst so verdiente Ensemblemitglieder wie Liesel Christ ihren Abschied beschlossen, bekam die Landesbühne zum 1. April 1959 endlich wieder einen „richtigen" Intendanten, ihren bisherigen Organisationsleiter Georg Aufenanger, dem der Regisseur und Schauspieler Kurt Heinz Welke als Oberspielleiter zur Seite stand. Zur Saison 1961/62, als Aufenanger die Nachfolge von Nürnberger in Mainz antrat, übernahm Welke die Intendanz der Landesbühne.

Trotz ihrem erfolgreichen Start tat sich die Landesbühne Rhein-Main in den zumindest wechselhaften, oft ganz führungs- und konzeptionslosen Zeiten ab 1955 schwer, ein eigenes Profil zu gewinnen und zu pflegen. Die Probleme ergaben sich vor allem daraus, dass sie sich als Großstadt- wie als Wanderbühne beweisen musste; seit 1959 sollte sie auch noch die Aufgabe eines Jugendtheaters übernehmen. Dieser Dreifachbelastung mit teilweise gegensätzlichen Anforderungen konnte ein und dasselbe Theater einfach nicht genügen. Seit der Eröffnung ihres ersten eigenen Theaters im Erweiterungsbau des Volksbildungsheims am 9. März 1963 nahm die Landesbühne in Frankfurt sowieso allmählich den Namen ihres neuen Domizils an: „Theater am Turm" (TAT). Doch erst unter der Intendanz von Felix Müller mit Claus Peymann als Regisseur und Wolfgang Wiens als Dramaturg ab 1965/66 kam es zum völligen Umbruch. Der traditionelle volksbildende Auftrag der Landesbühne wurde seitdem vernachlässigt. Das TAT verstand sich künftig nur noch als Großstadtbühne und entwickelte sich zu einem der wichtigsten Experimentiertheater in Deutschland, das, zuletzt im Bockenheimer Depot, bis 2004 bestand.

Die „Misere bei der Landesbühne Rhein-Main"[162] seit Mitte der 1950er Jahre wurde auch in der Presse vielfach diskutiert und kommentiert. Mit der anhaltenden Krise dieses Theaters wurden ab 1956/57 selbst dessen Inszenierungen zunehmend negativ in den Frankfurter Zeitungen besprochen. Die Kritik setzte schon bei der Spielplangestaltung an. „Geraten wir in die Gartenlaube?", titelte etwa ein Blatt nach der Premiere des amerikanischen Melodrams „Johnny Belinda" (Nov. 1956). In der nachfolgenden Besprechung wurde das zugegebenermaßen ziemlich rührende Stück schlichtweg als „Seelenschmachtfetzen" abgetan.[163] Aber auch Regie, Bühnenbild und Besetzung wurden oft getadelt und viel gescholten. Wenn die Kritiker eine Inszenierung endlich einmal nicht zu „behäbig"[164] fanden, dann sahen sie sie „an den Grenzen der Besetzung stumpf"[165] werden. So verurteilte ein Journalist die Weihnachtspremiere des Jahres 1957:

> „In Böttchers ‚Krach im Hinterhaus' ist viel von mildernden Umständen und von Bewährungsfrist die Rede. Doch es fällt schwer, der Landesbühne beides immer aufs neue zuzugestehen, wenn dort

nicht einmal ein derart anspruchsloses, ‚todsicheres' Volksstück gemeistert wird. Am Premierenabend schleppte sich die kleine Diebstahlsaffäre über drei volle Stunden dahin: lähmend, einschläfernd, verärgernd. Das war kein zünftiger ‚Krach', das war ein schwatzhaftes Gezänk unter faden Nachbarn."[166]

Während der Kritiker die „Namen der meisten" Darsteller lieber „taktvoll verschwieg", so nannte er „auf der Aktivseite" an erster Stelle „Liesel Christ als köstliche Oberpostschaffnersfrau".[167] Überhaupt kam die Schauspielerin sogar in den übelsten Verrissen immer gut weg. Ob als Madame van Doren in „Das verschlossene Haus" (Regie: Willi Drost, 11. 1. 1956), als Schellenbarbell in der „Ballade vom Eulenspiegel, vom Federle und von der dicken Pompanne" (Regie: Karl Striebeck, 6. 7. 1956), als Wirtschafterin in „Bäume sterben aufrecht" (Regie: Karl Striebeck, Sept. 1956), als Donna Clara in „Don Gil von den grünen Hosen" (Regie: Danielo Devaux, Okt. 1956), als Frau Lutz in „Johnny Belinda" (Regie: Karl Striebeck, Nov. 1956), als Zofe Louise in „Mademoiselle Mama" (Regie: Georg Aufenanger, 15. 2. 1957) oder als Zeugin im „Prozeß Mary Dugan" (Regie: Willi Drost, 17. 4. 1957) – in allen Rollen wurde die Christ gelobt, auch wenn einige dieser Aufführungen nicht gerade glimpflich behandelt wurden. In einer immerhin geachteten Inszenierung von „Helden" (Regie: Horst Alexander Stelter, 11. 10. 1957), Shaws Komödie um den Pralinésoldaten Bluntschli (Danielo Devaux), „glänzte" Liesel Christ als Caterina wieder einmal an der Seite von Egon Zehlen, der ihren Gatten spielte. „Die beiden tragenden Kräfte der Aufführung", so meinte Erwin Kester in der Frankfurter Rundschau, seien gewesen:

> „Egon *Zehlen*, der seinem gutmütig polternden Bramarbas doch viel menschliche Komik verlieh, und Liesel *Christ*, die mit erstaunlicher Brillanz die gezierten und falschen Töne der Majorsfrau traf – eine erstklassige schauspielerische Leistung, in der die ganze Fragwürdigkeit und Borniertheit jener Wohnzimmerkultur zum Ausdruck kam, die ihre brüchigen Wände mit konventionellen Lügen zu tapezieren liebt."[168]

Überhaupt: Der Typ der biederen Bürgersfrau in ihrer doppelbödigen Moral schien der Schauspielerin zu liegen. Auch in dem – ansonsten von der Presse so gerupften – Volksstück „Krach im Hinterhaus" (Regie: Willi Drost, 26. 12. 1957) brillierte sie in einer ganz ähnlichen Rolle, wie die Kritikerin Renate Bang schilderte:

> „‚Hannöversch' in Sprache, Mimik und Gestik bis in die Spitze des kleinen Fingers war die Frau Schulze der Liesel *Christ*, ein Kabinettstück an pomadigem Pharisäertum, Neugier und Klatschsucht – die gerundetste Figur des Spiels."[169]

Schon kurz darauf, in einer ziemlich umstrittenen Inszenierung von Gogols „Revisor" (Regie: Danielo Devaux, 4. 3. 1958), konnte die Schauspielerin die Rollenserie dieses Frauentyps erfolgreich fortsetzen, was wiederum Erwin Kester beschrieb:

> „Liesel *Christ* [nimmt] ihre gute Partie als Hauptmannsfrau zum Anlaß, den mit Lügen überplüschten Salon, die kleinstädtische Spieße-

rei und Provinzmoral – mit Hilfe einer klug gesteigerten Serie von komischen Effekten – parodistisch zu verulken. Herrlich, wie sie ihre Sentenzen mit vornehmtuerisch-falschem Zungenschlag ausschmückt, im passenden Moment ihre Ohnmachten ‚tätigt' und auf die erotischen Hochstapeleien des Pseudo-Revisors, den Klaus Peter *Born* zwar flott und elegant, jedoch einstweilen noch ein bißchen zu einstudiert zum besten gibt, mit beglückter Entrüstung reagiert."[170]

Beim Lesen solcher Kritiken drängt sich aus heutiger Sicht ein ziemlich anachronistischer Gedanke geradezu auf: Es scheint, als hätte Liesel Christ, damals eigentlich gerade auf dem Absprung ins Charakterfach, mit diesen Rollen (unbewusste) Vorstudien betrieben – für die Mamma Hesselbach.

Schellenbarbell (mit Zita Hitz als Federle und Christa Rust als Pompanne) in der „Ballade vom Eulenspiegel, vom Federle und von der dicken Pompanne", 1956

Die Mutter

Mit einigen „glänzenden" Partien und „prägnanten Erscheinungen"[171], etwa als Frau des Theaterdirektors Hassenreuther in Hauptmanns „Ratten" (Regie: Karl Striebeck, 15. 9. 1955) und als die schon erwähnte Majorsgattin Caterina in Shaws „Helden" (Regie: Horst Alexander Stelter, 11. 10. 1957), ebnete sich Liesel Christ den Pfad von der Chargenspielerin zur Charakterdarstellerin. Ihre erste große Mütterrolle an der Landesbühne Rhein-Main bekam sie als Frau Marthe Rull in Kleists Lustspiel „Der zerbrochene Krug" unter der Regie von Siegfried Nürnberger (20. 8. 1957). Die Inszenierung des früheren Intendanten, der sich in dem damaligen leitungslosen Interim wieder als künstlerischer Berater der Bühne verpflichtet hatte, wurde von der Kritik als eine (zuweilen zwar etwas zu) „straffe, zügige Ensembleleistung"[172] anerkannt. Neben Egon Zehlen als Dorfrichter Adam und Zita Hitz als Eve gab Liesel Christ die Marthe nicht ganz so „saftig" und „temperamentvoll",[173] wie Presse und Publikum es vielleicht gern gesehen hätten:

> „Liesel *Christ* als Frau Marthe Rull meisterte die schwierige, im Satzbau verzwickte Sprache Kleistens bemerkenswert, zügelte ihr Temperament, um dennoch ganz urwüchsig, ursprünglich, kurz: ein Stück niederländische Natur zu sein. So gelang ihr überaus plastisch die beschreibende Partie, in der sie Bebilderung und Geschichte des Kruges erzählt."[174]

So schrieb Erich Lissner nicht unfreundlich im Feuilleton der Frankfurter Rundschau, und auch Friedrich A. Wagner in der Frankfurter

Allgemeinen Zeitung zeigte sich angetan von der immerhin noch „prallen Figur“[175]. Ein anderer Journalist urteilte schon deutlich kritischer:

„Liesel Christ gab die anklagende Frau Marthe sehr streng (...). Ihr erstes Auftreten mit dem Krug ließ auf eine kräftige Marthe hoffen, später, als sie ihr Evchen schalt, drohte das Umkippen ins Zänkische. Aber zänkisch ist Marthe nicht. Hier wie in fast allen anderen Rollen fehlte die Kraft zum Durchhalten.“[176]

Wichtig war jedoch, dass Liesel Christ die Herausforderung eines neuen Rollenfachs mutig angenommen hatte. Eine perfekte Mütterspielerin konnte die 38-Jährige damals noch nicht sein. Aber sie hatte den ersten Schritt auf dem Weg dorthin gewagt. Das zeigte ein Jahr später auch ihre Darstellung der Mutter Wolffen in Hauptmanns „Der Biberpelz“ unter der Regie von Kurt Heinz Welke (26. 8. 1958). Dass Welke in seiner Inszenierung weniger die sozialkritischen als vielmehr „die menschlich prallen Akzente“[177] in der Diebskomödie betonte, dürfte der Christ in ihrer Rollenauffassung entgegengekommen sein. Trotzdem erschien die Darstellerin bei der Frankfurter Premiere zur Spielzeiteröffnung 1958/59 eher noch als Suchende, wie etwa Friedrich A. Wagner in seiner Kritik in der Frankfurter Allgemeinen Zeitung ausführte:

„Für die Hauptrolle der mundflinken Berlinerin steht eine der tüchtigsten Darstellerinnen der Bühne zur Verfügung: Liesel Christ; ein wenig tastend und zaghaft noch bei der Premiere, nicht unbedingt eine ideale Mutter Wolffen, doch auf dem Wege dahin. Sie müht sich redlich um das Berlinische, das ihr sprachlich kaum liegt. Sie hat rasche und heftige Temperamentsausbrüche im zweiten und dritten Akt, wie sie notwendig und gut sind, sie herrscht mit Kommandoton und blitzendem Auge über Mann, Kinder und Umwelt. Manchmal fehlt ihr die blanke Schärfe, die ehrpußlige Verschlagenheit und die breite Biederkeit. Sie ist sehr geradezu und offen – aber dahinter liegt in dieser Rolle manches, das sich Frau Christ noch erschließen wird.“[178]

Ähnlich urteilte auch Erwin Kester in der Frankfurter Rundschau:

„Die rundeste Leistung bot Liesel *Christ* als Mutter Wolffen: eine ausgewogene Mischung aus listiger Verschmitztheit und fraulicher Güte, wenn diese auch manchmal zu sehr die Oberhand über das Harte und Kantige gewann, das durchaus in der Gestalt vorhanden ist.“[179]

Ganz im selben Sinne meinte, zwar etwas weniger wohlwollend, ein dritter Kritiker:

„Liesel Christ sucht die Urtype der Wolffen: Sympathiefängerin mittels Mundwerk und Schläue (...). Hinter der Anstrengung, die Wolffen zur volkstümlichen Figur zu machen, vergißt Frau Christ die diebische, rüde Verschlagenheit.“[180]

Die Rolle der Mutter Wolffen an der Landesbühne Rhein-Main markierte den offiziellen Beginn der Karriere von Liesel Christ im Charakterfach der Mutter. Denn mit der Spielzeit 1958/59, die mit jener „Biberpelz“-Inszenierung eröffnet wurde, trat der Vertrag vom 31. 1. 1958 in Kraft, der die Schauspielerin erstmals auch formal zur Komischen Alten und damit indirekt zur Mütterdarstellerin bestimmte. Der Fachwechsel, worauf sich die Christ „sehr gefreut“[181] hatte, entsprach offensichtlich ihrer „Begabung und Neigung“[182]. So hatte sie nach eigenen Erinnerungen ihre allererste Mütterrolle schon mit 30 Jahren gespielt. In den kommenden Jahrzehnten gab sie die Rolle der Mutter „in allen literarischen Qualitätsetagen“[183]. Sie brachte es bis zur Mutter Courage ihres Volkstheaters. Doch sie wurde – auf der Bühne wie im Leben – nie zur Großmutter, auch wenn sie bereits mit 39 Jahren zur „Alten“ ernannt worden war: „Eigentlich war sie nie alt“, meinte Wolfgang Kaus, ihr Regisseur am Volkstheater. „Sie hat eine junge Kraft gehabt.“[184] Das war bis in ihre allerletzten Rollen zu spüren, wie der Marthe im „Urfaust“ und der Frau Gudula in „Die fünf Frankfurter“, in denen sie sich noch einmal als die „große Mütterpersönlichkeit“[185] zeigte, als die sie ihre Zeitgenossen gern sahen. Auch ihren Mitarbeitern am Volkstheater war sie immer „die Mutter“. So wurde die Prinzipalin respektvoll bezeichnet, wenn man im Haus über sie sprach.

Mutter Wolffen (mit Egon Zehlen als Julian Wolff) in „Der Biberpelz“, 1958

Selbst privat zeigte sich Liesel Christ gern mütterlich. An erster Stelle war sie natürlich ihren beiden Töchtern „die Mamma“. In der Rhönstraße 70, wo die Familie um 1957 eine größere Wohnung hatte beziehen können, hatte sie jedoch auch für andere junge Leute „immer ein offenes Haus“, wie Gisela Dahlem-Christ erzählte.[186] Als beispielsweise die Tochter von entfernten Bekannten einer Kollegin vorübergehend ein möbliertes Zimmer in Frankfurt benötigte, nahm Liesel ohne Zögern das ihr völlig unbekannte Mädchen auf. Bärbel Weckmüller, jene junge Untermieterin, die bald Liesels „dritte Tochter“ wurde, erinnerte sich an ihre Zeit im Hause Christ:

> „Im September/Oktober 1958 musste ich als Abschluss meiner Berufsausbildung in Frankfurt eine Prüfung ablegen und suchte für sechs Wochen ein möbliertes Zimmer. Durch eine Kollegin, die mit Frau Christ von der Schauspielschule her befreundet war, kam die Verbindung zustande. Meine Eltern waren zuerst nicht begeistert: Ich war 20 Jahre alt, zum ersten Mal so lange von Zuhause fort, und dann bei einer Schauspielerin wohnen!!! Aber sie ließen mich fahren.
> Liesel wohnte damals mit ihren Töchtern in der Rhönstraße. Bärbel musste für mich ihr Zimmer räumen und zu Gisela ziehen. Für mich war es eine neue Welt. Über meinem Bett hingen 32 Zeitungsausschnitte und Bilder vom Ballett. Das hat mich so beeindruckt, dass ich die Zahl bis heute nicht vergessen habe.
> Wir waren uns alle vier etwas fremd, und Liesel hat mich am ersten Abend zum Essen eingeladen. Die Fremdheit verging schnell. Ich

> kam als möbliertes Fräulein und ging (...) als dritte Tochter und große Schwester von Gisela und Bärbel. Damit man die große und die kleine Bärbel unterschiedlich ansprechen konnte, hieß ich ab sofort und bis heute ‚Große'. (...)
> Liesel wurde von mir Liesel-Mutti oder Mima genannt. Zwischen uns entstand eine tiefe Freundschaft und innere Verbundenheit. Sie vermittelte mir Werte, weckte die Liebe zum Theater und ließ mich teilhaben an ihrer eigenen Verletzlichkeit, Sensibilität, aber auch an ihrer Stärke und ihrem sozialen Engagement. Zu allen familiären fröhlichen wie traurigen Ereignissen (...) war es selbstverständlich, dass ich von Rees, wo ich inzwischen wohnte, nach Frankfurt fuhr. Längere Urlaubsaufenthalte verbrachte ich im Hause Christ.
> Liesel war für mich eine zweite Mutter. Ich habe noch im Ohr, wenn sie mir zur Begrüßung die Tür öffnete und sagte: ‚Kind, wie schön, dass du da bist!' (...) [Das] vermisse ich heute oft."[187]

Später, als die Schauspielerin in der Rolle der Mamma Hesselbach in der Fernsehserie ab 1960 zwei „neue" Kinder bekam, wohnten während der Dreharbeiten auch deren Darsteller Dieter Henkel und Rose-Marie Kirstein privat bei Liesel Christ und deren Töchtern in der Rhönstraße. Somit „spielten" sie also nicht nur Familie im Fernsehen: „Dann *waren* wir Familie!", meinte Henkel vielmehr.[188]

„66 oder Die Preußen kommen"

Außer ihrem Rollenimage als Ehefrau und Mutter begründete Liesel Christ während der Landesbühnenzeit auch ihren Ruf als Volksschauspielerin. Nach den bereits erwähnten Erfolgen in Frankfurter Dialektstücken, u. a. als „Gemiesfraa" Knorzheimer in der Neubearbeitung von Malss' „Der alte Bürgercapitain" (Regie: Georg Aufenanger, 26. 12. 1955), konnte sie in der Spielzeit 1958/59 noch einmal in einer frankfurterischen Rolle bei der Landesbühne brillieren. In der Uraufführung der musikalischen Komödie „66 oder Die Preußen kommen", dem letzten Stück des Erfolgsautorenduos Just Scheu und Ernst Nebhut, kreierte die Christ die Wirtsfrau Gustel, eine der weiblichen Hauptrollen. Über die Premiere im Volksbildungsheim am 24. Oktober 1958 berichtete Erwin Kester in der Frankfurter Rundschau:

> „Die glückliche Regiehand Georg *Aufenanger*s hat, vom Bühnenbildner [Ludwig] *Roßbach* und dem musikalischen Betreuer [Erich] *Halbach* bestens unterstützt, einen Theaterabend hervorgezaubert, bei dem sich das Herzhafte mit dem Geistreichen die Waage hielt. Man erlebte Liesel *Christ* als prächtige, aus dem Fundus von natürlichem Mutterwitz und brillanter Komödiantenkunst schöpfende Wirtsfrau. Neben ihr konnte sich das sprudelnde Temperament von Gaby *Reichardt*s Malchen sehen lassen."[189]

Das Lokallustspiel, das vom missglückten Aufstand einiger altfrankfurter „Handkäs-Strategen" (Alfred Böckel, Danielo Devaux und Egon Zehlen) gegen die preußische Besetzung ihrer Vaterstadt 1866 handelt, kam beim Publikum in Frankfurt und Umgebung blendend an. So

Die Wirtsfrau Gustel (mit Gaby Reichardt als Malchen und Georg Lauran als Kleist) in „66 oder Die Preußen kommen", 1958

wusste der Kritiker der Offenbach-Post bereits am Abend der ersten Aufführung:

„Schon in der Pause vor dem dritten Akt hatte Georg Aufenanger, Organisationschef und diesmal noch Regisseur für die Landesbühne Rhein-Main, über ein Dutzend Gastspielverpflichtungen (...) zu buchen. Als am Ende des Premierenabends der Vorhang endgültig geschlossen blieb, hatte der ausdauernde Beifall bestätigt: Mit der musikalischen Komödie ‚Die Preußen kommen' von Just Scheu und Ernst Nebhut wird das Ensemble auf Monate hinaus gefragt sein zwischen Neckar und Lahn. Das ist eine runde, von der Freude jedes einzelnen beflügelte Aufführung, die herzlicher Aufnahme überall dort sicher sein wird, wo Verständnis für Spaß am Jux noch vorhanden ist."[190]

Mit dem Kater Pit, Juli 1960

Tatsächlich wurde die Inszenierung mit insgesamt 50 Vorstellungen zu einer der erfolgreichsten der Landesbühne überhaupt. Mittlerweile entschlossen sich dennoch zwei der Hauptdarsteller, Liesel Christ und Alfred Böckel, die Landesbühne zur nächsten Spielzeit zu verlassen. Die Christ, die dem Ensemble seit Gründung der Bühne vor gut fünf Jahren angehörte, hatte sich diese Entscheidung „nicht ganz leicht"[191] gemacht. Immerhin war ihr dort ein künstlerischer und auch sozialer Aufstieg geglückt, und Presse wie Publikum liebten sie. Doch die andauernde Intendantenkrise erleichterte die Arbeit an dem Theater nicht gerade. So nahm die Schauspielerin schließlich ein vorteilhaftes Angebot „ihres“ Intendanten Nürnberger an, der sie damit als Bürgerliche Mutter und Komische Alte ans Stadttheater Mainz „holte“. Bereits am 29. Dezember 1958 bestätigte Carl Tesch mit Bedauern ihre Kündigung zum Spielzeitbeginn 1959/60. In der 50. und letzten Vorstellung von „66 oder Die Preußen kommen“ am 23. Juni 1959 verabschiedete sich Liesel Christ, zwar „gänzlich ‚ohne Blumen‘“, von der Landesbühne Rhein-Main. Aus diesem Anlass widmete ihr Erwin Kester in der Frankfurter Rundschau eine künstlerische Würdigung:

> „Gewiß hat der künstlerische Weg, den die Schauspielerin Liesel *Christ* bisher zurücklegte, nach außenhin etwas durchaus Vergleichbares; man könnte andere Künstlerinnen nennen, denen es ebenfalls gelang, fast unmerklich die Wandlung vom heiter-leichten Genre zum Charakterfach zu vollziehen.
>
> Was der Liesel Christ nun doch das Besondere gibt, das auf dem Wege ihrer darstellerischen Verwandlung zunehmend in Erscheinung tritt, ist eigentlich leichter zu spüren als zu beschreiben: es ist ein Wesenszug, der aus dem spezifisch ‚Frankfurterischen‘ wächst, aus einem ganz bestimmten Lokalgeist also, der aus vielerlei Elementen lebendig und wirksam wird.
>
> Freilich gehört dazu die unverwechselbare Mischung von Herzenstiefe und Humor, dann aber das faszinierende Neben- und Ineinander von Romantik und praktischer Pfiffigkeit, von Charme und handfester Nüchternheit: Tugenden, die gleichermaßen liebenswert und respektgebietend sind und für die wir hierorts die kräftig zusammenfassende Redewendung ‚goldisch Dreckschipp‘ zur Verfügung haben.
>
> Gab sich Liesel Christ anfänglich ‚vorwiegend heiter‘, so gewannen ihre Rollen mehr und mehr an Dichte und Gewichtigkeit. Nicht etwa, daß ihr Spiel an Leichtem und Beweglichem eingebüßt hätte – doch man erlebte nun, wie sie dort, wo sie etwas Lustiges spielte, leise das Nachdenkliche mittönen ließ und wie sie andererseits das Tragische zuweilen mit einem ganz verhaltenen Lächeln überzog. Bei alledem wirkte sie nicht einmal für einen Moment künstlich oder gewaltsam, sie behielt die Echtheit in Geste und Ausdruck; selbst in ihrer unscheinbarsten Rolle lag menschliche Tiefe und künstlerische Ehrlichkeit.“[192]

Tatsächlich bestimmte das sechsjährige Engagement an der Landesbühne Rhein-Main die weitere Karriere der Schauspielerin Liesel Christ. Ohne ihre Zeit dort wäre sie wohl niemals die Mamma Hesselbach, aber auch nicht die Prinzipalin des Volkstheaters geworden. Zur Fernsehserie „Die Firma Hesselbach“ kam die Christ sogar ganz direkt über die Landesbühne. Deren Erfolgsaufführung „66 oder Die Preußen kommen“ wurde nämlich im Juni 1959 vom Hessischen Rundfunk für das Fernsehen aufgezeichnet, möglicherweise auf Initiative des HR-Intendanten Eberhard Beckmann, der der Landesbühne ja von jeher sehr verbunden war. Am 3. Oktober 1959, einem Samstagabend, ab 20.20 Uhr war Liesel Christ somit in ihrer ersten Fernsehrolle zu sehen. In dieser Produktion wurde sie auch für die Mamma Hesselbach „entdeckt“.

1959–1963
Mamma Hesselbach
Serienstar der frühen Fernsehzeit

Die erste Klappe für „Die Firma Hesselbach" fiel wahrscheinlich am 5. Oktober 1959.[193] Liesel Christ, die während der Dreharbeiten zu der nur zwei Tage zuvor gesendeten Aufzeichnung einer Landesbühneninszenierung für das Fernsehen entdeckt worden war, spielte in der neuen Serie „die Rolle der ‚Mutter'", wie es offiziell in ihren Verträgen mit dem Hessischen Rundfunk heißt. Aber schon nach der Sendung der 1. Folge „Das Dokument" am 22. Januar 1960 wurden die Figur und bald auch die Schauspielerin selbst überall mit „Mamma" tituliert, wie sie ihre hessisch babbelnde Fernsehfamilie – inklusive Ehemann Karl „Babba" Hesselbach – selbstverständlich nannte.

Noch konnte niemand ahnen, dass die „Hesselbachs" nicht nur zu Beginn der sechziger Jahre einen Riesenerfolg, sondern später einmal Kultstatus genießen sollten. Liesel Christ wurde durch die Familienserie, die zweite des Deutschen Fernsehens überhaupt, äußerst bekannt und beliebt. Die Mamma Hesselbach war die Rolle ihres Lebens. Oft genug mag es zwar der Schauspielerin gar nicht geschmeckt haben, dass sie von diesem Image kaum mehr loskommen konnte. Ihre künstlerische Karriere litt sogar regelrecht darunter, bis sie ihre Popularität schließlich zur Gründung des Frankfurter Volkstheaters nutzte. Eigentlich wusste sie aber, was Harald Schäfer, der Regisseur der Serie, in einem Interview von 1989 so formulierte: „Wenn die Liesel Christ nicht ‚Hesselbach' gemacht hätte, wäre sie heute noch eine – ich sag das schlicht und einfach – eine unbekannte Frankfurter Schauspielerin."[194]

Die Hessen kommen

Für die Hörer des Hessischen Rundfunks waren die Hesselbachs alte Bekannte. Die unterhaltsame Serie von und mit Wolf Schmidt, dem geistigen Vater und leiblichen „Babba" der Funkfamilie, war jahrelang erfolgreich im Radioprogramm des Frankfurter Senders gelaufen. Begonnen hatte alles am 17. September 1949 mit „Hesselbachs ihrm Hausschlüssel", um den sich der erste jener später so „typisch" geltenden Tumulte aus dem hessischen Familienalltag drehte: „Hier geht's ja zu wie bei Hesselbachs!" wurde zum geflügelten Wort, wenn einmal eine Diskussion in allzu heftige „Krätscherei" auszuarten drohte. Nach 47 Folgen der „Familie Hesselbach", gesprochen von Wolf Schmidt (Babba), Lia Wöhr (Mamma), Sofie Engelke (Tochter Anneliese) und Joost-Jürgen Siedhoff (Sohn Willi), wollte sich der „Vater" (im doppelten Sinne) 1953 in den Ruhestand verabschieden. Auf massiven Druck der Hörer wurde die Serie dann doch fortgesetzt, zunächst mit einer Staffel „Prokurist a. D. Hesselbach – Büro für Lebensberatung" in zwölf Folgen 1953/54, dann mit der Anschlussserie „Hesselbach GmbH" in 18 Folgen 1954–56. Derweil produzierte Schmidt auch vier Kinofilme mit den Hesselbachs, um sich danach von dieser Familie zu trennen und anderen Projekten zuzuwenden.

Unter dem Intendanten Eberhard Beckmann, der an der Gründung der ARD (1950) maßgeblich beteiligt war und die Entwicklung des Fernsehens in Deutschland entscheidend förderte, widmete sich der Hessische Rundfunk inzwischen verstärkt diesem neuen Medium. Am 7. November 1953, ein halbes Jahr nach dem Anschluss des hessischen Sendegebiets an das Gemeinschaftsprogramm der westdeutschen Rundfunkanstalten, bestritt der Frankfurter Sender sein erstes vollständiges Abendprogramm im Deutschen Fernsehen. Im Mittelpunkt des Abends stand das Städtequiz „Wer gegen wen" mit Hans-Joachim Kulenkampff, das bereits aus dem Radio bekannt und beliebt war. Die Übernahme erfolgserprobter Sendungen aus dem Hörfunk war in jenen Pionierjahren des Fernsehens ein durchaus üblicher Weg der Programmgestaltung. Es lag also nahe, auch die „Familie Hesselbach" auf den Bildschirm zu bringen.

Wahrscheinlich war es Intendant Beckmann höchstselbst, der Wolf Schmidt zur Fernsehkarriere der Hesselbachs überredete. Der Autor und Hauptdarsteller hatte sich eigentlich endgültig von seiner Funkfamilie verabschieden wollen, ließ sich nun aber doch zur Arbeit in dem neuen Medium reizen. Noch vor dem Start musste allerdings ein ganz anderes Hindernis aus dem Weg geräumt werden. Seit dem 15. September 1954 gab es nämlich schon eine Familienserie im Deutschen Fernsehen, die „Schölermanns" aus Hamburg, und im Programm sollten damals noch jegliche „Wiederholungen" vermieden werden. Wegen der zu erwartenden Zuschauerproteste erschien eine neue Serie mit einer zweiten Fernsehfamilie zu riskant, weshalb sich der Hessische Rundfunk entschloss, mit der „Firma Hesselbach" zu beginnen (und somit eigentlich an die letzte Hörfunkstaffel der Reihe anzuknüpfen). Andererseits war den Programmmachern auch klar, dass die „Familie Schölermann" nach sechs Jahren und über 100 Folgen „im Sterben" lag: „Sie haben sich und uns nichts mehr zu sagen", urteilte die Presse. Kurz nach dem Start der „Hesselbachs" verschwanden somit die „Schölermanns" vom Bildschirm. „Ich möchte behaupten, daß es eine glückliche Ablösung ist", urteilte damals ein Fernsehkritiker. „Spießbürger waren oder sind sie beide: die Schölermanns unbewußt, die Hesselbachs bewußt. Die Dialoge der Hamburger Familie trieften vor Hochanständigkeit und waren nur gequält salopp. Bei Hesselbachs macht man sich in Kaskaden von köstlich hessischem Dialekt über sich selbst und alle Welt lustig. Niemand wirkt dabei so liebenswert wie die doch so ganz und gar unmögliche, kotterschnäuzige Mama."[195]

Dabei war gerade die im nachhinein so ideal und selbstverständlich scheinende Besetzung dieser Rolle schwierig gewesen. Für das Fernsehen brauchte Babba Hesselbach, natürlich wie in Funk und Film gespielt von Autor Wolf Schmidt selbst, eine neue – seine vierte – Frau. Nach einem Versuch mit Anny Hannewald als „Urmutter" in der allerersten Folge war Lia Wöhr zur (durchaus beliebten) Mamma der Hörfunkfamilie avanciert. Doch schon bei der Verfilmung der „Hesselbachs“ wurde diese Schauspielerin „aus optischen Gründen“ durch Else Knott ersetzt. Aber auch die „Filmmamma“ war in ihrem Aussehen und Typ nicht stimmig, passte nicht so recht zu Schmidt als Babba, den sie – ebenso wie die Wöhr – „überragte“. Bei den Vorbereitungen zur Fernsehproduktion wurde laut Erinnerungen von Harald Schäfer, der zusammen mit Wolf Schmidt die Regie übernahm, um die anstehende Neubesetzung der Mamma viel diskutiert. Ein gewisses Potential an dialektsprechenden Darstellern, wie sie für die in „Exporthessisch“ geschriebene Serie gebraucht wurden, bot etwa die Landesbühne Rhein-Main. Deren Inszenierung „66 oder Die Preußen kommen“ zeichnete der Hessische Rundfunk gerade für das Fernsehen auf. Während der Dreharbeiten im Juni 1959 „entdeckte“ schließlich Hans-Otto Grünefeldt, der Chef der Fernsehunterhaltung, unter den Mitwirkenden Liesel Christ, die er für die Rolle der Mamma vorschlug. Schmidt, der die Schauspielerin von ihrer gemeinsamen Arbeit an seinem Kabarett in der ersten Nachkriegszeit kannte, war offenbar einverstanden. Grünefeldt, Schmidt und die Christ „fanden sich“ in jenem bereits geschilderten Vorgespräch im Funkhaus.

Mamma Hesselbach, um 1960

Bevor die Verpflichtung beim Hessischen Rundfunk perfekt gemacht werden konnte, musste Liesel Christ selbstverständlich Rücksprache halten mit ihrem Intendanten Siegfried Nürnberger am Städtischen Theater in Mainz, wo sie ab der kommenden Spielzeit 1959/60 (also wenn die Dreharbeiten beginnen sollten) engagiert war. Nürnberger riet der eher noch zögernden Schauspielerin sogar zu: „Sie werden nie die Macbeth spielen! Haben Sie den Mut, und machen Sie die Mamma Hesselbach!“, soll er gesagt haben. Vielleicht dachte Liesel Christ auch daran, dass ihr eine Wahrsagerin einmal prophezeit hatte, sie würde mit 40 berühmt. Also entschloss sie sich, in dem Rollenangebot eine Chance zu sehen, und nahm an.

Bereits am 9. Juli 1959 erhielt Liesel Christ eine schriftliche Bestätigung ihres Engagements für die Fernsehserie „Die Firma Hesselbach“ vom Hessischen Rundfunk. Fast genau einen Monat später folgte der endgültige Vertrag (10. 8. 1959). Demnach sollte die Schauspielerin in der „Fernseh-Sendereihe in etwa 18 Folgen“, die in der Zeit vom 1. Oktober 1959 bis 30. Juli 1961 aufgezeichnet werden sollte, „die Rolle der ‚Mutter‘“ übernehmen. Pro Sendefolge erhielt sie das stattliche Honorar von 1.200 Mark. Dafür musste sie sich verpflichten, „wäh-

Regiebesprechung während der Dreharbeiten, u. a. mit Wolf Schmidt, Liesel Christ, Dorle Hintze, Harald Schäfer und Joost Siedhoff, 1959

rend der Laufzeit der Sendereihe in keinem anderen Programm des Fernsehens als Darsteller aufzutreten".[196] Sie sollte exklusiv die Mamma Hesselbach sein.

Liesel Christ (die in dieser Folge „Herr Hesselbach und das Festival" in Schlitzerländer Tracht auftritt) mit Hans Evers in der Maske, wahrsch. 1966

„Heiß" und „kalt" probiert – „wie im werklische Lebe"

Pünktlich in der ersten Oktoberwoche 1959 begannen die Dreharbeiten für „Die Firma Hesselbach". Liesel Christ hatte, wie alle anderen Schauspieler, bereits einige Monate zuvor die Drehbücher für die anstehenden Folgen erhalten und ihren Text gründlich vorgelernt. Sonst hätte die angestrebte Schnelligkeit der Produktionsweise gar nicht durchgehalten werden können. Die neue Serie sollte in Blöcken von je sechs Folgen aufgezeichnet werden, wobei pro Block eine Produktionszeit von zwei Monaten – und zwar immer im Oktober/November und im April/Mai – angesetzt war. Von der ersten Stellprobe bis zur sendefähigen Aufzeichnung blieben für eine Folge mit etwa 45–60 Sendeminuten somit anderthalb Wochen, also neun Werktage (da der Samstag damals noch ein voller Arbeitstag war). Später, wahrscheinlich nach dem Übergang von der Film- zur Magnetaufzeichnung, wurde offenbar sogar eine Folge pro Woche produziert, während im allgemeinen ein einstündiges Fernsehspiel damals eine Produktionszeit von vier bis sechs Wochen brauchte. Die die übrigen zwölf Tage der zweimonatigen Drehphasen wurden dann für die äußerst seltenen

Außenaufnahmen und eventuell nötigen „Nachdrehs" genutzt.

Innerhalb von drei Tagen musste das „Hesselbach"-Team also mindestens 15 bis 20 Minuten einer Folge fertigstellen. Der erste Tag gehörte ganz der Technik: Etwa ein Drittel einer Folge wurde im Studio mit den Schauspielern vor den Kameras „heiß" gestellt. Das heißt, dass „die genaue Bildabfolge mit Gängen und Aktionen"[197] bestimmt wurde, wie der Regisseur Harald Schäfer erläuterte: „Jedes Bild eines Pensums von etwa 30 Seiten wurde genau festgelegt, jeder einzelne Schritt, jede Stellung eines Schauspielers, jede Position von Kamera und Mikrophon. Das hing dann aber doch immer irgendwo im Bild. Oder wenigstens der Mikroschatten verirrte sich störend in die Bildkomposition."[198] Anschließend, oft bis in die Abendstunden, probierten die Darsteller dann „kalt" die Dialoge, also „ohne Kameras, aber (...) in der Originaldekoration"[199]. Außer der Kleiderprobe standen am zweiten Tag hauptsächlich Durchlaufproben an, wie Schäfer schilderte: „Dabei wurde jeder einzelne Take unzählige Male durchexerziert. Solange, bis er allen vor und hinter der Kamera in Fleisch und Blut übergegangen war."[200] Das „Hauptaugenmerk" galt nun weniger der Technik als den Schauspielern. Der Abend war meist frei (natürlich „lernfrei", wie Schäfer bemerkte[201]), konnte aber auch zu weiteren Schauspielerproben dienen. Am dritten Tag wurde aufgezeichnet, und am nächsten Morgen ging's wieder neu los, mit „heißen" Stellproben für den nächsten Abschnitt.

Die Regie teilten sich Wolf Schmidt und Harald Schäfer: Während Schäfer für das Bild zuständig und damit eher „Vorgesetzter" der Techniker war, kümmerte sich Schmidt um die Dialoge und war somit mehr „Chef" der Schauspieler. Seine Autorität wurde vom Ensemble ohne Vorbehalte anerkannt. Auch Liesel Christ, die Schmidt sehr schätzte, war ihm beinahe „bedingungslos ergeben", wie Schäfer erzählte:

> „Sie (...) stritt mit ihm zwar unentwegt um Kleinigkeiten im Hesselbach-Haushalt, von denen sie glaubte, als Hausfrau mehr zu verstehen, oder kämpfte mit Schauspielereitelkeit um das Wiedereinsetzen bereits gestrichener Textpassagen; niemals aber wurde sie von Wolf Schmidt als ernsthafter Gesprächspartner in wichtigen dramaturgischen Angelegenheiten betrachtet, noch machte sie selbst je den Versuch, über reine Äußerlichkeiten hinaus über Sinn, Aussage und Wirkung der Serie mit ihm zu diskutieren. Im Grunde reagiert Mutter Hesselbach innerhalb der Folgen in der gleichen Weise: Vater Hesselbach ist letztlich immer tonangebend."[202]

So konnte Schmidt selbst einmal zufrieden resümieren: „Krach haben wir in unserem Ensemble nie gehabt."[203] Kleine „Verstimmtheiten wegen Lappalien" kamen während der Dreharbeiten zwar „täglich" vor, so räumte Schäfer ein,[204] und Liesel Christ meinte in einem Interview

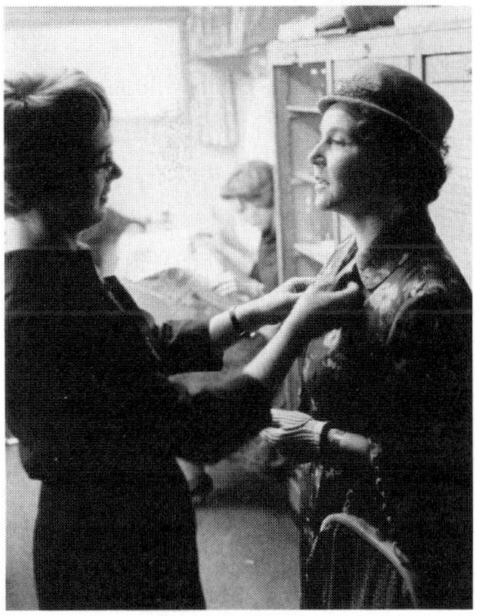

Oben:
Stellprobe mit Liesel Christ und einem Kameramann, 1961

Unten:
Liesel Christ mit einer Kostümbildnerin kurz vor der Aufzeichnung, 1960

von 1961 einmal, dass es bei den Proben „genau so" zugehe „wie im werklische Lebe": „Da gauzt mer sich an un versöhnt sich widder, un mei Fernseh-Kinner hawwe die gleiche Mucke wie mei eichene."[205] Doch „ernsthafte Auseinandersetzungen zwischen Wolf Schmidt und Liesel Christ" habe es – so Schäfer – „während der gesamten Produktionszeit eigentlich nie gegeben".[206] Liesel Christ selbst lobte rückblickend ihre „großartige Zusammenarbeit" mit Schmidt, die wohl auch darin begründet gewesen sei, dass sie und ihr Fernsehgatte „privat nichts miteinander zu tun hatten".[207] Aus der Erinnerung pries sie nun die insgesamt harmonische Atmosphäre, die Schmidt bei den Dreharbeiten zu schaffen verstanden habe:

> „Es war nie eine Spannung im Studio, es ist Heiterkeit von ihm ausgegangen; er hat es gehaßt, wenn er es mit Menschen zu tun hatte, die penetrant waren. Er hat – bei aller Annehmlichkeit der Zusammenarbeit – eine große äußere und auch künstlerische Disziplin vermittelt; wer da nicht hineinpaßte, dessen Rolle war plötzlich gestrichen."[208]

Andererseits baute Schmidt als Autor die Parts der Darsteller aus, die einmal ihre Qualitäten unter Beweis gestellt hatten. Dazu gehörte auch die Rolle der Mamma Hesselbach, die in den ersten „Firmen"-Folgen etwas hinter denen der Herren Hesselbach sen. und jun. zurückstehen musste. Schnell erkannte Schmidt jedoch die schauspielerische Brillanz der Christ in dieser Rolle: „Von den vier ‚Müttern Hesselbach', die ich hatte", bekannte er einmal, „war Liesel Christ diejenige, die am stärksten alle Elemente gehabt hat, die für diese Figur nötig sind. Sie ist eine hervorragende Schauspielerin. Man braucht ihr nur den Bruchteil eines Satzes zu sagen – sie erfaßt es sofort."[209] In späteren Folgen, zumal als Joost Siedhoff als Sohn Willi aus der Serie ausschied und zur Fortsetzung allmählich auf „Die Familie Hesselbach" übergegangen wurde, hat Schmidt daher die Rolle der Mamma wesentlich erweitert und der Christ regelrecht auf den Leib geschrieben. Solche und ähnliche Arbeiten und Änderungen am Text betrieb er buchstäblich bis zur letzten Minute vor der Aufzeichnung, wovon Liesel Christ oft die folgende Anekdote erzählte:

> „[Wolf Schmidt] konnte es fertigbringen, mich nachts von Dienstag auf Mittwoch [also in der Nacht vor der Aufzeichnung] wegen einer Textänderung anzurufen. Wenn ich am nächsten Tag ins Studio kam, fragte er: ‚Hast du etwa schon geschlafen?' Da habe ich gesagt: ‚Du hast Nerven! Was soll ich denn nachts um drei sonst machen?' Darauf er: ‚Du schläfst (...) viel zuviel. Wenn man älter wird, ist es nicht gut, wenn man soviel schläft!'"[210]

Die eigentliche Aufzeichnung, jeweils mittwochs und samstags, konnte zumindest während der ersten Staffeln nur spätabends bis nachts vonstatten gehen. Denn das Studio 8, eine Wellblechbaracke, wo die „Hesselbachs" gedreht wurden, stand inmitten einer sumpfigen Großbaustelle, da der Hessische Rundfunk damals gerade sein Fernsehverwaltungsgebäude und die neuen Studios errichtete. Wegen des störenden Baulärms war tagsüber keine Aufzeichnung möglich. Erst um 17 Uhr, wenn die Handwerker endlich Feierabend gemacht hatten, konnten die Dreharbeiten beginnen, die dann oft bis zwei Uhr nachts dauerten. Selbst dann musste noch oft genug unterbrochen werden, etwa wenn der Regen auf das dünne Dach prasselte oder ein Flugzeug über das Studio hinwegdonnerte. Vor jeder nächsten Klappe warf Lia Wöhr, die ehemalige Hörfunk-Mamma, die inzwischen als Produzentin beim Hessischen Rundfunk arbeitete, lieber noch einen Blick auf ihre Armbanduhr: „Moment, jetzt kommt erst die Maschine nach Berlin und dann die von Stuttgart... jetzt – ganz schnell – abfahren!" Den nächtlichen Flugplan kannte sie schon auswendig.

Die in einer Einstellung abgedrehten Takes waren sehr lang, oft bis zu 20 Minuten, was nicht nur in Problemen mit der damals noch nicht so hoch entwickelten Schnitttechnik begründet lag. Die Länge der Takes war auch dramaturgisch gewollt, um dadurch die Handlung in einem Gesamtablauf zu fixieren und einen schauspielerischen Bogen zu erhalten. War ein Take als Ganzes geglückt, wurden oftmals sogar kleine Versprecher in Kauf genommen, was das Geschehen nur noch authentischer erscheinen ließ. Gerade wegen des Abdrehens von langen Takes in kurzer Zeit empfand der Schauspieler Joost Siedhoff, der Darsteller des Sohnes und Prokuristen Willi Hesselbach, die Dreharbeiten als „sehr stressig": „Da war jede Aufzeichnung eine kleine Premiere."[211] Auch Dieter Henkel, der als Sohn Peter später in die Serie einstieg, gab zu, dass trotz des insgesamt guten Arbeitsklimas nach einiger Zeit in der zweimonatigen Drehphase doch „ein gewisser Streß" einsetzte: „Die Schauspieler wurden nervös und abgespannt – da hat Wolf Schmidt mit seinem Humor und seiner legeren Art den notwendigen Ausgleich geschaffen."[212]

Trotz oder gerade wegen des hohen Drucks konnte das Team Ende November 1959 die erste Produktionsstaffel mit vier Stunden „Verfrühung" abschließen, wie damals stolz der Presse mitgeteilt wurde. Zugleich musste sich der Hessische Rundfunk für die gewählte Form der Vorproduktion einer Serie rechtfertigen, die damals noch nicht selbstverständlich war: Die „Schölermanns" waren weitgehend live ausgestrahlt worden. Der Frankfurter Sender erklärte nun, dass eine Aufzeichnung der „Hesselbachs" wirklich „unumgänglich" gewesen sei, „weil ein so vielköpfiges Team wegen der anderweitigen Verpflichtung seiner Mitglieder nicht über einen so langen Zeitraum zusammenzuhalten ist".[213] Ohnehin hatten sich einige der Darsteller, vor allem die Schauspieler mit einem festen Engagement am Theater, für die Zeit der Dreharbeiten nicht völlig frei halten können. Auch Liesel Christ musste „nebenbei" ihren Verpflichtungen am Stadttheater Mainz nachkommen, wo sie ja gerade erst zum Saisonbeginn im Herbst 1959 ein neues Engagement angetreten hatte:

> „Ich hatte jeden Morgen von 10 bis 12 Uhr Probe in Mainz. Punkt 12 Uhr verließ ich die Bühne, weil ich zum Zug mußte. Am Bahnhof in Frankfurt wartete ein Auto, mit dem ich ins Studio gebracht wurde, und um zwei Uhr begannen wir [dort] zu probieren. (...) Um sechs Uhr mußte die letzte Klappe fallen, denn dann brachte

mich ein Wagen ganz schnell wieder nach Mainz zum Theater. Die Garderobiere stand schon da mit dem Kostüm und die Maskenbildnerin mit der Perücke, und um halb acht ging der Vorhang hoch."[214]

Manchmal, etwa wenn beim Drehen plötzlich technische Probleme auftauchten, klappte das Pendeln zwischen Bühne und Studio allerdings nicht so reibungslos. Die Schauspielerin Ursula Köllner, die Chefsekretärin der „Firma Hesselbach", die zugleich bei der Landesbühne Rhein-Main auftrat, erinnerte sich, dass die Produzentin Lia Wöhr dann die Studiouhr zuhängte, damit die Schauspieler nicht nervös wurden.[215] Manchmal kam Liesel Christ nur wenige Minuten vor ihrem Auftritt (und nicht, wie vertraglich vorgeschrieben, eine halbe Stunde vor Beginn des jeweiligen Aktes) im Theater an. Deswegen erhielt sie sogar eine schriftliche Ermahnung ihres Mainzer Intendanten: „Wegen eines glatten Ablaufs der ‚Courage'-Vorstellungen und auch prinzipiell" bat Nürnberger darin, „entsprechend den vertraglichen Abmachungen (...) zeitig in der Garderobe zu sein".[216] Bei aller Disziplin und Professionalität konnte die Christ der Doppelbelastung von Theater und Fernsehen auf Dauer nicht gewachsen sein. Nach erheblichen gesundheitlichen Problemen musste sie ihren Vertrag in Mainz vorzeitig zum 1. November 1960 lösen.

„Ei, Mamma!"

Am Freitag, den 22. Januar 1960, um 20.20 Uhr wurde die 1. Folge der „Firma Hesselbach" gesendet. Um die Zuschauer an die neue Fernsehserie zu gewöhnen, folgten die beiden nächsten Filme im 14-täglichen Rhythmus. Danach liefen die „Hesselbachs" einmal monatlich, zumeist freitags nach der Tagesschau, wobei nicht alle Folgen gleich lang dauerten, sondern jede einzelne ihre eigene Länge – zwischen 40 und 74 Minuten – hatte.

Die allerersten drei Folgen waren eher noch eine Art Testproduktion, „ein Suchen und Finden", wie der Regisseur Harald Schäfer später einmal zugab[217]. Gerade beim Anblick von Liesel Christ, vor allem in der 1. Folge „Das Dokument", fällt in der Rückschau auf, dass die Darstellerin ihren Typ als Mamma zunächst noch nicht ganz gefunden hatte. Insbesondere an ihrem „Outfit", an ihrer Garderobe und ihrer Frisur, wurde noch herumprobiert. Dabei stand im Vordergrund, dass die 40-Jährige sich älter „machen" musste, als sie tatsächlich war. Die Existenz des gestandenen Seriensohns Willi, des Prokuristen der Firma, dessen Darsteller Joost Siedhoff gerade mal sieben Jahre jünger ist als die Christ, wäre sonst kaum glaubhaft gewesen. Anfangs wurden Liesel Christ als Mamma daher massiv graue Strähnen in das noch länger getragene Lockenhaar gesprüht. Doch damit war es nicht getan. Eine andere Frisur, die zeittypische gewellte Kurzhaarfrisur der biederen Hausfrau, musste her.

Aber auch in ihrer Kleidung musste Liesel Christ noch den eigenen Stil der Mamma finden. Anfangs hatte offenbar die Produktion, wie eigentlich üblich, versucht, die Darsteller einzukleiden – was an deren

Widerspruch gegen die verordnete Garderobe kläglich scheiterte. Vor allem um die Kleidung der Mamma gab es erbitterte Diskussionen. Wolf Schmidt hatte sich ursprünglich „eine schlichtere Garderobe“ für sie vorgestellt, wogegen Liesel Christ protestierte: „Ich will keine Frau Hesselbach in der Kittelscherz sein! Dafür habbe mir die Frau Siebenhals [d. i. die Putzfrau]. Ich bin schließlich die Frau Direktor!“ In der Kleiderfrage legte die ansonsten so diszipliniert professionelle Schauspielerin plötzlich Allüren an den Tag. Letztlich ließ Schmidt sie (wie auch die anderen Damen) gewähren. Selbst wenn ihm „der Aufputz“ manchmal etwas „zu weit ging“[218], dann diente ihm das höchstens zur Anregung für eine kleine Episode in einer der nächsten Folgen. In der 12. Folge „Ein Minister kommt“ vom 25. 11. 1960 beispielsweise, in der sich die Damen allesamt für den angekündigten hohen Besuch in der Firma besonders „fein“ machen, richtet sich Mammas Sinnen und Trachten auf einen neuen Pelzmantel, den sie als „Frau Direktor“ dringend zu benötigen meint. Beim Schreiben dieser Szenen mag Autor Schmidt an eine Begebenheit bei den Dreharbeiten gedacht haben, an die sich die Schauspielerin Gaby Reichardt, die Darstellerin der Druckereiangestellten Emmi Puchel, erinnerte:

> In der 4. Folge „Die Spezialistin“ vom 18. 3. 1960 sollte Inge Rassaerts, eine elegante Schauspielerin, die die mondäne Firmenteilhaberin Irene Müller spielte, einen Pelzmantel tragen. Der Ausstattungschef wusste, dass Liesel Christ privat einen Persianer besaß, und fasste sich ein Herz, sie zu fragen: „Liesel, du hast doch da einen Persianermantel... Könnten wir den nicht einmal für die Dreharbeiten leihen? Könnte Inge Rassaerts den nicht mal anziehen?“ Liesel, die doch eher den pummeligen, bodenständigen Typ verkörperte, ließ sich endlich dazu herab, aber nur unter einer Bedingung: „Ja, aber ich muss der erst erklärn, wie man den trächt!“ Und in der Kulisse schritt sie im Pelzmantel für die Rassaerts und vor den Kollegen „über den Laufsteg“.[219]

Mit der Erlaubnis für die Darstellerinnen, sich weitgehend nach ihren eigenen Vorstellungen anzuziehen, entsprach Schmidt nicht nur den Eitelkeiten der Damen, sondern vor allem dem dramaturgischen Prinzip der authentischen Wirkung: Die Serie sollte wie ein realitätsgetreues Abbild des Alltags erscheinen. In den selbstausgewählten Kleidern, in denen die Darsteller sich wohlfühlten, traten sie ganz selbstverständlich und natürlich, ja „ungekünstelt“ auf; der schauspielerische Effekt, der sich durch das Schlüpfen in die „fremde Hülle“ des Kostüms ergeben kann, war gar nicht gefragt. So ließ sich Liesel Christ künftig nach ihrem eigenen Gutdünken und Geschmack in der Damenmodenabteilung des Frankfurter Kaufhauses M. Schneider auf der Zeil als Mamma einkleiden. Die ausgesuchte Garderobe, darunter sogar Modelle des Modeschöpfers Heinz Oestergaard, wurde im Sender nur noch einmal „probeweise vor die Kamera gehalten“ (um etwa zu prüfen, ob der Stoff wegen seiner Farben und Muster nicht „ausbrannte“ oder flimmerte) und dann genehmigt. Wegen der angestrebten Wirklichkeitsnähe mussten die Darsteller bestimmte Stücke auch immer

„Die Firma Hesselbach", 8. Folge vom 15.7.1960: „Der schwarze Freitag"

„Die Familie Hesselbach", 37. Folge vom 14.12.1962: „Der Kinderwagen"

wieder anziehen. Nach dem Abschluss der Dreharbeiten hat Liesel Christ die meisten Kleider der Mamma privat angekauft. Das Ensemble des bürgerlichen Schicks der sechziger Jahre hat sich somit fast komplett in ihrem Nachlass erhalten.

Nicht nur im äußeren Erscheinungsbild, sondern auch im Charakter musste Liesel Christ den Typ der Mamma Hesselbach erst finden. Dabei half ihr sicher das „Ehefrauenimage"[220], das sie – entgegen ihrem Familienstand im wirklichen Leben – schon auf der Bühne so selbstverständlich ausstrahlte. Ansonsten erarbeitete sie sich diese wie alle ihre Rollen, indem sie „sorgfältig eine Beziehung zu dem Menschen herstellte, den [sie] spielen" wollte[221]. Auch wenn sie damit zugestand, der Mamma „viel von sich" selbst mitgegeben zu haben[222], so würde die Schauspielerin heftig gegen die etwa von Harald Schäfer vehement verfochtene Behauptung protestiert haben, sie selbst sei auch privat wie die Mamma Hesselbach gewesen. Manchmal möchte man allerdings doch dem Regisseur glauben – angesichts der ungeheuerlichen, von äußerster Professionalität zeugenden Genialität, mit der sie ihren Part spielt.

Die Christ kreierte mit dieser Rolle den „Prototyp der deutschen Hausfrau und Mutter", wie ihr Seriensohn Joost Siedhoff einmal sagte[223], oder auch das „Urbild der hessischen Mamma". Diese Marie Hesselbach, Ehefrau des Druckereibesitzers Karl Hesselbach, wird getrieben von einer übersteigerten Sorge für und um ihren Mann und die schon erwachsenen Kinder. In Haushalt und Familie sieht sie ihre Hauptaufgabe, auch wenn das zu ihrem oft genug jammernd kundgetanen Leidwesen keiner, am wenigsten die so Umhegten, recht zu schät-

„Die Familie Hesselbach", 28. Folge vom 16.3.1962: „Die Festaufführung" mit Babba als Othello und Mamma als Desdemona in einer (nicht gesendeten) Traumsequenz

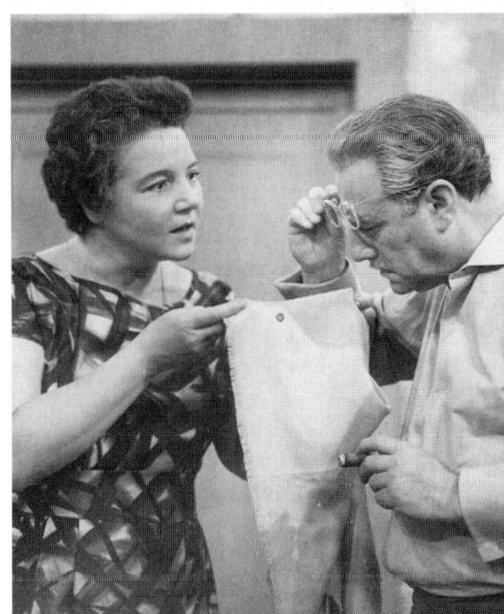

„Die Firma Hesselbach", 20. Folge vom 21.7.1961: „Das Gewitter"

zen weiß. Sie ist im Kleinen penetrant bis zur totalen Uneinsichtigkeit und immer leicht beleidigt, gerade wenn ihr jemand – meist der Babba – in die vor hessischer „Dialektik" strotzende Parade fährt. Im Großen aber ist sie naiv ihrem Mann ergeben, den sie im Grunde ihres Herzens doch liebt und bewundert. Im stolzen Standesdünkel der „Frau Direktor" erhebt sie sich somit über das Kleinbürgerliche, das sie selbst eigentlich nicht allzu weit hinter sich gelassen hat. Vor allem aber ist die Mamma stets präsent, erst recht in den unpassendsten Momenten. Unvergesslich ist ihr Ausruf: „Ei, Kall!", den sie in allen Situationen in der geeigneten Tonlage – von schrill über pikiert bis säuselnd – im wahrsten Sinne des Wortes „an den Mann" zu bringen weiß.

Im Grunde spielte Liesel Christ also die Mamma Hesselbach als meist gar nicht so „liebenswerte Nervensäge"[224], was durchaus im Sinne des Autors war. In einem Interview von 1963 bekannte sich Wolf Schmidt ausdrücklich zum „negativen Leitbild", das er mit seinen Figuren geben wollte:

> „Die amerikanischen Kollegen geben Leitbilder. Ich stehe mehr auf dem Standpunkt des negativen Leitbilds. Ich sage mir: Leute, die immer nur gut und freundlich und nett sind, mögen eine Zeitlang auch nett auf die Zuschauer wirken. Auf die Dauer aber sind sie unerträglich. Wir leben in einer Gesellschaft von unvollkommenen Menschen. Ich halte es für sinnlos, den vollkommenen Menschen darzustellen, den wir ja doch nie erreichen. Es ist viel interessanter, die Ursachen der Unvollkommenheit, die großen und kleinen Mißverständnisse zu zeigen. Allerdings: Ich will darstellen, ohne erziehen zu wollen. Ich möchte lediglich, daß sich die Zuschauer mit der Familie Hesselbach identifizieren können; daß sie spüren: Was wir da auf dem Bildschirm sehen, das hat auch etwas mit uns zu tun."[225]

Auch in dem „negativen Leitbild" konnte (und sollte) sich ein Zuschauer demnach wiederkennen. Lieber dürfte er allerdings einen anderen, ihm entfernt oder auch näher bekannten Menschen in einer der Figuren wiederentdeckt haben. Dieses Phänomen hat Liesel Christ gern so beschrieben:

> „Wolf Schmidt hat immer gesagt: ‚Die Ehemänner vorm Fernsehapparat müsse sage könne: Die hab' ich newe mir sitze. Un die Fraue müsse sage: O Gott, der sitzt newe mir.'"[226]

Liesel Christ selbst identifizierte sich nicht gern mit ihrer Rolle. „Ein furchtbares Weib" nannte sie Mamma Hesselbach oft, wenn auch „ir-

Die Belegschaft der Firma Hesselbach mit Wolf Schmidt (als Chef; vorn), Liesel Christ (als Mamma; 2. R. li.), Joost Siedhoff (als Willi Hesselbach; 2. R. Mi.) und Helga Neuner (als Helga; 2. R. re.) „Die Firma Hesselbach", 9. Folge vom 19.8.1960: „Das Gerücht vom Dienst"

gendwo liebenswert", [227] und dazu erzählte die Schauspielerin gern die folgende Anekdote:

> „Meine Tochter Bärbel wurde einmal in der Schule gefragt, ob ich auch zu Hause so sei. Da hat die Bärbel gesagt: ‚Um Gottes willen, wenn die daheim so wäre, dann wäre ich schon längst ausgezogen.'"[228]

Ganz ähnlich sahen es manche Zuschauer, die ihrer Empörung über Mammas Charakter in Zuschriften an Illustrierte Luft machten. „Eine echte Familie wäre bei dieser hysterischen Mutter (...) schon längst auseinandergelaufen", schrieb etwa ein Zuschauer aus Düsseldorf,[229] und ein anderer fragte in seinem Brief gar, was denn „der Bonner Familienminister zu dieser Sendung" sage: „Junggesellen, die die ‚Hesselbachs' sehen, verlieren doch jede Lust zum Heiraten", meinte dieser Zuschauer[230]. Die Fernsehkritik dagegen erkannte, dass die Mamma im Laufe der Serie zur „Seele der Familie und der Sendung"[231] geworden war. Das wusste auch Wolf Schmidt. Nach dem endgültigen Abschluss der Serie widmete er seiner „Fernsehfrau“ Liesel Christ einen von ihm herausgebrachten Roman über die Mamma Hesselbach mit den Worten:

> „Liesel Christ,
> seiner hochzupreisenden
> Partnerin und idealen
> ‚Mamma‘-Interpretin
> zum Dank für die
> glänzende Zusammenarbeit
> in 51 gemeinsam
> geschlagenen Produktions-
> schlachten
> in Verehrung gewidmet
> vom Verfasser“.[232]

„Eine hessische Alltagschronik der hauptsächlichsten Nebensächlichkeiten“[233]

„Millionen Menschen identifizieren sich heute mit der Familie Hesselbach, weil sie wissen, daß in dieser Familie nichts geschieht, was nicht auch in ihren Familien geschehen könnte“, notierte ein Journalist 1963. „Millionen sitzen bei dieser Sendereihe vor den Bildschirmen und sagen: So ist es.“[234] Tatsächlich schöpfte der Autor Wolf Schmidt für seine Serie aus dem „Leben um sich herum“, das er – nach eigener Aussage – „beobachtete (...), als sei [er] gerade vom Mars eingetroffen“[235]. Als exemplarischer Mikrokosmos für seine „Alltagschronik“ diente ihm zunächst die Firma Hesselbach. Anhand von eher banalen Problemen aus dem täglichen Einerlei eines mittelständischen Betriebs – von Personalengpässen und Rationalisierungsmaßnahmen über Büromaterialklau und Gehaltserhöhung bis zu Klatsch und Betriebsausflug – entwickelte er mit ungeheurem dramaturgischem Geschick seine Stories, die in erster Linie unterhaltsam sein sollten. Im gewählten Genre der heiteren Familienunterhaltung aber musste Schmidt, gemäß den Vorgaben des Senders, damals „einen ganzen Katalog“ von Themen aussparen:

> „In der ‚Familie Hesselbach‘ darf es keinen Mord und Totschlag geben, keine Politik, keine schweren Krankheiten. Niemand darf sterben. (Wolf Schmidt: ‚Es sei denn ein alter Erbonkel, der schon lange krank ist.‘) Ueber Religion soll nicht diskutiert werden. Der Sex ist verbannt, wenigstens als Konfliktstoff.“[236]

Die wenigen, äußerst züchtigen „Bettszenen“ zwischen Mamma und Babba Hesselbach sind daher völlig anders motiviert, und die einzige große Liebesszene zwischen den beiden ist eine zwar rührende, aber höchst „anständige“ Episode auf einer Kellertreppe.

Wie bereits angeklungen, fand Schmidt sein eigentliches Thema in der „Unvollkommenheit des Normalmenschen und seiner Fähigkeit, die einfachsten Dinge zu komplizieren“[237]. Um dieses Thema von allen

Seiten beleuchten zu können, benötigte er einen gewissen Grundstock an Personal, den ihm die Firma Hesselbach liefern konnte. An der Spitze der Verlagsdruckerei, die auch eine eigene Wochenzeitung „Weltschau am Sonntag“ herausgibt, steht der von Schmidt selbst dargestellte Chef Karl Hesselbach, an dessen Seite im Haus seine Frau Marie (Liesel Christ) sowie im Betrieb sein Sohn und Prokurist Willi (Joost Siedhoff). Um die Firmenbesitzersfamilie herum gruppiert sich die übrige Belegschaft, u. a. die Chefsekretärin Frl. Sauerberg (Ursula Köllner), ihre Kollegin Helga (Helga Neuner), die Vertriebsangestellten Frieda Lahmann (Sofie Engelke) und Emmi Puchel (Gaby Reichardt), die Volontärin Frl. Pinella (Sibylle Schindler), die Putzfrau Siebenhals (Lia Wöhr), der Buchhalter Münzenberger (Max Strecker), der spätere Prokurist Lindner (Joachim Engel-Denis), der Chefredakteur Betzdorf (Bogislav von Heyden) und – last but not least – der Lehrbub Rudi (Dieter Schwanda), von denen jeder seine eigene Farbe in die Serie einbrachte. Unvergessen ist etwa „die“ Fräulein Lohmeier (Sophie Cossäus), die leidige wie liebenswerte „Betriebsbremse“, die so oft zum Vergnügen der Zuschauer in die Szene platzt mit ihrer Parole: „Herr Hesselbach, ich muss mich beschwern!“

Die authentische Wirkung wie den anhaltenden Erfolg verdanken die „Hesselbachs“ nicht zuletzt dem gezielten Einsatz des Dialekts in der Serie. „Das reine Hochdeutsch, wie es auf der Bühne gesprochen werde, stelle etwas irgendwie Gefiltertes dar, das eher distanzierend wirke“, meinte Wolf Schmidt.[238] Der Autor bediente sich deshalb der Mundart schon in der Radioserie als einer „‚Farbe‘ (…), um eine gewisse Stimmung und menschliche Wärme hervorzurufen, die dem Hörer den inneren Kontakt, die Erlebnisnähe zum Dargebotenen erleichtern“[239] sollte. So sprechen auch die meisten Figuren der Fernsehfirma das eigens entwickelte „Exporthessisch“, eine zum Hochdeutschen hin geglättete südhessische Ausgleichsmundart, die im ganzen Sendegebiet des Deutschen Fernsehens, also zumindest bundesweit, verstanden werden konnte. Auch wenn die „Hesselbachs“ gerade wegen des Dialekts regional unterschiedlich ankamen, so konnte Liesel Christ rückblickend doch mit Fug und Recht behaupten:

> „Wir haben mit dieser Serie bundesweit unsere Mundart bekanntgemacht. Vorher hieß es in Nord- und Westdeutschland immer, was südlich der Mainlinie liegt, sei Schwaben. Die hawwe gar net gewußt, daß wir Hessen auch noch eigenständige Leut’ sind.“[240]

Einige der Sätze aus der Serie wurden sogar idiomatisch. Mammas „Ei, Kall!“ oder auch „Ei, Babba!“ in der Stimmlage von Liesel Christ klingen bis heute in den Ohren aller, die jemals die „Hesselbachs“ gesehen haben. Aber ausgerechnet den legendären Hilferuf „Kall, mei Drobbe!“, angeblich aus Mammas Mund, hat Liesel Christ in all den Folgen so nie gebracht. Damit befindet sie sich allerdings in bester Gesellschaft mit anderen Film- und Fernsehhelden, die ihre berühmtesten Aussprüche tatsächlich niemals gesagt haben. Der spätere Fernsehkommissar Derrick etwa soll seinen Assistenten Harry nie aufgefordert haben, „schon mal den Wagen zu holen“.

Familienbetrieb mit 80-prozentiger Beteiligung

Schmidts Serienkonzept kam an: „Die Firma Hesselbach“ erreichte im Jahr 1960 eine durchschnittliche Sehbeteiligung von über 80 Prozent, wobei einzelne Folgen sogar die 90-Prozent-Marke überschritten (u. a. die 2. Folge „Das Techtelmechtel“ mit 94 % Sehbeteiligung). Diese auch in Zeiten des „einprogrammigen“ Fernsehens unerhörte Quote entsprach rund 11 Millionen Zuschauern pro Folge (bei 4,6 Millionen angemeldeten Fernsehapparaten mit etwa je drei Zuschauern im Dezember 1960). Angesichts dieses Erfolges wurde noch vor Ende der Dreharbeiten zur ersten Staffel die Fortsetzung der Serie über die 18. Folge hinaus beschlossen. Bereits am 24. Oktober 1960 erhielt Liesel Christ vom Hessischen Rundfunk einen Vertrag über 24 weitere Folgen, unter einer beträchtlichen Erhöhung ihrer Gage auf 2.000 Mark pro Folge, wodurch dem Ausbau ihrer Rolle als Mamma auch finanziell Rechnung getragen wurde.

Schon seit dem Ausscheiden des Schauspielers Joost Siedhoff als Sohn Willi nach der 10. Folge hatte Wolf Schmidt die Serie personell anders gewichten müssen. Die Mamma spielte künftig eine größere Rolle. Mit der Entscheidung zur Fortsetzung machte der Autor die Firma Hesselbach vollends zum „Familienbetrieb“ (so der Titel der 17. Folge vom 14.4.1961). Dafür zauberte er zwei „neue“, obwohl gar nicht mehr kleine Kinder des Ehepaars Hesselbach regelrecht aus dem Hut, Tochter Heidi (Rose-Marie Kirstein) und Sohn Peter (Dieter Henkel), die selbst die gluckenhafte Mamma früher nie erwähnt hatte: Nach dem Abitur kehren die beiden aus dem Internat an Mutters Herd zurück, um von nun an kräftig im Betrieb mitzumischen. Liesel Christ nahm die beiden jungen Kollegen auch privat unter ihre Fittiche: Dieter Henkel und später auch Rose-Marie Kirstein, die beide nicht aus Frankfurt kamen, wohnten während der Drehzeiten bei Liesel und ihren Töchtern.

Die Familie Hesselbach mit Dieter Henkel (Peter), Liesel Christ (Mamma), Wolf Schmidt (Babba) und Rose-Marie Kirstein (Heidi) „Die Firma Hesselbach“, 20. Folge vom 21.7.1961: „Das Gewitter“

Allmählich verlagerte Schmidt das Geschehen in der Serie von der Firma in die Wohnung der Familie Hesselbach. Es ging nun, wie seinerzeit im Radio, beispielsweise um das „Dreckrändche" an Mammas „Milchdippche" (22. Folge vom 15. 9. 1961) ebenso wie um die Bronzeplastik „Röhrender Hirsch" (23. Folge vom 13. 10. 1961), die der Cousine Erna und ihrem ja so „wertschaftlichen" Erwin zur Verlobung geschenkt wird. Nach insgesamt 24 Folgen zog der Verfasser die Konsequenz aus der Themenverschiebung auch im Serientitel: Aus der „Firma" wurde „Die Familie Hesselbach" (ab der 25. Folge „Simulanten" vom 15. 12. 1961).

Im Oktober/November 1962 wurden die letzten sechs Folgen der „Hesselbachs" gedreht. Auf Wunsch von Wolf Schmidt sollte die Serie mit der 42. Folge enden. Er sah „die Möglichkeiten", die er als Autor mit den gegebenen Figuren im hergebrachten Milieu „durchspielen" konnte, „erschöpft", wie er damals in einem Interview erklärte: „Es ist mein handwerklicher Ehrgeiz, dort aufzuhören, wo ich mir sagen muß: Nun sind deine Originalbaupläne für diese Art von Haus, für diese Konzeption aufgebraucht."[241] Er wollte lieber auf dem Höhepunkt des Erfolges aussteigen, um sich und den anderen Mitwirkenden damit den unausweichlichen Niedergang zu ersparen. Am 29. Mai 1963 wurde die letzte Folge („Wertsachen") der „Familie Hesselbach" gesendet. Zum Schluss verabschiedete Wolf Schmidt als Babba sein Publikum mit den tröstenden Worten:

> „Das Familienleben endet normal durch Gründung neuer Familien. Der Rest ist: Mamma – kein Schweigen also. Aber falls sie im Laufe der nächsten 30 Jahre noch irgendwas sagen sollte, was keine Wiederholung darstellt, so wird Sie darüber das Deutsche Fernsehen in einer Sendung am 29. Mai 1993 kurz orientieren."[242]

„Der Rest ist: Mamma"!?

Doch so schnell und so lang konnten Mamma und Babba Hesselbach gar nicht von der Bildfläche verschwinden. Dazu waren sie und ihre Darsteller in der Medienöffentlichkeit viel zu präsent. Nicht nur die inzwischen (1963) 7,7 Millionen Besitzer von Fernsehgeräten kannten die „Hesselbachs". Als echte Fernsehstars hatten Wolf Schmidt, Liesel Christ und ihre „Serienkinder" etwa auch von den farbigen Titelblättern sämtlicher Illustrierten deren Lesern zugelächelt, und sogar Schallplatten mit Sketchen von den „Hesselbachs" wurden ab 1961 verkauft. Immer und überall wurde die Christ „erkannt", nicht allein in Frankfurt, wo sie bis in ihre letzten Jahre beispielsweise beim Einkaufen oft mit „Frau Hesselbach" angesprochen wurde. „Als ich neulich durch Düsseldorf ging", erzählte sie 1961 einem Journalisten, „drehten sich die Rheinländer um und sagten: ‚Dat ist die Alt vom Hesselbach!'"[243] In Bielefeld fragte sie um 1965 ein kleiner Junge: „Bist du nicht die Mutti vom Fernsehen?", und auf ihr freundliches Ja bot er ihr an, dass sie einmal an seiner Eiswaffel schlecken dürfe. Sogar im Ausland, etwa in Barcelona 1961 und auf ihren späteren USA-Reisen, riefen Leute auf der Straße hinter ihr her: „Da ist ja die Mamma Hesselbach!“ Dieser Verlust der Anonymität in der Öffentlichkeit infolge ihrer ungeheuren Popularität habe sie anfangs „natürlich ein bißchen gestört“, gab Liesel Christ einmal zu: „Daran mußte man sich erst gewöhnen.“[244]

Ganz und gar negativ, geradezu existenzbedrohend wirkte sich ihre Fernsehvergangenheit im nächsten Jahrzehnt auf ihre weitere Karriere als Schauspielerin aus. Die Christ schien zu einem dauerhaften Dasein als Mamma Hesselbach verdammt, wovon sie nach Absetzung der Serie 1963 aber nicht leben konnte. In den Köpfen von Programmmachern wie Publikum war sie jedoch so sehr auf diese einzige Rolle festgelegt, dass sie keine anderen Fernsehangebote mehr bekam. Selbst auf der Bühne wurde ihre Leistung immer wieder an ihrem Mitwirken bei den „Hesselbachs“ gemessen. „Wenn Sie das [d. i. die ‚Hesselbachs‘] machen, sind Sie danach tot!“ hatte schon HR-Fernsehspielchef Rolf Hädrich den Schauspieler Dieter Henkel gewarnt, bevor dieser das Engagement als Seriensohn annahm.[245]

Viele Zuschauer setzten die Darsteller mit ihren Rollen gleich: Für sie *war* Liesel Christ einfach die Mamma. Sie begriffen die Darsteller nicht als Schauspieler, sondern als „Menschen wie du und ich“, die im Leben seien wie auf dem Bildschirm. Die durchaus beabsichtigte authentische Wirkung des Fernsehens und insbesondere einer Serie wie „Hesselbach“ zeigte somit gerade in jener Frühzeit des Mediums die fatale Folge, dass viele nicht mehr zwischen Spiel und Wirklichkeit unterscheiden konnten. Die Produzentin Lia Wöhr, die als Putzfrau Siebenhals in den „Hesselbach“-Fernsehserien mitwirkte, erzählte in diesem Zusammenhang gern, dass sie einmal am Wochenende im Sender von einer echten „Raumpflegerin“ angesprochen wurde: „Gell, Frau Wöhr, mir müsse auch sonntags“ – eben putzen.

„Abschied von Familie Hesselbach“ Zeitschriftentitel mit Wolf Schmidt (Babba), Liesel Christ (Mamma), Dieter Henkel (Peter) und Rose-Marie Kirstein (Heidi), Neue Illustrierte, Köln, 1963

Der Einsatz von Liesel Christ in einer anderen Sendung oder gar Sendereihe schien in jener Fernsehfrühzeit auch deshalb unmöglich, weil sie überhaupt erst durch die „Hesselbachs“ überregional bekannt geworden war. Der Schauspieler Gustav Knuth dagegen, der sich schon vorher (u. a. im Film) profiliert hatte, konnte es sich auch damals leisten, in mehreren Fernsehserien nacheinander die Hauptrolle zu übernehmen. Zu unerwarteten Komplikationen kam es allerdings, als er mit seiner Rolle von einer Serie zur anderen die Frau „wechselte“: In seiner ersten und beliebtesten Serienrolle als Tierarzt Dr. Hofer in der Reihe „Alle meine Tiere“, die noch zur Zeit der „Hesselbachs“ (ab 1962) lief, spielte er mit Tilly Lauenstein ein Ehepaar, und kurz darauf, in der Serie „Großer Mann – was nun?“, hatte er plötzlich Camilla Spira zur Bildschirmgattin. Die Zuschauer wollten den – tatsächlich seit langem glücklich verheirateten – Schauspieler jeweils mit seinen Fernsehfrauen „verkuppeln“. Nicht zuletzt um einer moralischen Entrüstung der Fernsehgemeinde zu entgehen, ließ man Knuth als Chef der Artistenfamilie Doria in der 1968 gestarteten Familienserie „Salto mortale“ wohl vorsichtshalber gleich als Witwer auftreten. Einen „neuen“ Mann an der Seite der Christ konnte sich, selbst in einer anderen Sendung oder Sendereihe, schon gar niemand vorstellen. Was wäre denn die Mamma ohne den Babba?

Comeback für die Hesselbachs?

Angesichts ihrer persönlichen Situation dürfte Liesel Christ es begrüßt haben, als die „Hesselbachs“ doch fortgesetzt werden sollten. Mit der bereits ab März 1965 gedrehten[246] Nachfolgereihe „Herr Hesselbach und...“ wollte Autor Wolf Schmidt allerdings ein neues Serienkonzept verwirklichen. Er nutzte zwar den eingeführten Namen im Titel, befreite sich aber von dem alten, dramaturgisch ausgereizten Milieu von Firma und Familie. Nach Babbas Pensionierung wohnen Herr und Frau Hesselbach (Wolf Schmidt und Liesel Christ) nun allein in einem modernen Häuschen mit Garten in dem fiktiven Städtchen Steintal. Gelegentlich kommt wenigstens noch die altvertraute Frau Siebenhals (Lia Wöhr) vorbei, natürlich um zu putzen. Ansonsten widmet sich Herr Hesselbach, endlich zum Stadtrat aufgestiegen, vorrangig kommunalpolitischen Fragen. Zu seinen Mitstreitern gehört eine Reihe von Personen aus der alten Firma wie aus der neuen Gemeinde. So gibt es ein Wiedersehen mit Frl. Lohmeier (Sophie Cossäus) und Herrn Münzenberger (Max Strecker); neu dabei sind u. a. die Hotelbesitzerin Frau Plischke (Edith Hancke), der Bankprokurist Petersen (Uwe Dallmeier) und der Arzt Dr. Moosbauer (Fritz Strassner). Herrn Hesselbachs größter politischer Gegner ist der Kaufhausbesitzer Dengler (Ernstwalter Mitulski), ein alter Kunde der Firma Hesselbach. Durch die Besetzung mit Typen aus allen größeren Dialektgebieten der Bundesrepublik (Schwaben, Berlin, Norddeutschland, Bayern und natürlich Hessen) sollten die Zuschauer auch in den Sendegebieten, in denen die Serie früher nicht ganz so gut angekommen war (etwa in Bayern und Norddeutschland), mehr angesprochen werden.

Am 19. Oktober 1966 wurde die 1. Folge der neuen Reihe („Herr Hesselbach und der Film“) gesendet. Einmal im Monat standen die „Hesselbachs“ künftig wieder auf dem Programm, jeweils mittwochs, allerdings wegen der neuen Verquickung von Unterhaltung und Politik erst um 21 Uhr. Doch ihr gewohnter Erfolg blieb diesmal aus. Daran war nicht nur die inzwischen erstarkte Konkurrenz durch das Zweite Deutsche Fernsehen schuld. Vor allem kam das veränderte Serienkonzept nicht an. Die durchschnittliche Sehbeteiligung betrug nur knapp über 50 Prozent, wobei einzelne Folgen gerade die 40-Prozent-Grenze überschritten (u. a. die 4. Folge „Der Graf von Hesselbach" mit 41 %). Dass die 7. Folge „Herr Hesselbach und der Windhund" vom 22. 4. 1967 mit dem Gaststar Hans Clarin sogar nur 29 Prozent Sehbeteiligung erreichte, dürfte jedoch daran gelegen haben, dass die Ausstrahlung wegen des Todes von Altbundeskanzler Konrad Adenauer kurzfristig verschoben werden musste. Angesichts solcher damals mehr als enttäuschenden Einschaltquoten entschloss sich der Hessische Rundfunk ziemlich schnell, die Serie vorzeitig einzustellen. Statt der geplanten zwölf wurden nur neun Folgen produziert und gesendet. Diesen „Rauswurf" (so Liesel Christ)[247] hat Wolf Schmidt nie so recht verkraftet. Aber auch für Liesel Christ war das Ende der Serie bitter: Es bedeutete für sie nicht zuletzt einen herben „finanziellen Verlust"[248].

Doch wieder einmal sollte es mit den „Hesselbachs" nicht ganz aus und vorbei sein. Auf vielfachen Zuschauerwunsch wurden schon ab 1969 alle 51 Folgen wiederholt, einmal monatlich am Sonntagnachmittag. Wolf Schmidt, „ein Mann, der an allen Ecken brannte" (Liesel Christ)[249] und sich im Interesse neuer Projekte endlich vom „Hesselbach"-Image emanzipieren wollte, war „nicht sehr glücklich" über diese Wiederholung. In einem Interview mit der Illustrierten „Gong" zeigte er sich außerdem „bestürzt, wie sehr sich in zehn Jahren die Zeiten geändert" hätten. Die Serie wirke „schrecklich alt".[250] Doch fanden „die Filme aus der ‚Steinzeit' des Fernsehens", wie ein Kritiker schrieb,[251] noch immer ihr Publikum. Selbst Liesel Christ sah sich die Wiederholungen noch einmal an und amüsierte sich nach eigener Aussage „königlich" darüber[252].

Dabei haderte die Schauspielerin gerade in jener Zeit mehr und mehr mit ihrer „Abstempelung"[253] als Mamma Hesselbach. In zahlreichen Zeitungsinterviews beklagte sie damals, dass sie „seit den Hesselbachs (...) vom Fernsehen kein einziges Rollenangebot"[254] bekommen habe. Nicht nur in der Regenbogenpresse kursierten damals Schlagzeilen wie „Mamma Hesselbach: ‚Die Rolle hat mir nur Pech gebracht'" oder „Liesel Christ: ‚Das Fernsehen hat mich arm gemacht'". Tatsächlich schien sie so sehr auf die Mamma und vor allem auf den Dialekt festgelegt, dass sie in einem Interview mit „Hörzu" 1969 sogar gefragt wurde: „Können Sie nur Hessisch babbeln?" Die Christ begann zu kämpfen. Anders als Wolf Schmidt schaffte sie aus eigener Kraft, sich so weit vom „Hesselbach"-Image zu lösen, dass sie auf ihrer Popularität etwas Neues aufbauen konnte. Auf dieser Basis glückte ihr im Jahr 1971 die Gründung des Frankfurter Volkstheaters, wie der Regisseur Harald Schäfer einmal ausführte:

> „Die Liesel (...) hat (...) furchtbar gelitten, als die Serie zu Ende war, unter dem Image der Mamma Hesselbach. (...) Ich glaub, sie hat [dann] das Genialste gemacht, was man tun konnte: Sie hat das

Volkstheater gegründet, was Frankfurt gebraucht hat. [So] ist aus der Mamma Hesselbach eben die Mama Prinzipalin geworden.“[255]

Auf den Vorschlag von Wolf Schmidt, die „Hesselbachs“ in ihrem neuen Volkstheater auf die Bühne zu bringen, konnte die Prinzipalin damals allerdings noch nicht eingehen. Dieses Projekt hätte ihr Konzept des modernen literarischen Mundarttheaters konterkariert. Ein paar Jahre später, als die Christ allen Zweiflern zum Trotz bewiesen hatte, dass das Volkstheater mehr als nur ein „Babbeltheater“ war, hätte sie, in Zusammenarbeit mit ihrer Kollegin Lia Wöhr, die „Hesselbachs“ gern neu herausgebracht. Doch dazu war es zu spät. Wolf Schmidt, an der Alzheimerschen Krankheit leidend, ist am 17. Januar 1977 in einem Heim in Gelsenkirchen gestorben. In zahlreichen Wiederholungen lebten die Hesselbachs im Fernsehen weiter. Spätestens seit den ausgehenden achtziger Jahren wurden sie nicht nur bei Telecineasten zum Kult, dessen wichtigste Idole natürlich der Babba und die Mamma in der Darstellung von Wolf Schmidt und Liesel Christ sind. Damit avancierte die Christ noch zu Lebzeiten vom frühen Fernsehstar zur immergrünen „Kultfigur“.

1959–1971
„Witwe Hesselbach"[256]
Kämpferin gegen das Image

Die Fernseharbeit allein konnte Liesel Christ nicht ausfüllen. Vier Monate im Jahr, während der Dreharbeiten für ein Pensum von zwölf Folgen der „Hesselbach"-Serie, war sie zwar vollauf beschäftigt. In der übrigen Zeit setzte die Schauspielerin schlicht und unbeirrt ihre Karriere am Theater fort. Dieses zweite Leben der Mamma Hesselbach erstaunte Presse und Publikum. War sie nicht eben erst noch auf dem Bildschirm zu sehen gewesen? Schon dieses Wunder, das keines war (weil die vorproduzierte Serie ja „zeitversetzt" ausgestrahlt wurde), verführte die meisten Journalisten, in ihren Kritiken die Fernsehpopularität der Christ lieber zu erwähnen. Dabei dürfte sowieso jeder Leser davon gewusst haben. Aber die Rollen, die sie im Theater mimte, hätte einer Frau Hesselbach oft niemand zugetraut.

Gegen das allgegenwärtige Image anzuspielen: Damit stellte sich der Schauspielerin eine Aufgabe, von deren Gelingen ihre ganze Existenz abhing – zumal ihr Ruhm als Mamma viel länger dauerte als die Fernsehserie, die ihn begründete. Sicher: Liesel Christ hatte beim Hessischen Rundfunk gut verdient. So konnte sie sich 1961 ihr erstes eigenes Auto leisten, aber beileibe keinen Luxusschlitten, sondern einen soliden VW Käfer, den sie übrigens fast zärtlich „Balthasar" nannte. Für den Rest ihres Lebens ausgesorgt hatte sie nicht. Sie musste weiter arbeiten. Das war nicht ganz einfach, gerade weil alle sie als Mamma Hesselbach kannten. Doch so schnell gab die Christ nicht auf.

Lucrezia in Mainz

Zur Spielzeit 1955/56 wechselte Siegfried Nürnberger, der bisherige Leiter der Landesbühne Rhein-Main, an das Städtische Theater in Mainz. Aus seinem alten Ensemble, dem er weiterhin zumindest beratend verbunden blieb, holte der Intendant bald (um 1956/57) die Schauspielerin Liesel Christ als Gast an sein neues Haus. Vor allem für aufwendige Operetteninszenierungen, wie sie sich die Landesbühne schon aufgrund ihrer Ausrichtung als Wandertheater nicht leisten konnte, wurde die erfahrene Soubrette zunächst in Mainz verpflichtet, u. a. als Frau Babette in Dostals „Spectaculum" vom „Doktor Eisenbart" (Regie: Gerhard Knick, um 1957/58) und als Wilhelmine gen. Wimpel in Künnekes Evergreen vom „Vetter aus Dingsda" (Regie: Horst Alexander Stelter, 10. 5. 1959). Aber auch für klassische Schauspielrollen holte Nürnberger die Christ, so für eine Mainzer Inszenierung von Schillers „Maria Stuart", in der sie etwa im Juni 1959 wahrscheinlich Hanna Kennedy, Marias Amme, spielte.

Zu diesem Zeitpunkt stand längst fest, dass Liesel Christ mit Beginn der kommenden Spielzeit 1959/60 in ein festes Engagement an das Stadttheater Mainz kommen würde. Bereits im frühen Winter 1958 hatte es deswegen erste Vorgespräche zwischen Nürnberger und ihr gegeben. Danach „fixierte“ der Intendant in einem Brief vom 9. Dezember 1958, was er sich von einer Verpflichtung der inzwischen ins Fach der Mutter und Komischen Alten gewechselten Schauspielerin an sein Haus versprach:

„Seit dem Tode von Frau Link ist hier das Fach der bürgerlichen Mutter bis zur komischen Alten verwaist. Das bisherige Repertoire hat es nicht erforderlich gemacht, daß ich eine Schauspielerin von 50, 55 oder gar 60 Jahren für diese Position hätte engagieren müssen. Ich habe mir bisher damit geholfen, daß ich eine frühere Salondame, die übergeht, zum Teil mit vakanten Rollen besetzt habe, jedoch geht das nicht mehr, da die Dame sich nicht dahin entwickelt, was die Vakanz erfordert. Ich sagte Ihnen am Telefon, es handelt sich um eine Schauspielerin, die uns von der Kennedy in der ‚Stuart‘ über die Amme in ‚Romeo und Julia‘ und die Marthe Rull Sachen wie ‚Krach im Hinterhaus‘ spielt (die Rolle, die Frau Bettin in der Frankfurter Aufführung spielte [d. i. die Rolle der Witwe Bock]). Da ich noch nicht weiß, wen ich im nächsten Jahr als Liebhaberin haben werde, ob das eine Frau von 24 oder 36 Jahren ist, ist das die einzige Schwierigkeit, falls wir zu einem endgültigen Abschluß kommen sollten. Wenn ich auch dahin tendiere, daß eine bürgerliche Mutter auf dem Theater nicht unbedingt 50 Jahre sein muß, so füge ich die Überlegung an: ein knuspriges Mädchen braucht die Vertreterin nicht mehr zu sein. Sie wissen, was ich damit sagen will, daß also keine Aufgaben in Frage stehen, in denen Sie noch die begehrenswerte und reizvolle Frau sein müssen. Ich halte es für wichtig, all diese Dinge vorher einmal zu fixieren, damit es dann keine unliebsamen Überraschungen gibt oder gar Verärgerungen hinsichtlich der Beschäftigung. Bitte, lassen Sie sich auch einmal schriftlich aus, damit ich Ihre Meinung klipp und klar vor mir habe.“[257]

Leider ist nicht überliefert, was Liesel Christ dem Intendanten eine Woche später antwortete. Offenbar nahm die 39-Jährige ihm die wenig schmeichelhaften Worte über ihr „Alter“ nicht übel. Noch vor Jahresende wurden die beiden jedenfalls vertragseinig. Am 30. Dezember 1958 bestätigte Nürnberger ihr das Engagement „als Schauspielerin“ mit der „Fachbezeichnung: übertragene Rollen, Mütter und komische Mütter und Rollen nach Individualität für Schauspiel und Operette“ an das Stadttheater Mainz, und zwar ab 1. August 1959 zunächst für eine Spielzeit.[258] Ihre monatliche Gage betrug 650 Mark, wobei der Vertrag – anders als bei der Landesbühne – über ein volles Jahr lief und somit die Zeit der Theaterferien mitbezahlt wurde; dazu kamen einige Sondervergütungen, etwa im Falle von auswärtigen Gastspielen, Rundfunk- oder Telefonübertragungen, sowie Kinderzuschläge. Damit stellte sich die Christ wesentlich besser als in ihrem bisherigen Engagement mit zuletzt 450 Mark Monatsgage.

Von Anfang an wollte Liesel Christ in Frankfurt wohnen bleiben und jeden Abend nach der Vorstellung mit dem Zug wieder nach Hause fahren. „Da bin ich früher daheim als sonst bei unseren Abstechern [d. i. den Vorstellungen mit der Landesbühne Rhein-Main im Umland]", erklärte sie einem Journalisten.[259] Ihre erste Rolle im festen Engagement in Mainz war wahrscheinlich die Frau des Stadtmusikanten Miller in Schillers Trauerspiel „Kabale und Liebe" (Regie: Joachim Hildebrandt, 10.9.1959), das – nach der damals üblichen sechswöchigen Probenzeit – zunächst in Oberursel und erst einige Wochen später in Mainz herausgebracht wurde. Es folgten einige kleinere bis mittlere und gelegentlich auch größere Rollen in Dramen, Komödien und Operetten, etwa die „farbige Zugehfrau" Myra in „Die Schwester der Sonnenblume" (Regie: Joachim Hildebrandt, 27.10.1959), zwei Chargen in „Mutter Courage" mit Martha Zifferer in der Titelrolle (Regie: Rolf Heutz, 16.2.1960), die Palmira in „Der Opernball" (Regie: Alfred Walter, 21.2.1960), Frau Ill in „Der Besuch der alten Dame" mit Hilde Hildebrand in der Hauptrolle (Regie: Joachim Hildebrandt, 6.4.1960), der „sehr resolute Küchenbolzen"[260] Crescenzia in „Nachsaison" (Regie: Karl Schramm, 12.5.1960) und die Christine in „Ein Traumspiel" (Regie: Siegfried Nürnberger, 14.9.1960). Ein besonderes Lob der Kritik verdiente sie sich in der Rolle der Kaufmannstochter Agafia Tichonowna in einer grotesk übersteigerten Inszenierung von Gogols Komödie „Die Heirat" (Regie: Rudolf Wessely, 7.1.1960):

> „Liesel Christ riskierte zwar auch einige Parforce-Töne, aber so eingebettet in einem variantenreichen Spiel konnte man es gut vertragen. Da wogte, girrte, seufzte auf Russisch-Biedermeier ein ältliches Mädchen, machte sich die Qual der Wahl komödiantisch heiter, und sie gefiel."[261]

Aber auch im antiken Gewand in einer rundum gelungenen Adaption der „Lysistrata", die Horst Alexander Stelter als „tollen Spaß (...) mit ästhetischem Vergnügen an der Parodie einer Klassikeraufführung"[262] zu den Gutenberg-Festspielen inszenierte (19.6.1960), konnte die Christ brillieren:

> „Am schönsten weiß Liesel *Christ* – eine prachtvolle, energische Spartanerin Lampito – die beiden Aspekte der Komödie [d. i. Humor und Ernsthaftigkeit] in ihrer Rolle zu vereinen. Sie ist so komisch, daß ihr erster Auftritt ihr schon Szenenapplaus einträgt. Doch sie versteht es, der Figur dieser ‚feindlichen' Freundin bei aller drallen Strammheit stets einen Unterstrom ahnungsvoller, ernster Sorge und fraulicher Wärme zu geben. Sympathisch auch die jederzeit spürbare ironische Distanz zu ihrer Rolle."[263]

Zunächst, bereits am 12. November 1959, hatte Liesel Christ ihren Vertrag in Mainz um eine weitere Spielzeit verlängert. Einige Wochen zuvor hatte sie gerade mit den Dreharbeiten für die Fernsehserie „Die Firma Hesselbach" begonnen, und im Laufe der Zeit zeigte sich, dass die Schauspielerin der Doppelbelastung von Theaterengagement und Fernseharbeit nicht dauerhaft gesundheitlich gewachsen war. Mitte September 1960, als sich abzeichnete, dass die „Hesselbachs" über die 18. Folge hinaus fortgesetzt werden sollten, bat sie daher den Intendanten um eine vorzeitige Lösung ihres Vertrags in Mainz. Nürnberger entließ sie, zwar ungern, zum 1. November 1960. In der Oper „Die

Lucrezia in „Beatrice Cenci", Stadttheater Mainz, 1960

Verurteilung des Lukullus" von Brecht/Dessau unter der Regie von Ruth Berghaus mit Premiere am 6. Oktober 1960, worin die Christ eigentlich „eine Frau" spielen sollte, war sie noch während der Proben umbesetzt worden. Bei der Besetzung späterer Inszenierungen, u. a. einer geplanten „Biberpelz"-Aufführung, wurde sie dann schon gar nicht mehr berücksichtigt.

Doch kehrte Liesel Christ gelegentlich als Gast an das Mainzer Stadttheater zurück. So spielte sie schon ab 15. Dezember 1960 wieder im Kleinen Haus eine Rolle, die sie selbst stolz zu ihren wichtigsten zählte: die Lucrezia in der deutschen Erstaufführung von Moravias Tragödie „Beatrice Cenci" unter der Regie von Rudolf Wessely. Das eher schwache Stück, mit dem sich der Autor „nicht als Dramatiker von dem Rang [erwies], den er als Epiker einnimmt"[264], griff einen Stoff aus der Renaissance auf. Die Fürstentochter Beatrice Cenci (Agnes Busch), die von ihrem grausamen Vater (Werner Küffe) in einem Kastell in den Abruzzen gefangengehalten und gequält wird, versucht sich zu befreien, indem sie ihren Peiniger ermorden lässt. Schließlich muss sie jedoch erkennen, dass die Freiheit nicht auf einem Verbrechen begründet werden kann, und stellt sich ihren Richtern. Die Rolle der Stiefmutter Lucrezia, die gegen ihren Willen in das Vergehen hineingezogen wird, übernahm Liesel Christ. Die Schauspielerin war zunächst vor dem Part in dieser abgründigen Tragödie zurückgeschreckt. Doch dann sah sie gerade darin die Chance, allen zu zeigen, dass sie mehr als „ein Typ" und schon gar nicht nur die Mamma Hesselbach sein konnte. Immerhin erschien zur Premiere in dem kleinen Dachstudio des Mainzer Theaters angesichts von des Autors Weltruf auch die auswärtige Presse, vor der die Christ mit ihren „sicheren Tönen"[265] als Fürstin Cenci durchaus bestand:

> „Für Liesel Christ bot die Rolle der Lucrezia Cenci die Möglichkeit, eine Fülle schauspielerischer Modulationen zu zeigen. Sie war wirklich das verschüchterte Wesen, das von nichts weiß, das mitmachen muß und – vom Mann geschlagen – den Mann doch liebt, dessen Namen sie tragen darf."[266]

Mit einer völlig anders gearteten Rolle, die eher ihrem gewohnten Repertoire entsprach, verabschiedete sich Liesel Christ im Frühjahr 1961 von Mainz. Unter der Regie von Karl Schramm wirkte sie in der aus dem benachbarten Darmstadt „entliehenen" Lokalposse „Datterich“ mit (mit Kurt Wolfgang Schoenewolf in der Titelrolle, 14. 3. 1961). An der Seite des Regisseurs als Drehermeister Dummbach spielte sie dessen Frau Babette „als herrlich geschwätzige, kleine Bürgerin“[267]. Zur Übernahme dieser Gastrolle hatte sie sich bei der Vertragsauflösung sogar regelrecht verpflichten müssen. Es war die einzige Bedingung, die Nürnberger an die von ihr erbetene vorzeitige Entlassung geknüpft hatte. Sonst hätte er die – durchaus dankbare – Dialektrolle einfach nicht besetzen können. Die Christ tat „ihrem“ Intendanten den kleinen Gefallen gern. Nach Nürnbergers Abschied von Mainz zur folgenden Spielzeit 1961/62 hat sie dann nicht mehr dort gespielt.

Lisette in Frankfurt

Nach einer längeren Theaterpause, aber noch während ihrer „Hesselbach“-Zeit erhielt Liesel Christ einen Gastvertrag an den Städtischen Bühnen in Frankfurt – für dasselbe Stück, das sie zuletzt in Mainz gespielt hatte, aber für eine andere Rolle. In der Inszenierung des „Datterich“ unter der Regie von Klaus Wagner, die am 10. August 1962 im Börsensaal erstmals aufgeführt wurde, gab sie die Schankkellnerin Lisette. Überhaupt war der Frankfurter „Datterich“ prominent, ja sogar ideal besetzt. In der Titelrolle brillierte Joseph Offenbach, „vollgültig und unüberbietbar“, wie die Presse notierte[268], und „um [ihn] herum entrollte sich pralles Leben“, agierten „Typen, Typen und nochmals Typen“,[269] u. a. Carl Luley, Else Knott und Gaby Reichardt als die Familie Dummbach, Christoph Bantzer als Schmidt, Hans Elwenspoek als Bennelbächer und A.-Michael Rueffer als Spirwes, Werner Siedhoff als Steifschächter und P. Walter Jacob als Bengler. Als Lisettche hatte „die vielgeliebte Fernseh-Hesselbachin“ Liesel Christ „eine schwierige Rolle“, wie ein Kritiker meinte:

> „Viel Herumstehen am Schanktisch, viel Gläserspülen – und dabei immer Mitspielenmüssen mit den Gästen, obgleich Herr Niebergall seinem Lisettchen wenig Sagenswertes in den Mund gab. *Liesel Christ* schaffte es mit bewährter Bravour. Nur bei der großen Lache (als Datterich Prügel bezieht) wären dreiunddreißigeindrittel Prozent mehr gewesen als die gelieferten hundert.“[270]

Dass „dieser Datterich 1962“ wirklich „höchste künstlerische Ansprüche“ befriedigte,[271] bewies das Lob des Schriftstellers und Feuilletonisten Kasimir Edschmid, eines gebürtigen Darmstädters, der zugab, nie eine bessere Inszenierung dieser Lokalposse gesehen zu haben. Nach einer ersten, „überaus erfolgreichen Vorstellungsserie“ in den frühen Herbstwochen 1962, die „den Appetit des hiesigen Publikums“ aber nicht „ganz gestillt“ hatte (so damals der Chefdramaturg Helmut Krapp in einem Brief an Liesel Christ)[272], wurde das Stück im Sommer 1963 wiederaufgenommen. Mit der letzten Vorstellung des „Datterich“ am 31. Juli 1963, wenige Monate vor Eröffnung der neuen „Theaterdoppelanlage“ am heutigen Willy-Brandt-Platz, verabschiedeten sich die Städtischen Bühnen vom Börsensaal, der ihnen ganze 18 Jahre lang als nachkriegsprovisorischer Ersatzspielort gedient hatte. Hier hatte auch Liesel Christ, in jenem Sylvesterkabarett von 1945, zum ersten Mal nach dem Krieg wieder in Frankfurt auf der Bühne gestanden, und nun wirkte sie also in der Abschiedsvorstellung in der Börse mit.

Nicht dabeisein durfte die Christ allerdings in der Fernsehaufzeichnung, die den Frankfurter „Datterich“ mit Joseph Offenbach unsterblich machte. Wegen ihres Exklusivvertrags für die „Hesselbachs“, der ihr andere Bildschirmrollen für die Zeit der Erstsendung der Serie versagte, konnte sie im Fernsehen das Lisettche nicht spielen. In einer Hörfunkfassung des „Datterich“ unter der Regie von Robert Stromberger aber, die der Hessische Rundfunk im gleichen Jahr (1963) produzierte, bekam Liesel Christ wieder ihre Rolle der Schankkellnerin. Die Titelrolle sprach auch hier Joseph Offenbach; das sonstige Personal übernahmen z. T. weitere „hesselbach“-erprobte Schauspieler wie Lia Wöhr (Frau Dummbach), Joost Siedhoff (Schmidt) und Otto Stern (Drehermeister Dummbach).

Über zwei Jahrzehnte später sah es so aus, als würde Liesel Christ als Lisettche auf die Bühne des Schauspielhauses zurückkehren. Sie, die hier einst als Fünfjährige den Bub im „Datterich“ gespielt hatte, freute sich schon auf die Premiere, die am Sylvesterabend 1985, just 40 Jahre nach ihrem ersten Auftritt im Börsensaal, stattfinden sollte. Angesichts des Skandals um die geplante Uraufführung des Stückes „Der Müll, die Stadt und der Tod“ von Rainer Werner Fassbinder legte die Schauspielerin jedoch ihre Rolle – offiziell aus gesundheitlichen Gründen – nieder. „An einem Haus, wo ein solches Stück gespielt wird, trete ich nicht auf!“, soll sie dem Intendanten Günther Rühle kategorisch erklärt haben, und während sie sich sonst grundsätzlich nicht öffentlich in politischen Fragen zu äußern pflegte, teilte sie nun in einem Zeitungsinterview mit, sie sei „einfach nicht in der Lage, jetzt an den Städtischen Bühnen zu spielen“[273]. Durch ihren Rückzug wollte die Prinzipalin, deren Volkstheater damals regelmäßig beim Besuchsprogramm für ehemalige Frankfurter jüdischen Glaubens und zu Gastspie-

Lisettche (mit Joseph Offenbach als Datterich und Christoph Bantzer als Schmidt) in „Datterich“, Städtische Bühnen Frankfurt, 1962

len in Israel auftrat, „in erster Linie"[274] Solidarität mit „unseren jüdischen Freunden"[275] demonstrieren. Ihre Rolle im „Datterich" aber übernahm die Souffleuse Irene von Nauckhoff.

Frau Schnütchen in Frankfurt

Im Herbst 1962, kurz vor dem Ende der Dreharbeiten für „Die Familie Hesselbach" im November des Jahres, spielte Liesel Christ wahrscheinlich zum ersten Mal am Kleinen Theater im Zoo in Frankfurt. Das ambitionierte Privattheater unter der Leitung von Fritz Rémond, das seine Inszenierungen immer einen Monat lang en suite zeigte, bot der Schauspielerin zunächst beste Bedingungen, um ihre Fernseh- und Theaterarbeit in derselben Stadt miteinander zu vereinbaren. Ihren ersten Gastvertrag an dem Haus verdankte sie wohl Klaus Wagner, dem Regisseur des „Datterich", der direkt nach dieser gemeinsamen Arbeit nun Hasenclevers Komödie „Ein besserer Herr" bei Rémond inszenierte und die Schauspielerin dafür „geholt" haben wird. Die Titelrolle in dem Stück übernahm der beliebte Quizmaster Hans-Joachim Kulenkampff, so dass darin gleich zwei prominente Fernsehstars gegen ihr Image anspielten. Während „Kuli" dies nur bedingt gelang, errang Liesel Christ einen großartigen Sieg über die Mamma und bei der Kritik: „Liesel Christ ist (...) ein prägnantes Beispiel für das, was Wagner hier an schauspielerischer Pädagogik geleistet hat, denn nichts ist mehr an ihr, das an ihre folkloristischen Typen à la Hesselbach erinnert", lobte Heinrich Heym.[276] „Mit plüschener Herzigkeit und untadelig gestärktem Kanapee-Sentiment"[277] gab sie die Frau Schnütchen, eine „liebesbedürftige, von ehehäuslicher Stubenwärme bibbernde Witwe"[278], die dem „besseren Herrn" Kulenkampff, einem Heiratsschwindler, ins Netz geht.

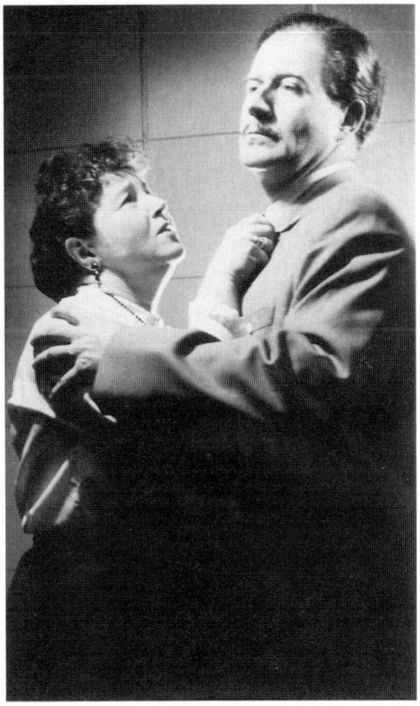

Frau Schnütchen (mit Hans-Joachim Kulenkampff als Möbius) in „Ein besserer Herr", Kleines Theater im Zoo, Frankfurt, 1962

Nach dem geglückten Einstand wurde der Christ das Kleine Theater im Zoo zu ihrer wichtigsten Frankfurter Bühne in den kommenden sechziger Jahren. Noch in derselben Saison 1962/63 stand sie in zwei weiteren Inszenierungen bei Rémond auf der Bühne, in den Lustspielen „Ein Monat voller Sonntage" (Regie: Max Walter Sieg, Januar 1963) und „Fannys erstes Stück" (Regie: Fritz Rémond, 6. 4. 1963). Hannelore Zeppenfeld, die in der letztgenannten Komödie die Fanny spielte, erinnerte sich:

> „Fritz Rémond, unser ‚Zauberer', buddelte diesen selten aufgeführten Shaw aus, brachte ihn auf eine vertretbare Spieldauer, also Länge von ca. drei Stunden. Ohne ‚Striche' wär's die doppelte Zeit geworden. Natürlich inszenierte er es auch. Ein Fressen für uns Gaukler und ein Vergnügen fürs Publikum. Liesel [als Frau Knox] war umwerfend komisch. Einfach herrlich."[279]

Zum ersten Mal hatte Liesel Christ mit dem Theaterdirektor selbst zusammenarbeiten dürfen. Unter Rémond zu spielen – das war schon

etwas Besonderes. Nicht umsonst galt er als das letzte Prinzipalenungetüm der Neuzeit. Die Generalproben des Regisseurs Rémond dauerten oft bis fünf Uhr früh. Zwischendurch, gegen nachts um halb drei, schickte der „Chef" – wie sie ihn nannten – höchstens einmal in die „Tosca" in der Kaiserhofstraße, um Grillhähnchen für die geplagten Mitwirkenden holen zu lassen. Nach dem Essen wurde gnadenlos weiterprobiert. Und am nächsten Morgen weckte die Schauspieler vielleicht ein Anruf, sie sollten doch etwas früher zur Premiere kommen, weil noch etwas geändert werden müsse. Manchmal wurde auf der Bühne hinter geschlossenem Vorhang ein Akt noch neu gestellt, während das Publikum schon in den Saal eingelassen wurde. „Als der Vorhang sich öffnete, strömte mit seltener Wucht Leimgeruch in den Saal", wunderte sich sogar einmal ein Kritiker. „Aber es gab dann doch keinen klebrigen, sondern einen recht lockeren, vergnüglichen und nachdenklichen Abend."[280]

Mary Sylvester (mit Max Walter Sieg als Oliver Sylvester) in „Ein Monat voller Sonntage", Kleines Theater im Zoo, Frankfurt, 1963

An diesem Abend (2. 9. 1963) hatte auch Liesel Christ ihren Anteil. Zur Saisoneröffnung wurde Giraudoux' „Amphitryon 38" gegeben, worin sie als die Amme Ekklissa kurzfristig für Sophie Cossäus eingesprungen war: Innerhalb von drei Tagen und Nächten hatte sie sich den Text eingepaukt, um die Premiere dann ohne einen einzigen Hänger oder Versprecher zu spielen – und ihrer Rolle auch noch kleine Glanzlichter (etwa „ein entzückendes Solo im zweiten Akt"[281]) aufzusetzen. Insgesamt wirkte sie auch 1963/64 wieder in drei Stücken im Kleinen Theater im Zoo mit: als die erwähnte Ekklissa in „Amphitryon 38", erneut unter der Spielleitung von Fritz Rémond, sowie als Glafira in der russischen Komödie „Eine Dummheit macht auch der Gescheiteste" (Oktober 1963) und als Witwe Sprosser in dem bewährten Schwank „Pension Schöller" (Februar 1964), beides wieder unter der Regie von Klaus Wagner. Vor allem in der „blödsinnig-schönen Inszenierung"[282] der sich „so haltbar wie Kaugummi"[283] erweisenden Posse zur Faschingszeit wusste die Christ zu begeistern. Der Regisseur hatte die „Pension Schöller" nach Frankfurt verlegt, die Dialoge „ins Hessische, beinahe Hesselbachische, übersetzt" und ließ jeden einzelnen aus dem übermütigen Ensemble beliebter Darsteller (u. a. Hedi Reich, Gaby Reichardt, Hilde Westermann, Uwe Dallmeier, Karl Hans Meuser, Heinz Pielbusch, Joost Siedhoff, Otto Stern, Willi Umminger und Udo Vioff) „die Hohe Schule seines Sparrens reiten".[284] So spielte Liesel Christ, voll im Element ihres komischen Talents, einen „Hausdrachen mit Stehvermögen"[285], der sich zum Vergnügen des Publikums redlich mühte, Hochdeutsch zu sprechen – um doch immer wieder ins Frankfurterische zurückzufallen.

Ekklissa (mit Heinz Pielbusch als Trompeter und Joost Siedhoff als Sosias) in „Amphitryon 38", Kleines Theater im Zoo, Frankfurt, 1963

Nicht nur auf der Bühne stand Liesel Christ nun im Rampenlicht. Seit ihrer Beliebtheit durch die „Hesselbach"-Fernsehserien musste sie auch allerhand Repräsentationspflichten in der Öffentlichkeit erfüllen. „Man" sah sie etwa als Mitglied des Ballkomitees beim 1963 neubelebten Bürgermaskenball im Zoo-Gesellschaftshaus ebenso wie als prominenten Gast beim Sechs-Tage-Rennen in der Festhalle oder beim Bockbieranstich der Henninger-Bräu im Festzelt auf dem Weihnachtsmarkt. Zugleich begann die Schauspielerin, sich kraft ihrer Popularität für gute Zwecke zu engagieren. Insbesondere gehörte ihr Herz dem „Schlappekicker", einer seit 1952 bestehenden Aktion der Frankfurter Rundschau mit einer jährlichen Spendensammlung zugunsten alter, kranker und einsamer Sportler, wofür Liesel Christ oft selbst die Sammelbüchse in die Hand nahm. Als „treibende Kraft und guter Geist"[286] der Aktion fehlte sie bei keiner von „Schlappekickers" allweihnachtlichen Bescherungsfeiern, die sie meist mitgestaltete und später auch moderierte. Schon früh setzte sich die Frankfurterin außerdem für den Wiederaufbau des Opernhauses ein, wo immerhin – wie sie gern sagte – ihre „zweite Wiege" gestanden habe[287]. So unterstützte sie tatkräftig die von IHK-Präsident Fritz Dietz 1964 initiierte „Aktionsgemeinschaft Alte Oper", etwa bei Sammelaktionen und Benefizveranstaltungen.

Infolge ihrer Präsenz in Medien und Öffentlichkeit tauchte die Christ fast zwangsläufig auch immer wieder einmal in den Klatschspalten auf, meist jedoch in äußerst harmlosen und keineswegs skandalträchtigen Meldungen, wonach z. B. sie im Urlaub am liebsten Krimis lese, während ihre junge Pudeldame Dobbsy die Klassiker und vor allem Shakespeare geradezu fresse (natürlich im wahrsten Sinne des Wortes, weshalb der Bücherschrank im Hause Christ dem Hunde künftig verschlossen blieb). Außerdem gestand die Schauspielerin einige weitere ihrer persönlichen Leidenschaften, etwa für das Schwimmen.

Manchmal empfing sie die Presse zum PR-Termin in ihrer Privatwohnung. In ihrem neuen Heim in der Raimundstraße 68, einer Vier-Zimmer-Wohnung zwischen Dornbusch und Ginnheim, die sie seit Februar 1965 bewohnte, wurde sie um 1966 einmal von einem Illustriertenteam für eine „Homestory" besucht:

> „Als ‚echt Frankforter Mädche' wohnt Liesel Christ mit ihren Töchtern Gisela (24) und Bärbel (21) mitten in ihrer Heimatstadt, in einer Etagenwohnung voller Behaglichkeit. Kalte Eleganz ist bei den Christs ausgesperrt, das spürt man auf den ersten Blick. Beherrschend ist die Liebe zu den kleinen Dingen: Andenken von Freunden und an Reisen haben überall auf Schränken und Regalen Platz neben Basteleien und buntem Schnitzwerk. Und Liesel Christ erzählt uns, daß sie gern ihren Haushalt führt, gern kocht und strickt, das Autofahren liebt und oft Kriminalromane liest."[288]

Viele der Reporter zeigten sich überrascht, dass die Christ so „ganz anders als auf dem Bildschirm" sei: „freundlich, ruhig und gar nicht ein bißchen hysterisch", modern, aufgeschlossen und tolerant.[289] Doch wirklich „privat" kannte sie kaum jemand. Im Familienleben mit ihren inzwischen erwachsenen Töchtern, die längst dem eigenen Beruf (als Krankenschwester bzw. Grafikerin) nachgingen, konnte sie locker und gelöst sein. So erinnerte sich auch „die dritte Tochter" Bärbel Weckmüller an solche Momente des unbeschwerten Seins: „Liesel lag in der Badewanne, und wir Töchter saßen im Nachthemd auf dem Wannenrand und einem mit rotem Frottee bespannten Wäschekorb und haben erzählt und erzählt..."[290]

Lampito in Bielefeld

Als die „Pension Schöller" am Kleinen Theater im Zoo abgespielt war, verabschiedete sich Liesel Christ im März 1964 nach Bielefeld. Der dortige Intendant und Regisseur Horst Alexander Stelter, der die Schauspielerin seit seiner Zeit an der Landesbühne Rhein-Main in Frankfurt kannte und in der Zusammenarbeit, zuletzt am Stadttheater in Mainz, sehr schätzte, hatte sie zu einem Gastspiel im Theater am Alten Markt eingeladen, wie sie sich für eine Festschrift der Städtischen Bühnen Bielefeld 1979 zurückerinnerte:

> „Als mich 1963 Horst Alexander Stelter, der damalige Intendant, mit dem ich seit Jahren freundschaftlich verbunden bin, anrief und als Gast nach Bielefeld holte, habe ich mich mit großem Herzklopfen in mein Auto gesetzt und bin nach Westfalen gefahren. Aber die Aufnahme dort bei den Kollegen und dem Publikum war so herzlich, daß ich bis 1970 jedes Jahr gerne wieder als Gast an das Bielefelder Theater ging. Nach meiner ersten Premiere, ich spielte die Doto in ‚Ein Phönix zuviel' [Regie: Friedrich Steig, 28.3.1964], kam Generalmusikdirektor [Bernhard] Conz zu mir und sagte: ‚Ich habe im Anfang etwas an Ihnen vermißt!' Ich wußte, was er meinte – meinen Dialekt! Denn damals war ja das Image der ‚Mama Hesselbach' noch sehr stark. Aber im Lauf der vielen Rollen in Bielefeld hat man wohl

gemerkt, daß ich auch schriftdeutsch sprechen konnte."[291]

Tatsächlich erlebte Liesel Christ schon bald, dass ihr Rollenwechsel, wie er nun einmal in der Natur des Schauspielerberufs liegt, in Bielefeld viel unkomplizierter akzeptiert wurde als in ihrer Heimatstadt. Während die Kritik in Frankfurt die Mamma Hesselbach immer – und zwar meist abwertend – anführte, wurde die Schauspielerin in Bielefeld selten einmal an ihrer Fernsehrolle gemessen. So musste sie hier kaum gegen ihr Image ankämpfen, und sie musste sich auch nicht für die Mamma Hesselbach entschuldigen. In Westfalen, wo die „Hesselbach"-Serie überdurchschnittlich gut angekommen war, war „man" vielmehr stolz darauf, dass der beliebte Fernsehstar ausgerechnet am Stadttheater in Bielefeld spielte. Die Presse erwähnte die Christ daher gern als „illustren Gast" und zählte sie bald zu den „Unsrigen" im Ensemble. Angesichts einer solch angenehmen Arbeitsatmosphäre fühlte sich Liesel Christ in der Leinenstadt äußerst wohl. In den nächsten Monaten kam sie gern zu weiteren Gastspielen nach Bielefeld zurück, einmal sogar „nur" als Einspringerin für eine erkrankte Kollegin. Damals waren bei der Erstaufführung von Brechts „Der kaukasische Kreidekreis" im Theater am Alten Markt (Regie: Manfred Raymund Richter, 13.5.1964) in den rund 100 Rollen insgesamt 27 Schauspieler, also fast das gesamte Ensemble, beschäftigt, so dass niemand mehr für die winzigen Chargen der ausgefallenen Darstellerin „frei" war. In dieser Not half Liesel Christ, jenseits von allen Starmanieren, ganz selbstverständlich aus.

Ansonsten konnte die Christ in Bielefeld vor allem an ihre Erfolge als Operettensoubrette anknüpfen, auch hier jetzt allerdings in der Mutterrolle, u. a. als Frusina in „Die ungarische Hochzeit" (Regie: Willi Auerbach, 21.6.1964) und als Frau Klingenberger in „Die Zirkusprinzessin" (Regie: Fritz Fischer, 19./20.9.1964). Im krassen Gegensatz zu diesen „Superinszenierungen" konventioneller Operettenpracht stand das Musical „Der Weiber Streik", das Horst Alexander Stelter in eigener Regie 1964/65 herausbrachte. Aus dem antiken Komödienstoff der „Lysistrata" hatten der Kabarettist Hanns Dieter Hüsch und der Komponist Rudolf Mors, der Leiter der Schauspielmusik in Bielefeld, einen knalligen Klamauk gemacht, der das altehrwürdige Stadttheater schlagartig in eine „brodelnde Turnhalle"[292] verwandelte. Liesel Christ, die in Mainz schon einmal die Lampito im klassi-

„Der kaukasische Kreidekreis", Städtische Bühnen Bielefeld, 1964

Frusina in „Die ungarische Hochzeit", Städtische Bühnen Bielefeld, 1964

schen Gewand (und ebenfalls unter Stelters Regie) gespielt hatte, verkörperte die Spartanerin nun mit Ringeltrikot, Sportschuhen und blonden Zöpfchen an der Spitze eines ebenso ausstaffierten Damenturnvereins. Mit sichtlicher Spielfreude brachte sie mittels Trillerpfeife „ihre lakedämonische Fußballmannschaft mit 1:0 in Führung“[293] bei Kritik und Publikum. Wohl seit dem Frühjahr 1965, als die Dreharbeiten für das Comeback der „Hesselbachs“ anstanden, hat Liesel Christ ihre erfolgreiche Gastspielserie in Bielefeld vorerst nicht fortgesetzt.

Ella Brozowsky in Frankfurt und unterwegs

Im Herbst 1965 kehrte Liesel Christ an das Kleine Theater im Zoo in Frankfurt zurück, das in den nächsten zwei Spielzeiten wieder ihre wichtigste Bühne sein sollte. Eigentlich war sie für die Saisoneröffnung 1965/66 mit Molnárs „Eins zwei drei“ engagiert worden, worin der angeblich so „unverwüstliche“ Filmstar Gustav Fröhlich eine der Hauptrollen, den Unternehmer Norrison, spielen sollte. Doch während der Premiere am 28. August 1965 erlitt der 63-jährige Schauspieler auf offener Bühne einen Kreislaufkollaps, so dass die Vorstellung nach nur zehn Minuten abgebrochen werden musste. Fröhlich fiel für die nächsten Wochen aus, und so kurzfristig konnte Rémond auch keinen Ersatz für den Gaststar finden. Schweren Herzens musste der Prinzipal sein Theater bis Anfang Oktober schließen, um in dieser Zeit das nächste Stück zu probieren. Am 6. Oktober 1965 brachte er „Telemachos Clay“ des amerikanischen Autors Lewis John Carlino in deutscher Erstaufführung heraus, ein ungewöhnliches Stück mit einer unkonventionellen Dramaturgie, in dem in einem dunklen, mittels Lichteffekten akzentuierten Raum 16 Schauspieler in Straßenkleidung nur mit ihren Stimmen mehr als 60 Rollen übernehmen. Neben Fritz Rémond als Erzähler und Claus Helmer in der Titelrolle spielten u. a. Lotte Barthel, Liesel Christ, Hilde Westermann, Hannelore Zeppenfeld, Peter Böhlke, Uwe Dallmeier und Walter Morbitzer. Insbesondere dank Rémonds disziplinierter, pointierter Regie glückte das Wagnis, wie die Mitwirkende Hannelore Zeppenfeld erzählte:

> „Wieder ein Höhepunkt [war] ‚Telemachos Clay‘. Eine ganz neue Art Theater. Eine Erstaufführung mit der Auflage von Verlag und Übersetzer, es so aufzuführen wie die Uraufführung in New York ‚Off Broadway‘. Rémond sagte NEIN. Entweder so, wie er es für richtig halte, oder gar nicht. Ein Kompromiss musste her. Zwei Wochen vor der Premiere also gab es morgens um zehn (!) eine ‚Geheimveranstaltung‘ des Stückes bis zur Pause für die Herren des Verlages. Liesel und ich bibberten in unserer Garderobe vor uns hin, bis das erlösende O. k. kam. Die Reaktion: ‚Selbstverständlich so und nicht anders.‘ Rémond hatte also mal wieder Recht. Es wurde ein Riesenerfolg.“[294]

Zumindest fielen die Kritiken durchweg anerkennend aus, und auch das interessierte Premierenpublikum spendete „herzlichen“ Beifall. Die Zuschauer der zweiten Vorstellung jedoch „zeigten sich oft ratlos und unruhig“, wie die Journalistin Stefanie Zweig berichtete: „„Telemachos

Clay' ist eben nicht mit seinem gleichnamigen Vetter Cassius und den Boxerphrasen zu verwechseln", kommentierte sie lapidar.[295]

Im weiteren Verlauf dieser und der nächsten Spielzeit (1965–1967) gastierte Liesel Christ in sechs weiteren Inszenierungen „im Zoo", meist in Komödien und Schwänken, fast immer unter der Regie von Fritz Rémond oder Klaus Wagner, oft neben großen Komikern wie Willy Reichert und wiederum Fritz Rémond sowie später Joseph Offenbach. An Reicherts Seite fand sie ihre Glanzrolle jener Jahre, die Ella Brozowsky in Kishons „Der Trauschein" (Regie: Willy Reichert, Februar 1966), einer Komödie aus dem Kibbuz, in der das plötzlich entdeckte Fehlen des titelgebenden Dokuments eine seit 25 Jahren währende Ehe in den Grundfesten zu erschüttern droht. Natürlich war Reichert (als Daniel Brozowsky) der eigentliche Star dieser Inszenierung, aber „mit schöner Bockigkeit"[296] zeigte sich die Christ (als dessen Gattin Ella) „dem Schwadroneur doch überlegen"[297]. Der „haushohe Erfolg"[298] beim Publikum bewirkte, dass die Aufführung vom Hessischen Rundfunk für das Fernsehen aufgezeichnet und in dessen Drittem Programm am 4. Mai 1966 erstmals gesendet wurde.

Ella Brozowsky
(mit Willy Reichert als Daniel Brozowsky)
in „Der Trauschein",
Kleines Theater im Zoo,
Frankfurt, 1966

Gerade einen Tag vor dieser Sendung, am 3. Mai 1966, hatte bei Rémond schon wieder eine neue Premiere stattgefunden, diesmal wirklich mit Molnárs „Eins zwei drei", worin der Prinzipal und Regisseur nach einer erneuten Absage Fröhlichs nun selbst die Hauptrolle übernommen hatte. Liesel Christ als Fräulein Kuno spielte darin nur eine der Chargen am Rande. Vor der Vorstellung am Premierenabend aber hat sie miterlebt, wie der Direktor vor den Vorhang trat und erklärte, dass die kommende Spielzeit 1966/67 die letzte seines Theaters sein würde. Seitdem die Städtischen Bühnen, die Landesbühne Rhein-Main und die Komödie vor drei Jahren moderne Häuser im Stadtzentrum erhalten hatten, hatte Rémond noch härter um das Überleben seines Kleinen Theaters im Zoo kämpfen müssen. Zudem hatte die Zwangspause nach Fröhlichs Ausfall im vergangenen Herbst die ohnehin angeschlagene Finanzlage der Bühne weiter verschlechtert. Daher beabsichtigte Rémond, sein Haus im Juli 1967 zu schließen, was erst nach zähen und langwierigen Verhandlungen durch Zugeständnisse der Stadt in bezug auf Saalrenovierung und Subventionierung doch noch verhindert werden konnte. Die Schauspielerin Liesel Christ dankte daraufhin Oberbürgermeister Willi Brundert „von ganzem Herzen“ in einem persönlichen Brief vom 15. Februar 1967, „daß unser ‚Theater im Zoo‘ nun weiter bestehen bleibt und somit die Existenz vieler Kollegen und auch meine weiterhin gesichert ist. Denn ein Abschied von unserm lieben alten Frankfurt und seinem Publikum hätte mir sehr weh getan.“[299]

Um diese Zeit, im Februar 1967, trat die Christ gerade als Witwe Meadowes, eine Zeugin in einem Mordprozess, in dem Gerichtsstück „Die Revision“ von William Saroyan bei Rémond auf. Danach hat sie jedoch länger nicht mehr „im Zoo“ gespielt. Über die Gründe dafür lässt sich nur mutmaßen. Eigentlich hatte sich die Schauspielerin in der „Rémondfamilie“ ja recht wohl gefühlt. Sie hatte einfach „dazugehört“, hatte das gesamte Personal mit selbstgebackenen Plätzchen zu Weihnachten versorgt und einige Kollegen, etwa die Schauspielerin Hannelore Zeppenfeld und deren kleine Tochter Christiane, regelrecht „bestrickt“ (nämlich mit Pullovern). Auch bewahrte sich Liesel immer eine gewisse Anhänglichkeit an die „alten“ Gefährten von Rémonds Theater. So erinnerte sich Martin Lüttge, der (als Bunky) mit ihr im „Trauschein“ gespielt hatte, an sie als eine „warmherzige und sehr kollegiale“ wie auch „gesellschaftlich und politisch interessierte Komödiantin“. Lüttge, heute einem breiteren Publikum als Düsseldorfer „Tatort“-Kommissar bekannt, hat später den „Theaterhof Priessenthal“ begründet, ein „Freies Theater unterwegs“, das sein Zelt auch öfter in Frankfurt aufschlug. Dort kam Liesel Christ dann immer vorbei, nicht nur zur Vorstellung, sondern auch „zu interessanten Gesprächen“ danach, in denen sie sich aufgeschlossen für „die neuen Wege“ ihres ehemaligen Kollegen und seiner Bühne zeigte.[300]

Möglicherweise wurde Liesel Christ ab 1967 auch deshalb seltener am Kleinen Theater im Zoo engagiert, weil Rémond in seinem Spielplan inzwischen verstärkt auf Stargastspiele setzte. Zumal mit dem Auslaufen der Serie „Herr Hesselbach und...“ im Juni 1967 der Comebackversuch der „Hesselbachs“ schmählich scheiterte, taugte die „Mamma“ allein nicht zur Zugnummer einer Inszenierung, auch und gerade in ihrer eigenen Heimatstadt. Jenseits von allem Glamour spielte die Christ hier vielmehr genauso selbstverständlich Theater wie vor ihrem Fernsehruhm. Sie musste sich sogar eher noch mit kleineren Aufgaben begnügen als früher an der Landesbühne. Die großen Rollen der Mütter und Komischen Alten, die in ihr Fach gefallen wären, bekamen „im Zoo“ andere beliebte Film- und Fernsehstars. So gastierten Grethe Weiser 1967 als Opal in „Lumpen“ und Inge Meysel 1970 als Anni Wiesner in „Das Fenster zum Flur“. Beide Rollen würde die Christ später in ihrem Volkstheater geben. Aber dazu war die Zeit im Frankfurt der späten sechziger Jahre noch nicht reif, und die Schauspielerin beteuerte derweil tapfer, dass ihr „die profilierte Charge“ sogar „lieber“ sei als die großen Staraufgaben[301]. Inmitten von einem 14-köpfigen Ensemble spielte sie dann im Dezember 1969 auch ihre wohl letzte Rolle bei Rémond, die Frau Fitzkes in der Komödie „Schneider Wibbel“, worin die Titelpartie mit Joseph Offenbach ideal besetzt war. Allerdings hatte der in Köln aufgewachsene Prinzipal die Posse offenbar etwas zu originalgetreu inszeniert – auf Kölsch, was nicht nur aus dem Munde der beiden genannten Darsteller hessischen Zungenschlags ziemlich gequält klang.

Ihrer Mitwirkung in Kishons „Trauschein" am Zoo-Theater verdankte Liesel Christ noch das Engagement für eine Tournee mit diesem Stück, worin sie, fast genau zwei Jahre nach der Frankfurter Inszenierung, wieder an der Seite von Willy Reichert spielte. In den ersten Monaten des Jahres 1968 trat das schwäbisch-hessische Gespann mit der israelischen Komödie erfolgreich in der ganzen Bundesrepublik auf. Diese (vom Tourneetheater „Euro-Studio" unter der Leitung von Ernst Landgraf organisierte) Gastspielreise war für die Christ eine ganz neue Erfahrung, trotz ihrer Tingelei mit dem Kabarett in den 40er und ihren „Abstechern" mit der Landesbühne in den 50er Jahren, wobei sie sich ja meist nur im Rhein-Main-Gebiet bewegt hatte. Aus Wolfsburg schrieb Liesel am 22. März 1968 den Lesern der Frankfurter Rundschau:

> „Für mich ist das meine erste große Tournee, und ich genieße das natürlich in allen Zügen. In den ersten Tagen war alles ein wenig fremd und einsam. Jeden Abend in einer anderen Stadt, ein neues Hotel, eine veränderte Zimmernummer.
>
> Aber das verlassene Gefühl gibt sich. Was sich nun gar nicht gibt, ist das Gepäck. Das wird von Stadt zu Stadt beschwerlicher, umfangreicher: Geschenke, Andenken.
>
> Die Fahrerei ist oft sehr schön – durch den tiefverschneiten Schwarzwald zum Beispiel oder die stürmische Ueberfahrt über den Bodensee.
>
> Eine ganz spezielle Erfahrung habe ich überdies gesammelt: Ich kenne jetzt die verschiedensten Hallenbäder in all' den Städten unserer Theaterreise. Denn Schwimmen ist der einzige Ausgleich nach den Anstrengungen der Abende."[302]

Gleich nach dem Ende dieser Reise sollte Liesel Christ an den Kammerspielen in Düsseldorf gastieren, womit eine kleine Tournee mit dem Goethe-Institut durch Italien verbunden sein sollte, wozu es aber offenbar nicht kam. Da sie auch in Frankfurt keine Aussicht auf neue Aufgaben hatte, wandte sie sich im Herbst 1968 wieder nach Bielefeld.

Anni Wiesner in Bielefeld

Mit einem vielversprechenden Gastspielvertrag für Bielefeld und Krefeld zog Liesel Christ zum 1. September 1968 nach Westfalen. In der Nähe des Bürgerparks in Bielefeld mietete sie sich eine Zwei-Zimmer-Wohnung. Sie war wieder gern in der Leinenstadt und mochte die Westfalen, vor denen die Frankfurterin zuerst „gewarnt" worden war: „Sie haben ihre Köpf' – und man weiß, wie man dran ist!", meinte sie nur dazu.[303] Neben der Theaterarbeit besprach sie öfter Bänder für den gerade neu gegründeten Bielefelder Krankenhausfunk, um mit ihrem Frankfurter Gebabbel die Patienten im Johannes-Krankenhaus und in Gilead aufzuheitern. In der Freizeit unternahm sie mit ihrem Pudel

Dobbsy ausgedehnte Spaziergänge und ging wie immer regelmäßig schwimmen. Bis kurz nach Ostern 1969 lebte sie in Bielefeld, auch wenn sie gelegentlich „nach Hause“ fuhr. Beim Pendeln zwischen Bielefeld, Krefeld und Frankfurt habe sie in diesen acht Monaten insgesamt rund 9.200 Kilometer mit ihrem Auto zurückgelegt, erzählte sie einmal stolz einem Journalisten.

Vertragsgemäß sollte Liesel Christ insgesamt fünf Rollen in 120 Vorstellungen spielen: in Bielefeld zwei reizvolle Partien in Operette und Musical, die Hauptrolle in einem Volksstück und eine Charge im Weihnachtsmärchen sowie in Krefeld eine weitere musikalische Rolle (nämlich wahrscheinlich eine der Tanten in Burkhards „Feuerwerk“). Die beiden Soubrettenrollen am Bielefelder Stadttheater, die Fürstin Bozéna Cudgenstein zu Chlumetz in „Gräfin Mariza“ (Regie: Sepp Spangler, 7. 9. 1968) und die Heilssoldatin Laetitia Prism in der Musicalfassung von „Mein Freund Bunbury“ (Regie: Horst Alexander Stelter, 1. 12. 1968), meisterte sie „mit eroberndem Altersscharm“[304] und „komödiantischem“ Talent, und die Krämerin in dem Märchen „Der Wolf und die sieben Geißlein“ in der Uraufführung der Fassung von Karlheinz Komm (Regie: Helmut Kissel, 16. 11. 1968) machte der Schauspielerin besonders viel Spaß, weil sie wieder einmal mit und vor Kindern auftreten konnte.

Einen wahren Triumph feierte Liesel Christ als Anni Wiesner, die Mutter in dem Volksstück „Das Fenster zum Flur“ (Regie: Hans Wolfgang Hirschland, 5. 10. 1968), die nach Jahren des stolz zur Schau getragenen sozialen Aufstiegs feststellen muss, dass ihre Familie ihr den privaten und beruflichen Erfolg nur vorgespielt hat – aus Angst vor Mutters Enttäuschung. Die Rolle, die Inge Meysel in Berlin kreiert hatte, würde die Mamma daheim in Frankfurt auch zwei Jahre später noch ihrer Nachfolgerin als Fernseh-„Mutter der Nation“ überlassen müssen und erst 1983 selbst spielen. In Bielefeld jedoch war Liesel Christ unbestrittener „Star“ der Aufführung im Theater am Alten Markt:

> „Monumentaler Mittelpunkt des Familienkreises ist Frau Wiesner. Am Alten Markt bindet sich ein beliebter Gast ihre Schürze um: Liesel Christ. Mit unerschöpflichem Mutterwitz macht sie dem lieben Gott Konkurrenz und spielt Schicksal für die eigene Familie, deren Glieder sie in eine bessere Position manövrieren will, als ihnen das Milieu von Jedermann und Co. jemals bieten kann. Liesel Christ, von Anfang an mit Beifall begleitet, kämpft mit Löwenmut und der List eines Luchses um ihre Brut, zerschlägt dabei in meilenweitem Umkreis alles heile Porzellan, doch abends um sieben ist die Welt wieder in Ordnung. Ihre Komik kann fein wie ein Zwirnsfaden sein – und ihre Bitterkeit beklemmend in jenen Augenblicken, da sie die ewige Plackerei unsagbar leid wird. Bis dann wieder ihre hinter Grobheit verschanzte Güte die Oberhand gewinnt.“[305]

Kurz vor ihrem 50. Geburtstag im April 1969 feierte Liesel Christ ihren Abschied von Bielefeld. Am Ostermontag 1969 gab sie ihre vorläufig letzte Vorstellung dort, und zum Lebewohl von ihren westfälischen Freunden, dem Zahnarzt Hans Kowatsch und Frau Ina sowie dem Schauspieler Wolfgang Günther und Sabine Jordan, servierte die Frankfurterin ein paar Tage später selbstgemachte Grüne Sauce mit Rindfleisch, worüber sogar die Lokal- und Boulevardpresse unter Preisgabe von Liesels „Geheimrezept“ berichteten. Aber spätestens im kommenden Jahr schon kehrte die Schauspielerin erneut nach Bielefeld zurück, wo sie jedenfalls bis zum Ende von Stelters Intendanz 1970 noch gelegentlich an den Städtischen Bühnen gastierte, so in ihrer Glanzpartie als Ella Brozowsky in der Komödie „Die Heiratsurkunde“ („Der Trauschein“, Regie: Friedrich Steig, 29. 3. 1970) und in einer Wunschrolle als Zirkusjule in dem Musical „Annie get your gun“ (1970/71).

Anni Wiesner (mit Friedrich Steig als Paul Wiesner) in „Das Fenster zum Flur“, Städtische Bühnen Bielefeld, 1968

Ansonsten wurde Liesel Christ gegen Ende der sechziger Jahre nur spärlich beschäftigt. An den Frankfurter Bühnen fand sie kaum ein Engagement. Gelegentlich arbeitete sie als Sprecherin beim Hörfunk, vor allem in einigen Mundarthörspielen (u. a. als Frau Sudermann in einer Folge von Deichsels „Bleiwe losse“ am 15. 1. 1967), im Kinder- und im Schulfunk. Für das Fernsehen hatte sie seit „Hesselbach“-Zeiten keine Rollenangebote mehr bekommen. Höchstens trat sie einmal in Unterhaltungsshows auf, etwa als Gast im „Blauen Bock“ oder bei der „Zwischenmahlzeit“. Gerade als ihr Image der Mamma Hesselbach etwas zu verblassen schien, wurde es durch die Wiederholung der Serie ab 1969 wieder aufpoliert. Die überregionale Presse erinnerte sich plötzlich an die „Hesselbach“-Darsteller, und in den Interviews mit den Illustrierten klagte die Christ, wie oben bereits geschildert, ihr Leid. Tatsächlich verpflichtete sie kurz darauf der Süddeutsche Rundfunk für eine neue Familienserie, die unter der Regie von Rolf Hädrich ab August 1970 in Walldorf vor den Toren von Frankfurt gedreht wurde. In diesen „Waldenser Geschichten“ mit Liselotte Pulver, deren Ehemann Helmut Schmid und dem Boxerhund Donald in den Hauptrollen war Liesel Christ bezeichnenderweise das „Körnchen“ (wie sie in ihrer Rolle als die Haushälterin Frau Korn genannt wurde). Zu Jahresbeginn 1971 wurde die zehnteilige Serie unter dem Titel „Timo“ ausgestrahlt. Um diese Zeit arbeitete Liesel Christ bereits unter Hochdruck an ihrem neuesten und größten Projekt: der Gründung eines Frankfurter Volkstheaters.

1971–1981
Die Prinzipalin
Gründerin, Leiterin und Erste Schauspielerin des Frankfurter Volkstheaters

„Määdche, mach, dess de haam kimmst!", soll Carl Luley gemahnt haben. „Du musst nach Frankfort komme un e Volkstheater uffmache!" Mehr als einmal appellierte der greise Volksschauspieler, der beliebte und unvergessene Repräsentant des alten Frankfurt auf der Bühne, so an seine Kollegin Liesel Christ, die damals gerade meist in Bielefeld spielte. Damit hatte er ihr bald den sprichwörtlichen Floh ins Ohr gesetzt, den sie auch nach Luleys Tod 1966 nicht los wurde.

Mit Carl Luley an seinem 75. Geburtstag, 1962

Die Idee war nicht neu. Bereits seit dem ausgehenden 19. Jahrhundert hatte es immer wieder Versuche gegeben, in Frankfurt eine Mundartbühne zu etablieren. Doch um solch einen Plan glücklich zu verwirklichen, musste erst eine kommen wie die Christ: Sie liebte ihre Vaterstadt und sprach deren Dialekt perfekt; sie hatte genug Mut und Energie, einen eisernen Willen und langen Atem; sie war eine besessene Schauspielerin mit untrüglichem Instinkt, erwiesenem Talent und langjähriger Erfahrung; und vor allem: sie war ungeheuer populär, kannte aber auch die Kehrseiten des Ruhms. Sie konnte kämpfen, gegen alle möglichen Widerstände, für und um ihr Publikum. Als „Neuberin des Frankfurter Volkstheaters" wollte sie nun dessen Karren zum Erfolg ziehen.

Eine schwere Geburt

„Jetz hab ich mit iwwer 50 noch emal e Kind krieht!", scherzte Liesel Christ nach der Eröffnung ihres Volkstheaters. Tatsächlich ging sie mit dem Gedanken an die Gründung einer Frankfurter Mundartbühne lange schwanger. Dass sie sich schließlich an die Umsetzung ihres Planes herantraute, ist eigentlich Oberbürgermeister Willi Brundert zu verdanken. Brundert, der die Schauspielerin in der Premiere des „Trauscheins" bei Rémond (1966) erlebt hatte und seitdem schätzte, fragte sie bei einer zufälligen Begegnung um das Jahr 1968 herum, wo und was sie denn gerade so spiele. Als er hören musste, sie sei in Bielefeld engagiert, empörte er sich: „Warum sind Sie nicht in Frankfurt am Theater? Sie gehören doch hierher!" Er „betrachte es als einen Skandal, daß ‚Mamma Hesselbach' in der Fremde lebe und nicht zuhause". Daraufhin offenbarte ihm die Christ ihren Wunschtraum vom eigenen Volkstheater. Begeistert überlegte der Oberbürgermeister sogleich mit, wie die Schauspielerin ein solches Vorhaben realisieren könnte, und vor allem sagte er ihr seine volle Unterstützung dabei zu.

Wichtige Anregungen bekam Liesel Christ auch aus dem Kreis der „Freunde Frankfurts". Der junge, gerade erst (1966) neuerrichtete Verein zur Pflege der Frankfurter Tradition veranstaltete seit 1968 alljährlich einen „Frankfurter Mundartabend", meist im Großen Saal des Palmengartens, wobei zahlreiche beliebte Schauspieler mitwirkten, darunter natürlich die (anfangs extra aus Bielefeld angereiste) Christ. Nicht zuletzt seit dem glänzenden Erfolg dieser Dialektdarbietungen glaubte Heinrich Heym, der Mitbegründer und Geschäftsführer der „Freunde Frankfurts", dass die Stadt eigentlich „eine ständige Mundartbühne" brauche. Zusammen mit Liesel Christ arbeitete er künftig an der Gründung eines Frankfurter Volkstheaters. Vor allem brachte Heym, von Hause aus Journalist, Liesels geheimen Traum an die Öffentlichkeit. So widmete er der Schauspielerin anlässlich ihres 50. Geburtstags am 16. April 1969 ein Porträt in der Reihe „Frankfurter Gesichter" in der Frankfurter Allgemeinen Zeitung, um darin ihren Wunsch nach einer „wirklichen Frankfurter Mundartbühne" effektvoll zu platzieren. Seit dieser Zeit geisterte das Projekt überall durch die Presse, auch dank Liesel Christ selbst, die es nun in allen Interviews, etwa zu der gerade anlaufenden „Hesselbach"-Wiederholung, erwähnte. Nachdem selbst große überregionale Publikumszeitschriften wie Stern und Hörzu darüber berichtet hatten, kam allmählich auch in Frankfurt die Diskussion über die Einrichtung eines Volkstheaters in Gang.

Auf politischer Ebene errang Liesel Christ bald auch die Unterstützung der CDU-Fraktion in der Stadtverordneten-Versammlung. Unter Federführung des Fraktionsvorsitzenden Hans-Jürgen Moog wurde am 18. März 1970 im Stadtparlament beantragt, dass der Magistrat ersucht werden solle, die Möglichkeiten zur Eröffnung eines Volkstheaters in Frankfurt zu prüfen und zu fördern. In der Begründung wurde angeführt, dass ein solches Theater „dem Kennenlernen und der Pflege von Frankfurter Mundart, Brauchtum und Geschichte dienen und damit eine Lücke in der städtischen Kulturlandschaft schließen" würde.[306] Ein paar Tage später stellte Moog das Anliegen auch in einer Pressekonferenz vor. „Uns ist bekannt geworden, daß mehrere Frankfurter Schauspieler sich mit dem Gedanken tragen, ein Volkstheater ins Leben zu rufen", führte Moog aus. „Insbesondere hat die Schauspielerin Liesel Christ, die als ‚Mama Hesselbach' viel dazu beigetragen hat, die Frankfurter Mundart über Hörfunk und Fernsehen weit über Hessen hinaus bekannt zu machen, schon ganz konkrete Ideen in dieser Richtung. Der Magistrat sollte alles tun, um diese Initiative zu fördern."[307]

Tatsächlich war Liesel Christ mit ihren Überlegungen zur Theatergründung schon weit gediehen. Zusammen mit zwei Schauspielerkollegen, deren Namen sie nicht nennen wollte, weil sie noch unter Vertrag mit anderen Bühnen standen, hatte sie bereits ein Konzept mit einer detaillierten Kalkulation und einem ersten Spielplan für das neue Theater entwickelt. Dessen künstlerische Ausrichtung erläuterte sie nun der Presse:

„Ich möchte die gute Tradition der ehemaligen Landesbühne Rhein-Main fortsetzen, zu deren Gründungsmitgliedern ich ja gehöre. Wir haben damals unter Siegfried Nürnberger viele Mundartstücke gespielt, und ich glaube, wir haben genug gute Stücke, alte und neue, die heute beim Publikum ankommen. Bei uns soll sich der Mann im Smoking ebenso zu Hause und wohlfühlen wie der im Rollkragenpulli und in Niethosen: Auf platten Klamauk verzichten wir."[308]

Schon in wenigen Monaten, zu Sylvester 1970, wollte die Christ ihre Bühne gern eröffnen. „Natürlich müßten die Stadt und das Land uns eine gewisse Starthilfe geben", machte sie zur Voraussetzung.[309] Wie schon ihr Mitstreiter Moog, der Unterstützung für das Volkstheater vonseiten der Stadt, der Bürger und der Wirtschaft gefordert hatte, rief sie in der Presse auf: „Helft nor all schee mit! Mer brauche doch so e Theater, des schafft doch widder e bißje Frankforder Lokalkolorit..."[310]

Zunächst musste jedoch der Antrag der CDU-Fraktion im Kulturausschuss der Stadtverordneten-Versammlung verhandelt werden. Zu der entsprechenden Sitzung am 13. April 1970 wurde auch Liesel Christ eingeladen. Die Schauspielerin, die an diesem Tag ihren Verpflichtungen in Bielefeld nachkommen musste und deshalb Hans-Jürgen Moog mit ihrer Vertretung beauftragte, bekräftigte in einem Brief vom 10. 4. 1971 ihre ernsten Absichten: „Für die Gründung eines Volkstheaters in Frankfurt sehe ich eine bestehende Notwendigkeit zu Gunsten der Stadt Frankfurt, der Tradition sowie auch des Fremdenverkehrs", schrieb sie dem kulturpolitischen Gremium, und sie wäre ihm „sehr verbunden", wenn es ihre „Pläne wohlwollend unterstützen" würde.[311] Angesichts der offenbar schon sehr konkreten Vorschläge der Initiatorin für ihr Volkstheater beschloss der Ausschuss dann einstimmig, den Antrag dem Magistrat zur Prüfung und Berichterstattung zu überweisen, was am 23. 4. 1970 geschah.

In diesen Wochen verlor Liesel Christ den bisher wichtigsten Förderer ihres Projekts. Willi Brundert, gerade erst im Amt als Oberbürgermeister bestätigt, starb nach längerer Krankheit am 7. Mai 1970. Die Sache des Volkstheaters schien ins Stocken zu geraten, auch wenn sie – nicht zuletzt dank unermüdlicher Werbekampagnen der Christ in der Öffentlichkeit – bei Kulturpolitikern und Theatermachern im Gespräch blieb: Wozu brauchte man ein Volkstheater? Wie könnte es finanziert werden? Wo könnte es spielen? Und was sollte es spielen? Gab es denn genug gute Mundartstücke? Sprach und verstand eigentlich noch jemand Dialekt? Wo sollte man die Schauspieler, vor allem jüngere Darsteller, für eine Mundartbühne hernehmen? Und vor allem: Würde sich ein Publikum für das Volkstheater finden? Konnten nicht die Städtischen Bühnen, das Theater am Turm und das Kleine Theater im Zoo mit ihren gelegentlichen Mundartaufführungen wie bisher auch den Bedarf abdecken? Gab es also überhaupt die vielbeschworene Lücke, die das Volkstheater ausfüllen sollte? An all die vieldiskutierten Fragen erinnerten sich Rudi Sölch, seinerzeit Stadtkämmerer, und Roland Petri, damals Direktor des Frankfurter Bundes für Volksbildung, rückblickend nach über zehn Jahren noch gut.[312]

Mit derartigen Bedenken und Zweifeln im Hinterkopf formulierte Sölch endlich am 10. August 1970 auch den vorläufigen Bericht des Magistrats an die Stadtverordneten-Versammlung. Demnach sollte das – ohnehin mehr als skeptische – Amt für Wissenschaft, Kunst und Volksbildung in Zusammenarbeit mit den bestehenden Theatern, vor allem dem Theater am Turm, noch einmal eingehend „prüfen, ob ein ausreichendes Bedürfnis für die Einrichtung und Subventionierung eines Mundarttheaters vorhanden" sei. Außerdem sollte die Entscheidung des Hessischen Kultusministeriums über eine mögliche Subventionierung des Volkstheaters abgewartet werden. Dann erst wollte sich der Magistrat endgültig in der Volkstheaterfrage äußern.[313] Enttäuscht nahm der Kulturausschuss in seiner Sitzung vom 7. September 1970 den Magistratsbericht hin, aus dem – wie der Stadtverordnete Hans-Ulrich Korenke bemerkte – „bei jedem zweiten Satz die negative Grundhaltung erkennbar" sei. Auch sei entgegen der Empfehlungen des Ausschusses die Initiatorin selbst nicht gehört worden.[314] Vielleicht hätte die Christ mit ihrer Begeisterung für das Projekt ja tatsächlich auch den Magistrat anstecken können. So aber blieb nur abzuwarten, ohne dass der Diskussion um das Volkstheater auf politischer Ebene in den nächsten Monaten Taten folgten.

Liesel Christ, die inzwischen ihr Bielefelder Engagement aufgegeben hatte, um sich ganz ihren Frankfurter Plänen widmen zu können, sah besorgt, dass ihr projektiertes Volkstheater in der städtischen Kulturpolitik zum Spielball der Parteien zu werden drohte. Mit ihrer Initiative hatte sich die Schauspielerin in direkte Opposition zum politisierten Theaterbetrieb der späten sechziger Jahre begeben, wie ihn in Frankfurt die Städtischen Bühnen und insbesondere das Theater am Turm repräsentierten. In jenen antiautoritär bewegten Zeiten witterten kritische Geister im Volkstheater ein Wiederaufleben der heimattümelnden Blut-und-Boden-Kultur. Es kam zu regelrechten Hetzkampagnen gegen die Christ und ihre geplante Mundartbühne, etwa vonseiten der Jusos, worauf die Schauspielerin trotzig reagierte: „Jetzt grad erst recht!", meinte sie in einem Zeitungsinterview zu Neujahr 1971.[315] Doch sie wollte nicht das „Experiment um des Experimentes willen" wagen. „Die Leut", so führte sie vielmehr aus, würden nicht nur „die Auseinandersetzung mit der Gegenwart in ihrer düstersten Form auf der Bühne" suchen, „sondern auch etwas fürs Herz!"[316] Intuitiv erspürte sie, dass sie das vom Kulturbetrieb jener Jahre enttäuschte Publikum wieder ins Theater holen könnte, wenn sie ihm wahrhaftige, vitale Theaterstücke im Volkston bieten würde. Sie wollte die Tradition pflegen und zugleich dem Volksstück einen zeitgemäßen Ausdruck verleihen, jenseits aller klischeehaften Vorstellungen ihrer Gegner, die im Volkstheater nur unkritische Plattheiten und überholten Klamauk beheimatet glaubten.

Mittlerweile hatte sich eine regelrechte Bürgerinitiative zusammengefunden, die zunächst die organisatorischen und juristischen Voraussetzungen für die Gründung und Eröffnung eines Volkstheaters – auch ohne städtische Hilfe – schaffen wollte. Am 28. Januar 1971 trafen sich die Oberbürgermeisterswitwe Irmgard Brundert, die Schauspielerin Ilselore Bürger-Quast, die Schauspielerin Liesel Christ, der Kaufmann Oskar Beetz, der Rechtsanwalt Georg Bürger, der Journalist Heinrich Heym, der Regisseur und Schauspieler Kurt Karas und der Künstler Peter Moosmann in einem Clubraum des Frankfurter Hofs, um den gemeinnützigen Verein „Frankfurter Volkstheater" als Träger der künftigen Bühne zu gründen.[317] Die acht Initiatoren wählten einstimmig Liesel Christ, Kurt Karas und Peter Moosmann zum Vorstand sowie Oskar Beetz, Georg Bürger und Heinrich Heym zum Aufsichtsrat. Am 3. Februar 1971 stellte sich der Verein der Presse vor, und nur wenige Tage später (15. 2. 1971) wurde er in das Vereinsregister eingetragen. Zu den allerersten Mitgliedern gehörte der neue Oberbürgermeister Walter Möller, der unverzüglich den Magistrat zur finanziellen Unterstützung des Volkstheaters und seinen ebenfalls erst kürzlich gewählten Kulturdezernenten Hilmar Hoffmann zur Förderung des Unternehmens anhielt.

Das Volkstheater bezog sein erstes „Büro", einen Schreibtisch in den Geschäftsräumen von Gründungsmitglied Oskar Beetz in der Falkensteiner Straße 20 im Holzhausenviertel, wo nun – mitten im laufenden Betrieb der Beetzschen Versicherungsagentur – auf die Eröffnung des Volkstheaters hingearbeitet wurde. Monatelang wurde fieberhaft „geplant, geworben, um Spenden gebeten und tätige Hilfe von vielen Seiten gesucht"[318]. Vor allem brauchte das Volkstheater eine geeignete Spielstätte, die möglichst zentral in der Innenstadt gelegen sein sollte. Liesel Christ favorisierte von Anfang an den Cantate-Saal in dem (am Sonntag Cantate 1953 eröffneten) „Haus des Deutschen Buchhandels" im Großen Hirschgraben 21, direkt neben dem Goethehaus, den sie aus ihrer Zeit bei der Landesbühne Rhein-Main als deren gelegentliche Spielstätte kannte, und sie träumte zugleich von sommerlichen Freilichtspielen im angrenzenden Hof unter Gastbetrieb durch eine Äpfelweinkelterei. Doch seit Mai 1970 war im Cantate-Saal das ambitionierte Programmkino „Lupe 2" beheimatet. Der Saal, der sich im städtischen Besitz unter der Verwaltung der Saalbau GmbH befand, wäre also noch frei gewesen, als die CDU-Stadtverordnetenfraktion einige Wochen zuvor ihren Antrag zur Errichtung eines Volkstheaters stellte. Damals brachte Hans-Jürgen Moog, der Fürsprecher des Volkstheaters, außerdem in die Diskussion ein, dass das Volkstheater später einmal in dem bald neugestalteten Dom-Römerberg-Bereich oder sogar in der noch wiederaufzubauenden Alten Oper angesiedelt werden könnte. Zunächst sollte der Magistrat prüfen, ob und wo die Stadt der geplanten Bühne sofort „geeigneten Raum" bieten könnte. Die Antwort in dem bereits erwähnten, von Rudi Sölch abgefassten Magistratsbericht vom 10. 8. 1970 fiel allerdings eher ernüchternd aus:

> „Weder im städtischen Besitz noch im Besitz einer städtischen Gesellschaft gibt es einen Raum, der zur dauernden Bespielung durch ein Mundarttheater geeignet ist. In allen bei der Saalbau GmbH vorhandenen Sälen ist gelegentliches Theaterspielen u. U. auch in regelmäßigen Abständen möglich. Es ist aber nicht möglich, einen der

Säle für die ausschließliche Nutzung für Zwecke eines Volkstheaters zur Verfügung zu stellen."[319]

In der an anderer Stelle von Sölch angedeuteten Möglichkeit der Zusammenarbeit mit dem Theater am Turm (TAT) sah Liesel Christ jetzt eine Chance. Sie konnte sich durchaus vorstellen, nicht nur ideell, sondern auch institutionell an die Tradition der Landesbühne Rhein-Main anzuknüpfen, und so nahm sie Kontakt zu Roland Petri auf, dem Direktor des Frankfurter Bundes für Volksbildung, der kurz darauf (ab Januar 1971) zusammen mit dem Dramaturgen Wolfgang Wiens und dem Autor Wolfgang Deichsel die Leitung des Theaters am Turm übernahm. Zusammen mit Petri entwickelte die Christ ein durchaus verheißungsvolles Kooperationsmodell für das Theater am Turm als experimentelle Bühne, das Kinder- und Jugendtheater sowie das Volkstheater, die sich alle die Bühne des TAT, dessen Werkstätten sowie die Probenräume in dem Bau am Volksbildungsheim teilen und dadurch effizient nutzen könnten. Der Plan wurde beim Vorstand des Frankfurter Bundes für Volksbildung vorgelegt und abgelehnt. Aber auch dadurch ließ sich Liesel Christ nicht entmutigen. Dann musste, wie in dem Magistratsbericht von Sölch immerhin zugestanden, das Volkstheater eben durch die Bürgerhäuser und anderen theatergerechten Säle in Frankfurt und Umgebung „wandern", zumindest bis es eines Tages vielleicht doch eine eigene feste Spielstätte bekommen würde.

Unbeirrt von allen Schwierigkeiten wurde die Aufnahme des Spielbetriebs vorbereitet. Bald stand auch der Termin für die Eröffnungspremiere fest: Am 18. Juni 1971 wollte das Volkstheater im Großen Saal des Volksbildungsheim beginnen. Liesel Christ selbst war mit der Organisation so sehr beschäftigt, dass sich Tochter Gisela manchmal fragte, wann die Mutter denn überhaupt noch proben wolle. Unermüdlich sprach die „Chefin" mögliche Sponsoren an, sammelte Spenden, verhandelte über Säle, engagierte Schauspieler und, und, und. Längst war die Finanzierung des Unternehmens noch nicht gesichert, auch wenn – dank der Fürsprache von Oberbürgermeister Möller – der Magistrat im Mai 1970 endlich die schon früher zugesagte Starthilfe in Höhe von 20.000 Mark für das Volkstheater bewilligte. So richteten der Aufsichtsrat Heinrich Heym und die Theaterleiterin Liesel Christ im Namen des gemeinnützigen Vereins für das Frankfurter Volkstheater ab Mitte April 1971 einen Spendenaufruf an ihre „Mitbürger":

> „Die Initiative [d. i. für ein Frankfurter Volkstheater] ist also endlich ergriffen. Was fehlt, ist jetzt nur noch Geld für den Start, denn zur Gründung eines Theaters gehört nicht nur eine Satzung, nicht nur guter Wille der Akteure. Der Magistrat der Stadt Frankfurt hat inzwischen eine Starthilfe in Höhe von DM 20.000,-- zugesagt. Weitere Spenden von über DM 20.000,-- sind durch Sparkassen und Kaufleute bereits auf das Konto geflossen. Jetzt, liebe Mitbürger, ruft Euch Euer VEREIN FRANKFURTER VOLKSTHEATER auf, ebenfalls ins Portemonnaie zu greifen und für unser neues Theater zu spenden. Die Höhe der Spenden ist natürlich unbegrenzt. Wir nehmen zehn Mark und auch fünftausend. Wer sich darüberhinaus

verpflichtet, jährlich einen Beitrag von hundert Mark zu zahlen, erwirbt die Mitgliedschaft beim Volkstheater-Verein. Für alle Spenden, gleich in welcher Höhe, werden steuerabzugsfähige Spendenquittungen ausgestellt."[320]

Mit ein paar persönlichen Zeilen schickte Liesel Christ diesen „Bettelbrief" an alle möglichen prominenten und einflussreichen Leute, die sie kannte, u. a. an den hessischen Innenminister Hanns-Heinz Bielefeld, dem sie einmal während der „Hesselbach"-Dreharbeiten auf dem Schlitzerländer Heimat- und Trachtenfest begegnet war. Bielefeld sorgte umgehend für einen Zuschuss in Höhe von 1.000 Mark aus Lottomitteln zur Gründung der Bühne, während spätere Bemühungen des Volkstheaters um Landessubventionen trotz der Beharrlichkeit der Christ und vor allem ihres Mitdirektors Kurt Karas scheiterten. Mit dem Spendenaufruf in der Hand klapperte Liesel Christ außerdem alle größeren Frankfurter Firmen ab, u. a. Banken, Brauereien, Gastwirtschaften und Kaufhäuser, um dort für „ihr" Theater zu sammeln. Namhafte Beträge zeichneten bald die „Freunde Frankfurts" und die Adolf- und Luisa-Haeuser-Stiftung, die Frankfurter Sparkasse von 1822, die Stadtsparkasse und die Bank für Gemeinwirtschaft, aber auch einzelne Bürger wie Oskar Beetz und Johann Philipp Freiherr von Bethmann. Der Hessische Rundfunk, dessen Intendant Werner Hess sich anfangs eher kritisch zu dem Projekt geäußert hatte, schenkte dem Volkstheater einen Kulissenwagen. Das Kaufhaus M. Schneider stiftete die Bühnendekorationen für die erste Inszenierung, und der Kostümverleih Jansen nähte kostenlos die Kleider der mitwirkenden Damen.

Unter den Blicken des Harlekins, den der Frankfurter Künstler Ferry Ahrlé als (bis heute verwandtes) Signet für die Bühne entworfen hatte, konnte das Volkstheater schließlich mit einem Anfangskapital von 60.000 Mark starten, wenn auch ohne eine eigene Spielstätte und ohne regelmäßige städtische Zuschüsse. Wie geplant, hob sich am 18. Juni 1971 im Großen Saal des Volksbildungsheims der Vorhang zur Eröffnungspremiere. Gegeben wurde „Der alte Bürgerkapitän" von Carl Malss, die älteste Frankfurter Lokalposse überhaupt, die somit nicht nur die Tradition des Frankfurter Dialektstücks, sondern auch des Volkstheaters begründete.

Kleiner Anfang mit großen Sorgen

„Mir wer'n schön klein aafange, in de Berjerhäuser spiele, wann alle annern Theater im Sommer geschlosse hawwe", erklärte Liesel Christ einmal einer Journalistin. „Un du werst seh'n, die Leut komme zu uns."[321] Und „die Leut" kamen tatsächlich ins Volkstheater. „Tout Francfort" erschien bereits zur Eröffnungspremiere im Volksbildungsheim. Einige Honoratioren, Kommunalpolitiker und prominente Theaterfreunde ließen sich sehen, u. a. Prof. Dr. Max Flesch-Thebesius, Georg Delliehausen, Walter Morbitzer (von der „Komödie"), Wolfgang Deichsel (vom Theater am Turm) und Gretel Luley, die Witwe des Volksschauspielers, sowie viele andere Freunde und Förderer, Schau-

Frau Knorzheimer (mit Peter Schlapp als Leimpfann, Josef Wageck als Bürgerkapitän und Dieter Schmiedel als Millerche) in „Der alte Bürgerkapitän", Eröffnungsvorstellung des Volkstheaters, 1971

spieler und Theatermacher, wie die Presse in ihren Premierenberichten meldete. Wer nicht dabei sein konnte, gratulierte per Telegramm, u. a. Michael Arco aus Basel, Siegfried Nürnberger aus Mainz und Fritz Rémond aus seinem Urlaub auf Sylt sowie die „Hesselbach"-Kinder Rose-Marie Kirstein und Dieter Henkel aus München. Für den erkrankten Oberbürgermeister sprang Stadtkämmerer Rudi Sölch ein, der in seiner humorigen Ansprache nochmals offiziell die Starthilfe der Stadt zusicherte. Einen „gelungenen Abend fürs erste" verbuchte auch die Kritik,[322] bevor die Truppe mit dem alten Bürgerkapitän (Josef Wageck), seinem Leibschütz Miller (Dieter Schmiedel) und der Gemiesfraa Knorzheimer (Liesel Christ) an der Spitze ihren ersten Zug durch die Bürgerhäuser der Frankfurter Stadtteile und Vororte begann. Im Bürgerhaus Nidda in Bonames musste sie einmal zwar nur für „eine Handvoll Leute" spielen, aber insgesamt machten ihr die Erfahrungen der kleinen Tournee doch „Mut".[323] So waren die Vorstellungen in den Häusern Dornbusch, Gallus und Ronneburg ausverkauft, und ein besonderer Erfolg waren die Freilichtgastspiele beim Höchster Schlossfest und bei den Burgfestspielen in Eppstein: Im Burghof des Taunusstädtchens mussten zu den vorhandenen 500 Sitzplätzen noch 200 Stühle aufgestellt werden.

Für das Theaterspielen im Freien hegte Liesel Christ, nicht zuletzt wegen ihrer Jugenderinnerungen an ihr Mitwirken bei den mittlerweile legendären Römerbergfestspielen, eine besondere Vorliebe. Von Anfang an wollte sie auch mit dem Volkstheater gern sommers unter freiem Himmel auftreten. Für ihren Wunsch, die Tradition der Frankfurter Freilichtspiele wiederzubeleben, konnte sie Heinrich Heym begeistern. Der Publizist und Aufsichtsrat des Volkstheaters dachte zunächst an eine Wiederaufnahme der Freilichtaufführungen im Karmeliterkloster, wie sie die Städtischen Bühnen nach dem Krieg, bis in die sechziger Jahre hinein, ausgerichtet hatten. Dieses Vorhaben ließ sich jedoch nicht realisieren. Dafür wurde das Volkstheater durch Pfarrer Ernst Schäfer auf den Innenhof des Dominikanerklosters aufmerksam, wo in Kooperation mit dem Evangelischen Regionalverband tatsächlich schon im Sommer 1971 Freilichtspiele veranstaltet werden konnten. Bei schlechtem Wetter konnte die Bühne in den Saal des nahe gelegenen Kolpinghauses ausweichen. Beim Aufbauen der zweiten Dekoration in diesem „Regenquartier" traf dort die Journalistin Renate Bang die Prinzipalin Liesel Christ:

„Frau Direktor (...) beteiligt sich an diesen Vorbereitungen [d. i. dem Aufbau des Bühnenbilds im Saal des Kolpinghauses] resolut mit Hammer und Nägeln. ‚Chefin, haben Sie mal einen Kaffee für mich?' fragt wenig später in der Garderobe ein junger Darsteller. Die Chefin hat – und nicht nur Kaffee, sondern auch Tee, Fruchtsaft und – Kopfschmerztabletten. Eben werden die Getränke für die Bühne abgeholt, darunter echter Ebbelwoi für den Bembel der ‚Gemiesfraa Knorzheimer', die Liesel Christ seit der Premiere am 18. Juni mit Erfolg spielt. ‚Laß nur, die Worscht mach ich selber' (warm), ruft sie dem Inspizienten nach. Und ‚damit meine Männer bei der Hitze jeden Tag frische Hemden haben', wäscht sie die auch ‚in der Waschmaschine'."[324]

Für die Eröffnungsvorstellung der Freilichtspiele wurde die Ersatzdekoration zum Glück nicht gebraucht. An einem milden Abend unter sternklarem Himmel debütierte „Der alte Bürgerkapitän" am 11. Juli 1971 auf der Bühne im Klosterhof. Dort gastiert das Volkstheater seitdem jeden Sommer, bis heute, wenn es auch bei Regenwetter längst ins eigene Haus umziehen kann. Während seiner ersten Freilichtspiele schaffte das Volkstheater seine und des „Bürgerkapitäns" 50. Vorstellung, just am 18. August 1971, dem 150. Jahrestag der Uraufführung des Stücks. Insgesamt brachte es die Bühne bis zum Frühjahr 1972 auf 118 Vorstellungen der traditionsreichen Posse.

Trotz des regen Zuspruchs vom Publikum war das Eis bei der Presse noch nicht gebrochen. Siegfried Diehl, der Kritiker der Frankfurter Allgemeinen Zeitung, fand die Eröffnungsvorstellung „oft sehr hausbacken" und „ein bisserl fad": „Auf der Bühne begibt sich nichts weiter, als daß sich der Bürgerkapitän ein paarmal umzieht", schrieb er. „Meist stehen die Figuren herum und erzählen sich langatmige Schwänke."[325] Erst nach der dritten Inszenierung des Volkstheaters, der Uraufführung des Volksmusicals „Zur scheene Fraa" von Ernst Nebhut mit Liesel Christ in der Titelrolle (Regie: Kurt Karas, 12.11.1971), konstatierte derselbe Gestrenge zufrieden:

„Na endlich. Nach dem müden ‚Alten Bürgerkapitän' und dem verhunzten ‚Politischen Kannengießer' zeichnen sich für das Frankfurter Volkstheater nun noch ein paar Chancen ab, Theater fürs Volk zu werden."[326]

Tatsächlich ergaben sich aus dieser erfolgreichen Premiere im Haus Dornbusch schon durch die Anwesenheit des Kulturdezernenten Hilmar Hoffmann und des HR-Intendanten Werner Hess die schönsten Hoffnungen, die sich jedoch nur vier Tage später schon wieder zu zerschlagen schienen: Oberbürgermeister Walter Möller, der wichtigste Fürsprecher der jungen Bühne, starb. Am Morgen seines Todes fand Gisela Dahlem-Christ, Liesels ältere Tochter, die inzwischen die Geschäftsführung im Theaterbüro übernommen hatte, einen Brief von ihm in der Post, worin er dem Volkstheater noch einmal seine ganze Unterstützung zusicherte. Er habe auch schon einige Ideen, wie es weitergehen solle... Und nun glaubte die Prinzipalin, dass sie „gleich einpacken" könnte. Zwei Monate später musste sie ihr Theater auch wirklich schließen, vom 16.1. bis 1.3.1972, weil zur Fastnachtszeit alle Säle blockiert waren. Die Volksschauspieler mussten „stempeln gehen".

Nach der Verleihung des Bundesverdienstkreuzes I. Klasse im Gespräch mit Oberbürgermeister Rudi Arndt und Kulturdezernent Hilmar Hoffmann, 1976

Wohl in diesen Wochen wollte Liesel Christ sich für ein paar Tage im Odenwald erholen, als sie von ihrer Tochter dringend nach Frankfurt zurückbeordert wurde: Der neue Oberbürgermeister Rudi Arndt wollte sie zwei Tage später sehen. An einem Dienstagmorgen um acht ging die Prinzipalin, wie bestellt, zum OB in den Römer. Arndt selbst erzählte gern, dass er der Theaterdirektorin damals vorgeschlagen habe: „Ich kann Ihnen nur mich selbst als Frankfurter Darsteller oder einen kleinen Zuschuss anbieten." – „Lieber Geld", habe sie daraufhin trocken geantwortet.[327] Am Ende des ersten, langen Gesprächs gab der Oberbürgermeister der Christ jedenfalls einen Zettel mit seiner dienstlichen Direktdurchwahl und seiner privaten Telefonnummer, damit sie ihn, wenn sie Sorgen habe, gleich anrufen könne. „Und sie hat oft Sorgen gehabt!", meinte er später einmal.[328] In vielerlei Nöten hat er ihr und dem Volkstheater künftig geholfen.

Im ersten festen Haus

Wenn damals ein Fahrgast in ein Taxi stieg und zum Volkstheater wollte, wusste der Fahrer nicht, wohin er ihn bringen sollte. Zwei prominente Überraschungsgäste aus Hamburg und Köln hatten dennoch den Weg gefunden: In der 75. Vorstellung vom „Alten Bürgerkapitän" saßen Heidi Kabel und Willy Millowitsch im Publikum, die ihrer Frankfurter Prinzipalenkollegin zurieten, dass sie vor allem eine feste Spielstätte brauche. Seit Januar 1972 verhandelten Liesel Christ, ihr Mitdirektor Kurt Karas und ihre Verwaltungschefin Gisela Dahlem-Christ in der Sache erneut mit der Stadt, und diesmal hatten ihre Bemühungen den ersehnten Erfolg. Dank der Unterstützung des Kultur-

Einzug des Volkstheaters in die erste feste Spielstätte im Haus der Jugend, 1972

dezernenten Hilmar Hoffmann, des Sozialdezernenten Martin Berg und des Magistratsdirektors Herbert Faller konnte das Volkstheater im Herbst 1972 sein erstes festes Quartier im Saal des „Hauses der Jugend“ am Deutschherrnufer 12, also am Rande des Ebbelweiviertels in Sachsenhausen, beziehen. Am 25. Oktober 1972 wurde das „kleine charmante Theaterchen“[329] (mit 464 Plätzen) festlich eröffnet. Sozialdezernent Berg meinte in seiner Ansprache, dass das Volkstheater nach nur knapp eineinhalb Jahren der Existenz schon nicht mehr aus Frankfurt wegzudenken sei.[330] Mit einer festen Spielstätte, einem eigenen Ensemble, einem neu aufgelegten Abonnement und der Zusage regelmäßiger städtischer Subventionen startete die Bühne in ihre zweite Saison.

Zur Eröffnung im „Haus der Jugend“ wurde an jenem Mittwochabend „Der ehrliche Donnerstag“ gegeben, eine Komödie, die die Schauspielerin Janne Furch ursprünglich für ihre Kollegin Grethe Weiser geschrieben hatte. In der Hauptrolle, einer Doppelrolle als „kleine“ Putzfrau Trude Engel (die immer donnerstags die Wahrheit zu sagen pflegt und damit ihre Welt aus den Angeln hebt) und deren „feine“ Zwillingsschwester aus Paris, brillierte nun Liesel Christ:

> „Es ist schon erstaunlich, die Christ nach dem Putzfrauenauftritt im eleganten Hosenanzug mit Manieren der großen Welt auftauchen zu sehen. Kein Zweifel, eine erste Leistung und ein weiterer Beweis dafür, daß Liesel Christ dabei ist, im Volkstheater ihre Kritiker Lügen zu strafen, die da meinten, sie käme aus der Hesselbach-Schablone nicht heraus. Im Gegenteil. Sie setzt die halben und Vierteltöne genau und präzise. Diszipliniert wie noch nie stellt sie im Handumdrehen eine völlig andere Figur auf die Bühne und trägt den Abend.“[331]

Unumstritten war Liesel Christ, die nicht nur an diesem Premierenabend „Beifallsorkane und Bravorufe“ erntete, die Mittelpunktschauspielerin des Volkstheaters. Sie überzeugte ebenso als Frau Knopp beim Klatsch „Uff de Trepp“ (Regie: Kurt Karas, 24. 10. 1973) wie als „Die Kandidatin“ bei den Bürgermeisterswahlen (Regie: Kurt Karas, 20. 9. 1973), in der letzteren Rolle sogar so sehr, dass ihr im Anschluss an die Premiere ein „echtes“ politisches Amt angeboten wurde. Aber die Prinzipalin musste ja an ihrem Theater die Hauptrolle spielen, ob nun in den neuen Stücken hessischer Autoren (u. a. von ihrem damaligen „Hausautor“ Ernst Nebhut wie auch von Dieter Adam, Wendelin Leweke und Gert Gesch) oder ob in den hessischen Adaptionen plattdeutscher Komödien, die von dem seinerzeit durch das Fernsehen äußerst populären Ohnsorg-Theater übernommen wurden. War Liesel Christ also auf dem besten Weg zur hessischen Heidi Kabel?

In seiner Gründungsphase hatte sich immerhin das Volkstheater selbst auf die bestehenden Mundartbühnen in anderen Großstädten bezogen: „Es war nicht mehr länger einzusehen, daß Großstädte wie Hamburg, Köln oder München seit Jahren Freude an einer Mundart- und Volkstheaterbühne haben und Frankfurt immer weiter darauf verzichten soll", hieß es im ersten Spendenaufruf des Trägervereins.[332] Doch Liesel Christ wollte von Anfang an, dass „ihr" Volkstheater mehr werden würde als ein „Frankfurter Ohnsorg" oder gar ein „Hesselbach-Theater", wie es ihre Kritiker immer unterstellten. „Wir orientieren uns eigentlich nach dem Wiener Volkstheater", erläuterte sie einmal in einem Fernsehinterview. „Wir wollen das Volkstheater auf der breiten Weltliteratur gründen[, also dort] Stücke [finden], die dem Volk aufs Maul schauen, und wir wollen ja auch ein ganz breites Publikum damit ansprechen."[333]

Die Prinzipalin wusste aber auch, dass das hohe Ideal nicht „aus dem Stand" zu erreichen war. Schon aus finanziellen und personellen Gründen waren ihr zunächst Grenzen gesetzt. Vor allem in den ersten Jahren, bis die private Bühne keine roten Zahlen mehr schrieb, musste Liesel Christ mit ihrer Person und ihrer Popularität das Volkstheater allein tragen, in jedem Stück eine große Rolle spielen, und nur in den alljährlichen Weihnachtsmärchen durfte sie sich erlauben auszusetzen. Erst nach und nach konnte das deutliche „Niveaugefälle"[334] zwischen der Christ und den übrigen Darstellern abgebaut werden, indem allmählich ein leistungsfähiges Ensemble gebildet wurde, u. a. mit Josefine Klee-Helmdach (der beliebten „Tante Jo" aus dem Kinderfunk), Silvia Tietz, Dieter Schmiedel, Erich Walther, Kurt Kirch und Walter Flamme, die alle der Bühne jahrzehntelang treu blieben. Auf dieser Basis konnte sich das Volkstheater auch an größere Aufgaben heranwagen. Zum ersten Prüfstein wurde die Inszenierung der Darmstädter Posse „Der tolle Hund" vom „Datterich"-Autor Ernst Elias Niebergall, die ihre Premiere im April 1975 im „Haus der Jugend" hatte. Regie führte Wolfgang Kaus, den die Prinzipalin knapp ein Jahr zuvor an das Volkstheater geholt hatte und im Laufe der nächsten Jahre zu dessen künstlerischem Leiter aufbauen sollte.

Fünfzigjähriges Bühnenjubiläum am 4. Dezember 1973

Aus der Sicht des Regisseurs

Die Leitung des Volkstheaters sollte, so sieht es die Satzung vor, beim Vorstand des Trägervereins liegen. Zum ersten Vorstand wurden gleich in der Gründungssitzung des Vereins am 28. Januar 1971 Liesel Christ, Kurt Karas und Peter Moosmann gewählt, wobei die beiden Herren wegen ihrer noch bestehenden Bindung an andere Engagements zunächst nicht in der Öffentlichkeit auftraten. Schon früh war Liesel Christ klar gewesen, dass sie einen „Manager" für ihr Theater brauchen würde. Sie selbst interessierte sich nicht für kaufmännische Fragen, brachte es fertig, die Kontoauszüge ungelesen in den Papierkorb zu werfen und die Bögen mit den Briefmarken fein säuberlich gelocht abzuheften. Zum ersten kaufmännischen Direktor wurde daher Peter Moosmann bestimmt, der jedoch schon wenige Monate später ausschied. An seine Stelle trat Liesels Tochter Gisela Dahlem-Christ, damals hochqualifizierte Krankenschwester auf dem Abflug in die Karriere in den USA, die eigentlich nur während der Wartezeit auf das Visum ein bisschen der Mutter im „Chaos" der Theatergründung beistehen wollte. So wuchs sie fast unmerklich in die Position der Geschäftsführerin hinein, die sie noch immer ausfüllt.

Die künstlerische Leitung der Bühne hatte von Anfang an Liesel Christ inne, wobei ihr ab 18. Juli 1971 auch offiziell Kurt Karas zur Seite stand. Karas, zuletzt Oberspielleiter und Schauspieler am Theater am Turm, hoffte, „in den Zielen des Volkstheaters (...) seine eigenen Wünsche verwirklichen zu können"[335], und engagierte sich schon deshalb mit vollem Einsatz für die von ihm mitbegründete Bühne. Er führte künftig die Regie in allen Stücken und hat außerdem u. a. als Organisator, Schauspieler, Bühnenbildner, -maler und -techniker „unendlich viel für das Theater getan", wie Gisela Dahlem-Christ erzählte, bis er eines Tages wohl einfach nicht mehr gekonnt und gewollt habe[336]. Nach einem Krach im Frühjahr 1974 schmiss er alles hin und reiste mitten in der Spielzeit in den Urlaub ab. Wenig später kam Liesels zweite Tochter zum Volkstheater, Bärbel Christ-Heß (damals verh. Krafft), die als Bühnen- und Kostümbildnerin seit Winter 1974 allmählich die – früher von Karas besorgte – Betreuung des technischen Betriebs übernahm. Liesel Christ, die zwar immer zu verhindern gewusst hatte, dass ihre Töchter auch Schauspielerinnen würden, sicherte damit die Basis ihres Theaters. Alle drei Sparten der Direktion, die künstlerische, die kaufmännische und die technische Leitung, waren nun familiär besetzt.

Auf der Suche nach einem Ersatz für Kurt Karas als Regisseur rief Liesel Christ im Frühjahr 1974 bei Wolfgang Kaus an, einem gebürtigen Hofheimer (und damit hessischen Dialektkundigen), der damals als freier Schauspieler in Düsseldorf lebte: „Hier ist die Liesel Christ. Was machen Sie im Moment?" – „Ich sitze an meinem Schreibtisch und denke." – „Haben Sie Zeit? Würden Sie bei mir mal etwas inszenieren?" – Er wies sie darauf hin, dass er eigentlich nur einige Erfahrungen als Regieassistent gesammelt und zum letzten Mal vor neun Jahren etwas selbst inszeniert habe. – „Des mecht nix. Mir brauche kein Regisseur.

Mir brauche nur einen, der uns ein bisschen führt." So habe Liesel Christ mit ihrer Spontaneität und ihrem Gespür etwas angestoßen, was er selbst nicht geahnt habe, meinte Kaus rückblickend in einem Gespräch mit der Verfasserin, das als wichtigste Quelle für die Erinnerungen des Regisseurs an die Prinzipalin und Schauspielerin in diesem Kapitel diente.[337] Für die Freilichtsaison 1974 lieferte Kaus seine erste Inszenierung am Volkstheater, die Uraufführung des Lustspiels „Die Kur in Wilhelmsbad" von Ernst Nebhut (19. 6. 1974), der bald weitere Regiearbeiten an der Frankfurter Bühne folgten. Nach dem Triumph von Stoltzes „Alt-Frankfurt" (19. 10. 1976) wurde er als Oberspielleiter fest am Volkstheater angestellt, und nur vier Jahre später avancierte er zum künstlerischen Leiter der Bühne an der Seite von Liesel Christ.

Dabei hatte es anfangs „große Auseinandersetzungen" zwischen der Prinzipalin und dem Regisseur gegeben. „Liesel Christ war eine sehr dominierende, starke Persönlichkeit", konstatierte Kaus. „Sie hat immer ein Feindbild gebraucht, wo sie ihre Kraft hinsenden konnte." Auch er habe das erfahren müssen: Einmal herrschte zwischen den beiden ein halbes Jahr lang Schweigen, obwohl sie in dieser Zeit zusammenarbeiten mussten. Oder die Prinzipalin holte sich ausgerechnet für die Eröffnungsvorstellung im Cantate-Saal einen anderen Regisseur, ohne Kaus wenigstens zur Premiere einzuladen. Manchmal konnte sie auch aus heiterem Himmel sehr verletzend sein. Einmal, als sie ihm in der Tür der Damengarderobe entgegenkam, rief er übermütig aus: „Platz da dem Landvogt!" – „Na ja, dem Landvögtchen!", sagte sie darauf nur spitz, indem sie ihn abschätzig musterte. „Sie hat dafür gesorgt, dass man nicht zu üppig wurde", bemerkte Kaus dazu. Letztlich habe sie „ihre Leut" nur so „wachsen lassen, wie sie es bestimmte". Wer dagegen auftrumpfen versuchte, konnte ganz schnell weg vom Volkstheater sein.

Im Falle von Wolfgang Kaus merkte die Prinzipalin jedoch schnell, dass er „im Grunde gar nicht so konträr" zu ihr dachte und eigentlich „immer in ihrem Sinne" arbeitete. Und der Regisseur verlor nie die Achtung vor Liesel Christ und ihrem Lebenswerk. Es imponierte ihm, dass sie ihren hoch gesetzten künstlerischen Anspruch nie aufgab. Eines Tages, in ihrer Garderobe, erzählte sie ihm zum ersten Mal von ihrer Vorstellung, Klassiker am Volkstheater zu spielen. „Sie hat gespürt, wo's mit dem Volkstheater hingehen könnte, aber nicht zwangsläufig hingehen musste", resümierte Kaus, „und sie wollte diesen Weg des literarischen Volkstheaters gehen und fortsetzen, weil sie spürte, dass das ihr und dem Theater gut tat." Sie weckte das Interesse des Regisseurs für das literarische Volkstheater und gab ihm damit die Möglichkeit, sich weiterzuentwickeln. Nun habe sie ihn „einfach machen lassen", erzählte Kaus, auch wenn es gelegentlich immer noch „kleinere Misshelligkeiten" gegeben habe. So habe sich die Christ anfangs gegen seine mundartlichen Bearbeitungen gesträubt, die er von den meisten Stücken anfertigte. „Mir brauche kei Bearbeitung. Mir mache des vom Blatt!", murrte sie. Tatsächlich war sie immer in der Lage, eine adäquate Sprache auf der Bühne zu finden, sah aber nicht, dass andere Kollegen oft nicht „mitkommen" konnten.

Als Schauspielerin habe Liesel Christ „eine ungeheure Präsenz" gehabt, urteilte Kaus aus seiner Sicht als „ihr" Regisseur:

> „Ich habe immer bewundert, wie sie ihre persönlichen Gedanken und Empfindungen in Rollen umsetzen und einweben konnte. Diese Fähigkeit verdankte sie wohl der Schnelligkeit ihres Verstandes wie dem intuitiven Gespür für ihre Wirkung. Überhaupt hat sie immer intuitiv die Situation erfasst, ohne die Präzision und auch die Textgenauigkeit, die sie hatte, eigentlich zu denken."

Schließlich wurden Liesel Christ und Wolfgang Kaus ein eingespieltes, aber nie erlahmendes Team in der Theaterleitung, das im Zweifelsfall sogar den Spielplan zwischen Tür und Angel „machen" konnte. Nach zehn gemeinsamen Jahren am Volkstheater, in denen sie das Programm des literarischen Volkstheaters (u. a. mit den Inszenierungen des „Urfaust" und der „Mutter Courage") verwirklicht hatten, dankte die Prinzipalin ihrem künstlerischen Leiter Wolfgang Kaus in einem offenen Brief: „Wir haben uns zusammengerauft. Das Ensemble und ich haben Dir viel zu verdanken, denn durch Deine Hilfe hast Du uns immer wieder neue Richtungen gegeben, uns weiter zu entfalten. Daß das Volkstheater, mein Lebenswerk, heute so erfolgreich ist, ist mit Dein Verdienst."[338] Kurz vor ihrem Tod reichte der Regisseur die Blumen charmant an Liesel Christ zurück. Damals schrieb er ihr „ein großes Dankeschön" ins Jubiläumsheft zum 25-jährigen Bestehen des Volkstheaters, weil er „seine persönliche Entwicklung mit den Aufgaben des Theaters verbinden" konnte (und somit erreicht hatte, was sich sein Vorgänger vergeblich erhoffte).[339] Eigentlich habe er natürlich „ein großer Schauspieler" werden wollen, gestand er in dem Interview mit der Verfasserin ein. Aber im Rückblick auf seine künstlerische Karriere als Regisseur, Dramaturg und hessischer „Übersetzer" am Volkstheater sehe er, dass dies so „wichtig und richtig" für ihn gewesen sei. Vielleicht dachte er bei dieser Erkenntnis auch wieder ein bisschen an „die Mutter" (wie Liesel Christ von allen am Volkstheater liebe- und respektvoll bezeichnet wurde), die ihm, wenn er einmal aufbrauste, immer sagte: „Reg dich net uff, Bub, lass uns unsern kleinen Weg weiter gehn."

Stück für Stück

Im Herbst 1975 zog das Volkstheater um. Die erste Spielstätte im „Haus der Jugend" konnte auf Dauer den wachsenden Ansprüchen der Bühne nicht genügen. Vor allem war das Volkstheater dort nicht alleiniger Mieter, sondern hatte nur Anspruch auf einige feste Spieltage pro Woche und musste ansonsten Rücksicht auf andere Veranstaltungen, vor allem des (das Hausrecht genießenden) Vereins „Haus der Jugend", auf die Vorstellungen des Jugendkinos und auf die Hausferien nehmen. Schon bei der Theatergründung hatte Liesel Christ ja eigentlich auf ein anderes Domizil spekuliert, den Cantate-Saal (mit 565 Plätzen) im Großen Hirschgraben 21, der jedoch wenige Monate vor Gründung des Volkstheaters an das Programmkino „Lupe 2" vergeben worden war. Nun stand es ziemlich schlecht um die „Lupe", so dass ihr wegen Mietrück-

Annemarie (mit Erich Walther als Gunderloch, Irene Rohde als Klärchen und Dieter Schmiedel als Jochen) in „Der fröhliche Weinberg", 1976

ständen schließlich zum 1. 7. 1975 der Saal gekündigt wurde. Bereits im Frühjahr wurde das Volkstheater vonseiten der Saalbau GmbH (als der zuständigen Vermieterin) darauf aufmerksam gemacht, dass der Cantate-Saal frei würde. Mit Hilfe des Kulturdezernenten Hilmar Hoffmann konnte sich das Volkstheater das lange anvisierte Haus endlich sichern, und zur Feier der 1.000. Vorstellung am 16. Juli 1975 verkündete Aufsichtsrat Oskar Beetz öffentlich, dass die Bühne zur neuen Spielzeit ihre eigene feste Spielstätte im Cantate-Saal beziehen werde. „Das ist jetzt die ideale Lösung!", jubelte Liesel Christ im Eröffnungsprogrammheft. „Ein größerer und schönerer Theatersaal mitten in der Stadt nahe der Hauptwache, mit öffentlichen und privaten Verkehrsmitteln (Parkhaus Hauptwache und Kaiserplatz in der Nähe) leicht zu erreichen, Bühne, Fundus und Verwaltung: alles unter einem Dach. Wir liegen mitten zwischen dem Goethehaus und dem Börsenverein des Deutschen Buchhandels, eine prominentere Nachbarschaft kann man sich nicht vorstellen, und wir wissen, daß sie uns verpflichtet."[340]

Mit der Eröffnungspremiere am 9. Oktober 1975 hätte das Volkstheater allerdings seinen berühmtesten „Nachbarn" eher brüskiert: Es wählte dafür ein Lustspiel von Goethes „Intimfeind" August von Kotzebue, die Satire „Die deutschen Kleinstädter", die die Rheingauer Mundartautorin Hedwig Witte eigens für diese Aufführung ins Hessische übertragen hatte. Die Geschichte um die Klatsch- und Titelsucht in Krähwinkel, die

Mutter Gretl (mit Dieter Schmiedel als Vater Hans, Peer Schum als Fritz und Lia Wöhr als Tante Anna) in „Schweisch, Bub!", 1977

zum Gleichnis auf das Spießbürgertum überhaupt gerät, lieferte den Darstellern des Volkstheaters eine Reihe komischer Typen, die sie unter der Regie von Dieter Kehler exzellent verkörperten. Aus dem gesamten Ensemble hat Kehler „Brillantleistungen herausgekitzelt“[341], und selbst die Prinzipalin in ihrer Rolle als Frau Staar, „Oma der Kleinstädter“[342], überraschte mit „ganz neuen Tönen“[343]:

„Geschnürt, mit hohem Blutdruck und kurzatmig haspelt und trippelt die Christ als der Familienfeldwebel durch den Plüsch. Genau das Monstrum, das in der ‚Madame‘ die Beleidigung, im Titel ‚Frau Untersteuereinnehmerin‘ jedoch die Ehrenlegion sieht.“[344]

Kurz nach dem Einzug in das eigene Haus im Cantate-Saal war das Volkstheater erstmals auch im Fernsehen zu schauen. Am 30. November 1975, an einem Sonntagnachmittag im Ersten Programm, wurde eine vom Hessischen Rundfunk aufgezeichnete Inszenierung der Bühne gesendet, das Volksstück „Die Kandidatin“ in der Fernsehregie von Danielo Devaux. Die Rolle des Bürgermeisters, des Kontrahenten von Liesel Christ in der Titelrolle, war darin prominent umbesetzt mit dem später ungeheuer populär gewordenen Schauspieler Günter Strack. Bald sollten weitere Fernsehaufzeichnungen des Hessischen Rundfunks aus dem Volkstheater folgen, insgesamt 15 bis 1996, wobei einige der frühen aus technischen Gründen noch nicht im Cantate-Saal aufgenommen werden konnten.

Bibbo in „Katharina Knie“, 1978

„Das Volkstheater wächst mit seinen Stücken“, stellte der FAZ-Kritiker Siegfried Diehl zum fünfjährigen Bestehen der Bühne 1976 fest.[345] Anlässlich des „kleinen“ Jubiläums äußerte Liesel Christ in einer Pressekonferenz den Wunsch, mit ihrem Volkstheater einmal den „Urfaust“ zu spielen. Noch schien dieser Traum utopisch zu sein. Doch tatsächlich steigerte sich das Volkstheater – im wahrsten Sinne des Wortes – Stück für Stück. Eine weitere wichtige Station war die erste Zuckmayer-Inszenierung, die Komödie „Der fröhliche Weinberg“ (mit Erich Walther als Gunderloch, Liesel Christ als Annemarie, Dieter Schmiedel als Jochen und Irene Rohde als Klärchen, Regie: Wolfgang Kaus, 13./16. 6. 1976), die im bis dahin erfolgreichsten Freilichtsommer 1976 rund 12.000 Zuschauer sahen. Zwei Jahre später wurde auf der Bühne im Dominikanerklosterhof wieder „ein Zuckmayer“ herausgebracht, das Seiltänzerstück „Katharina Knie“ (mit Ursula Zimmermann in der Titelrolle, Hans Elwenspoek als Vater Knie, Walter Flamme als Clown Julius Schmittolini und Liesel Christ als Bibbo, Regie: Wolfgang Kaus, 1. 7. 1978).

Im Herbst 1976 wagte sich das Volkstheater endlich an *den* Klassiker unter den Frankfurter Lokallustspielen, Adolf Stoltzes „Alt-Frankfurt“ (mit Erich Walther als Muffel, Josefine Klee-Helmdach als Frau Muffel und Liesel Christ als Frau Schnippel, Regie: Wolfgang Kaus, 19. 10. 1976), um sich bald darauf auch mit modernen Mundartstücken von Fitzgerald Kusz („Schweisch, Bub!“, Regie: Wolfgang Kaus, 12. 10. 1977) und Wolfgang Deichsel („Bleiwe losse!“, Regie: Wolfgang Kaus, 18. 10. 1978) zu versuchen. Die „Bombenrollen“ der Frau Funk in „Alt-Frankfurt“ und der Tante Anna in „Schweisch, Bub!“ schenkte Liesel Christ ihrer Kollegin Lia Wöhr, die damals gerade nach ihrer Pensionierung beim Hessischen Rundfunk für das Schauspielensemble des Volkstheaters gewonnen worden war. Die kluge Zurückhaltung der Prinzipalin erwuchs aus dem Gespür, dass sie damit ihrem noch im Aufbau befindlichen Theater besondere Erfolge bescheren könnte. Sie selbst wirkte natürlich auch mit, denn das Publikum ließ sich mit der Attraktion der beiden beliebtesten Fernseh-Hessinnen auf einer Bühne noch mehr locken. Die Christ begnügte sich aber mit den „bürgerlicheren“ und eigentlich sogar ihrem Typ gemäßeren Rollen in den Stücken (d. i. der Frau Schnippel in „Alt-Frankfurt“ und der Mutter des Konfirmanden in „Schweisch, Bub!“). Erst in den Neuinszenierungen 1989/90 spielte sie selbst die beiden dankbareren Partien, die sie einst der Wöhr überlassen hatte.

Bibbo (mit Dieter Schmiedel als Ignaz, Wendelin Leweke als Bloomaul, Kurt Kirch als Fritz, Bodo Griebenow als Lorenz und Andreas Risse als Berberitzsche) in „Katharina Knie“, 1978

„Die Jubilarin“ und ihr Autor

Auf den Spielplan des Volkstheaters mit seiner inzwischen ausgewogenen Mischung aus klassischen Lokal-, modernen Dialekt- und literarischen Volksstücken schien ein Stück wie kein zweites zu passen: „Die Jubilarin“ von Joseph Breitbach. Die (1960 in französischer und 1962 in deutscher Fassung uraufgeführte) Komödie aus der Alltagswelt eines Warenhauses ließ sich „mit hessischem Zungenschlag“[346] besonders authentisch realisieren. Zudem bot die Geschichte um Marie Schmidt und deren 25-jähriges Arbeitsjubiläum als Verkäuferin „auf Herrenwä-

Im Gespräch mit dem Autor Joseph Breitbach und dem Regisseur Wolfgang Kaus bei den Proben zu „Die Jubilarin", 1977

sche" eine hervorragende Rolle für eine Mittelpunktschauspielerin wie Liesel Christ. Als das Volkstheater sich um die Aufführungsrechte bemühte, zeigte sich darüber der Autor selbst hocherfreut. Breitbach, der Liesel Christ als Mamma Hesselbach aus dem Fernsehen kannte, hatte sich seitdem insgeheim sie als „seine" Jubilarin gewünscht. „Wenn ich in Frankfurt die Wahl gehabt hätte zwischen allen dort bestehenden Theatern", schrieb er am 19. 12. 1976 an Gisela Dahlem-Christ, „dann wäre noch immer mir Ihr Haus das liebste gewesen, denn ich wusste ja, wer die Hauptrolle dann gespielt hätte. Ihre Frau Mutter ist mir keineswegs eine Unbekannte, ich kenne sie vom Film [d. i. Fernsehen] her und weiss, wie gut sie die Rolle spielen wird. Diese Frau kann ja überhaupt nicht in solchen Rollen danebenhauen, einfach deshalb, weil sie das Seltene besitzt, was ich am meisten schätze: Natur."[347]

Im unbegrenzten Vertrauen auf das Volkstheater, dessen Regisseur Wolfgang Kaus und die Hauptdarstellerin Liesel Christ bereitete Joseph Breitbach in den kommenden Wochen auf seine Art die Premiere vor. Mit ungeheurem logistischem Aufwand und doch angenehmer zurückhaltender Bescheidenheit trug der renommierte Schriftsteller seinen Teil dazu bei, der Frankfurter Aufführung den erwünschten Erfolg zu verschaffen. Er forderte jedoch nicht, er förderte – ohne dabei auch nur die geringste Eitelkeit oder gar Penetranz zu zeigen. Er sandte erläuternde Texte und vermittelte den Kollegen Herbert Heckmann als Autor für das Programmheft, lud einflussreiche Freunde zur Premiere und stimmte die Presse ein. Am Wochenende vor der Premiere traf der zumeist in Paris lebende Breitbach in Frankfurt ein und besuchte bald auch die Proben im Volkstheater. In den Zeitungsinterviews danach hütete sich der Autor davor, an der Inszenierung „herumzukritisieren", in der sich die Darsteller so offensichtlich wohlfühlten: „Ein Stück ist ein ‚Canevas', eine Gitterleinwand zum Aufsticken der Ideen von

Schauspielern und Regisseur", erklärte er einem – ob solcher Toleranz nicht wenig erstaunten – Journalisten.[348] Auch schien es den Pressevertretern eher ungewöhnlich, dass ein Autor von literarischem Rang sein Werk einer kleinen Privatbühne anvertraute. „Bei einem teuer subventionierten Theater hätten die sicher eine prunkvollere Aufführung gebracht", gab Breitbach zu.[349] Aber darauf sei es ihm gar nicht angekommen. Er habe sein Stück vielmehr bewusst Liesel Christ gegeben, „wegen ihrer schauspielerischen Qualitäten", und: „Weil sie ein Volkstheater leitet. Bei ihr nämlich weiß ich, daß da die Leute reingehn, für die ich mein Stück geschrieben habe."[350] Der Autor, der selbst lange als Angestellter in einem Kaufhaus gearbeitet hatte, verfasste „Die Jubilarin" eigentlich „zur Erheiterung seiner Arbeitskollegen"[351]. Er halte es „‚nicht [für] nötig, die Leute dauernd über das Theater zu erziehen'. Denn das Theater könne allenfalls zur Bewußtseinserhellung beitragen, aber keinesfalls gesellschaftspolitische Dinge verändern. Sogenannte engagierte Theater sollten daher etwas bescheidener auftreten."[352] Damit hatte Breitbach jenen ungeliebten Kritikern, die immer von der „gesellschaftlichen Relevanz" eines Stückes „schwätzen" zu müssen meinten,[353] den Wind aus den Segeln genommen.

Die Premiere der „Jubilarin" im Volkstheater am 10. März 1977 war ein glänzender Erfolg bei Presse wie Publikum. Allein schon dass Karl Korn, der Nestor des Feuilletons der Frankfurter Allgemeinen Zeitung, erschienen war, um die Aufführung zu beurteilen, gereichte der kleinen Bühne zur großen Ehre. Korns Kritik dann geriet gar zum höchst anerkennenden „Plädoyer für das Volkstheater"[354]:

> „Das Ereignis im Volkstheater Frankfurt, das sich seit einem ‚Fröhlichen Weinberg' aus den Possen in Alt-Frankfurter Mundart herauszumausern beginnt, war die Geburt der Volksschauspielerin Liesel Christ aus dem Volksstück. Das gelang im Idiom des rheinmainischen Ballungsraums, weil Frau Christ Herz und Galle, Gewitztheit und ein Weiberschicksal auf jener Grenze anzulegen wußte, wo der meist verkannte Volksstamm der Hessen seit Niebergall seinen seelischen und sozialen Ort hat: zwischen oben und unten, reputierlich und aufbegehrend, im Lebensstil brav konservativ, zu gelegentlichem Aufmucken durchaus befähigt, wenn's dann auch, wie es die Komödie will, beim alten bleibt. Daß Frau Christ (...) bis zuletzt so etwas wie einen Hauch Tragik in ihrem Durchschnittsschicksal anklingen lassen konnte, sicherte der Aufführung Rang. Das Volksstück zeigte ein Stückchen Volksschicksal. Die alternde Kaufhausangestellte mit Vierzig am Ende ihres Berufs und ihrer Illusionen – das ist das Stück."[355]

In der rundum stimmigen Inszenierung überzeugte Liesel Christ in der Titelrolle so sehr, dass sie immer wieder von Zuschauerinnen angesprochen wurde, von Verkäuferinnen, die sich selbst und ihre Kolleginnen in dem Stück wiedererkannten. Angesichts der „realistischen" Darstellung des Arbeitsalltags in einem Warenhaus setzten sich auch die Gewerkschaft Handel, Banken und Versicherungen (HBV) und die Deutsche Angestellten-Gewerkschaft (DAG) für den Besuch der „Jubilarin“ im Volkstheater ein. Daraufhin schrieb die Theaterdirektion gezielt die Frankfurter Kaufhäuser an, um deren Angestellte zu einem ermäßigten Eintrittspreis von 6,20 Mark in die Vorstellungen einzuladen.

Der Autor selbst war „einfach hingerissen“[356] von seiner Frankfurter Jubilarin. „So treffend wie Frau Christ hat nicht einmal die Darstellerin der Uraufführung in Paris [d. i. Jacqueline Jefford] meine Jubilarin gespielt“, erklärte er der Presse.[357] Offenbar gefiel sie ihm auch besser als Rosemarie Fendel, die einmal in einer Fernsehinszenierung von 1968 die Rolle übernommen hatte. Bis zu Breitbachs Tod 1980 blieben sich Liesel Christ und „ihr liebster Autor“ – wie sie ihn gern nannte – verbunden. „Warum sind wir uns nicht früher begegnet? Man trifft im Leben soviel ‚Leut‘ und so wenig ‚Menschen‘!“, schrieb sie ihm schon kurz nach ihrer ersten Begegnung in Frankfurt als Widmung auf ein Foto.[358] An den gemeinsamen Erfolg der Frankfurter „Jubilarin“ konnten die beiden jedoch nicht mehr anknüpfen. Mit dem Stück realisierten sie zwar zusammen noch die Fernsehaufzeichnung der Aufführung aus dem Volkstheater (Regie: Wolfgang Kaus, 27. 1. 1979) und eine neue Inszenierung am Stadttheater in Koblenz (Regie: Max Löhlein, 7. 12. 1978), womit der Autor in seine Geburtsstadt und die Schauspielerin an ihre Debütantenbühne zurückkehrten; doch beide Fassungen erreichten nicht die Geschlossenheit der brillanten Frankfurter Aufführung. Und ein anderes, ein neues Stück von Breitbach, das zu der Christ und ihrem Volkstheater gepasst hätte, gab es nicht. „In diesen Tagen fragte mich ein Journalist in einem Interview, wann ich wieder ein Stück von meinem Autor bringe“, notierte Liesel Christ ein Jahr nach Breitbachs Tod. „Meine Antwort: ‚Ich hab ihn leider zu spät kennengelernt. So muß ich halt ‚die Courage‘ spielen.‘“[359]

„Urfaust“ mit hessischem Zungenschlag

Als das Volkstheater seinen Spielplan für die Freilichtsaison 1979 vorstellte, glaubten viele an einen Witz: Goethes „Urfaust“ stand auf dem Programm. Immer wieder mussten Liesel Christ und ihr Regisseur Wolfgang Kaus ungläubigen Journalisten versichern, dass die Aufführung keine Parodie werden sollte, und sogar der Schauspieler, der für die Rolle des Faust angefragt wurde, meinte zunächst, jemand wolle einen Aprilscherz mit ihm treiben. Doch der Christ und ihrem Ensemble war es ernst. Das Volkstheater wollte Goethes fragmentarische Urfassung des „Faust“-Dramas so spielen, wie der Dichter sie in seinem Frankfurter Elternhaus „gleich nebenan“ im Großen Hirschgraben ab 1772 geschrieben hatte und auch selbst vorgelesen hätte: „mit hessischem Zungenschlag“.

Mit der Verwirklichung dieses Projekts erfüllte sich Liesel Christ anlässlich ihres 60. Geburtstags einen lang gehegten Wunsch. Vielleicht wollte sie es damit auch ein bisschen jenen Kritikern zeigen, die einst bei der Gründung ihres Volkstheaters gelästert hatten, dass sie wohl kaum Stücke für ihre Bühne finden würde, zumal Goethe zwar auch

Marthe (mit Heinz Werner Kraehkamp als Mephisto) im „Urfaust", 1979

frankfurtertisch gesprochen, aber leider „außer dem ‚Faust' kein nennenswertes Mundartstück hinterlassen" habe.[360] Auf dem Spiel stand inzwischen aber viel mehr: Es ging um das Volkstheater, seinen Anspruch und seine Zukunft. Mit der Inszenierung wollte Liesel Christ endgültig den Maßstab setzen:

„Ich wollt in meim Volkstheater etwas ganz Besonderes mache (...) – nämlich: Klassiker spiele mit unserm Zungeschlag. Un nach paar Jahrn ham mer's geschafft un hawwe den Urfaust gespielt. Ach, du liewer Gott! Alle Leut hawwe gesacht: ‚Um Gottes Wille, was nimmt se sich denn da vor!?'"[361]

Aber sie wagte das Experiment – das durchaus hätte scheitern können. Vorsichtshalber setzte die Prinzipalin daher zusätzlich eine traditionelle „Hampelmanniade" von Carl Malss auf ihren Sommerspielplan, die Posse „Herr Hampelmann im Eilwagen" in der Bearbeitung von Wendelin Leweke (Regie: Lia Wöhr, 5. 5. 1979), worauf notfalls hätte ausgewichen werden können.

Marthe (mit Silvia Tietz als Gretgen) im „Urfaust", 1979

Die Inszenierung des „Urfaust" besann sich ganz auf die Sprache, die in ihrer Ursprünglichkeit, also möglichst „authentisch", wiedereingesetzt werden sollte. Mit der Sprachmelodie wandelte sich fast unmerklich der Charakter des Stücks. Die „hehre Dichtung" vereinfachte sich: „Die sprachliche Rückführung legte die Struktur als Volksstück frei“, notierte einmal die Sprachwissenschaftlerin Rosemarie Schanze.[362] Das Herausstellen der dialektal gefärbten „Ursprache“ des „Faust“ in allen ihren Abstufungen war damals Sensation genug für eine Inszenierung. Weiterer Interpretationen bedurfte es nicht. Um die Konzentration auf die Sprache zu erzielen und zu bewahren, wurde die Aufführung ansonsten bewusst schlicht gehalten. Der Regisseur Wolfgang Kaus, der Bühnenbildner Hermann Haindl und die Kostümbildnerin Bärbel Krafft (später verh. Christ-Heß) entwickelten gemeinsam „ein Konzept, das sparsam, fast karg angelegt wurde“[363]. Sie wollten den „Urfaust“ spielen „wie eine einfache Wanderbühne“[364], die mit dem Thespiskarren über Land zieht und irgendwo dort draußen ihre Bretterbude aufschlägt:

> „Schäbige Gerüste (...) umstellen die Bühne, bedeckt mit billigen, braunbunten Lappen, in die Spitzbögen als Ein- und Ausgänge geschnitten sind. Ein breites Podest mit einigen Stufen führt zur zweiten Spielfläche. Karge Requisiten (...). Einfache, manchmal zusammengestoppelt wirkende Kostüme (...).“[365]

So beschrieb eine Journalistin die minimalistische Szenerie im Klosterhof. Sogar auf die moderne Technik, vom Tonband bis zum Kunstlicht, wurde weitgehend verzichtet. Für die musikalische Umrahmung sorgten zwei „Musikanten“ (Ingrid Otten und Lutz Kirchhof) mit mittelalterlichen Instrumenten.

Von den Schauspielern verlangte das Inszenierungskonzept eine konzentrierte Arbeit an und mit der Sprache, die sie in den knapp vier Wochen intensiver und nicht ganz konfliktfreier Proben leisten mussten. Die beiden männlichen Hauptrollen hatte das Volkstheater mit profilierten Gästen besetzen müssen, mit Randolf Kronberg als sprachlich exzellent elaboriertem Faust und Heinz Werner Kraehkamp als szenisch wild herrschendem Mephisto, während das Gretgen aus den Reihen des eigenen Nachwuchses kam. Silvia Tietz spielte die Rolle mit „anrührender Einfachheit“[366]. Ihr gegenüber stand Liesel Christ als Marthe Schwerdtlein, ein „vom Leben hart gebeuteltes Vollblutweib“[367], das wirklich – wie von Mephisto befürchtet – „den Teufel noch beim Wort“ nehmen könnte. In dieser Rolle habe die Christ „ihre erotischsten Momente“ gehabt, meinte Regisseur Wolfgang Kaus rückblickend:

> „Da hat's noch mal gebrodelt, noch mal gekocht bei ihr. Sie hat in der Rolle viel Vitalität, Kräfte, Wünsche und Sehnsüchte gezeigt, die sie in der Realität nicht ausleben konnte. Daraus bezog sie ihre schöpferische Potenz. Das ist eben der Vorteil des Schauspielers, dass er Ungelebtes nach draußen tragen kann, was in anderen Berufen ja gar nicht so möglich ist.“[368]

Das bevorstehende „Ereignis“ im Volkstheater „zog Kreise“. Zur Premiere des „Urfaust“ am Fronleichnamstag, dem 14. Juni 1979, erschienen „Schauspielerkollegen von nah und fern“, einheimische und „auswärtige Kritiker-Prominenz“ sowie „ein Fernseh-Team“ im Cantate-

Saal,[369] wo die Freilichtinszenierung wegen des schlechten Wetters gespielt werden musste. Die gespannt erwartete Aufführung wurde zu einem bedeutenden Erfolg für das Volkstheater. Das Publikum im vollbesetzten Haus „honorierte" das Ensemble „mit reichem Szenen- und Schlußapplaus, mit Bravorufen und langen Ovationen",[370] und auch die Presse goutierte das „interessante und weitgehend erfolgreiche Experiment"[371]. Bei der Premierenfeier fragte Kulturdezernent Hoffmann die Prinzipalin, warum sie das Stück bloß so selten auf den Spielplan gesetzt habe. Sie konterte: „Hättest du denn an diesen Erfolg geglaubt?"

Frankfurter Volkstheater in Israel

Der „Urfaust" brachte dem Volkstheater bald Einladungen zu außergewöhnlichen Gastspielen ein. Bereits im August 1979 wurde die Inszenierung auf dem Römerberg für das Fernsehen aufgezeichnet (Bildregie: Klaus Wagner, 27. 12. 1979), und im folgenden Jahr gastierte das Ensemble mit dem Stück bei den Hersfelder Festspielen (26. 6. 1980), wo es sich sogar gegen eine Inszenierung des früheren Frankfurter Generalintendanten Harry Buckwitz behauptete. Das wichtigste und bewegendste Gastspiel jedoch gab das Volkstheater mit dem „Urfaust" in Israel (25. 2. bis 7. 3. 1980).

Mit der Idee zu dieser Theaterreise war der Stadtverordnetenvorsteher Hans-Ulrich Korenke an Oberbürgermeister Walter Wallmann herangetreten, der sich sofort dafür begeisterte. Anlässlich der Unterzeichnung des Freundschaftsvertrags zwischen Frankfurt und Tel Aviv sollte das Volkstheater im Februar/März 1980 die Delegation des Magistrats nach Israel begleiten. Innerhalb von nur sechs Wochen organisierte das Volkstheater in Zusammenarbeit mit dem Frankfurter Oberbürgermeisterbüro und der Stadt Tel Aviv das Gastspiel, das von der Stadt Frankfurt als Gruß an ihre ehemaligen Bürger in Israel finanziert wurde. Der geeignete Saal wurde gefunden, das Ohel Shem, das älteste Theater von Tel Aviv, wo einst Ernst Deutsch gespielt hatte. Für das Volkstheater wurde der Raum nun regelrecht aufpoliert, und das Gerüst für das Bühnenbild wurde nach der Frankfurter Vorlage dort gebaut, von hervorragenden Handwerkern, wie Gisela Dahlem-Christ, die Organisatorin der Reise, erzählte: „Das Gerüst war das stabilste, das wir je hatten!"[372] Doch als Liesel Christ nach ihrer Ankunft in Tel Aviv von Bürgermeister Yigal Griffel stolz in das Ohel Shem geführt wurde, traf sie fast der Schlag. Sie hatte um „einen kleinen Saal" gebeten, und nun stand sie in einer Halle mit fast 1.000 Plätzen! Da konnten sie die Worte des Kulturdezernenten Yoseph Kiosso kaum trösten: „Wenn zur Premiere 90 Leute kommen, ist das schon recht gut!" Bei der ersten Vorstellung jedoch war der Saal dreiviertel voll, und die nachfolgenden fünf Aufführungen waren restlos ausverkauft.

Am 5. März 1980, dem Tag der Unterzeichnung des Freundschaftsvertrags zwischen Frankfurt am Main und Tel Aviv, gab das Volkstheater abends seine Galavorstellung des „Urfaust" in Anwesenheit der

Auf dem Empfang der Deutschen Botschaft in Tel Aviv anlässlich der Unterzeichnung des Freundschaftsvertrags zwischen Frankfurt und Tel Aviv: Frankfurts OB Walter Wallmann, Tel Avivs OB Shlomo Lahat, Liesel Christ, Wolfgang Kaus, Tel Avivs Bürgermeister Yigal Griffel, 1980

beiden Oberbürgermeister Shlomo Lahat und Walter Wallmann sowie weiterer Vertreter der nunmehr partnerschaftlich verbundenen Städte. Das ganze Theater war mit Tausenden von rot-weißen Frankfurt-Fähnchen und blau-weißen Tel-Aviv-Fähnchen festlich geschmückt. „Als der ‚Urfaust' aufgeführt wurde", erinnerte sich Wallmann, „sprachen viele aus Deutschland Vertriebene manche der bekannten Texte mit, und mancher Besucher wischte sich verstohlen Tränen aus den Augen."[373] Nach der Vorstellung lud die Deutsche Botschaft die Städtevertreter zu einem Empfang ein.

Am Rande der offiziellen Ereignisse erlebten Liesel Christ und ihr Ensemble immer wieder rührende Begegnungen, etwa mit David Abramowicz, dem Präsidenten der Vereinigung ehemaliger Frankfurter in Tel Aviv, der spontan Stoltzes „Blutblas" deklamierte, oder mit einem Brezelbäcker in Haifa, der einst im Kaufhaus Wronker auf der Zeil gelernt hatte. Manche der alten Frankfurter erinnerten sich auch noch an das Lieschen in „Peterchens Mondfahrt", und im Hotel wurde Liesel Christ mit einem Plakat „Welcome, Mamma Hesselbach!" begrüßt. „Ihr habt die Vorurteile weggeschwemmt", bestätigten die israelischen Zuschauer den deutschen Volksschauspielern. Liesel Christ und ihr Team verabschiedeten sich von der Stadt Tel Aviv mit einer Spende zur Pflanzung eines Hains mit 100 Bäumen zur Erinnerung an das Gastspiel. Kaum 24 Stunden nach ihrer Ankunft in Frankfurt wurde die Prinzipalin bei ihrem Auftritt als „wilde Auguste" im ausverkauften Volkstheater von einem tosenden Applaus empfangen. Der Erfolg ihres versöhnenden Gastspiels in Israel hatte sich inzwischen herumgesprochen.

In Tel Aviv hatte das Volkstheater geloben müssen, bald wieder zu kommen. Schon im Januar 1981 gab es sein zweites Gastspiel in Israel, mit den beiden Inszenierungen „Der zerbrochne Krug" (mit Liesel

Christ als Marthe Rull, 10.–11. 1. 1981) und „Die fünf Frankfurter" (mit Liesel Christ als Mutter Rothschild, 12.–18. 1. 1981), die in den insgesamt sechs Vorstellungen in Tel Aviv und Haifa über 6.000 Zuschauer sahen. Das diesmal eigenfinanzierte Gastspiel kam das Volkstheater dennoch teuer zu stehen: Infolge des rasanten Anstiegs des Dollars beliefen sich die Kosten schließlich auf rund 100.000 Mark. Die Einnahmen deckten gerade einmal die Tagesspesen. Erst durch den immensen Erfolg des Schwanks „Die wilde Auguste" in dieser Zeit konnte das Volkstheater das Defizit wieder ausgleichen. Doch künftig konnte es sich größere Gastspielreisen nach Israel nicht mehr leisten. Der für Januar 1982 vorgesehene Auftritt von Liesel Christ als Mutter Courage in Tel Aviv fiel daher aus. Bis 1990 reiste das Volkstheater aber „in kleiner Besetzung" regelmäßig nach Israel, meist mit Liesel Christ, Wolfgang Kaus und Hans Zürn, die dort Literaturabende „Von Goethe bis Kästner" und Frankfurter Mundartlesungen von Stoltze und Ettlinger gaben. Seit der Verschärfung des Golfkonflikts mussten auch diese Besuche aufgegeben werden. Mit ihren Gastspielen in Israel, schrieb der Journalist Dieter Bartetzko einmal, habe Liesel Christ jedoch „mehr zur vorsichtigen Wiederannäherung zwischen (nicht nur deutschen) Juden und Deutschen getan (...) als so manche ‚Wiedergutmachungsgelder' oder Ministerreden".[374]

Die Mutter der „Fünf Frankfurter"

Nach dem Ausflug in die literarische Welt nahm sich das Volkstheater zum Saisonbeginn 1979/80 wieder ein lokales Lustspiel vor: Roesslers „Die fünf Frankfurter", eine historische Komödie um die fünf Söhne von Mayer Amschel Rothschild, die aus aller Herren Länder zu ihrer Mutter Gudula in die Frankfurter Judengasse zurückkehren, um hier die wichtigsten Geschäfte ihres vom Vater begründeten Bankhauses gemeinsam zu besprechen. Seit der hiesigen Erstaufführung im Neuen Theater 1912 hatte das Stück schnell die Frankfurter Lustspielbühne erobert, bevor es nach 1933 nicht mehr gegeben werden durfte. Die Rückkehr der einst so beliebten Schauspielerin Mathilde Einzig aus der Emigration für ein Gastspiel als Frau Gudula bei Rémond 1952 rührte das Frankfurter Publikum zu Tränen. Neun Jahre später brillierte Sophie Cossäus, ebenfalls im Kleinen Theater im Zoo, in der Rolle. Danach hatte sich lange keine Bühne mehr an „Die fünf Frankfurter" herangetraut. Das humorvolle Stück aus dem jüdischen Milieu ließ sich mit wachsendem Bewusstsein für die Geschichte der NS-Zeit kaum mehr unbefangen aufführen und auch „nicht mehr so vorbehaltlos genießen wie einst"[375]. „Wenn überhaupt eine diese Mutter Gudula noch so vorbehaltlos spielen kann, daß jeder Ton glaubwürdig wird, dann Liesel Christ", meinte jedoch die Kritikerin Stefanie Zweig.[376]

Dennoch zögerte das Volkstheater, bevor es am 27. Oktober 1979 endlich „Die fünf Frankfurter" herauszubringen wagte. Die Prinzipalin als alte Frau Gudula war darin umgeben von ihren „Söhnen" Walter Flamme (Amschel), Karlheinz Heß (Salomon), Kurt Kirch (Nathan), Dieter Schmiedel (Carl) und Friedrich Metz (Jakob) sowie ihrer

„Nichte“ Silvia Tietz (Betty). Die Darsteller wurden von Regisseur Wolfgang Kaus „zu moderatem Spiel verpflichtet“, um auch nur den geringsten Verdacht einer antisemitischen Karikatur von vorneherein auszuschließen. Diese Vorsicht hatte allerdings zur Folge, dass die gesamte Inszenierung eher „behäbig“ und „matt“ ausfiel. „Am verwirrendsten“, notierte die Kritikerin der Frankfurter Rundschau, „war die Auffassung von Liesel Christ als Gudula. Das war keine ‚Mama‘ mit resolutem Charme, sondern eine anscheinend durch den Tod ihres Mannes vor zehn Jahren zutiefst getroffene Frau, mit einem Hauch sanft elegischer Schwermut.“[377]

Offenbar hatte sich die Christ in dieser Rolle noch nicht gefunden. Die entscheidende Veränderung ihrer Auffassung brachte wohl das erste Gastspiel in Israel. Als die ehemaligen Frankfurter dort hörten, dass das Volkstheater daheim gerade Roesslers Rothschild-Komödie gegeben habe, wünschten sie sich eben dieses Stück für das nächste Gastspiel der Bühne. Das machte dem Ensemble und vor allem auch der Prinzipalin Mut, bei der Wiederaufnahme des Stücks im Herbst 1980 wesentlich souveräner und herzhafter aufzutreten, und im Januar 1981 waren „Die fünf Frankfurter“ erfolgreich in Tel Aviv und Haifa zu Gast. Zehn Jahre später, in der Neuinszenierung wiederum von Wolfgang Kaus (2. 11. 1991), konnte sich die Christ der Frau Gudula noch stärker annähern. Nun, mit zunehmendem Alter, wurde die Mutter Rothschild allmählich zu ihrer Lieblingsrolle. Es sollte im Februar 1995 die letzte Rolle überhaupt sein, die Liesel Christ auf der Bühne ihres Volkstheaters spielte.

„Die wilde Auguste“

Der Spielplan des Volkstheaters blieb bunt. Dem literarischen Volksstück und dem lokalen Lustspiel folgte ein musikalischer Schwank: „Die wilde Auguste“. Das turbulente Stück mit Musik von Walter Kollo, das Theo Halton 1936 für Claire Waldoff geschrieben hatte, erlebte seit den ausgehenden siebziger Jahren eine glänzende Renaissance in Berlin, Hamburg und München. Warum sollte es nicht auch in Frankfurt zünden? In der köstlichen Aufführung voller Witz und Tempo (Regie: Wolfgang Kaus, 23. 1. 1980) durften die Volksschauspieler endlich – nach zwei Inszenierungen, in denen sie ihr Temperament zügeln mussten – wieder einmal „ihrem Affen Zucker geben“. „Mit einem Kopfsprung, der Serien von komödiantischen Salto mortales nach sich zog,“ stürzte sich Liesel Christ „auf und in die Rolle“ der zunächst noch ganz zahmen Haushälterin Auguste,[378] die ihrem jungen Herrn aus seinen Geldnöten helfen will und sich deshalb als die reiche Erbtante aus Mexiko kostümiert: „Caramba, ist das ein Vergnügen!“, rief die Kritik begeistert aus. Das Publikum „raste“ und spendete nicht nur am Schluss „orkanartigen Beifall“. „Die wilde Auguste“ machte die von der Presse nach der Premiere prophezeite „Furore“: In insgesamt 121 Vorstellungen 1980/81 wurde sie bejubelt, womit sie sich in die Serie der großen Erfolge des Volkstheaters in jener Zeit einreihte.

Die Schauspieler konnten sich in dieser Inszenierung richtig austoben und erfanden zudem ständig neue Gags dazu – zur Freude des Publikums und zur Überraschung der Kollegen. Allabendlich passierten auf der Bühne „die verrücktesten Sachen", wie sich Hans Zürn, der Darsteller von Augustes Dienstherrn Fleming, erinnerte.[379] In ihrem großen Auftritt als feurige Tante Isabella aus Mexiko, die die drei potentiellen Geldgeber von Fleming becirct, gab sich die „wild" gewordene Auguste leidenschaftlich: „Wenn sich mir ein Mann in den Weg stellt, den erschieße ich!" – „Wie wolle Sie des dann mache?" – „Mit meiner Pistoleros!", antwortete die Dame in ihrem unverkennbar frankfurterischen Spanisch. – „Un wo hawwe Se die?" – „In meinem Strumpfbanderos!" – „Kann ich des emal sehe?" fragte daraufhin einer der bereits entflammten Herren, Flemings streng vegetarisch lebender Onkel Leberecht von Zickenzahn (Kurt Kirch). Und Hans Zürn alias Fleming, der damals noch neu im Ensemble war, lag die entsprechende Antwort auf der Zunge – aber er traute sich eine ganze Woche lang nicht, sie anzubringen. In einer Vorstellung fasste er sich schließlich ein Herz und sagte trocken: „Aber, Onkel, du bist doch Vegetarier!" Daraufhin bekam Liesel Christ einen Lachanfall. Zunächst rang sie noch um Beherrschung, drehte sich vom Publikum weg, versank dann aber vor Lachen geschüttelt im auf der Szene stehenden Sofa – und die Vorstellung ging erst einmal nicht weiter...

Auguste (mit Karlheinz Heß als Briefträger Engel) in „Die wilde Auguste", 1980

Am Ende handelte sich Auguste zwar die Heiratsanträge gleich aller drei Herren ein, um sich dann aber für den braven Geldbriefträger Engel zu entscheiden. Für dessen Darsteller war die Auguste dann wohl doch etwas zu wild, wie die Kollegen gern scherzten: Denn Liesel Christ „verschliss" in dieser Rolle nicht weniger als vier Partner. Den Engel spielte zuerst Wolf Walther, der jedoch wegen anderer vertraglicher Verpflichtungen „in der Verlängerung" aufgeben musste. Die Rolle übernahm im April 1980 der ebenso profilierte wie populäre Schauspieler Georg Lehn. Als Lehn bei den Dreharbeiten für den Fernsehfilm „Kaiserhofstraße 12" vom Kutschbock fiel und sich den Arm brach, musste Regisseur Wolfgang Kaus „als rettender Engel" einspringen. Er wurde abgelöst von Karlheinz Heß, einem aus Frankfurt stammenden Schauspieler, der durch das Fernsehen (als Polizeimeister Hartmann in der Serie „Polizeifunk ruft") bekannt geworden war. Dem Publikum des Volkstheaters hatte er sich bereits 1979 als einer der „Fünf Frankfurter" vorgestellt. Künftig blieb er dem Haus nicht nur als Darsteller eng verbunden. Seit 1992 war er verheiratet mit Liesel Christs jüngerer Tochter Bärbel (gesch. Krafft), der Bühnen- und Kostümbildnerin des Volkstheaters.

„Mutter Courage"

Zum zehnjährigen Bestehen 1981 konnte das Volkstheater eine stattliche Bilanz ziehen. Es hatte 49 Inszenierungen mit knapp 2.200 Vorstellungen und fast 300 Gastspielen sowie sechs Fernsehaufzeichnungen herausgebracht. Insgesamt waren rd. 625.000 Besucher gekommen, was ungefähr der Einwohnerzahl von Frankfurt entsprach: Statistisch gesehen war also im letzten Jahrzehnt jeder Frankfurter einmal im Volkstheater gewesen. Die Gründerin Liesel Christ hatte ihren Anspruch eingelöst, mit dem sie angetreten war: Sie hatte Menschen aller sozialen Schichten (wieder) ins Theater geholt und ihnen die Freude daran vermittelt. Nachdem sie dem Publikum erst einmal „die Schwellenangst" genommen hatte, konnte die Prinzipalin auch ihr künstlerisches Ziel anstreben. Von Anfang an hatte sie „auch Klassiker mit unserem [d. i. dem hessischen] Zungenschlag" spielen wollen. Darauf arbeitete sie hin. Zusammen mit Wolfgang Kaus, dem Regisseur und späteren künstlerischen Leiter der Bühne, realisierte Liesel Christ Stück für Stück ihr Programm des literarischen Volkstheaters. Mit dem „Urfaust" 1979 war ihr der „Durchbruch" gelungen. Sie hatte dem Volk das Theater erschlossen. „Der Arbeiter, der einfache Bürger, der seine Klassiker nicht so kennt wie der, der auf der höheren Schule war", konnte die Christ stolz behaupten, „der geht heute bei uns aus dem Theater und weiß, was er gesehen hat."[380]

Mit der Jubiläumsinszenierung, die zugleich die 50. des Volkstheaters und die 25. des Hausregisseurs Kaus sein sollte, setzte das Volkstheater seine literarische Reihe bei den Freilichtspielen im Dominikanerkloster fort. Nach Kleists Lustspiel „Der zerbrochne Krug" im vorigen Jahr (mit Roman Fromlowitz als Dorfrichter Adam und Liesel Christ als Frau Marthe Rull, Regie: Wolfgang Kaus, 14. 6. 1980) stand diesmal ein Klassiker der Moderne auf dem Programm: Brechts „Mutter Courage und ihre Kinder" (18. 6. 1981) in einer sehr aufwendigen Produktion, deren 28-köpfige Besetzung schon allerhand kostete. Immerhin wurden einige hervorragende Gäste engagiert, u. a. Monika Goll (Yvette Pottier), Anette Krämer (Kattrin), Pit Krüger (Koch) und Joseph Saxinger (Feldprediger). Mit der Titelpartie bot das Stück der Prinzipalin eine geradezu ideale Rolle. Seit sie in den fünfziger Jahren Therese Giehse darin gesehen hatte, träumte Liesel Christ davon, die Courage einmal selbst spielen zu dürfen. Für die Inszenierung des Volkstheaters musste sich die Schauspielerin die lange ersehnte und scheinbar so naheliegende Figur jedoch hart erkämpfen, zumal sie darin eigene Muttergefühle angesichts aktueller familiärer Probleme intuitiv aufgriff und schöpferisch verarbeitete. Obwohl sie schließlich „souverän die Szene [beherrschte]"[381], wirkte sie selbst seltsam beherrscht:

„Aus der Stadt der Kaufleute, Händler und Krämer, aus Frankfurt, kommt, unüberhörbar, die Courage der Liesel Christ. Sie überrascht durch ungewohnte Härte, die auch bei den scheinbar ‚menschlichen' Regungen ihrer Möchtegern-Partner, dem Koch und dem Feldprediger, immer dem ‚Nutzungseffekt' nachspürt. Sie bleibt auch steinern beim Tod ihres jüngsten Sohnes und gönnt sich nur an Kattrins Leiche ein monoton gesummtes Wiegenlied. Sie ist beklemmend in ihrer Unbelehrbarkeit, wenn sie dann allein weiterzieht."[382]

Mutter Courage (mit Pit Krüger als Koch) in „Mutter Courage und ihre Kinder", 1981

Im großen Ganzen neigte die Christ allerdings dazu, die Rolle weniger nach Brechts Grundsätzen des Epischen Theaters zu gestalten als nach ihrem eigenen obersten Gebot: Sie wollte immer „Menschen auf die Bühne stellen"[383], mit denen sie genauso wie ihre Zuschauer sich identifizieren konnten. So gerieten die Hauptdarstellerin und damit die ganze Inszenierung in einen dramaturgischen Zwiespalt. „Das historisch-gleichnishafte Geschehen des Stückes", so bemerkte der Kritiker der Frankfurter Allgemeinen Zeitung, „verflüchtigte sich in einen bunten Regenbogen des Ewig-Menschlichen",[384] wobei – trotz des Regisseurs Ringen – von Brecht fast nur noch der Text übrig blieb. Dieses (sich wohl mehr unbeabsichtigt vordrängende) „Konzept" der Rückverwandlung von Epischem Theater in Illusionstheater erwies sich „ebenso angreifbar wie erfolgreich", wie ebenfalls der FAZ-Kritiker feststellte: „Denn die Zuschauer wollen nun einmal – hier noch stärker als an anderen Orten – weniger irritiert und belehrt als unterhalten und belustigt werden."[385] So wurde die von der Kritik eher verhalten beurteilte Inszenierung ein riesiger Publikumserfolg: In die insgesamt 51 Vorstellungen kamen rund 20.000 Zuschauer – trotz des kühlen Sommers, in dem nur knapp die Hälfte der Vorstellungen draußen gespielt werden konnte.

Bis heute ist die „Mutter Courage" des Volkstheaters unvergessen – allein durch die Besetzung der Titelrolle mit der Prinzipalin Liesel Christ und die darin liegende Symbolkraft. „Sie ist unsere Mutter Courage, die zehn Jahre lang den ‚Karren' gezogen hat", konstatierte Re-

Mutter Courage (mit Anette Krämer als Kattrin) in „Mutter Courage und ihre Kinder", 1981

gisseur Wolfgang Kaus, wenn auch nicht gerade im Brechtschen Sinne, in einem Interview zum zehnjährigen Theaterjubiläum.[386] Auf der Bühne des Volkstheaters bekam das letzte Bild des Stückes somit besonderes Gewicht: „Mutter Courage“, so heißt es in dessen Ankündigung vorausschauend, „zieht“ ihren Wagen „weiter“.

1981–1992
„Fraa Frankfort"
Volksschauspielerin und Botschafterin für die Vaterstadt

Im vergangenen Jahrzehnt hatte Liesel Christ ihrem Volkstheater auf die Beine geholfen und das Laufen gelehrt. Die Arbeit als Prinzipalin und Schauspielerin für die von ihr aufgebaute Bühne stand weiterhin im Mittelpunkt ihres Schaffens. Daneben aber konnte sich die vielseitige Künstlerin nun erlauben, wieder andere Aufgaben anzunehmen. Auch im Fernsehen bekam die Mamma Hesselbach jetzt neue Rollen. In einem Alter, in dem andere in Rente gehen konnten, blieb sie unermüdlich tätig, nicht nur in ihrem Beruf. Außer den üblichen Auftritten bei offiziellen Anlässen zur Publicity für sich und ihr Theater widmete sie sich zunehmend karitativen Zwecken. Ihre Sorge galt insbesondere Kindern, Kranken, Behinderten und Senioren. Daneben engagierte sie sich für die Aussöhnung zwischen Deutschen und Juden ebenso wie für die Völkerverständigung im Nahen Osten. Vor allem aber erhob sie die Stimme für ihre Stadt.

Nicht zuletzt wegen ihrer sympathischen Allgegenwart in der Frankfurter Öffentlichkeit avancierte Liesel Christ wie von selbst zur Repräsentantin ihrer Vaterstadt. In der alten Tradition, wonach Städte durch Frauenfiguren dargestellt werden, schlug der Publizist Dieter Bartetzko im Jahr 1991 als Allegorie für Frankfurt Liesel Christ vor, die „als Mama Hesselbach sowohl das liebenswert Mütterliche der Frankfurterinnen ausdrückt, als Kupplerin aber auch die Schattenseiten der Großstadt symbolisiert".[387] Hinter ihren Rollen zwischen Mamma und Marthe war Liesel Christ aber auch eine einfache Bürgerin geblieben. Sie stand nicht als „Francofurtia" auf dem Sockel, sondern lebte als „Fraa Frankfort"[388] mitten unter den Menschen in ihrer Stadt. Auch das machte die Schauspielerin zur populärsten Frankfurterin: Die Leute sahen in ihr immer „eine von uns".

Mit den Dackeln Dobbsy und Aja am Weiher im Anlagenring, in der heutigen Liesel-Christ-Anlage, um 1990

Ausgefüllter Alltag

Mit hohem persönlichem Einsatz, der durchaus auch materielle Einschränkungen bedeutete, hatte Liesel Christ ihr Volkstheater aufgebaut. So gestand die Prinzipalin sich selbst kaum eine höhere Gage als ihren Schauspielerkollegen zu, obwohl sie sich – wie andere Intendanten – ein Gehalt als Theaterleiterin zuzüglich Spielhonorare hätte auszahlen können. Privat brauchte sie keinen Luxus. Ihr genügte es, wenn sie ihren Lebensstil im gehoben bürgerlichen Rahmen halten konnte. Seit der Mitte der 1970er Jahre wohnte sie in einem kleinen, etwas versteckt in einer Sackgasse hinter der Alten Oper liegenden Häuschen in der Leerbachstraße 12c, dem früheren Haus des ersten Frankfurter Lohnkutschers, das sie später (1986) erwerben und dank äußerster Sparsamkeit finanzieren konnte. Während Tochter Gisela zunächst unter dem Dach, dann im ersten Stock lebte, gehörte Liesel die Erdgeschosswohnung mit drei Zimmern, Küche, Bad, zwei Balkons und vor allem dem üppig grünenden Garten, alles „überschaubar“ und doch „gemütlich“, so wie es die Schauspielerin liebte. Hier hatte sie alles in greifbarer Nähe, was sie zum Arbeiten brauchte (wie etwa ihre große Bibliothek); hier kultivierte sie aber auch unzählige „Kruschel-eckcher“ mit allerhand „Krimskrams“, wo sie zu jedem Stück eine eigene Geschichte erzählen konnte. Über Küche und Speisekammer herrschte Liesel Christ souverän als stolze Hausfrau und gute Köchin. Wie der ausgefüllte Alltag der 60-Jährigen aussah, schilderte 1979 die „Senioren Zeitschrift“:

> „Sie [d. i. Liesel Christ] bewohnt keinen Bungalow im Taunus, sondern eine Wohnung im Westend. Sie führt kein exaltiertes Künstlerleben, sondern ein alltägliches zwischen Arbeit und Haushalt, ‚wie du und ich‘. Sie (...) führt ihren Haushalt selbst, und sie interessiert sich dafür, ‚wie diesmal die Eintracht spielt‘. Sie interessiert sich überhaupt für alles, was in Frankfurt und um sie herum geschieht, ‚ich bin Widder und daher neugierig‘.
>
> Zwischen 7 und 7.30 Uhr morgens steht sie auf. Zuerst geht sie schwimmen – sie hat keinen Swimmingpool, aber sie ‚darf‘ jeden Morgen bei Nachbarn –, ‚inzwischen ist mein Kaffee durchgelaufen‘. Sie frühstückt in aller Ruhe und genüßlich, ‚mindestens eine ganze Stunde‘, mit Kaffee, Joghurt, Grapefruit und allem Drum und Dran, liest ihre zwei Tageszeitungen und denkt darüber nach, ‚was es heute zu Mittag gibt‘. Zum Theater geht sie zu Fuß. Es ist ein Weg von gut zehn Minuten. Oft wird er länger, weil sie unterwegs noch einkauft. Um 10 Uhr beginnen im Theater die Proben. Ist sie mal nicht dabei, gibt es für eine Theater-Chefin ausreichend anderes zu tun.
>
> So gegen halb vier ist sie dann wieder zu Hause, kocht sich ihr Mittagessen. Wenn sie dann das Geschirr gespült hat – per Hand natürlich –, schläft sie eine Stunde, bereitet sich für die Abendvorstellung vor und spielt dann am Abend Theater. Hat sie abends mal ‚frei‘, mal keine Vorstellung, kocht sie für ein paar Wochen vor und friert das portionsweise ein, strickt, näht, macht Wäsche, liest, sieht fern. Ein einfaches, ganz normales Leben. Zu einfach, zu normal? Vielleicht – gäbe es da nicht noch so viel anderes. Die Post, die sich oft schnell ansammelt und staut – Autogramme und Antworten an Ratsuchende und Post, wie sie halt jeder hat. Besuche in Altenclubs, Mitarbeit bei der Senioren Zeitschrift, Vereins-Auftritte, soziale Veranstaltungen. ‚Wenn ich nicht Theater spielen würde, wäre ich mit Sicherheit in der sozialen Arbeit tätig.‘“[389]

Der erwähnte Fußweg von ihrem Haus zum Volkstheater führte Liesel Christ mitten durch die Stadt: durch die Anlage hinter der Alten Oper über den Opernplatz, dann durch die Fressgass oder die Goethestraße über den Roßmarkt bis zum Großen Hirschgraben und zurück. Das Stück der Bockenheimer Anlage zwischen dem großen Weiher und der Alten Oper, das sie somit fast tagtäglich passierte, trägt seit 1997 den Namen „Liesel-Christ-Anlage".

Zugkraft für das Volkstheater

Das Volkstheater hatte sich in der Frankfurter Kulturlandschaft etabliert. In den saturierten 1980er Jahren lief es wie am Schnürchen. Sein Kurs des literarischen Volkstheaters war mittlerweile anerkannt und konnte somit unbeirrt fortgesetzt werden, ohne dass dies noch ein großes Wagnis bedeutet hätte. Für seine „außerordentliche Leistung"[390] bekam das Theater 1984 den „Harlekin" der Frankfurter Volksbühne. Dieser Preis galt

> „einer stets einsatzfreudigen Theatergruppe (...), die unter der Führung [ihrer] Prinzipalin Liesel Christ und von Regisseur Wolfgang Kaus mit einem Minimum an Mitteln ein Maximum an Wirkung erzielt und als verbindendes Element zwischen den Generationen agiert. Das Ensemble sorgt nicht allein animierend für das Unterhaltungsbedürfnis eines treuen Stammpublikums, sondern spricht auch junge Theaterbesucher an, die sonst keinen Zugang zu der Tradition der Mundart hätten. Die überregionale Bedeutung, die das Volkstheater heute hat, beruht weder auf Sensationserfolgen noch einzelnen Saisonhöhepunkten, sondern auf der bewußten – und geglückten – Pflege dieser Mundart, die ihrerseits ein fester Bestandteil der Frankfurter Tradition und Stadtgeschichte ist. Das Volkstheater versteht es, eine oft tot gewähnte Freude am Ursprünglichen auf eine sehr allgemeingültige Weise und mit fühlbarem Engagement zu beleben."[391]

Leonida (mit Hans Elwenspoek als Bourcy) in „Ein Tag in Paris", 1984

Bei der Preisverleihung nach der Premiere des musikalischen Schwanks „Ein Tag in Paris" im Volkstheater (mit Liesel Christ als Leonida, Regie: Wolfgang Kaus, 3.11.1984) nannte Kulturdezernent Hilmar Hoffmann die Bühne gar „die Nummer eins unter den bundesdeutschen Volkstheatern"[392]. Ange-

Marthe Rull in „Der zerbrochne Krug", 1980

Ella Brozowsky in „Der Trauschein", 1981

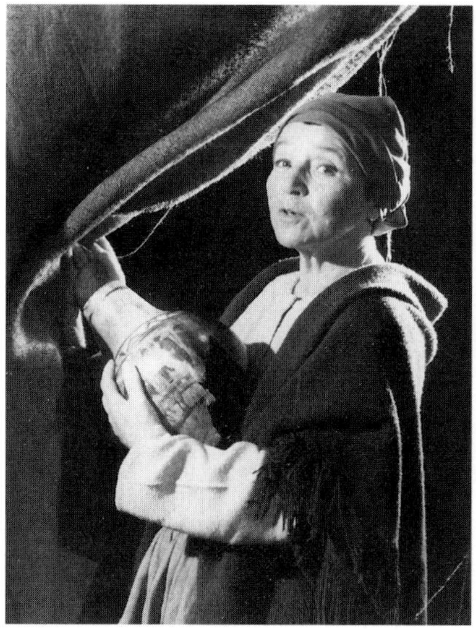

sichts dieser Entwicklung konnte die Prinzipalin stolz und zufrieden auf ihr Lebenswerk blicken: „Das Volkstheater, mein größter Wunsch, ist Wirklichkeit geworden. Was also will ich noch mehr?"[393]

Unverändert blieb die Christ die Erste Schauspielerin ihrer Bühne. Schon ab 1978 gönnte sie sich zwar, fast in jeder Spielzeit einmal in einer oder auch zwei Inszenierungen auszusetzen. Aber dann wollte ihr Publikum sie auch wieder sehen. Die kommenden Jahre brachten der Schauspielerin zwar nur wenige spektakulär neue Rollen, jedoch viele reizvolle Reprisen und komische Kabinettstückchen, die ihr schöne persönliche Erfolge eintrugen. „Ich habe jetzt Rollen, die mir nie mehr verlorengehen", hatte Liesel Christ nach ihrem Fachwechsel zur Mutter und Komischen Alten bereits 1961 festgestellt.[394] Doch sollte es über zwei Jahrzehnte dauern, bis sie etwa an die großen Rollen ihrer Landesbühnenzeit anknüpfen konnte. Die Marthe Rull in Kleists „Der zerbrochne Krug" beispielsweise, die sie erstmals 1957 gespielt hatte, konnte sie erst im Rahmen ihres Programms des literarischen Volkstheaters 1980 wieder geben. Offenbar hatte die Schauspielerin die Rolle dennoch gut bewahrt: Die Kritiken von 1957 wie die von 1980 lobten, sogar mit fast denselben Worten, die Christ besonders für „die beschreibende Partie, in der sie Bebilderung und Geschichte des Kruges erzählte", die ihr „farbig und plastisch" gelungen sei.[395] Noch weiter zurück griff Liesel Christ mit der Rolle der Maria in „Was ihr wollt", die sie einst in Heilbronn gespielt hatte. Für die erste Inszenierung einer Komödie von Shakespeare am Volkstheater (15. 6. 1985) hat Regisseur Wolfgang Kaus diese Partie entgegen der üblichen Praxis besetzt und aus Olivias Kammerkätzchen eine gestandene Zofe gemacht. Die Prinzipalin habe die Rolle der „Lachmarie" dann sehr geliebt, erinnerte sich Kaus: „Da hat sie sich noch einmal jung gefühlt."[396]

Weitere Reprisen dieser Art gab Liesel Christ in ihrem Volkstheater als Witwe Sprosser in „Pension Schöller" (6. 4. 1977), als Ella in „Der

Trauschein" (mit Joseph Saxinger als deren Mann Daniel Brozowsky, 24. 10. 1981), als Frau Dummbach im „Datterich" (mit Georg Lehn als Datterich und Walter Flamme als Dummbach, 3. 3. 1982), als Anni Wiesner in „Das Fenster zum Flur" (mit Walter Flamme als deren Ehemann Fritz Wiesner, 27. 4. 1983), als Frau Vogel in „Sturm im Wasserglas" (5. 11. 1983) und als Mutter Wolffen in „Der Biberpelz" (6. 3. 1985). Vor allem mit der letztgenannten Inszenierung von Wolfgang Kaus sorgte das Volkstheater wieder einmal für Aufsehen. Den Originaltext in bewährter Manier „mit hessischem Zungenschlag" zu spielen, hatte sich allerdings in diesem Fall als problematisch erwiesen. Durch die Übertragung in den anderen, weicheren Dialekt verlor Hauptmanns Milieuzeichnung an Härte und Drastik, so dass das Drama zu „verwässern" drohte. So verwandelte sich der „Biberpelz" im Volkstheater unversehens zur „gefälligen Schmunzelkomödie"[397] mit Herz, in deren Mittelpunkt Liesel Christ als „lebensgeladene Mutter Courage der Wohnküche"[398] stand. Dem Erfolg beim Publikum tat dies keinen Abbruch, im Gegenteil: „Der Biberpelz" wurde sogar – wie die begeisterte Kritikerin Stefanie Zweig meldete – zum „Schlager der Saison" auf den Frankfurter Bühnen.[399]

Mutter Wolffen (mit Hans Zürn als Wulkow) in „Der Biberpelz", 1985

Die neuen Rollen, die Liesel Christ in jenen Jahren am Volkstheater spielte, entstammten der traditionellen Lustspielliteratur aus Frankfurt (wie die Tanzlehrersgattin Minna in „Der Rentier", 19. 2. 1983) und Darmstadt (wie die Frau Klotz in „Die Villa", 9. 5. 1984), aber auch aus Bayern (wie die Frau Burgermeister Rehbein in „Die Lokalbahn", 26. 4. 1986) und gar Frankreich (wie die Schwiegermutter Roswitha Schreier in „Der Damenschneider", 10. 2. 1990). Dazwischen mischten sich einige Partien in klassischen und modernen Schwänken (wie Tante Jutta aus Kalkutta in „Familie Hannemann", 15. 2. 1986, und Maria Lotterbeck in „Der Weltmeister", Uraufführung, 8. 2. 1984), und einmal durfte sich die Christ an ihre Zeit als Soubrette erinnern, wenn auch jetzt in der Mütterrolle (als Marzelline in „De dolle Daach oder Dem Figaro sei Hochzeit", 22. 6. 1988). Oft erfreute und beeindruckte sie ihr Publikum mit kleinen Kabinettstückchen (etwa als Paula Pulvermann in „Der Maulkorb", 14. 2. 1987), hessischen Glanzlichtern (etwa als Madame Britschebräät in „Der Tartüff", Juni 1987) oder anrührenden Szenen (etwa als Brandnerin in „Der Brandner-Kaspar guckt ins Paradies", 31. 10. 1987). Gelegentlich konnte sie auch wieder einmal in einer Hauptrolle brillieren (wie als Mariechen Fingerhut gen. Opal in

Anni Wiesner (mit Walter Flamme als Fritz Wiesner) in „Das Fenster zum Flur", 1983

Frau Wirbel (mit Heinz Schenk als Bohneberger) in „Rendezvous im Palmengarten", 1987

„Lumpen", 1. 11. 1986). Ihr Regisseur in all diesen Inszenierungen war Wolfgang Kaus. Ihre wichtigsten Bühnenpartner jener Jahre waren Walter Flamme, Hans Elwenspoek, Karlheinz Heß, Hans Zürn, Georg Lehn, Pit Krüger und Joseph Saxinger. Flamme, der bereits 1974 zum Volkstheater kam und in den 1980er Jahren dort einige wichtige Rollen neben Liesel Christ spielen durfte, erinnerte sich an die Zusammenarbeit mit der Prinzipalin als Schauspielerin:

> „Es war eine Freude, mit ‚der Christ' zu spielen. Niemals hätte sie sich in den Vordergrund gedrängt, blieb beim Spielen immer Kollegin. Was sie nicht mochte, [war,] wenn sie mit ‚Chefin' angesprochen wurde. Sie duzte das Ensemble, aber alle sagten [zu ihr] ‚Sie'."[400]

Nicht immer verlief die Zusammenarbeit mit den Kollegen auf der Bühne so harmonisch und reibungslos. Sie war und blieb „die dominante Figur im Volkstheater-Ensemble", wie Regisseur Kaus konstatierte: „Es war schwer, jemand anders dagegen zu positionieren."[401] Mit zwei prominenten Gästen ist dies jedoch geglückt, mit Lia Wöhr und Heinz Schenk, der am 25. April 1987 zum ersten Mal im Volkstheater auftrat. In dem Lokalstück „Rendezvous im Palmengarten", das Adolf Stoltze einst (1889) als Pendant zu seinem Erfolgsstück „Alt-Frankfurt" unter dem Titel „Neu-Frankfurt" geschrieben und Wolfgang Kaus nun für das Volkstheater zu einem „Bilderbogen" aus der guten, alten Zeit umgearbeitet hatte, mimte Schenk den verwitweten Rentier Lorenz Bohneberger, der „zweimal in die Bahn gefalle" ist (d. h. zwei seiner Grundstücke gewinnbringend an die Eisenbahn verkaufen konnte) und sich per Heiratsannonce um eine neue Frau bemüht. Beim titelgebenden „Rendezvous im Palmengarten" trifft er zunächst jedoch auf die falsche Braut, die ebenso umtriebige wie liebebedürftige Witwe Wirbel, die Liesel Christ darstellte. In dieser Rolle spielte die Christ zwar „die zweite Geige", aber „mit erstklassigem Strich", wie die Kritik notierte.[402] Überhaupt gefiel die stimmige, detailverliebte Inszenierung dem Publikum so sehr, dass beim donnernden Schlussapplaus in der Premiere die Kulisse des Hauptbahnhofs vom letzten Bild zusammenzukrachen drohte. Insgesamt lief das Stück 1987/88 über 100-mal im Volkstheater sowie in einer Fernsehaufzeichnung am 27.6.1987 im Samstagabendprogramm der ARD.

Um die Wende zu den 1990er Jahren herum wollte Liesel Christ den Spielplan des Volkstheaters mit Neuinszenierungen alter Erfolge konturieren, die ihr selbst zugleich die Möglichkeit boten, noch einmal in einigen Paraderollen aufzutreten. So spielte sie jetzt die Tante Anna in „Schweisch, Bub!“ (11.2.1989) und der Fortsetzung „Dehaam is dehaam!“ (26.4.1989) sowie die Frau Funk in „Alt-Frankfurt“ (7.11.1990), aber auch wieder die Marthe im „Urfaust“ (mit Roman Helferich als Faust und Hans Zürn als Mephisto, 18.6.1991) und die alte Frau Gudula in „Die fünf Frankfurter“ (2.11.1991). Mit der Neuinszenierung des „Urfaust“ für die Freilichtspiele 1991 feierte das Volkstheater zugleich sein 20-jähriges Bestehen. Nach der Premiere, die wegen nordischer Kälte nicht im Klosterhof stattfinden konnte, hielten Frankfurts Oberbürgermeister Andreas von Schoeler und Tel Avivs Bürgermeister Yigal Griffel sehr persönliche Festreden, die die Prinzipalin zu Tränen rührten. Immerhin bewahrte sie aber so viel Fassung, um Schoeler darauf hinzuweisen, dass er das Geschenk der Stadt Frankfurt, einen Scheck über 5.000 Mark, versehentlich wieder eingesteckt hatte.

Mit der Jubiläumsinszenierung des „Urfaust“ auf Hessisch wollte Liesel Christ nicht nur in die Vergangenheit blicken und an die Tradition des literarischen Volkstheaters erinnern, sondern auch Zeichen für die Zukunft setzen. Wieder hatte sie etwas ganz Besonderes mit dieser Inszenierung vor: Im Jahr nach der deutschen Wiedervereinigung wollte sie damit die Brücke von Frankfurt nach Weimar schlagen. So reiste das Volkstheater im August 1991 aus Goethes Geburtsstadt in dessen Wirkungs- und Sterbestadt. Im Weimarer Schlosshof sollten am 15./16. August 1991 zwei Vorstellungen des „Urfaust“ gegeben werden. Die Verfasserin, die als dramaturgische Mitarbeiterin des Regisseurs Wolfgang Kaus das Ensemble begleiten durfte, berichtete damals in einem Brief von der ungewöhnlichen Gastspielreise:

> „Nachdem im Vorverkauf nur zwölf Karten verkauft worden waren, bangten wir natürlich arg um den Erfolg – aber abends strömten dann die Zuschauer, alle 400 Plätze waren ausverkauft. Wir holten schließlich noch 12 Bänke aus dem benachbarten Park, viele Leute standen, etwa 50 Leute saßen auf dem Baugerüst am Schloß. Das Weimarer Publikum war viel aufmerksamer als das Frankfurter, reagierte auf alle Pointen im Text, ging besser mit. Allerdings war es auch viel voreingenommener gegen unsere hier eher als harmlos angesehenen ‚Experimente‘ und Effekte in der Inszenierung. Gerade in Weimar ist man wohl einen anderen Umgang mit den Klassikern gewöhnt – unsere so gar nicht hehre Inszenierung sahen viele als respektlos an, als wollten wir ‚ihren‘ Goethe vom Podest zerren. Da spürt man denn doch, daß die Entwicklung auch in der Theaterlandschaft völlig anders verlief.“[403]

Die Prinzipalin Liesel Christ, die in Weimar zwar aus dem Fernsehen, aber kaum als Mamma Hesselbach bekannt war, knüpfte auch in der thüringischen Goethestadt schnell Kontakte. In Gesprächen mit Journalisten stellte sie fest, dass man in Weimar nur wenig über die von ihr so verehrte Mutter Goethes wusste. Daraufhin wurde sie eingeladen, hier aus den Briefen der Frau Aja zu lesen. So übernahm sie in Weimar die Rolle, die sie gern auch einmal in ihrem Volkstheater daheim gegeben hätte. Nur leider fehlte ihr das passende Stück dazu: Trotz ihrer wiederholten Appelle, etwa in Zeitungsinterviews, fand sich kein Autor, der der Christ ihre Traumrolle der Frau Aja auf den Leib geschrieben hätte.

„Mudder Liesl"

In der ersten Zeit nach der Gründung hatte Liesel Christ ihr Volkstheater nie allein gelassen. Fast sieben Jahre lang spielte sie in jeder Inszenierung dort mit, bevor sie sich entschließen konnte, auch wieder einmal ein anderes Engagement anzunehmen. Ihr ehemaliger „Fernsehsohn" Dieter Henkel, der inzwischen das Tourneetheater „Theater unterwegs" in München leitete, wollte sie gern „haben", und zwar für die weibliche Hauptrolle in der hessischen Komödie „Loch im Kopp", die Wolfgang Deichsel nach Motiven von Labiche geschrieben hatte und für die Gastspielreise auch selbst inszenieren wollte. Gegen Deichsels Willen drückte Henkel die Besetzung der neureichen Kommerzienratsgattin Julia mit Liesel Christ durch. Während der Proben begeisterte sich auch der anfangs mehr als skeptische Regisseur für die Darstellerin, deren Professionalität und Ausstrahlung: Liesel Christ erwies sich als die Idealbesetzung der Rolle. An ihrer Seite brillierte Günter Strack als Kommerzienrat Naube, dessen großbürgerliche Lebenswelt zusammenbricht, als er nach durchzechter Nacht glauben muss, einen Mord begangen zu haben. Nach der Premiere in Liechtenstein im Januar 1978 tourte das Ensemble, wozu außerdem Silvia Tietz, Frieder Anders, Dieter Henkel und Walter Renneisen gehörten, knapp ein Vierteljahr lang über 19.000 Kilometer quer durch Deutschland und die Schweiz. Nach 79 Vorstellungen endete die äußerst erfolgreiche Tournee im März 1978. Theaterleiter Henkel hatte zwar ein Angebot, das Stück danach noch an den Kammerspielen in München herauszubringen, was aber wegen anderweitiger Verpflichtungen von Strack (für die damals gerade beginnende Fernsehserie „Ein Fall für zwei") scheiterte. Andere Theaterengagements führten Liesel Christ, wie bereits erwähnt, zurück an ihre

Julia (mit Dieter Henkel als Neffe und Günter Strack als Kommerzienrat Naube) in „Loch im Kopp", Tournee mit dem „Theater unterwegs", 1978

„Anfängerbühnen" in Koblenz (als Marie Schmidt in „Die Jubilarin", Regie: Max Löhlein, 7.12.1978) und Heilbronn (als Frau Vogl in „Sturm im Wasserglas", Regie: Wolfgang Kaus, 28.11.1982).

Auch vom Fernsehen wurde Liesel Christ seit den 1970er Jahren wieder verpflichtet. Nicht nur in den Aufzeichnungen aus dem Volkstheater (ab 1975), die später (ab 1995) teilweise auch auf Video erschienen, war sie auf dem Bildschirm vertreten. Sie bekam zudem einige Episodenrollen in Fernsehspielen (u. a. in „Datterich", Regie: Klaus Wagner, ARD, 6.2.1972; „Florian", Regie: Klaus Emmerich, ZDF, 18.8.1973; „Bergpredigt", Regie: Rolf Hädrich, ARD, 23.2.1983), im „Tatort" (u. a. unter der Regie von Fritz Umgelter, ab 1976) sowie in Prominentenspecials (u. a. für Harald Juhnke, 1980, und Günter Strack, ab 1986). In dem Vierteiler „Die schöne Wilhelmine" (Regie: Rolf von Sydow, ZDF, 6.9.1984) um den preußischen Kronprinz und späteren König Friedrich Wilhelm II. (Rainer Hunold) und seine Geliebte (Anja Kruse) spielte Liesel Christ die Landgräfin von Hessen-Darmstadt, die ihre Tochter Luise (Beatrice Richter) an den königlichen Mann bringt. Die Kritiker fanden sie in der historischen Rolle wenig überzeugend, nur weil sie am Darmstädter Hof authentisch „babbelte". Noch immer, nach über zwei Jahrzehnten, haftete ihr das Image als Mamma Hesselbach an.

Landgräfin von Hessen-Darmstadt (mit Rainer Hunold als Kronprinz von Preußen) in „Die schöne Wilhelmine", ZDF, 1984

Dennoch sollte es just um diese Zeit endlich eine eigene Fernsehserie für Liesel Christ geben. Die Idee dazu hatte Volkstheaterregisseur Wolfgang Kaus, der das Projekt bereits auf der Internationalen Funkausstellung in Berlin 1981 dem Redakteur Siegfried Dörfer von der „Werbung im Rundfunk (WIR)" antrug. Der Autor Gottfried Wegeleben schnitt die neue Familienserie mit dem Titel „Bei Mudder Liesl" dann ganz individuell auf Liesel Christ zu, die darin die Titelrolle der Luise Hempel gen. Mudder Liesl, einer Äpfelweinwirtin im Frankfurter Stadtteil Bornheim, erhielt. Gedreht werden sollte eigentlich im Bornheimer Traditionslokal „Schmärrnche", das aber während der Dreharbeiten in den Sommermonaten 1983 hätte geschlossen werden müssen. Das konnte die Produktionsfirma, die Wiesbadener Taunus Film GmbH, nicht finanzieren. Eine Filmarchitektin machte daraufhin das Haus Toepfer in Idstein ausfindig, ein denkmalgeschütztes Fachwerkgebäude, wo die historische Äpfelweinwirtschaft von Mudder Liesl rekonstruiert wurde. Beim Zusammenschnitt des Filmmaterials wurde das Lokal nach Bornheim „zurückverlegt".

Mudder Liesl (mit Dieter Schaad als Schankkellner Schorsch) in „Bei Mudder Liesl", ARD (Werbung im Rundfunk), 1984

Die Regie der Serie übernahm der Bayer Erich Neureuther, ein erfahrener Theater- und Fernsehregisseur, der sich durch seine „besondere Affinität zum Volksschauspiel" aller deutschen Dialektregionen für diese Aufgabe empfahl[404]. Denn im Zentrum der Serie sollte Liesel Christ „als Volksschauspielerin" stehen, und zwar in einer Rolle, die mit der Mamma Hesselbach nichts mehr gemein hatte: „In der Serie [d. i. ‚Bei Mudder Liesl'] ist Liesel Christ hervorstechend in ihrer ganz persönlichen Art", führte Neureuther rückblickend aus. „An ihr ist nichts gekünstelt, alles echt, da ist Herz und Humor dahinter. Ich habe an ihr ihre Naivität wie ihre Professionaliät besonders geschätzt."[405] Zuerst zweifelte der Regisseur nur, ob seine Hauptdarstellerin mit den Besonderheiten von Regie und Technik im Medium Fernsehen fertig würde. Während der im Juli 1983 begonnenen Dreharbeiten bewies sie jedoch schnell, wie souverän sie damit umgehen konnte. Zur Familie von Mudder Liesl gehörten u. a. Monika Hessenberg als Tochter Margret, Rolf Pulch als Sohn Heiner und eigentlich auch Dieter Schaad als alter Schankkellner Schorsch. Bis in die kleinsten Episodenrollen war die Serie gut besetzt, etwa mit Anette Krämer, Aenne Nau, Renate Schauss, Silvia Tietz, Eva Zeidler, Kurt Bücheler, Til Erwig, Walter Flamme, Wolfgang Grönebaum, Pit Krüger, Theo Maier-Körner, Erwin Scherschel und Hans Zürn.

Ab 22. September 1984, im regionalen Vorabendprogramm der ARD immer samstags vor der Sportschau, wurde die Serie „Bei Mudder Liesl" in 13 Folgen à 25 Minuten gesendet. Um den unvermeidlichen Vergleichen zu begegnen, betonte Hauptdarstellerin Liesel Christ schon bei der Pressekonferenz im Vorfeld, dass die neue Serie kein „Aufguß" der „Hesselbachs" sei.[406] Redakteur Siegfried Dörfer gab jedoch zu, dass er mit der „Mudder Liesl" schon gerne genauso erfolgreich sein würde wie die „Hesselbachs".[407] Das hat die inzwischen fast vergessene Serie freilich nicht geschafft. Zu ihrer Zeit stach sie jedoch immerhin wohltuend von der üblichen Vorabendkonfektion ab, vor allem dank der unaufdringlich sympathischen Hauptdarstellerin und der atmosphärischen Dichte, die durch den klugen Einsatz der dialektal gefärbten Umgangssprache, die geschickte Auswahl der Schauplätze und die gute Besetzung bis in die Chargenrollen erzielt wurde.

Zehn Jahre später schrieb der Autor Gottfried Wegeleben eine weitere, ganz ähnlich konzipierte Serie für Liesel Christ. Diesmal sollte sich alles um die Volksschauspielerin in der Rolle von Liesel Sauerwein,

Seniorchefin einer Äpfelweinkelterei in Rödelheim, drehen. Für das Serienprojekt fand sich aber zunächst kein Sender und auch kein Produzent. Schließlich realisierte das ZDF in seiner Reihe „Hessische Geschichten" den Pilotfilm, und zwar als Special zum 75. Geburtstag von Liesel Christ, das am 17.4.1994 gesendet wurde. Zuvor hatte der Sender in Aussicht gestellt, dass die Geschichte in Serie gehen könnte, falls sie bei Presse und Publikum außergewöhnlich gut ankomme. Der Film wurde dann nie fortgesetzt.

Stimme der Stadt

Liesel Christ ließ sich auch hören – seit den fünfziger Jahren bei Lesungen, seit den Sechzigern in Hörspielen und seit den Siebzigern auf Schallplatten und Cassetten. Ihr seit Hesselbachs Zeiten bundesweit erprobtes und bewährtes Frankfurterisch erklang seit 1981 gar in einem Medium, das sich auf der ganzen Welt empfangen ließ: am Frehlichen Frankfort-Telefon. Die Idee zu diesem wohl wirklich einzigartigen Mundarttelefon hatte der Lokalpoet H. P. Müller, der damit älteren Menschen in ihrer Einsamkeit ein bisschen heitere und kurzweilige Unterhaltung bieten wollte. Über die (technische) Umsetzung seines Plans verhandelte Müller über drei Jahre lang mit Bundespost, Ämtern und Behörden, bis der frankfurterische Telefonansagedienst endlich seine „Heimat" unter einer städtischen Rufnummer beim Presse- und Informationsamt fand. „Hallo?", begrüßte Müller die Anrufer in der allerersten Ansage vom 4. Dezember 1981. „Ja, Sie hawwe richtisch gewehlt. Hier is des frehliche Frankfort-Telefon, kimmt zu Ihne vom Presse- und Informationsamt von de Stadt un soll Ihne jed' Woch' e bissi was Neues bringe: Gedichtscher, Informatiönscher, ahle Frankforter Rezepte, Sprüch un Gebabbel..."[408]

Dann stellten sich die drei Sprecher vor: der Initiator H. P. Müller selbst, die Schauspielerin Liesel Christ und der Fernsehredakteur Frank Lehmann. Unter der rund um die Uhr erreichbaren Telefonnummer „babbelten" künftig die drei „Frehliche" in wöchentlichem Wechsel munter drauf los, wobei jeder von ihnen seine thematischen „Spezialitäten" in den jeweils dreiminütigen Ansagen hatte. Der Lokalpoet H. P. Müller erfasste „Alltag und Seele der Mainmetropole" in eigenen Worten und Werken und erwies sich zudem bald als Experte in sprachwissenschaftlichen Fragen zum Dialekt. Liesel Christ widmete sich insbesondere dem historischen Frankfurt, plauderte gern über die alte Zeit, trug thematisch passende Gedichte von Stoltze dazu vor und verriet auch einmal ein traditionelles Frankfurter Kochrezept. Der HR-Journalist Frank Lehmann dagegen, der damals u. a. die „Hessenschau" moderierte, stellte in seinem – trotz seiner Berliner Herkunft originalgetreuen – Gebabbel gern aktuelle Bezüge her. Begleitet wurden die drei von dem Komponisten Horst Franke, der die musikalische Umrahmung beisteuerte und im eigenen Studio die Aufnahmen produzierte.

Die Frankfurter Latern für das Team vom Frehliche Frankfort-Telefon: Horst Franke, H. P. Müller, Frank Lehmann, Liesel Christ und Oberbürgermeister Andreas von Schoeler, 1992

Das Frehliche Frankfort-Telefon erfreute sich bald großer Beliebtheit. Jeden Freitagmittag, wenn beim Presse- und Informationsamt eine neue Cassette der „Babbel-Line“ eingelegt wurde, war unter der bekannten Rufnummer kaum durchzukommen. Nach etwas mehr als einem Dreivierteljahr (23. 9. 1982) hatten schon 100.000 „Leut“ angerufen. Auch wenn die Neugier auf das Mundarttelefon bald etwas abklang, so wählten um 1985 immerhin rund 1.200 bis 1.500 Anrufer wöchentlich die „frehliche“ Nummer. Vor allem Liesel Christ hatte ihre treuen Fans. „Als Ihne Ihre Liesel Christ noch debei war“, erinnerte sich Frank Lehmann, „riefe die Leut sogar aus Israel, USA un Offebach aa.“[409] Am 6. Mai 1988 konnte die Schauspielerin den 500.000. Anrufer, einen 15-jährigen Schüler, „live“ am Telefon begrüßen. Für das ebenso außergewöhnliche wie erfolgreiche Mundartprojekt wurde das Team des Frehliche Frankfort-Telefons im Oktober 1992 mit der „Frankfurter Latern“ der „Vereinigung der Freunde und Förderer des Stoltze-Museums“ ausgezeichnet.

Doch um diese Zeit hatte sich das einst so muntere Mundarttelefon schon etwas müde gelaufen. Bald konnten sich die drei Sprecher und ihr Musiker krankheits- bzw. berufsbedingt nicht mehr so für die Babbelleitung engagieren. Seit 1994 wurden sie zwar von Kurt Bohn unterstützt, der bisher als Mitarbeiter des Presse- und Informationsamtes das Telefon betreut hatte und nun nach seiner Pensionierung eigene Ansagen zur Frankfurter Stadtgeschichte beisteuerte. Im Sommer 1996 starben jedoch kurz hintereinander zwei der Mitwirkenden, Horst Franke und Liesel Christ, und wenig später konnte sich auch H. P. Müller wegen einer schweren Erkrankung, der er am 22. Mai 1998 erliegen sollte, nicht mehr „seinem“ Telefon widmen. Auch der Zuspruch der „Wähler“ ließ nach. Schließlich wurden nur noch knapp 250 Anrufe wöchentlich registriert. Am Aschermittwoch 1998 gab daher die Stadt ihren Entschluss bekannt, das Frehliche Frankfort-Telefon einzusparen. Nach 16 Jahren mit 830 Beiträgen, die von rd. 800.000 Anrufern gehört wurden, war Schluss mit dem fernmundartlichen Gebabbel. Auf dem Abschiedsband erklangen in Ausschnitten aus früheren Ansagen noch einmal die Stimmen aller Sprecher, bevor Frank Lehmann endgültig „adschö“ sagte.

„Meine Partei ist Frankfurt!"

In der Politik engagierte sich Liesel Christ nicht. In ihrem stetigen Streben nach Toleranz und Mitmenschlichkeit setzte sie sich zwar für die Versöhnung zwischen Deutschen und Juden wie zwischen allen Völkern ein, und in den Zeiten wachsender Fremdenfeindlichkeit mahnte sie anlässlich der bevorstehenden Kommunalwahlen 1993 auch einmal in einem öffentlichen Appell zur Demokratie[410]. Von der Parteipolitik hielt sich die Volksschauspielerin im eigenen und ihres Theaters Interesse klug und konsequent fern. Sie hatte Freunde in allen politischen Lagern, gerade weil sie Auftritte bei Wahl- und Parteiveranstaltungen prinzipiell ablehnte, und wenn sie ihr Theater doch einmal für eine geschlossene Vorstellung an die eine Partei „verkaufte", dann hatte sie kurz darauf sicher auch die andere im Cantate-Saal sitzen.

Trotz allem Bemühen um politische Neutralität im Bild der Öffentlichkeit war Liesel Christ aber weit davon entfernt, gleichgültig und tatenlos zuzusehen. „Meine Partei ist Frankfurt!", hatte sie vielmehr zu ihrem Wahlspruch gemacht.[411] Sie liebte ihre „wunderbare"[412] Vaterstadt wegen deren „Liberalität"[413], „Vielschichtigkeit"[414] und „Ehrlichkeit"[415]. „Ich lass auf mein Frankfurt nix komme", betonte sie immer wieder in Interviews. „Wenn über uns hergezogen wird, trifft man mich persönlich. Ich find's furchbar, wenn Leut komme und sage: ‚Diese miese Stadt! Hach, un was alles hier rumläuft! E dreckig Stadt!' un so. Das ist nicht wahr. Ich fühle mich immer selber angegriffen. Ich liebe meine Stadt, und ich hoffe, ich darf noch lange hier bleiben."[416] Und dann, falls sich dieser Wunsch nicht erfüllen ließe, fügte sie gleich noch hinzu: „Wann ich noch emal uff die Welt käm, dann müßt es widder in dieser Stadt sein."[417]

Bei dieser bloßen Liebeserklärung an Frankfurt ließ es Liesel Christ aber nicht bewenden. Sie engagierte sich tatkräftig für kulturelle und soziale Belange in der Stadt. So unterstützte sie den Wiederaufbau der Alten Oper und den Ausbau des Waldstadions für die Fußballweltmeisterschaft 1974, die Rekonstruktion der Ostzeile auf dem Römerberg und die Restaurierung des Eschenheimer Turms, die Wiederherstellung des Opernhauses nach dem Brand von 1987, die Gründung des Äpfelweinmuseums und die Arbeit der Heinrich-Hoffmann-Gesellschaft mit deren Struwwelpeter-Museum. Selten gab sie einmal den Startschuss für ein Unternehmen, aus dem dann nichts wurde, wie etwa für die Rekonstruktion des Salzhauses am Römer (1982). Meist konnte sie die Vollendung der von ihr mitgeförderten Projekte auch mitfeiern.

So war Liesel Christ natürlich dabei, als zum symbolischen Abschluss der Arbeiten am Wiederaufbau der Alten Oper der kupferne Pegasus auf den First über dem Hauptgiebel aufgezogen wurde. Diese Aktion am 19. August 1981 wurde zu einem richtigen Volksfest. Zunächst war das monumentale Musenross, eine Kopie der bei dem Luftangriff zerstörten Originalskulptur, zur Besichtigung in der Kalbächer Gasse aufgestellt. Dort wurde das mythische Tier im Beisein von Oberbürgermeister Walter Wallmann auch getauft. Zu diesem Zweck musste Liesel Christ eigens ein Gerüst erklimmen, von dem aus sie dem immerhin vier Meter hohen Flügelpferd dann aus einem Bembel Äpfelwein über Kopf und Nüstern gießen konnte. „Schee, dass de endlich da bist!“, hieß sie den Pegasus willkommen. Das Stadtoberhaupt steckte dem Tier noch die Frankfurter Zeitungen vom Tage zu, und Liesel Christ hätte gern ein Programmheft ihres Volkstheaters beigelegt, aber das hatte sie daheim vergessen. Danach begleiteten neun „Musen“ ihren 1.500 Kilogramm schweren Pegasus auf einem von sechs Brauereigäulen gezogenen Wagen durch die Fressgass zur Oper, wo er mit einem Kran auf seinen Platz in vierzig Metern Höhe gehievt wurde. Als er seine Hufe sicher aufsetzte, applaudierten die Zuschauer drunten auf dem Opernplatz.

Dass Liesel Christ die Pflege der Frankfurter Mundart am Herzen lag, hatte sie mit der Gründung des Volkstheaters hinreichend bewiesen. Die Schauspielerin widmete sich aber auch Friedrich Stoltze, dem nach Goethe wohl bedeutendsten Frankfurter Poeten, obwohl dieser gar keine Bühnenstücke geschrieben hatte. Erste Lesungen aus Stoltzes Werken bestritt die Christ bereits während ihrer Landesbühnenzeit (ab 1956), und seitdem gab sie die populären Gedichte, vom „Profeten Jonas“ bis zur „Blutblas“, immer wieder gern zum besten. Als Vorstandsmitglied der „Freunde Frankfurts“ (seit 1976) unterstützte sie zunächst vor allem die Einrichtung eines Stoltze-Museums, dessen neu gegründetem Förderkreis sie als eine der ersten beitrat. An Friedrich Stoltzes 162. Geburtstag, dem 21. November 1978, konnte das von der Stadtsparkasse getragene Museum für den Mundartdichter im restaurierten Treppenturm des Schönborner Hofs in der Töngesgasse eröffnet werden. Während der Feierstunde „unter kaltem Himmel“ vor dem Stoltze-Turm las Liesel Christ aus Stoltzes Werken. Daraufhin sprach Stadtkämmerer Ernst Gerhardt sie versehentlich mit „Frau Stoltze“ an, was sich als gar nicht so unpassender Ehrentitel für die Schauspielerin erwies. Denn anschließend wurde Liesel Christ zu ihrer Überraschung der von dem Juwelier Johannes Lueg gestiftete „Stoltzepreis in Gold“ verliehen. Die „Freunde Frankfurts“ hatten diese von ihnen erstmals vergebene Ehrung heimlich beschlossen, in einer Vorstandssitzung, an der die Ausgezeichnete wegen ihrer Theaterpflichten nicht teilnehmen konnte.

Bald darauf machte die Stadtsparkasse als Trägerin des Stoltze-Museums dem Volkstheater ein besonderes Geschenk: ein „historisch-aktuelles politisch-literarisches“ Kabarettprogramm von Friedrich Stoltze mit Musik von Gunnar Herchenröder. Die Texte hatte Werner O. Fey ausgewählt, der als erster Geschäftsführer der „Vereinigung der Freunde und Förderer des Stoltze-Museums“ das Museum mitbegründet hatte. Seine Absicht war es, mit diesem Kabarett einmal den unbekannteren, den politischen Stoltze einem breiteren Publikum vorzustellen. Das Volkstheater fand das Programm zunächst sogar *zu* politisch und zögerte lange, bevor es die „Stoltze-Revue“ mit dem Titel „Es will mer net in de Kopp enei...“ endlich am 27. September 1982 im Forum der Stadtsparkasse in der Töngesgasse herausbrachte. Künftig tingelten die drei Protagonisten Liesel Christ, Wolfgang Kaus und Hans Zürn mit

„Stoltze-Kabarett"
mit Hans Zürn
und Wolfgang Kaus,
diesmal zum
150. Geburtstag
von Adolf Stoltze,
1992

dem verblüffend zeitlos-aktuellen Stoltze-Kabarett erfolgreich durch die Gegend, woran sich Kaus besonders gern erinnert: „Da musste die Christ eben nicht die Chefin spielen. Oft war sie dann wie ein kleines Mädchen. Nach dem Auftritt hat sie manchmal unter der nächsten Straßenlaterne die Gage unter uns aufgeteilt."[418] Kaus und Zürn, die seit Liesel Christs Tod allein mit der „Stoltze-Revue" weiter auftreten, wurden für ihre Verdienste um den politischen Stoltze im Jahr 2001 mit der „Frankfurter Latern" der „Vereinigung der Freunde und Förderer des Stoltze-Museums" ausgezeichnet.

In ihren zahlreichen weiteren Lesungen, die Liesel Christ neben ihrer Theater- und Fernseharbeit gestaltete, widmete sie sich aber auch anderen – klassischen wie zeitgenössischen – Mundartautoren. Besondere Verdienste erwarb sie sich um Karl Ettlinger („Karlchen"), einen wegen seiner jüdischen Religionszugehörigkeit in der NS-Zeit verfemten Schriftsteller, dessen einst so beliebte frankfurterische Texte (wie das Frankfurter „Schneewittchen" oder „Die geteilte Walküre") sie immer wieder vortrug und damit vor der Vergessenheit bewahrte. Auch trat sie in eigenen Abenden zur Erinnerung an Adolf Stoltze und Wolf Schmidt auf. Zur Tradition machte sie ihre Lesung der Weihnachtsgeschichte „uff frankforderisch", die sie seit 1986 alljährlich am zweiten Weihnachtstag in der Messe von Pater Amandus in der Liebfrauenkirche gab (wobei die Kollekte für die „Hilfe für krebskranke Kinder Frankfurt e. V." bestimmt war). Nach ihrem Tod übernahm Wolfgang Kaus diese Aufgabe.

„E Fraa ohne Schreggsegund"

Liesel Christ war da. Man sah sie überall, ob nun beim Einkaufen in der Kleinmarkthalle oder beim Flanieren auf dem Opernball. Sie begutachtete für eine Boulevardzeitung fachmännisch Heimbügler und Handcremes auf der Hausfrauenausstellung, fuhr beim alljährlichen Volksradfahren mit gutem Beispiel voran, schmetterte beim Talk auf dem Sechs-Tage-Rennen zusammen mit dem Radsportler Gregor Braun und dem Stimmungssänger Tony Marshall „Wir sind die Tramps von der Pfalz", nahm die Würden eines „Doktors der Bierologie" wie eines „Doktors humoris causa" entgegen, plauderte vor Germanistikstudenten an der Universität über den Dialekt, las alljährlich im Kaufhaus Hertie Kindermärchen vor, erschien im Fernsehen als Kandidatin der „Montagsmaler" bei Frank Elstner, taufte bei einer Ruderregatta in Oberrad einen Doppel-Zweier auf den Namen „Alt-Frankfurt", ließ sich im Kostüm der Mutter Stoltze beim Festzug der „Friedrich-Stoltze-Jubiläumsfahrt 1991" vom Römerberg nach Königstein kutschieren, diskutierte im Hörfunk über die Zukunft des Volkstheaters, kommentierte in einem Fernsehinterview als Zeitzeugin die Kubakrise, meldete sich als Radioreporterin vom Hessentag in Lich 1993, bekam auf einer Faschingssitzung der Frankfurter Fleischerinnung die „Goldene Fleischwurst" angeheftet und stand alle Jahre wieder beim Rauscheranstich der Kelterei Possmann am Ausschank auf der Fressgass. Bei dem Rödelheimer Keltereibetrieb, einem der Hauptsponsoren des Volkstheaters, saß die Schauspielerin auch über 20-mal in der Jury des traditionellen Mundartgedichtwettbewerbs. „Jedes Mal las sie in fröhlicher Stimmung Hunderte von Gedichten vor", erinnerte sich der damalige Chef Günter Possmann, „und ihr helles Lachen klang dabei häufig durch die Kelterei."[419]

Mit diesen und vielen anderen Auftritten in der Öffentlichkeit, die gar nicht alle aufgezählt werden können, ging es Liesel Christ natürlich um Publicity für sich und vor allem für ihr Theater. Doch immer nutzte sie ihre Präsenz und Popularität auch für soziale und karitative Zwecke. Ihre besondere Fürsorge galt Kindern, kranken, behinderten und alten Menschen. „Man kann doch nicht alles den Politikern überlassen!", pflegte sie aufzubegehren,[420] und auch in ihrem gemeinnützigen Engagement war sie so schnell nicht zu bremsen. Wenn es einer guten Sache diente, ließ sie sich sogar mitten auf der Zeil mit Schokolade aufwiegen (wie etwa zugunsten eines Kinderheims in Sachsenhausen, 1973). „E Fraa ohne Schreggsegund", nannte sie daher der „Schlappekicker" einmal liebevoll.[421] Mit dem Einsatz für dessen Sammlung zugunsten alter, kranker und einsamer Sportler alljährlich zu Weihnachten hatte das „Christ-Kind" einst sein gutes Werk begonnen.

Mit der Zeit entwickelte sich die beliebte Schauspielerin zur patentierten Moderatorin, Vortragskünstlerin, Quizmasterin, Glücksfee, Brezelfrau und Glühweinverkäuferin für wohltätige Veranstaltungen aller Art. Bei einer Versteigerung von Kunstwerken zugunsten des „Vereins zur Förderung der Aids-Forschung in Deutschland" durfte sie sich im Dezember 1985 sogar als Auktionatorin versuchen. Im Leinwandhaus brachte sie 54 von Frankfurter Galerien und der Städelschule gestiftete

Kunstwerke im Gesamtwert von rd. 10.000 Mark unter den Hammer. Für Ratlosigkeit sorgte die Nummer 43 mit dem Namen „Das Objekt". „Ei, wo is des Bildche denn?", fragte Liesel ganz naiv und blickte in die Runde. Der Vereinsvorsitzende Eberhard Naundorf räusperte sich und deutete auf ein fußballgroßes Strickknäuel: „Das ist ‚Das Objekt', eine Stiftung des Kunstvereins." Doch selbst zum günstigen Preis von 40 Mark konnte die Auktionatorin das wirre Gebilde nicht an den Mann bringen. Aber wenn die Christ das schon nicht schaffte, dann hätte es wohl keiner gekonnt.

Liesel Christ und Günter Possmann beim Rauscherausschank auf der Fressgass, 1992

Trotz ihrer beruflichen Belastung fand Liesel Christ stets Zeit und Möglichkeiten zu helfen. Sie räumte in ihrem Volkstheater verbilligte Eintrittspreise für Rentner ein und bot besondere Seniorenvorstellungen an, gab gern und oft Lesungen in Seniorenclubs und Altenheimen und arbeitete an der von ihr 1974 mitbegründeten „Senioren Zeitschrift" mit. Als Gründungsmitglied im Beirat der „Hilfe für krebskranke Kinder Frankfurt e. V." (seit 1983) organisierte sie nicht nur Benefizveranstaltungen, u. a. im Volkstheater, sondern besuchte selbst oft Kinder und deren Eltern auf der Kinderkrebsstation. So war sie gut informiert, was dort dringend gebraucht wurde, und im Jahr 1988 sammelte sie innerhalb von nur einer Woche 50.000 Mark zur Einrichtung von Elternwohnungen in Kliniknähe. Außerdem unterstützte sie etwa Unicef, das Müttergenesungswerk, die „Leberecht-Stiftung" der Frankfurter Neuen Presse, den Verein „Muskelkranke in Hessen" und die Katholische Gehörlosengemeinschaft „Pax". Manchmal war gar keine finanzielle, sondern ganz praktische Hilfe gefragt, wie im Falle von Pater Amandus und seinem Gehörlosentheater an der Liebfrauenkirche. Dessen erstes Projekt, eine Aufführung zum Domjubiläum 1989, sah der verzweifelte Regisseur Amandus („Worauf hab ich mich da bloß eingelassen? Man kann ja nicht rufen!") schon im Chaos enden und wandte sich deshalb ratsuchend an Liesel Christ. Die befreundete Schauspielerin sah sich gelassen eine Probe an und meinte daraufhin nur: „Was willste dann? Die könne doch spiele!" Seitdem unterstützte sie den Pater bei seiner Theaterarbeit mit Gehörlosen. Gemeinsam organisierten sie etwa ein „Theatralisches Spektakel" zum Stadtjubiläum 1994, eine illustrierte Stadtgeschichte in Aufführungen im Archäologischen Garten vor dem Dom, pantomimisch dargestellt von der Theaterwerkstatt der Liebfrauenkirche mit gesprochenen Kommentaren von Liesel Christ.[422]

Im Streben nach Versöhnung zwischen Juden und Deutschen gab Liesel Christ u. a. alljährliche Mundartlesungen für die ehemaligen

Frankfurter jüdischen Glaubens, die ihre Vaterstadt in der NS-Zeit verlassen mussten und im Rahmen eines seit 1980 bestehenden Besuchsprogramms zurückkamen. Wenn sie ausrief: „Es will mer net in de Kopp enei!“, dann ergänzten die Zuhörer, oft mit Tränen in den Augen, im vertrauten Idiom der verlorenen Heimat: „Wie kann nor e Mensch net von Frankfort sei!“ Die Prinzipalin, die ihr Theater auch für Benefizvorstellungen während der „Woche der Brüderlichkeit“ zur Verfügung stellte, war zudem Gründungsmitglied und seit 1990 Vorsitzende des „Freundeskreises WIZO Frankfurt am Main“. In diesem Amt engagierte sie sich für das Müttergenesungsheim für jüdische, arabische und drusische Frauen in Herzlia/Israel, dessen Unterstützung sich die Women's International Zionist Organization (WIZO), Gruppe Frankfurt, und ihr christlicher Freundeskreis zur Aufgabe gemacht hatten. Besonders am Herzen lag Liesel Christ Frankfurts Partnerschaft mit Tel Aviv, die sie durch das erste Israel-Gastspiel des Volkstheaters 1980 mit besiegelt hatte und in den folgenden Jahren weiter pflegte. Noch während des ersten Besuchs in Tel Aviv war die Idee aufgekommen, in der Nähe der Stadt einen Kindergarten für 120 jüdische und arabische Kinder zu errichten. Für das Projekt, dessen Schirmherrschaft die Oberbürgermeister beider Partnerstädte, Walter Wallmann und Shlomo Lahat, übernahmen, mobilisierte Liesel Christ die Frankfurter Öffentlichkeit. Innerhalb von einem Jahr schaffte sie es, durch ihr unermüdliches Wirken bei Benefizveranstaltungen und Spendenaktionen die stolze Summe von 100.000 Mark zusammenzutragen, so dass der Kindergarten bereits 1982 eröffnet werden konnte.

Die Prinzipalin

Nach dem Tod von Liesel Christ wollten die „Freunde der Universität Tel Aviv e. V.“, deren aktives Mitglied die Schauspielerin gewesen war, gern eine bleibende Erinnerung an sie und ihr Wirken für die Stadt Tel Aviv schaffen. Anlässlich des 80. Geburtstags der Verstorbenen am 16. April 1999 verkündete die Vereinigung im Volkstheater daher die Errichtung eines Stipendienfonds an der Universität Tel Aviv, der den Namen von Liesel Christ trägt. Der Fonds, der durch Spenden zunächst ein angemessenes Grundkapital angesammelt hat, ermöglicht bedürftigen Studierenden die Ausbildung im Fach Schauspiel der Abteilung Theater an der Akademie der Künste der Universität Tel Aviv. Dieser Gedanke hätte der Namensgeberin Liesel Christ sicher gefallen: Sie hatte immer wieder einmal davon geträumt, ihrem Volkstheater auch eine eigene Schauspielschule anzugliedern.

„Die Putzfrau Gottes"

Mitten in ihren vielfältigen Aktivitäten erreichte Liesel Christ im Herbst 1987 ein durchaus lukratives Angebot für eine Fernsehserie. Möglicherweise hatte ihr Kollege Günter Strack sie dafür vorgeschlagen, mit dem sie schon öfter zusammengearbeitet hatte, u. a. bei der Fernsehaufzeichnung „Die Kandidatin" (1975) und der Theatertournee „Loch im Kopp" (1978). In der Krimiserie „Ein Fall für zwei" mit Günter Strack als Rechtsanwalt Dr. Renz und Claus Theo Gärtner als Privatdetektiv Matula hatte die Christ seit 1983 mehrfach in Chargenrollen einzelner Episoden mitgewirkt, und dabei soll auch die Idee aufgekommen sein, dass sie als Putzfrau regelmäßig durch die Anwaltskanzlei „wirbeln" könnte. Statt dessen fragte nun die Produzentin Katharina M. Trebitsch die Schauspielerin für eine neue ZDF-Serie mit Günter Strack an, der dafür vom Rechtsanwalt direkt zum katholischen Priester wechselte (was zur Zeit der „Hesselbachs" noch unmöglich gewesen wäre!). Nicht ohne Bezug zu Stracks Körperfülle sollte die neue Serie „Mit Leib und Seele" heißen, und das Format war ganz auf den beliebten Fernsehstar zugeschnitten. An seiner Seite (und auch ein bisschen in seinem Schatten) übernahm Liesel Christ die Rolle der Küsterin Agnes Bebel, die durch sämtliche der zunächst geplanten 26 Folgen „lief".

Liesel Christ und Buddy Elias während der Dreharbeiten „Mit Leib und Seele", um 1989

Die von ZDF-Erfolgsautor Michael Baier verfasste Serie begann damit, dass der Theologe Dr. Dr. Adam Kempfert die Pfarrstelle an der Kirche St. Augustin in der hessischen Gemeinde Eberfeld übernimmt. Der fiktive Ort wurde vom Fernsehen in Großostheim bei Aschaffenburg angesiedelt. Dort begannen am 11. Januar 1988 die Dreharbeiten unter der Regie von Hartmut Griesmayr. Weitere wichtige Darsteller im Laufe der Serie waren etwa Barbara Auer, Hannelore Elsner, Loni von Friedl, Janina Hartwig, Karin Heym, Louise Martini, Despina Pajanou, Gerd Baltus, Buddy Elias, Dieter Eppler, Karlheinz Heß, Wolfgang Kaven, Hans Korte, Ulrich Matschoss, Gerhard Olschewski, Nikolaus Paryla, Christian Quadflieg, Siemen Rühaak, Ralf Wolter und Helmut Zierl. Gastrollen in einzelnen Folgen der vier Staffeln gaben Karin Baal, Gerda Gmelin, Irm Hermann, Liane Hielscher, Anja Jaenicke, Aenne Nau, Gaby Reichardt, Renate Schroeter, Vera Tschechowa, Elisabeth Volkmann, Pascal Breuer, Harald Dietl, Eckart Dux, Alfred Edel, Heiner Erle, Herbert Fux, Dirk Galuba, Raimund Harmstorf, Siegfried Kernen, Hans-Peter Korff, Georg Lehn, Günter Mack, Alexander May, Walter Renneisen, Kurt Schmidtchen, Martin Semmelrogge, Joost Siedhoff, Udo Vioff, Wolfgang Völz, Rolf Zacher u. v. a. Während der Drehzeiten, die für die erste Staffel von Januar bis August 1988 und für die zweite Staffel von Mai bis Dezember 1989 dauerten, wohnte das ständige Team, darunter auch Liesel Christ, im Hotel in Aschaffenburg.

Die Rolle der Küsterin erwies sich für Liesel Christ als eine dankbare Aufgabe. Sie spielte in der Serie zwar keine Hauptrolle, aber eine einprägsame Charge, die sich wie ein roter Faden durch alle Folgen der Serie zog. In der Pressemappe des ZDF zum Serienstart wurde die Figur treffend so charakterisiert:

> „Frau Bebel ist die Küsterin der Gemeinde. Sie ist immer anwesend, ständig aufgeregt, meistens etwas weinerlich, aber rührend besorgt um alles, was in Pfarrhaus und Kirche geschieht. Eines aber geht Frau Bebel gänzlich ab: der Instinkt zu wissen, wann man stört."[423]

Nach dem Ausscheiden der populären Filmschauspielerin Liselotte Pulver, die in den ersten acht Folgen dem Pfarrer den Haushalt geführt hatte, drängte sich Liesel Christ alias Agnes Bebel allmählich auch an die (unbesetzt gebliebene) Stelle der Pfarrhaushälterin, wodurch ihr Part etwas umfangreicher wurde. Gelegentlich wurde ihr sogar ein eigener Handlungsstrang gewidmet, etwa in der zweiten Staffel, als sie wegen ihrer jäh erwachten Spielleidenschaft in Schwierigkeiten gerät, oder in der vierten Staffel, als die Küsterin in Konkurrenz zur neuen Pastoralreferentin Eva Mönckeberg (Janina Hartwig) tritt. Ein Streit mit der jungen Widersacherin über die Rolle der Frau in der (katholischen) Kirche (42. Folge vom 13. 5. 1992) wurde für Agnes Bebel zu ihrer persönlichen Schlüsselszene:

> „AGNES: Am Sonntag werden Sie predigen. Und ‚endlich' allen mal so richtig die Meinung sagen! Ja und dann? Ist Ihnen eigentlich klar, was das heißt...
>
> EVA: Ja! Daß Frauen in der Kirche nicht nur *putzen* dürfen, sondern auch etwas zu *sagen* haben!
>
> AGNES: Jetzt will ich Ihnen mal was sagen, ja? Der Pfarrer steht auf der Kanzel und predigt den Leuten die Köpfe voll und hinterher, da kommen sie zu mir und weinen sich aus! Zu *mir* kommen sie! *Nicht* zum Herrn Pfarrer, weil der ist ja ein Mann! Ein Mann Gottes, sogar... aber sie kommen mit ihren Sorgen lieber zur Putzfrau Gottes! Ist das nicht komisch?"[424]

Mit solchen Worten behauptete sich Frau Bebel unter den liebenswerten Originalen in der Serie, wozu außerdem der Friseur und Gemeinderatsvorsitzende Theo Stutz (Buddy Elias) und der kauzige Sonderling August Hähnlein (Nikolaus Paryla) gehörten. Ihren Dialekt durfte Liesel Christ in dieser Rolle allerdings nicht sprechen, um die

Verkaufsmöglichkeiten der Serie ins Ausland nicht zu gefährden. Völlig verleugnen konnte sie ihre sprachliche Herkunft trotzdem nicht.

Am 5. September 1989 startete die Serie „Mit Leib und Seele", zunächst mit einem 90-minütigen Pilotfilm im Abendprogramm des ZDF, der immerhin rd. 14,5 Millionen Zuschauer und damit eine Einschaltquote von 41 Prozent erreichte. „Himmlisch, dieser Pfarrer Strack!", jubelte die „Bild"-Zeitung nach der Serienpremiere,[425] und auch die übrige Presse lobte Strack als Pfarrer Kempfert in den höchsten Tönen, selbst wenn sie die „oberflächliche Kirchen-Klamotte"[426] und „wirklichkeitsentrückte Weihrauch-Opera"[427] eigentlich (in Anspielung auf die Figur des Hauptdarstellers) „seltsam mager"[428] fand. Die sonstige Besetzung der Serie kam ebenfalls recht gut weg. Im „hervorragenden Aufgebot an Schauspielern"[429] wurde jedoch in allen der rd. 50 vom ZDF registrierten Kritiken zum Serienstart die Küsterin Agnes Bebel nur nebenbei und deren Darstellerin Liesel Christ überhaupt nicht erwähnt. Trotz aller angeführten Schwächen des Pilotfilms, wie der banalen Handlung, der mangelnden Realitätsnähe und der gestelzten Dialoge, waren sich die Rezensenten einig: „Nach dem Gesetz der Serie ist klar: Dieser Pfarrer wird ein Renner."[430] Für den Publikumsgeschmack hatte die Serie mit dem populären Hauptdarsteller so viel Herz und Humor, wie der Titel versprach und die Fernsehunterhaltung erforderte. Die weiteren zwölf Serienfolgen der ersten Staffel, die bis Ende November 1989 jeweils samstags von 19.30 bis 20.15 Uhr ausgestrahlt wurden, sahen durchschnittlich 13,5 Millionen (somit 38,5 Prozent) der Zuschauer. An diesem Erfolg konnte auch das Strafgericht der streitbaren Theologin Prof. Dr. Uta Ranke-Heinemann nichts ändern, die in der Presse wetterte:

Küsterin Agnes Bebel in „Mit Leib und Seele", ZDF, um 1992

> „[Bei mir weckt] dieser religiöse Seich den Wunsch, vom ZDF Schmerzensgeld zu verlangen. Das kirchlich abgesegnete Kitsch-Stück ist voll von falschen Tönen, Unglaubwürdigkeiten und Aufdringlichkeiten. Bedauerlich, daß sich die katholische Kirche mit solchem anti-theologischen Verblödungsprogramm bei ihren flüchtenden Schafen anzubiedern hofft."[431]

Das Serienteam, das die Fernsehpremiere gemeinsam in einem rustikalen Lokal in Wasserlos erlebt hatte, steckte zu dieser Zeit schon mitten in den Dreharbeiten für die nächsten 13 Folgen „Mit Leib und Seele". Diese zweite Staffel wurde ab 13. Oktober 1990 auf dem angestammten Sendeplatz ausgestrahlt. Nach gut einjähriger Drehpause wurde die Serie, jetzt unter der Regie von Peter Deutsch, 1991/92 nochmals fortgesetzt. Die 26 neuen Folgen liefen in einer dritten Staffel ab

Februar 1992 und in einer vierten ab April 1993 im ZDF-Programm – bis zur 51. und letzten Sendung „Der wilde Honig“ am 29. Juli 1993. Insgesamt hat „Mit Leib und Seele“ also ganz genau dieselbe Folgenzahl erreicht wie die „Hesselbachs“. Wenn auch Liesel Christ als Agnes Bebel längst nicht so legendär wurde wie als Mamma Hesselbach, so hat sie doch die Pfarrerserie einmal zu ihren „liebsten Arbeiten“ gezählt, „nicht zuletzt wegen der netten Kollegen“, wie sie meinte[432]. Am Ende der viereinhalbjährigen Drehzeit hat sie etwas wehmütig den Text der „letzten Klappe“ vom 3. August 1992 aufbewahrt. In der Szene offenbart Frau Bebel ihrem Pfarrer die Absicht, zum Happy End den Fahrlehrer Horst Metzger (Ralf Wolter) zu heiraten. Die Sache hat nur einen Haken, wie ihr der gute Hirte leider mitteilen muss: Horst Metzger ist evangelisch!

Ein Gorilla und eine Gerbera namens Liesel

Seit ihrem 50-jährigen Bühnenjubiläum am 4. Dezember 1973 empfing Liesel Christ in Anerkennung ihres künstlerischen und humanitären Wirkens viele Ehrungen und Preise. So wurde sie u. a. ausgezeichnet mit dem Ehrenring der Stadt Frankfurt am Main (4. 12. 1973), dem Bundesverdienstkreuz I. Klasse (19. 10. 1976), dem Stoltzepreis in Gold (21. 11. 1978), der Silbernen Verdienstmedaille des Deutschen Roten Kreuzes (16. 4. 1984), dem „Harlekin“ der Frankfurter Volksbühne (mit dem Volkstheater, 3. 11. 1984), dem Hessischen Äpfelweinpreis (Juni 1986), dem „Lachröschen“ der Zuggemeinschaft „Klaa-Paris“ (26. 2. 1987), dem Elisabeth-Norgall-Preis des International Women's Club (9. 3. 1988), der Ehrenplakette der Stadt Frankfurt am Main (16. 4. 1989), dem Hessischen Verdienstorden (Sept. 1990), der „Frankfurter Latern“ (mit dem Frehliche Frankfort-Telefon, 21. 10. 1992), der Goetheplakette der Stadt Frankfurt am Main (16. 4. 1994) und der Ehrenplakette der Handwerkskammer Rhein-Main (11. 12. 1994). Zu ihren „runden“ Geburtstagen, Bühnen- und Volkstheaterjubiläen wurden der unbestritten populärsten Frankfurterin immer aufwendige Empfänge bereitet, auf denen die städtische Gesellschaft, angefangen beim Oberbürgermeister, „ihrer“ Liesel gratulierte. Beim 65. Geburtstag 1984 waren mittags so viele Gäste im Volkstheater erschienen, dass ein Passant ob des Betriebs im Großen Hirschgraben einen von der Feier kommenden Journalisten erstaunt fragte: „Sage Sie emal, spielt bei de Frau Christ heut' die Eintracht?“[433]

Bisweilen wurde Liesel Christ auch mit ziemlich außergewöhnlichen Ehren bedacht. Einmal wurde ein U-Bahn-Schacht im Baulos 82 am Schweizer Platz in Sachsenhausen nach ihr benannt (4. 12. 1979), und ein anderes Mal gab sie ihren Namen einer Gerbera, einer intensiv pinkrosafarbenen Neuzüchtung dieser Blume, die sie zur Taufe auf der Bundesgartenschau in Frankfurt mit Sekt goss (19. 5. 1989). Auch wurde sie zum Ritter der „Confrérie de la Chaine des Rôtisseurs“, eines exklusiven Clubs von Feinschmeckern, geschlagen (22. 4. 1989), und sie war – freilich nicht aktives – Ehrenmitglied in einem Männergesangverein, dem Praunheimer Liederkranz. Besondere Freude bereitete es der Schauspielerin, als sie zur Namensgeberin für ein am 15. April 1977 geborenes Gorillababy im Frankfurter Zoo erkoren wurde. Liesel Christ besuchte ihr „Patenkind" gelegentlich im Tierkinderhaus, etwa an seinem ersten Geburtstag, wozu sie dem mit rosa Strampelhosen angetanen Äffchen einen bunten Ball und eine grüne Plastikente mitbrachte. Im Alter von zwölf Jahren wurde Gorilla Liesel am 20. April 1989 an den Zoo Budapest abgegeben, wo sie mit ihrem Mann Golo zwei Söhne und eine Tochter aufzog. „Liesel", so berichtete Zoodirektorin Ilma Bogsch 2004 von der Gorilladame aus Budapest, „ist Liebling der Besucher."[434] (Aber das ist ja kein Wunder – bei *der* „Patin", so möchte man glauben.)

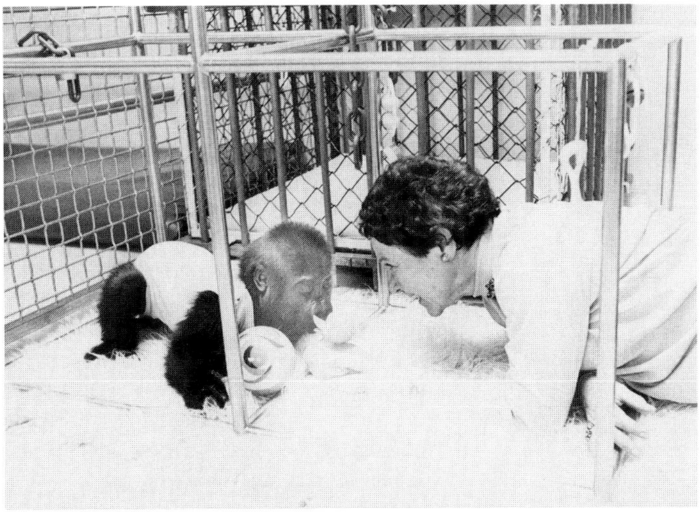

Liesel Christ mit dem nach ihr benannten Gorillababy Liesel im Frankfurter Zoo, 1978

All die erwiesenen Ehren und Auszeichnungen nahm Liesel Christ erfreut, stolz und manchmal auch ein bisschen gerührt entgegen. „Wenn mein Vater und meine Mutter das noch erlebt hätten, das wär' schon schön", sagte sie schlicht nach der Verleihung der Goetheplakette 1994, nachdem sie sich wie immer mit ihrem obligatorischen Stoltze-Vers für solche Anlässe bedankt hatte: „Solange Kräfte mir sich regen / Gehören sie der Vadderstadt..."[435] Einmal, in einem der vielen Interviews, in denen sie meist ebenso wach wie geduldig Rede und Antwort stand, ließ sie jedoch durchblicken, was ihr mehr wert war als alle Orden und Preise: „Ich habe das treueste Publikum Frankfurts", stellte sie sachlich fest.[436] Dieser einfache Satz, gesprochen nicht aus arroganter Selbstgefälligkeit, sondern aus ehrlicher Dankbarkeit, galt eben diesem Publikum. Auch hier zeigte sich Liesel Christ als echte Volksschauspielerin. Und das war in ihren Augen „das höchste Lob", das man ihr sagen konnte.[437]

1992–1996
Liesel Christ
Schauspielerin bis zum Ende

Das Publikum hielt Liesel Christ die Treue. Bei ihren Auftritten im Volkstheater wurde die Schauspielerin immer mit einem langen Applaus auf der Bühne begrüßt, und selbst wenn sich in den letzten Jahren im Laufe der Vorstellung offenbarte, dass sie altersbedingt nur noch sehr eingeschränkt wirken konnte, dann zeigten sich ihre Zuschauer weder enttäuscht noch peinlich berührt, sondern dankten ihr mit herzlichen Ovationen. Die „Leut" liebten sie, in guten wie in schlechten Tagen, und waren einfach froh, sie zu sehen. Keiner hätte jemals ihren Abschied von der Bühne gewollt oder gar gefordert.

Das Volkstheater ohne Liesel Christ konnte sich niemand vorstellen. Die Prinzipalin selbst jedoch hatte zeitig vorgesorgt für den Fall, dass sie einmal nicht mehr an der Spitze der von ihr gegründeten und aufgebauten Bühne stehen könnte. Bereits seit Mitte der achtziger Jahre hatte sie die Nachfolge in der Theaterleitung geregelt und sich neben ihren schauspielerischen Aufgaben mehr und mehr auf repräsentative Pflichten zurückgezogen. Aus der – zwar nicht allzu fernen – Distanz beobachtete sie die weitere Entwicklung des Hauses, um notfalls richtend oder helfend eingreifen zu können. Im Interesse von „ihrem" Theater musste sie, auch wenn es ihr noch so schwerfiel, allmählich davon Abschied nehmen. Denn das Volkstheater sollte sie überleben.

„Mit ungewohnter Müdigkeit"[438]

Um die Wende zu den neunziger Jahren herum hatte sich Liesel Christ viel vorgenommen. Im ständigen Wechsel zwischen Theater und Fernsehen arbeitete die Schauspielerin unermüdlich. In einer Reihe von Neuinszenierungen großer Erfolge des Volkstheaters spielte sie wieder die Hauptrolle, etwa als Tante Anna in „Schweisch, Bub!", als Frau Funk in „Alt-Frankfurt", als Marthe im „Urfaust" und als Mutter Rothschild in „Die fünf Frankfurter". Bei der Premiere des letztgenannten Stückes am 2. November 1991 schien die Christ noch unverändert in ihrer Bühnenwirksamkeit, auch wenn sie als alte Frau Gudula unerwartet leise und weise agierte: „Vor zehn Jahren war ich für die Rolle noch zu jung", erklärte sie in der Presse. „Jetzt bin ich reingewachsen."[439] Die Kritik lobte die Prinzipalin einstimmig: „Mit dem selbstbewußten Stolz der Frankfurterin, mit liebevollen, leisen Tönen, aber unüberbietbarer Präsenz war Liesel Christ die Frau Gudula, die weder ihr Haus noch die Juddegass verlassen will und Hoheiten mit gleicher Würde begegnet."[440] So passierte es durchaus, dass sie ihre erwachsenen „Buben" ebenso wie einen Herzog zur Audienz auf das „Schawellche" zu ihren Füßen bat.

Fast allabendlich stand Liesel Christ als Mutter Rothschild auf der Bühne des Volkstheaters, und daneben absolvierte sie noch 20 Dreh-

Frau Gudula im Kreise ihrer Söhne (Hans Zürn als Salomon, Dieter Schmiedel als Carl, Karlheinz Heß als Amschel, Steffen Wilhelm als Jakob und Kurt Kirch als Nathan) in „Die fünf Frankfurter", 1991

tage für die vierte Staffel der Fernsehserie „Mit Leib und Seele". Damit hatte sich die 72-Jährige doch zuviel zugemutet. Bereits Ende 1991 erkrankte sie an einer Virusinfektion. In ihrer gewohnten Pflichtauffassung erfüllte sie ihr strammes Arbeitspensum weiter. Nach über 60 Vorstellungen mit den „Fünf Frankfurtern", kurz bevor die Inszenierung auslaufen sollte, brach Liesel Christ am 31. Januar 1992 zusammen. Sie musste für zehn Tage stationär in der Universitätsklinik behandelt werden, und auch nach ihrer Entlassung aus dem Krankenhaus sollte sie sich noch schonen. Die anstehenden Dreharbeiten in Aschaffenburg musste sie absagen.

Knapp drei Wochen nach ihrem Kollaps wollte Liesel Christ wieder ins Team der Fernsehserie zurückkehren. Vorher sollte sie nur noch eine Nachuntersuchung in der Universitätsklinik über sich ergehen lassen. Auf dem Weg dorthin, direkt vor dem Eingang zum Klinikgebäude, stolperte sie über einen Bordstein, wobei sie sich das linke Handgelenk brach. Erneut musste sie für einige Tage im Krankenhaus bleiben, weil das Handgelenk genagelt und der Arm ruhig gestellt werden musste. Der Bruch heilte nur langsam, so dass sich die durch den Gipsarm zur Untätigkeit verdammte Schauspielerin noch an ihrem 73. Geburtstag am 16. April 1992 „nach wie vor parterre" fühlte[441]. Mitte Mai wollte Liesel Christ endlich wieder „mit Leib und Seele" vor der Kamera stehen, aber schon nach wenigen Drehstunden musste sie, wohl infolge einer seit der Virusinfektion zurückgebliebenen Kreislaufschwäche, aufgeben. Erst nach einer mehrwöchigen Kur in Bad Griesbach, die ihre besorgten Töchter ihr verordneten, konnte sie die Dreharbeiten für die letzte Staffel der Pfarrerserie im August 1992 abschließen. Zwei Monate später begann sie auch wieder mit den Proben für ein neues Stück im Volkstheater. Aber, wie sich bald zeigen sollte, Liesel Christ war nicht mehr dieselbe.

Letzte Rollen

Die große Zeit der Schauspielerin war vorbei. Mit Rücksicht auf ihre Gesundheit musste Liesel Christ sich auf der Bühne des Volkstheaters in den kommenden Jahren mit ein paar kleineren Rollen begnügen. So übernahm sie jeweils eine recht hübsche Partie in den beiden Trouvaillen aus dem Fundus vergessener frankfurterischer Lokalstücke des 19. Jahrhunderts, die Frau Schnawwelmännin in „Das Stelldichein im Tivoli“ von Carl Malss (7. 11. 1992) und die Anna Stuwart in „Ein Glas Eppelwein“ von Adolph Hallenstein (6. 11. 1993), wobei sie in der letztgenannten Rolle am 4. Dezember 1993 ihr 70-jähriges Bühnenjubiläum feiern konnte. Außerdem spielte sie in jenen Jahren die dankbare Charge der erbschleichenden Tante Linchen in dem Goetz-Einakter „Die Kommode“ (23. 4. 1994). Zwischen den Aufführungsserien musste Liesel Christ nun immer längere Erholungsphasen einlegen, auch wenn sie eigentlich gerne öfter aufgetreten wäre und das auch versuchte. In dem Schwank „Der Raub der Sabinerinnen“ (13. 2. 1993) etwa war sie als das theatersüchtige Dienstmädchen Rosa bereits angekündigt, musste aber – offiziell wegen eines akut gewordenen Ischiasleidens – schon nach wenigen Proben die Rolle niederlegen.

Frau Schnawwelmännin (mit Wolff von Lindenau als Splitt) in „Stelldichein im Tivoli“, 1992

Infolge einer rasant fortschreitenden Demenzerkrankung fiel der einst so professionellen Schauspielerin die Arbeit zunehmend schwerer. Nur dank der Rücksichtnahme ihres Regisseurs Wolfgang Kaus, der Geduld ihrer Kollegen und vor allem der ungebrochenen Liebe ihres Publikums konnte sie ihren Beruf auf der Bühne überhaupt noch ausüben. Sie konnte keine Texte mehr behalten, und selbst wenn sie eine Rolle eigentlich hätte „drauf“ haben müssen, dann fehlten ihr oft auf offener Bühne plötzlich die Worte, so dass das Stück beinahe zu erliegen drohte. In solchen Fällen kam es auf ihre Bühnenpartner an, schnell und doch einfühlsam einzugreifen, ohne die Prinzipalin vollends zu verstimmen oder zu verstören. Vor allem ihren Ersten Schauspieler Hans Zürn akzeptierte die Christ als Retter in der Not: Manchmal bestritt er ganze Szenen an ihrer Seite fast allein, indem er bei jeder Stockung einfach auch ihren Text sprach und danach einen kleinen Satz an sie einfügte, wie etwa „Des wolltste doch sage, odder?“ Darauf brauchte sie nur „ja“ zu antworten, und manchmal fand sie dann sogar in ihre Rolle zurück. Die Schauspielerin, für die früher Disziplin und Selbstbeherrschung oberstes Gebot waren („Sich nie gehen lassen!“[442] und „Seinen Kummer nie in die Öffentlichkeit tragen!“[443] waren ihr wichtige Lebensmaximen), musste erfahren, wie sich ihr Körper und Geist ihrem unverändert starken Willen versagten. In solchen ungnädig lichten Momenten wurde sie fuchtig, und ihr ungerechter Zorn konnte sich gegen jeden richten, der ihr in diesem Augenblick über den Weg lief.

Liesel Christ mit ihren Töchtern Gisela Dahlem-Christ (li.) und Bärbel Christ-Heß (re.) im Zuschauerraum des Volkstheaters im Cantate-Saal, 1989

Außer ihren persönlichen Problemen belasteten die Prinzipalin seit 1993 wachsende Sorgen um das Volkstheater. Eigentlich hatte sie geglaubt, ihr Feld bestellt zu haben, nachdem sie schon vor einigen Jahren die Theaterleitung an ihre beiden Töchter Gisela Dahlem-Christ (als Geschäftsführerin) und Bärbel Christ-Heß (als Technische Direktorin) sowie ihren Hausregisseur Wolfgang Kaus (als Künstlerischen Leiter) abgegeben hatte. Doch nun sah sie die Existenz ihres Lebenswerks von ganz anderer Seite bedroht: durch die Änderung der Mietverhältnisse im Cantate-Saal nach dessen Rückfall an die Aufbau AG und durch wiederholte Subventionskürzungen seitens der Stadt. Nach allerhand Aufregungen konnte, nicht zuletzt dank des persönlichen Einsatzes von Oberbürgermeister Andreas von Schoeler, das Schlimmste verhindert und die finanzielle Situation abgefedert werden. Ein für 1994 angesetztes großes Israel-Gastspiel, wie es sich die Prinzipalin noch einmal gewünscht hatte, musste allerdings entfallen. Die Freilichtspiele des „Urfaust“ im Archäologischen Garten vor dem Dom, die das Volkstheater erstmals zum Stadtjubiläum 1994 geplant hatte und dann alle zwei Jahre geben wollte, konnten aber gerettet werden. Nachdem die für das Jubiläumsprogramm zuständige Projekte GmbH kurzfristig die zugesagten Mittel dafür gestrichen hatte, wurde die Inszenierung mit Hilfe von zahlreichen Freunden und Förderern des Theaters finanziert, u. a. durch eine Spendenaktion auf dem Schweizer-Straßen-Fest. In den Aufführungen vor dem Dom (17.–19. 8. 1994) spielte Liesel Christ zum letzten Mal die Marthe.

Die künstlerische Entwicklung des Volkstheaters in den neunziger Jahren konnte die Prinzipalin zufrieden betrachten, und als Wolfgang Kaus in seinem Spielplan deutliche Akzente gegen den damals erstarkenden Fremdenhass setzte, u. a. mit einer Inszenierung von Frischs „Biedermann und die Brandstifter“ (19. 2. 1994) wenige Monate nach dem Brandanschlag von Solingen, wurde dieses Programm von der Christ selbstverständlich mitgetragen. Zu einem eigenen größeren Pro-

Zwei „Freunde Frankfurts“: Liesel Christ und Johann Philipp Frh. von Bethmann bei der Eröffnung des restaurierten Holzhausenschlösschens durch die Frankfurter Bürger-Stiftung, 1995

jekt, einem neuen Experiment mit und auf ihrer Bühne aber fehlten der alternden Schauspielerin inzwischen Mut und Kraft. So war es eine Lieblingsidee ihres Regisseurs Kaus, Dürrenmatts „Der Besuch der alten Dame“ mit Liesel Christ in der Titelrolle bei den Freilichtspielen im Dominikanerkloster herauszubringen. Der Plan wurde nie verwirklicht. Die Christ sträubte sich dagegen. Sie glaubte nicht, dass ihr Publikum sie in einer so „bösen“ Rolle akzeptieren würde, gestand sie einmal ihrem Kollegen Walter Flamme.[444] Solche Skrupel schienen der Vollblutkomödiantin früher fremd gewesen zu sein. Doch vielleicht fürchtete sie nun, am Ende ihrer Karriere, doch das mögliche Scheitern. Wahrscheinlich wollte sie vermeiden, zum Abschluss einen negativen Akzent zu setzen. Sie fühlte wohl, es wäre besser so für sie wie auch für ihr Publikum.

Sehr gern übernahm Liesel Christ aber noch einmal die Rolle der Frau Gudula Rothschild in Roesslers Lustspiel „Die fünf Frankfurter“, das ab 1. Oktober 1994 für insgesamt 21 Vorstellungen anlässlich der großen Rothschild-Ausstellung im Jüdischen Museum zur 1200-Jahr-Feier der Stadt Frankfurt wiederaufgenommen wurde. Die meisten Kritiker sahen diskret über Liesel Christs Altersschwächen auf der Bühne hinweg. Dem historischen Familiensinn der Rothschilds entspreche der „entschlossene Gemeinschaftsgeist“ des Ensembles in dieser Inszenierung, meinte jedoch die Kritikerin der Frankfurter Rundschau:

> „Ihre [d. i. Liesel Christs] altersbedingte Spielweise [als Mutter Rothschild] wird mitgetragen, aufgefangen und behutsam überbrückt von den Darstellern der Brüder (Karlheinz Heß, Hans Zürn, Ralf Zunker, Dieter Schmiedel und Steffen Wilhelm) sowie den Darstellerinnen der Enkelin Betty (Carine Huber), der Dienstmädchen Rosa (Charlotte Mohr) und Lieschen (Silvia Tietz). In der Premiere äußert sich diese zusätzliche Ensembleleistung in großer Anspannung und kleinen Unsicherheiten. Aber das vergeht sicher mit nachlassendem Lampenfieber und zunehmender Aufführungsroutine. Dann werden die Mamme und ihre großen Buben das Publikum wie eh und je erfreuen und rühren.“[445]

Ab 18. Januar 1995 wurde die Inszenierung nochmals in den Spielplan aufgenommen, um sie für das Fernsehen aufzuzeichnen (Fernsehregie: Günter Andreas Pape, HR, 16. 4. 1995). Unter großen Mühen überstand Liesel Christ die gut dreiwöchige Vorstellungsserie mit den Dreharbeiten. Ihren Text für die Fernsehaufzeichnung konnte sie nur noch mit Hilfe eines unter ihrer Spitzenhaube verborgenen „Knopfs im Ohr“ bewerkstelligen, über den ihr die ganze Rolle durchgehend souffliert wurde. Bis zum 11. Februar 1995 gab sie tapfer die alte Frau Gudula. Es sollte ihre letzte Rolle auf der Bühne des Volkstheaters sein.

Immer hoffte Liesel Christ, sie würde eines Tages wieder spielen können. Doch ihre Versuche scheiterten kläglich. Als sie zum 25-jährigen Jubiläum des Volkstheaters dessen Eröffnungsstück „Der alte Bürgerkapitän“ wieder auf den Spielplan setzte (13.4.1996), schrieb der Bearbeiter und Regisseur Günter Andreas Pape ihr als eine kleine Hommage die Rolle der Muhme Lies hinein. Aber selbst diesen winzigen Part konnte sie nicht mehr bewältigen. Am eigentlichen Jubiläumstag, nach der Freilichtpremiere des „Schinderhannes“ am 18. Juni 1996, stand die Prinzipalin doch nochmals auf der Bühne des Volkstheaters. Sie empfing die Gratulationen und den Geburtstagsscheck der Oberbürgermeisterin Petra Roth und bedankte sich danach in einer kurzen Ansprache bei ihren Mitarbeitern und bei ihrem Publikum. Dann nahm Liesel Christ noch einmal, zum allerletzten Mal, den Applaus auf „ihrer“ Bühne entgegen.

Mit Oberbürgermeisterin Petra Roth beim 25-jährigen Jubiläum des Volkstheaters, 1996

„Also adschö, ihr Leut!“[446]

Als Gisela Dahlem-Christ nach der Vorstellung des Volkstheaters am 19. Juli 1996 abends nach Hause kam, fand sie ihre Mutter leblos am Boden im Flur ihrer Wohnung liegen. Liesel Christ hatte eine Gehirnblutung erlitten. Sie wurde sofort in die Universitätsklinik gebracht und operiert. Danach erholte sie sich schnell, war bald wieder ansprechbar und konnte sich in ihrem Bett aufsetzen, so dass die Töchter schon daran dachten, sie wieder nach Hause zu holen. Da erlitt sie eine weitere Gehirnblutung und fiel ins Koma, aus dem sie, trotz erneuter Operation, nicht mehr erwachte. Nach dreiwöchiger Bewusstlosigkeit wurde sie ins Bürgerhospital verlegt. Dort starb Liesel Christ am frühen Morgen des 15. August 1996. Zwei Tage zuvor hatte das Volkstheater seine letzte Vorstellung in diesem Sommer gegeben, den „Urfaust“ vor dem Dom, worin die Prinzipalin 1994 noch die Marthe gespielt hatte.

Die Töchter hatten erreicht, ihre Mutter im Krankenhaus völlig abzuschirmen, um keine Meldungen oder gar Gerüchte über deren schwere Erkrankung an Öffentlichkeit und Presse dringen zu lassen. So kam die Nachricht von Liesel Christs Tod völlig überraschend. Hörfunk und Fernsehen brachten die traurige Botschaft unverzüglich, die Frankfurter Zeitungen titelten am nächsten Tag damit, das Feuilleton der Frankfurter Allgemeinen veröffentlichte einen Nachruf, und sämt-

Liesel Christ als Mutter Courage (Ölgemälde von Hermann Haindl, 1999, im Volkstheater Frankfurt)

liche Illustrierten, vom Regenbogenblättchen bis zum „Spiegel", meldeten den Tod der Mamma Hesselbach. Stadträtin Jutta Ebeling, die die Oberbürgermeisterin während deren Sommerurlaub vertrat, beklagte den Verlust der „Außenministerin Frankfurts", die die Mainmetropole nicht als Bankenzentrum, sondern als liebens- und lebenswerte Stadt repräsentiert habe: „Ein wichtiges Stück Frankfurt wandert mit ihr in den Himmel."[447] Der hessische Ministerpräsident Hans Eichel würdigte die „unvergessene Komödiantin" als eine „Persönlichkeit, die die Kultur in Hessen maßgeblich geprägt hat",[448] und HR-Intendant Klaus Berg erinnerte daran, dass die Schauspielerin „beim Hessischen Rundfunk Fernsehgeschichte geschrieben" habe[449]. Freunde und Kollegen zeigten sich erschüttert: „Die letzte große Hessin ist von uns gegangen", erklärte etwa Heinz Schenk, der dann aber – ganz gegen seine sonstige Art – gar nicht mehr so recht wusste, was er noch sagen sollte.[450] „Adschö, Mama!", rief der Kollege Frank Lehmann am Frehliche Frankfort-Telefon, das in diesen Tagen auch nicht „frehlich" sein konnte.

Am Mittag des 21. August 1996 hieß es, in der Trauerhalle des Hauptfriedhofs Abschied von Liesel Christ zu nehmen. Neben der Familie, den Freunden und Kollegen, zahreichen Politikern, Medienvertretern und Künstlern waren über 1.000 Frankfurter Bürger erschienen: „Des war unser Liesel!", erklärten sie. „[Ihr] gebührt die letzte Ehre!"[451]

In der Trauerhalle verneigten sich die Menschen vor dem Sarg, der von bunten Blumen geschmückt und umgeben war, u. a. mit den Kränzen von Bundeskanzler Helmut Kohl, von der hessischen Landesregierung, von Magistrat und Stadtverordnetenversammlung sowie von zahlreichen sozialen Institutionen, denen Liesel Christ geholfen hatte. Während der ungewöhnlichen Trauerfeier für eine außergewöhnliche Frau, einer „Stunde (...) voller Wärme und Heiterkeit",[452] sprachen Oberbürgermeisterin Petra Roth, die dafür eigens ihre Ferien unterbrochen hatte, sowie Pater Amandus, der frühere Oberbürgermeister Dr. Walter Wallmann, der stellvertretende Vorsitzende der Jüdischen Gemeinde Michel Friedman und der HR-Intendant Klaus Berg. Die oft sehr persönlich gehaltenen Reden wurden musikalisch umrahmt von Mozartmusik und dem Filmlied „True Love", von Tucholskys „Chanson für eine Frankfurterin" und Sinatras „My Way". Nach dem Vaterunser wurde das Gebet von Ferdinand Happ, Liesels Lieblingsgedicht, verlesen: „Laß noch beim letzte Abstieg bloß / Du, liewer Gott, mei Hand net los!"[453] Und schließlich versprach Wolfgang Kaus, der als Gestalter dieser besonderen Feier zum letzten Mal für seine Prinzipalin inszenieren durfte: „Liesel, mir mache weiter, so wie du's gewollt hast – für dich unn für Frankford!"[454] Und dann erklang noch einmal die helle Stimme von Liesel Christ, in der rappigen „Frankfurthymne", die sie zusammen mit den Rodgau Monotones, Jürgen Zöller von BAP, Milli Vanilli, Maria Mucke, Heinz Schenk u. v. a. zum Stadtjubiläum 1994 aufgenommen hatte: „Und wird die Mutter Beimer schon längst im Eimer sein / Bleibt Mamma Hesselbach First Lady am Main!"[455] Danach erhob sich die Trauergemeinde zum ergreifenden Schlussapplaus am Sarg der Schauspielerin.

Liesel Christ fand ihre letzte Ruhestätte im alten Teil des Frankfurter Hauptfriedhofs, im Gewann J 296, übrigens ganz in der Nähe von Friedrich Stoltze. Ihren Grabstein aus heimischem rotem Sandstein, geschaffen von der Frankfurter Firma F. Hofmeister (1996), zieren das Wappen ihrer Vaterstadt und der Harlekin ihres Volkstheaters. In der Stadt erinnert seit 1997 außerdem die „Liesel-Christ-Anlage" im westlichen Anlagenring hinter der Alten Oper an die Volksschauspielerin, und im Jahr 2001 stiftete Hermann Haindl im Namen von Gisela Dahlem-Christ und Bärbel Christ-Heß einen Stein für deren Mutter in dem durch Europa reisenden „Frauen-Gedenk-Labyrinth" der Frankfurter Frauenforscherin Dagmar von Garnier. Vor allem aber trägt auf Initiative von Gisela Dahlem-Christ das Frankfurter Volkstheater bereits seit 1995 den Namen von Liesel Christ. Im Sinne seiner Gründerin wirkt es bis heute fort: im Dienste der Vaterstadt und zur Freude des Publikums.

Anmerkungen

Editorische Notiz: Im Interesse des Lesbarkeit wurde weitgehend auf eine textkritische Wiedergabe der Zitate verzichtet. Offenkundige Schreib- und Druckfehler wurden darin stillschweigend korrigiert. Auch wurde z. B. nicht eigens (etwa durch Klammern) gekennzeichnet, wenn in einem zitierten Textausschnitt infolge seiner gegenüber dem Original veränderten Stellung im Satz die Beugung, die Groß- und die Kleinschreibung o. ä. verändert werden mussten.

1 Madlen Lorei/Richard Kirn: Frankfurt und die goldenen zwanziger Jahre. Neuaufl. der Ausgabe von 1966. Frankfurt am Main: Societät 1981. S. 25.
2 Liesel Christ in einem Interview mit Christian Urban in: Frankfurt Lebendige Stadt, Nr. 4/1970, S. 32.
3 Liesel Christ in einem Fernsehinterview in: Mama Prinzipalin, Hessen 3, 15.4.1994.
4 Liesel Christ in einem Interview mit Jutta W. Thomasius in: Frankfurter Neue Presse, 14.4.1979.
5 Ebd.
6 Liesel Christ nach: Frankfurter Neue Presse, 18.8.1990.
7 Liesel Christ: Mei Frankfort. Aus der Reihe „Ganz persönlich" / Beschreibungen in Zusammenarbeit mit dem ZDF (hg. v. Dieter Zimmer). Freiburg im Breisgau: Eulen Verlag 1992. S. 14.
8 L. v. B. in: Frankfurter Nachrichten, 5.12.1926.
9 Lilly Uhl in einem Gespräch mit d. Verf., 25.4.2003.
10 -en. in: Frankfurter Zeitung, Stadtblatt, 7.12.1926.
11 Vgl. etwa L. v. B. in: Frankfurter Nachrichten, 5.12.1926.
12 Madlen Lorei in: Frankfurter Neue Presse, 16.4.1969.
13 Liesel Christ in einem Fernsehinterview in: Mama Prinzipalin, Hessen 3, 15.4.1994.
14 Ebd.
15 Liesel Christ: Mei Frankfort, a. a. O., S. 14.
16 Gü. in einer Theaterkritik zu „Das neugierige Sternlein", 1928 (Zeitungsausschnitt ohne Quellenangabe), in: Nachlass Liesel Christ, Rotes Album.
17 Habe in: Frankfurter General-Anzeiger, 10.1.1927.
18 Ebd.
19 Bruno Elkin in einem Kommentar zum „Zirkus Wanebach", 1927 (Zeitungsausschnitt ohne Quellenangabe), in: Nachlass Liesel Christ, Rotes Album.
20 Bruno [Elkin] in einem offenen Brief an die „kleine Christ", 1927 (Zeitungsausschnitt ohne Quellenangabe), in: Nachlass Liesel Christ, Rotes Album.
21 Liesel Christ: Mei Frankfort, a. a. O., S. 44.
22 Frankfurter General-Anzeiger, 10.12.1927.
23 Madlen Lorei/Richard Kirn: Frankfurt und die goldenen zwanziger Jahre, a. a. O., S. 215.
24 Gü. in einer Theaterkritik zu „Das neugierige Sternlein", 1928 (Zeitungsausschnitt ohne Quellenangabe), in: Nachlass Liesel Christ, Rotes Album.
25 Rudolf Keller zit. nach: Frankfurter Nachrichten, 21.8.1929.
26 Frankfurter Nachrichten, 17.8.1929.
27 Institut für Stadtgeschichte, Frankfurt am Main (im folgenden abgekürzt zitiert als: IfS), Schulamt 6.095, Bericht von Schulrat August Henze über die Revision der Schule in der Römerstadt, März 1931.
28 Ebd.
29 IfS, Schulamt 6.095, Bericht von Magistratsoberschulrat Heinrich Schüßler über die Revision der Schule in der Römerstadt, 15.12.1932.
30 Theaterkritik zu „Rotkäppchen", um 1929/30 (Zeitungsausschnitt ohne Quellenangabe), in: Nachlass Liesel Christ, Rotes Album.

31 Liesel Christ in einem Interview mit Cz. in: Frankfurter Rundschau, 23.6.1959.
32 IfS, Personalakte 207.270, f. 78f., Brief vom Elternbeirat der Schule in der Römerstadt an die städtische Schulbehörde, Frankfurt am Main, [1.]4.1933.
33 IfS, Personalakte 207.270, f. 106, Brief von Maria Seefried an die Kommunalabteilung der NSDAP, Frankfurt am Main, 11.3.1933.
34 Liesel Christ: Mei Frankfort, a. a. O., S. 17.
35 Heini Göbel in einem Gespräch mit d. Verf., 9.7.2003.
36 Hans Meissner: Die Hochschule für Theater der Stadt des deutschen Handwerks Frankfurt am Main in den Jahren 1933–1940. Frankfurt am Main 1940. S. 11.
37 Hans Meissner: Die Hochschule für Theater der Stadt des deutschen Handwerks Frankfurt am Main in den Jahren 1933–1940, a. a. O., S. 8.
38 Hans Pott in: Frankfurter Volksblatt, 2.2.1936.
39 Ebd.
40 Ebd.
41 Heini Göbel in einem Gespräch mit d. Verf., 9.7.2003.
42 Liesel Christ in einem Vortrag an der Frankfurter Johann Wolfgang Goethe-Universität, 28.11.1989, u. ö.
43 Heini Göbel in einem Gespräch mit d. Verf., 9.7.2003.
44 Ebd.
45 Georg Aufenanger in einem Gespräch mit d. Verf., 29.3.2003.
46 E. G. in: Frankfurter General-Anzeiger, 9.12.1935.
47 A. K. H. in: Taunusbote, 10.12.1935.
48 Das Illustrierte Blatt (Frankfurter Illustrierte), Frankfurt am Main, wohl 1935, Nr. 35, S. 858f.
49 P. in: Frankfurter General-Anzeiger, 21.7.1936.
50 Max von Brück in: Frankfurter Zeitung, 3.7.1937.
51 Liesel Christ in einem Interview mit Karl Disch in: Akt, 11. Jg., Nr. 6/7, Juni/Juli 1979, S. 2.
52 Hans Meissner: Die Hochschule für Theater der Stadt des deutschen Handwerks Frankfurt am Main in den Jahren 1933–1940, a. a. O., S. 8.
53 Liesel Christ in einem Fernsehinterview in: Mama Prinzipalin, Hessen 3, 15.4.1994.
54 Gustav Simon zit. nach Fritz Bockius: 1787–1987. 200 Jahre Theater Koblenz. Koblenz: Görres 1987. S. 166.
55 Joseph Goebbels zit. nach Bettina Schültke: Theater oder Propaganda? Die Städtischen Bühnen Frankfurt am Main 1933–1945. Frankfurt am Main: Kramer 1997. (Studien zur Frankfurter Geschichte 40). S. 315.
56 Dr. Schwenzer in: Koblenzer General-Anzeiger, 9.10.1936.
57 Liesel Christ in einem Vortrag an der Frankfurter Johann Wolfgang Goethe-Universität, 28.11.1989.
58 Dr. Schwenzer in: Koblenzer General-Anzeiger, 1.2.1937.
59 Koblenzer General-Anzeiger, 16.3.1938.
60 Fritz Bockius: 1787–1987. 200 Jahre Theater Koblenz, a. a. O., S. 167.
61 Liesel Christ in einem Fernsehinterview in: Mama Prinzipalin, Hessen 3, 15.4.1994.
62 Anekdote von Liesel Christ in einem Interview mit Karin Dahlberg in: Heilbronner Stimme, 16.11.1982.
63 G. in: Wildbader Badblatt, 4.7.1939.
64 E. Gäckle in: Wildbader Badblatt, 20.7.1939.
65 Liesel Christ in einem Fernsehinterview in: Mama Prinzipalin, Hessen 3, 15.4.1994.
66 Georg Fritz in: Heilbronner Tagblatt, 18.1.1941.
67 Alexander Renz in: Heilbronner Tagblatt, 14.3.1941.
68 Dr. Hans Mangold in: Heilbronner Tagblatt, 1.10.1941.
69 Alexander Renz in: Heilbronner Tagblatt, 27.12.1941.
70 Alexander Renz in: Heilbronner Tagblatt, 19.1.1942.
71 Paul Kachler in: Heilbronner Tagblatt, 10.10.1941.

72 Paul Kachler in: Heilbronner Tagblatt, 15. 9. 1942.
73 Paul Kachler in: Heilbronner Tagblatt, 17. 11. 1942.
74 Anekdote nach Edith Stuppi in einem Interview mit O. Schäffler in: Heilbronner Stimme, 7. 6. 1974.
75 Anne-Rose Katz in: Heilbronner Tagblatt, 25. 2. 1943.
76 Alexander Renz in: Heilbronner Tagblatt, 24. 1. 1944.
77 Anne-Rose Katz in: Heilbronner Tagblatt, 25. 2. 1943.
78 Liesel Christ in einem Interview mit Karin Dahlberg in: Heilbronner Stimme, 16. 11. 1982.
79 Alexander Renz: Herzliches Abschiednehmen im Stadttheater, 1944 (Zeitungsausschnitt, wohl aus dem Heilbronner Tagblatt, ohne Quellenangabe), in: Nachlass Liesel Christ, Rotes Album.
80 Hans Stüwer in: Heilbronner Tagblatt, 29. 6. 1944.
81 Liesel Christ in einem Interview mit Werner Thunert in: Heilbronner Stimme, 14. 11. 1967.
82 Heilbronner Stimme, 15. 11. 1967.
83 Liesel Christ in ihrem „Heilbronn-Lied" in: Heilbronner Stimme, 13. 11. 1967.
84 Liesel Christ in einem Interview mit Werner Thunert in: Heilbronner Stimme, 14. 11. 1967.
85 Nachlass Liesel Christ, Grüner Schnellhefter „Heilbronn", Brief von Gretel Beilharz an Liesel Christ, Heilbronn, 9. 1. 1983.
86 Liesel Christ an den Heilbronner Bürgermeister Erwin Fuchs, Frankfurt am Main, 28. 4. 1979, in: Stadtarchiv Heilbronn, Stiftung E. Fuchs 98.
87 Gertrud Dziomba in einem Bericht zu dem Bunten Abend „Windstärke 11", 1944/45 (Zeitungsausschnitt ohne Quellenangabe), in: Nachlass Liesel Christ.
88 Liesel Christ in einem Interview mit Andrea Bickert (Zeitungsausschnitt ohne Quellenangabe) in: Nachlass Liesel Christ.
89 Ebd.
90 Liesel Christ in einem Fernsehinterview in: Mama Prinzipalin, Hessen 3, 15. 4. 1994.
91 Liesel Christ in ihrer Antwort in der Umfrage „Erinnern Sie sich an Weihnachten 1945?" in: Frankfurter Neue Presse, Weihnachten 1970.
92 Liesel Christ in einem Interview mit Andrea Bickert (Zeitungsausschnitt ohne Quellenangabe) in: Nachlass Liesel Christ.
93 rk [d. i. Richard Kirn]: Der erste und der letzte Tag, Kleine Erlebnisse zwischen den Jahren, 1946 (Zeitungsausschnitt ohne Quellenangabe), in: Nachlass Liesel Christ, Rotes Album.
94 Carl Tesch: Abschied von der Börse. In: Die Volksbühne, Frankfurt am Main, 14. Jg., H. 1 v. 23. 8. 1963, S. 2.
95 rk [d. i. Richard Kirn]: Der erste und der letzte Tag, Kleine Erlebnisse zwischen den Jahren, 1946 (Zeitungsausschnitt ohne Quellenangabe), in: Nachlass Liesel Christ, Rotes Album.
96 Liesel Christ in ihrer Antwort in der Umfrage „Erinnern Sie sich an Weihnachten 1945?" in: Frankfurter Neue Presse, Weihnachten 1970.
97 Zit. nach Cz. in: Frankfurter Rundschau, um 1. 6. 1961.
98 Liesel Christ in einem Interview mit Cz. in: Frankfurter Rundschau, um 1. 6. 1961.
99 Zit. nach Cz. in: Frankfurter Rundschau, um 1. 6. 1961.
100 Liesel Christ in einem Interview mit Jochen Trüby in: Frankfurt Lebendige Stadt, Nr. 1/1979, S. 24.
101 aka. in: Heilbronner Stimme, 12. 4. 1947.
102 Ebd.
103 „Die Zeitgenossen", Friedberg/Hessen, Werbeschrift, 1947. Original im Besitz von Eva Mehling, Friedberg/Hessen.
104 Liesel Christ in einem Interview mit Christian Herrmann in: Es war einmal, [Zeitschrift der Augustinerschule in Friedberg], Jg. 1977/78, Febr. 1978.
105 Gisela Dahlem-Christ in mehreren Gesprächen mit d. Verf., 14. 1. 2003 u. ö.

106 Theater der Stadt Bad Homburg, Werbeschrift zur 1. Spielzeit 1948/49, 6. 1. 1948. In: Nachlass Liesel Christ, Rotes Album.
107 Reinh. Müller in: Theater der Stadt Bad Homburg, Programmzettel zu „Herr Lamberthier", 1948. In: Nachlass Liesel Christ, Rotes Album.
108 eka. in einer Theaterkritik zu „Bezauberndes Fräulein", 1948 (Zeitungsausschnitt ohne Quellenangabe), in: Nachlass Liesel Christ, Rotes Album.
109 Ebd.
110 Danielo Devaux in einem Gespräch mit d. Verf., 23. 4. 2003.
111 Vgl. Frankfurter Neue Presse, 1. 3. 1949.
112 Frankfurter Neue Presse, 1. 3. 1949.
113 eka in: Frankfurter Rundschau, 1. 3. 1949.
114 Otto Hofner in einem Interview mit eka in: Frankfurter Rundschau, 1. 3. 1949.
115 Willy Werner Göttig in einer Theaterkritik zu „Besuch am Abend", 1949 (Zeitungsausschnitt ohne Quellenangabe), in: Nachlass Liesel Christ, Rotes Album.
116 W. W. Gg. [d. i. Willy Werner Göttig] in einer Theaterkritik zu „Besuch am Abend", 1949 (Zeitungsausschnitt ohne Quellenangabe), in: Nachlass Liesel Christ, Rotes Album.
117 H. H. [d. i. Heinrich Heym ?] in: Frankfurter Neue Presse, 10. 3. 1949.
118 W. W. Gg. [d. i. Willy Werner Göttig] in einer Theaterkritik zu „Besuch am Abend", 1949 (Zeitungsausschnitt ohne Quellenangabe), in: Nachlass Liesel Christ, Rotes Album.
119 Eka. in einer Theaterkritik zu „Besuch am Abend", 1949 (Zeitungsausschnitt ohne Quellenangabe), in: Nachlass Liesel Christ, Rotes Album.
120 H. H. [d. i. Heinrich Heym ?] in: Frankfurter Neue Presse, 10. 3. 1949.
121 Eka. in einer Theaterkritik zu „Besuch am Abend", 1949 (Zeitungsausschnitt ohne Quellenangabe), in: Nachlass Liesel Christ, Rotes Album.
122 Anekdote von Wolfgang Bieger in einem Gespräch mit d. Verf., 18. 9. 2002.
123 Liesel Christ in einem Interview mit mir. in: Abendpost – Nachtausgabe, Frankfurt am Main, 22. 12. 1985.
124 Der Spiegel, 12. 9. 1949. Zit. nach Christiane Habich (Hg.): Lilian Harvey. Hg. v. Deutschen Filmmuseum Frankfurt am Main. Berlin: Haude & Spener 1990. S. 79f.
125 Der Spiegel, 12. 9. 1949. Zit. nach Christiane Habich (Hg.): Lilian Harvey, a. a. O., S. 82.
126 Wolfgang Bieger in einem Gespräch mit d. Verf., 18. 9. 2002.
127 A. Hp. [d. i. Alfred Happ] in einer Theaterkritik zu „Der Mann mit dem Zylinder", 1951 (Zeitungsausschnitt ohne Quellenangabe), in: Nachlass Liesel Christ, Rotes Album.
128 Liesel Christ in einem Interview mit Cz. in: Frankfurter Rundschau, 23. 6. 1959.
129 Martha Marbo in einem Brief an d. Verf., 8. 5. 2003.
130 [Heinrich Heym:] 13 Jahre Theater am Roßmarkt 1950–1963 – Rückblick. Die Komödie, Frankfurt am Main 1963 – Ausblick. [Hg.:] Die Komödie, Frankfurt am Main. Frankfurt am Main: Rauch [1963]. S. 15.
131 H. Jüngs [d. i. wahrscheinlich Hans Jüngst] in: Frankfurter Neue Presse, 2. 11. 1953.
132 Alfred Happ in: Frankfurter Rundschau, 2. 11. 1953.
133 H. Jüngs [d. i. wahrscheinlich Hans Jüngst] in: Frankfurter Neue Presse, 2. 11. 1953.
134 Alfred Happ in: Frankfurter Rundschau, 2. 11. 1953.
135 Ebd.
136 Anekdote von Gaby Reichardt in einem Gespräch mit d. Verf., 29. 3. 2003.
137 Di[.] in: Frankfurter Neue Presse, 8. 12. 1953.
138 Wa. [d. i. Friedrich A. Wagner ?] in: Frankfurter Allgemeine Zeitung, 23. 5. 1957.
139 Alfred Happ in einer Theaterkritik zu „Der eingebildete Kranke", 1954 (Zeitungsausschnitt ohne Quellenangabe), in: Nachlass Liesel Christ, Rotes Album.

140 A. Hp. [d. i. Alfred Happ] in einer Theaterkritik zu „Komödie der Irrungen", 1954 (Zeitungsausschnitt ohne Quellenangabe), in: Nachlass Liesel Christ, Rotes Album.
141 Alle Zitate in diesem Absatz von blo. in einer Theaterkritik zu „Die schöne Lügnerin", 1954 (Zeitungsausschnitt ohne Quellenangabe), in: Nachlass Liesel Christ, Rotes Album.
142 Erwin Kester [in: Frankfurter Rundschau], nach 18.8.1954 (Zeitungsausschnitt ohne Quellenangabe), in: Nachlass Liesel Christ, Rotes Album.
143 W. K. in einer Theaterkritik zu „Die schöne Lügnerin", 1954 (Zeitungsausschnitt ohne Quellenangabe), in: Nachlass Liesel Christ, Rotes Album.
144 Erwin Kester [in: Frankfurter Rundschau], nach 26.12.1955 (Zeitungsausschnitt ohne Quellenangabe), in: Nachlass Liesel Christ, Rotes Album.
145 Liesel Christ in einem Interview mit Christian Herrmann in: Es war einmal, [Zeitschrift der Augustinerschule in Friedberg], Jg. 1977/78, Febr. 1978.
146 Georg Aufenanger in einem Gespräch mit d. Verf., 29.3.2003.
147 Georg Bürger in einem Brief an d. Verf., 20.4.2003.
148 Hermann Schaub zit. nach: Frankfurter Rundschau, 31.8.1956.
149 eka in: Frankfurter Rundschau, 31.8.1956.
150 Georg Bürger in einem Brief an d. Verf., 20.4.2003.
151 Gaby Reichardt in einem Gespräch mit d. Verf., 29.3.2003.
152 Gisela Dahlem-Christ in einem Gespräch mit d. Verf., 17.7.2002.
153 Gisela Dahlem-Christ in einem Gespräch mit d. Verf., 14.1.2003.
154 Liesel Christ in einem Interview für eine „Homestory" in einer Illustrierten, um 1966 (Zeitungsausschnitt ohne Quellenangabe), in: Volkstheater Frankfurt, Archiv, Grauer Ordner.
155 Gisela Dahlem-Christ in einem Gespräch mit d. Verf., 14.1.2003.
156 Ebd.
157 Liesel Christ in einem Interview für eine „Homestory" in einer Illustrierten, um 1966 (Zeitungsausschnitt ohne Quellenangabe), in: Volkstheater Frankfurt, Archiv, Grauer Ordner.
158 Gisela Dahlem-Christ in einem Gespräch mit d. Verf., 19.9.2002.
159 Mbg: Gestern auf Rhein-Main: Die geheimnisvolle Reise / Liesel Christ und die unbekannte Polin, 4.1.1955 (Zeitungsausschnitt ohne Quellenangabe), in: Nachlass Liesel Christ, Rotes Album.
160 Liesel Christ an Gisela Dahlem-Christ und Bärbel Christ, Postkarte vom Flug nach New York, 3.1.1955, in: Volkstheater Frankfurt, Archiv, Grauer Ordner.
161 bg in: Frankfurter Rundschau, 11.1.1955.
162 Günther Rühle in: Frankfurter Neue Presse, 26.2.1958.
163 Theaterkritik zu „Johnny Belinda", 1956 (Zeitungsausschnitt ohne Quellenangabe), in: Nachlass Liesel Christ, Rotes Album.
164 R. Bg. [d. i. wahrscheinlich Renate Bang] in einer Theaterkritik zu „Krach im Hinterhaus", 1957 (Zeitungsausschnitt ohne Quellenangabe), in: Nachlass Liesel Christ, Rotes Album.
165 gv. in einer Theaterkritik zu „Der Revisor", 1958 (Zeitungsausschnitt ohne Quellenangabe), in: Nachlass Liesel Christ, Rotes Album.
166 en. in einer Theaterkritik zu „Krach im Hinterhaus", 1957 (Zeitungsausschnitt ohne Quellenangabe), in: Nachlass Liesel Christ, Rotes Album.
167 Ebd.
168 E. K-r [d. i. Erwin Kester] in einer Theaterkritik zu „Helden", 1957 (Zeitungsausschnitt, wohl aus der Frankfurter Rundschau, ohne Quellenangabe), in: Nachlass Liesel Christ, Rotes Album.
169 R. Bg. [d. i. wahrscheinlich Renate Bang] in einer Theaterkritik zu „Krach im Hinterhaus", 1957 (Zeitungsausschnitt ohne Quellenangabe), in: Nachlass Liesel Christ, Rotes Album.
170 E. Kr. [d. i. Erwin Kester] in einer Theaterkritik zu „Der Revisor", 1958 (Zeitungsausschnitt, wohl aus der Frankfurter Rundschau, ohne Quellenangabe), in: Nachlass Liesel Christ, Rotes Album.

171 Erwin Kester in einer Theaterkritik zu „Die Ratten", 1955 (Zeitungsausschnitt, wohl aus der Frankfurter Rundschau, ohne Quellenangabe), in: Nachlass Liesel Christ, Rotes Album.
172 Erich Lissner [in: Frankfurter Rundschau], nach 20. 8. 1957 (Zeitungsausschnitt ohne Quellenangabe), in: Nachlass Liesel Christ, Rotes Album.
173 Vgl. Wa [d. i. wahrscheinlich Friedrich A. Wagner] in einer Theaterkritik zu „Der zerbrochene Krug", 1957 (Zeitungsausschnitt, wohl aus der Frankfurter Allgemeinen Zeitung, ohne Quellenangabe), in: Nachlass Liesel Christ, Rotes Album.
174 Erich Lissner [in: Frankfurter Rundschau], nach 20. 8. 1957 (Zeitungsausschnitt ohne Quellenangabe), in: Nachlass Liesel Christ, Rotes Album.
175 Wa [d. i. wahrscheinlich Friedrich A. Wagner] in einer Theaterkritik zu „Der zerbrochene Krug", 1957 (Zeitungsausschnitt, wohl aus der Frankfurter Allgemeinen Zeitung, ohne Quellenangabe), in: Nachlass Liesel Christ, Rotes Album.
176 rü in einer Theaterkritik zu „Der zerbrochene Krug", 22. 8. 1957 (Zeitungsausschnitt ohne Quellenangabe), in: Nachlass Liesel Christ, Rotes Album.
177 Erwin Kester [in: Frankfurter Rundschau], nach 26. 8. 1958 (Zeitungsausschnitt ohne Quellenangabe), in: Nachlass Liesel Christ, Rotes Album.
178 Wa [d. i. Friedrich A. Wagner] [in: Frankfurter Allgemeine Zeitung], 29. 8. 1958. Nachdruck in: Die Volksbühne, Frankfurt am Main, 8. Jg., H. 2 (Okt. 1958), S. 25.
179 Erwin Kester [in: Frankfurter Rundschau], nach 26. 8. 1958 (Zeitungsausschnitt ohne Quellenangabe), in: Nachlass Liesel Christ, Rotes Album.
180 rü in einer Theaterkritik zu „Der Biberpelz", 1958 (Zeitungsausschnitt ohne Quellenangabe), in: Nachlass Liesel Christ, Rotes Album.
181 Liesel Christ in einem Interview mit Cz. in: Frankfurter Rundschau, 23. 6. 1959.
182 Adolf Fink in: Frankfurter Allgemeine Zeitung, 15. 4. 1989.
183 Ebd.
184 Wolfgang Kaus in einem Gespräch mit d. Verf., 27. 12. 2002.
185 Georg Aufenanger in einem Gespräch mit d. Verf., 29. 3. 2003.
186 Gisela Dahlem-Christ in einem Gespräch mit d. Verf., 3. 7. 2002.
187 Bärbel Weckmüller in einem Brief an d. Verf., 8. 5. 2003.
188 Dieter Henkel in einem Gespräch mit d. Verf., 26. 1. 1989.
189 E. K-r [d. i. Erwin Kester] in: Frankfurter Rundschau, nach 24. 10. 1958. Nachdruck in: Die Volksbühne, FfM., 8. Jg., H. 4 (Dez. 1958), S. 66.
190 Ni. in: Offenbach-Post, 27. 10. 1958.
191 Vgl. Nachlass Liesel Christ, Leitzordner mit Varia, Brief von Carl Tesch, Frankfurter Bund für Volksbildung, an Liesel Christ, Frankfurt am Main, 29. 12. 1958.
192 E. K-r [d. i. Erwin Kester] in: Frankfurter Rundschau, 26. 6. 1959.
193 Als erster Drehtag wird gewöhnlich der 4. Oktober 1959 genannt, was aber ein (üblicherweise freier) Sonntag war. Die eigentlichen Dreharbeiten dürften daher erst am folgenden Tag begonnen haben.
194 Harald Schäfer in einem Gespräch im Rahmen des Tutoriums „Die ‚hessische' Mundart auf der Bühne und in den Medien" an der Frankfurter Johann Wolfgang Goethe-Universität, 12. 12. 1989.
195 Topsy Shell in einer Fernsehkritik zu „Die Firma Hesselbach", 7. Folge „Die Panne" vom 10. 6. 1960 (Zeitungsausschnitt ohne Quellenangabe), in: Nachlass Liesel Christ, Blauer Hefter „Hesselbach".
196 Nachlass Liesel Christ, Leitzordner mit Varia, Vertrag zwischen dem Hessischen Rundfunk, Abt. Honorar und Lizenz, Dr. Lange/Eberlein, und Liesel Christ, 10. 8. 1959.
197 Harald Schäfer: Struktur-Untersuchungen zur Situation der Familie vor und auf dem Bildschirm. [Phil. Diss.] Marburg: Marburger Studienkreis für Europäische Ethnologie 1973. (Marburger Studien zur vergleichenden Ethnosoziologie, Bd. 4). S. 153.
198 Harald Schäfer: Die Hesselbachs. Erinnerungen an eine erfolgreiche Familien-Serie aus den Anfangstagen des Fernsehens. Frankfurt am Main: R. G. Fischer 1996. (Edition Fischer). S. 31.

199 Harald Schäfer: Struktur-Untersuchungen zur Situation der Familie vor und auf dem Bildschirm, a. a. O., S. 153.
200 Harald Schäfer: Die Hesselbachs, a. a. O., S. 32.
201 Harald Schäfer: Die Hesselbachs, a. a. O., S. 23.
202 Harald Schäfer: Struktur-Untersuchungen zur Situation der Familie vor und auf dem Bildschirm, a. a. O., S. 120.
203 Wolf Schmidt in einem Interview mit Peter Miska in: Frankfurter Rundschau, 25. 5. 1963.
204 Harald Schäfer: Struktur-Untersuchungen zur Situation der Familie vor und auf dem Bildschirm, a. a. O., S. 120.
205 Liesel Christ in einem Interview mit Jutta [W. Thomasius], Sylvester 1961 (Zeitungsausschnitt ohne Quellenangabe), in: Nachlass Liesel Christ, Rotes Album.
206 Harald Schäfer: Struktur-Untersuchungen zur Situation der Familie vor und auf dem Bildschirm, a. a. O., S. 120.
207 Liesel Christ in einem Interview mit Christian Herrmann in: Es war einmal, [Zeitschrift der Augustinerschule in Friedberg], Jg. 1977/78, Febr. 1978.
208 Ebd.
209 Wolf Schmidt in einem Interview mit Peter Miska in: Frankfurter Rundschau, 25. 5. 1963.
210 Liesel Christ in einem Interview mit Thomas Lindner in: Heilbronner Stimme, 12. 12. 1981.
211 Joost Siedhoff in einem Gespräch mit d. Verf., 2. 4. 2004.
212 Dieter Henkel in einem Interview mit Christian Herrmann in: Es war einmal, [Zeitschrift der Augustinerschule in Friedberg], Jg. 1977/78, Febr. 1978.
213 Die Weltschau am Sonntag, hg. vom Hessischen Rundfunk, Abt. Publizistik, Jan. 1960, S. 1.
214 Liesel Christ in einem Interview mit Thomas Lindner in: Heilbronner Stimme, 12. 12. 1981.
215 Ursula Köllner in einem Interview mit Reinhard Frost u. a. in: Sigrid Butteron / Michael Crone / Reinhard Frost / Sabine Hock / Peter Kuhn / Hans Sarkowicz: Die *Hesse*lbachs. Geschichte einer Funk- und Fernsehfamilie. Eine Dokumentation. Frankfurt am Main: Eichborn 1991. S. 75.
216 Nachlass Liesel Christ, Leitzordner mit Varia, Brief des Intendanten Siegfried Nürnberger, Städtisches Theater Mainz, an Liesel Christ, Mainz, 21. 3. 1960.
217 Harald Schäfer in einem Gespräch im Rahmen des Tutoriums „Die ‚hessische' Mundart auf der Bühne und in den Medien" an der Frankfurter Johann Wolfgang Goethe-Universität, 12. 12. 1989.
218 Harald Schäfer: Struktur-Untersuchungen zur Situation der Familie vor und auf dem Bildschirm, a. a. O., S. 132.
219 Anekdote von Gaby Reichardt nach einem Gespräch mit d. Verf., 29. 3. 2003.
220 Wolfgang Kaus in einem Gespräch mit d. Verf., 27. 12. 2002.
221 Liesel Christ in einem Interview mit Sigrid Butteron u. a. in: Sigrid Butteron u. a.: Die *Hesse*lbachs, a. a. O., S. 70.
222 Ebd.
223 Joost Siedhoff in einem Gespräch mit d. Verf., 2. 4. 2004.
224 R. G. in einer Fernsehkritik zu „Die Familie Hesselbach", 39. Folge „Rücksichten" vom 15. 2. 1963 (Zeitungsausschnitt ohne Quellenangabe), in: Nachlass Liesel Christ, Rotes Album.
225 Wolf Schmidt in einem Interview mit Peter Miska in: Frankfurter Rundschau, 25. 5. 1963.
226 Liesel Christ: Mei Frankfort, a. a. O., S. 19.
227 Liesel Christ in einem Interview mit Thomas Lindner in: Heilbronner Stimme, 12. 12. 1981.
228 Ebd.
229 E. Sch. aus Düsseldorf in einem Leserbrief zu „Die Familie Hesselbach", 32. Folge „Die Party" vom 13. 7. 1962 (Zeitungsausschnitt ohne Quellenangabe), in: Nachlass Liesel Christ, Blauer Hefter „Hesselbach".

230 Werner Kelling aus Bremen in einem Leserbrief zu „Die Firma bzw. Familie Hesselbach“ (Zeitungsausschnitt ohne Quellenangabe), in: Nachlass Liesel Christ, Blauer Hefter „Hesselbach“.
231 R. G. in einer Fernsehkritik zu „Die Familie Hesselbach“, 39. Folge „Rücksichten“ vom 15. 2. 1963 (Zeitungsausschnitt ohne Quellenangabe), in: Nachlass Liesel Christ, Rotes Album.
232 Widmung von Wolf Schmidt an Liesel Christ, Neujahr 1968, zit. nach: Es war einmal, [Zeitschrift der Augustinerschule in Friedberg], Jg. 1977/78, Febr. 1978.
233 So lautete der Untertitel der Serie „Die Familie Hesselbach“ (ab 15. 12. 1961).
234 Peter Miska: Abschied von den Hesselbachs. In: Frankfurter Rundschau, 25. 5. 1963.
235 Wolf Schmidt in seinem „Rezept“ für die Serie in: Die Weltschau am Sonntag, hg. vom Hessischen Rundfunk, Abt. Publizistik, Jan. 1960, S. 2.
236 Peter Miska: Abschied von den Hesselbachs. In: Frankfurter Rundschau, 25. 5. 1963.
237 Wolf Schmidt in einem Interview in: Funkuhr, um Juli 1969.
238 Wolf Schmidt in einem Interview mit Erwin Kester in: Frankfurter Rundschau, 5. 2. 1960.
239 Ebd.
240 Liesel Christ in einem Interview mit Thomas Lindner in: Heilbronner Stimme, 12. 12. 1981.
241 Wolf Schmidt in einem Interview mit Peter Miska in: Frankfurter Rundschau, 25. 5. 1963.
242 Wolf Schmidt als Herr Hesselbach in „Die Familie Hesselbach“, 42. Folge „Wertsachen“ vom 29. 5. 1963, zit. nach Sabine Hock: Der Star oder Die Hesselbachs und Wolf Schmidt. In: Sigrid Butteron u. a.: Die *Hesse*lbachs, a. a. O., S. 22.
243 Liesel Christ in einem Interview mit Cz. in: Frankfurter Rundschau, um 1. 6. 1961.
244 Liesel Christ in einem Interview mit Thomas Lindner in: Heilbronner Stimme, 12. 12. 1981.
245 Dieter Henkel in einem Gespräch mit d. Verf., 26. 1. 1989.
246 Die ersten Folgen der Serie „Herr Hesselbach und...“ wurden definitiv vor dem 23. September 1965 aufgezeichnet, da darin noch die an diesem Tag verstorbene Schauspielerin Sophie Cossäus mitwirkt.
247 Liesel Christ in einem Interview mit Sigrid Butteron u. a. in: Sigrid Butteron u. a.: Die *Hesse*lbachs, a. a. O., S. 70.
248 Liesel Christ in einem Interview mit Peter Langenbach, um Juli 1969 (Zeitungsausschnitt ohne Quellenangabe), in: Nachlass Liesel Christ, Blauer Hefter „Hesselbach“.
249 Liesel Christ in einem Interview mit Sigrid Butteron u. a. in: Sigrid Butteron u. a.: Die *Hesse*lbachs, a. a. O., S. 69.
250 Wolf Schmidt in einem Interview in: Gong, 1971.
251 Illustriertenbericht zur Wiederholung der Serie „Die Firma Hesselbach“, um 1969 (Zeitungsausschnitt ohne Quellenangabe), in: Volkstheater Frankfurt, Archiv, Grauer Ordner.
252 Liesel Christ in einem Interview mit ssl in: Hörzu, 1969.
253 Liesel Christ in einem Interview mit Walter Gutermuth, um 1970 (Zeitungsausschnitt ohne Quellenangabe), in: Nachlass Liesel Christ, Blauer Hefter „Hesselbach“.
254 Ebd.
255 Harald Schäfer in einem Fernsehinterview in: Mama Prinzipalin, Hessen 3, 15. 4. 1994.
256 So wurde Liesel Christ etwa von dem Journalisten Eberhard Seybold genannt in seiner Kritik zu einer Aufführung des Kleinen Theaters im Zoo in: Frankfurter Neue Presse, 9. 2. 1967.
257 Nachlass Liesel Christ, Leitzordner mit Varia, Brief des Intendanten Siegfried Nürnberger, Städtisches Theater Mainz, an Liesel Christ, Mainz, 9. 12. 1958.

258 Nachlass Liesel Christ, Leitzordner mit Varia, Brief des Intendanten Siegfried Nürnberger, Städtisches Theater Mainz, an Liesel Christ, Mainz, 30. 12. 1958. Zweitschrift in: Stadtarchiv Mainz, Städtisches Theater, Bühnenverträge (hier: mit Liesel Christ), Sign. 100, Zugang 1983/25/14, 1958–1959.
259 Liesel Christ in einem Interview mit Cz. in: Frankfurter Rundschau, 23. 6. 1959.
260 Th. H. [d. i. Thomas Halbe ?] in einer Theaterkritik zu „Nachsaison“, 1960 (Zeitungsausschnitt ohne Quellenangabe), in: Nachlass Liesel Christ, Rotes Album.
261 Thomas Halbe in einer Theaterkritik zu „Die Heirat“, 1960 (Zeitungsausschnitt ohne Quellenangabe), in: Nachlass Liesel Christ, Rotes Album.
262 Achim Riefenstahl in einer Theaterkritik zu „Lysistrata“, 1960 (Zeitungsausschnitt ohne Quellenangabe), in: Nachlass Liesel Christ, Rotes Album.
263 Eo Plunien in einer Theaterkritik zu „Lysistrata“, 1960 (Zeitungsausschnitt ohne Quellenangabe), in: Nachlass Liesel Christ, Rotes Album.
264 Thomas Halbe in einer Theaterkritik zu „Beatrice Cenci“, 1960 (Zeitungsausschnitt ohne Quellenangabe), in: Nachlass Liesel Christ, Rotes Album.
265 Heinrich Heym in einer Theaterkritik zu „Beatrice Cenci“, 1960 (Zeitungsausschnitt ohne Quellenangabe), in: Nachlass Liesel Christ, Rotes Album.
266 Thomas Halbe in einer Theaterkritik zu „Beatrice Cenci“, 1960 (Zeitungsausschnitt ohne Quellenangabe), in: Nachlass Liesel Christ, Rotes Album.
267 TPH in einer Theaterkritik zu „Datterich“, 1961 (Zeitungsausschnitt, evt. aus dem Wiesbadener Kurier, ohne Quellenangabe) in: Nachlass Liesel Christ, Rotes Album.
268 Walther Krause in: Die Volksbühne, Frankfurt am Main, 13. Jg., H. 1 vom 20. 8. 1962, S. 4.
269 Stefanie Zweig in einer Theaterkritik zu „Datterich“, 1962 (Zeitungsausschnitt ohne Quellenangabe) in: Nachlass Liesel Christ, Rotes Album.
270 Walther Krause in: Die Volksbühne, Frankfurt am Main, 13. Jg., H. 1 vom 20. 8. 1962, S. 4.
271 Walther Krause in: Die Volksbühne, Frankfurt am Main, 13. Jg., H. 1 vom 20. 8. 1962, S. 1.
272 Nachlass Liesel Christ, Leitzordner mit Varia, Brief des Chefdramaturgen Dr. Helmut Krapp, Städtische Bühnen Frankfurt, an Liesel Christ, Frankfurt am Main, 10. 10. 1962.
273 Liesel Christ in einem Interview mit Jutta W. Thomasius in: Frankfurter Neue Presse, 27. 11. 1985.
274 Ebd.
275 Liesel Christ in einem Interview mit bl in: Bild, Frankfurt am Main, 27. 11. 1985.
276 Hy. [d. i. wahrscheinlich Heinrich Heym] in einer Theaterkritik zu „Ein besserer Herr“, 1962 (Zeitungsausschnitt ohne Quellenangabe), in: Nachlass Liesel Christ, Rotes Album.
277 B. C. in einer Theaterkritik zu „Ein besserer Herr“, 1962 (Zeitungsausschnitt ohne Quellenangabe), in: Nachlass Liesel Christ, Rotes Album.
278 H. D. Steinbichler in einer Theaterkritik zu „Ein besserer Herr“, 1962 (Zeitungsausschnitt ohne Quellenangabe), in: Nachlass Liesel Christ, Rotes Album.
279 Hannelore Zeppenfeld in einem Brief an d. Verf., 25. 5. 2003.
280 R. H. in: Frankfurter Neue Presse, 4. 9. 1963.
281 E. K-r [d. i. Erwin Kester] in: Frankfurter Rundschau, 4. 9. 1963.
282 Hy. [d. i. Heinrich Heym] in: Frankfurter Allgemeine Zeitung, 5. 2. 1964.
283 Stefanie Zweig in einer Theaterkritik zu „Pension Schöller“, 1964 (Zeitungsausschnitt ohne Quellenangabe), in: Volkstheater Frankfurt, Archiv, Grauer Ordner.
284 E. A. in einer Theaterkritik zu „Pension Schöller“, 1964 (Zeitungsausschnitt ohne Quellenangabe), in: Volkstheater Frankfurt, Archiv, Grauer Ordner.

285 Stefanie Zweig in einer Theaterkritik zu „Pension Schöller", 1964 (Zeitungsausschnitt ohne Quellenangabe), in: Volkstheater Frankfurt, Archiv, Grauer Ordner.

286 Frankfurter Rundschau, 23. 12. 1983.

287 Liesel Christ: Mei Frankfort, a. a. O., S. 14.

288 Liesel Christ, Auf dem Bildschirm und im Leben: Eine „Mamma" wie sie im Buche steht, um 1966 (Illustriertenausschnitt ohne Quellenangabe), in: Volkstheater Frankfurt, Archiv, Grauer Ordner.

289 Lieselotte Kahlberg in: Das Grüne Blatt, vor Oktober 1966.

290 Bärbel Weckmüller in einem Brief an d. Verf., 8. 5. 2003.

291 Liesel Christ in einem Beitrag für die Festschrift: 75 Jahre Stadttheater Bielefeld 1904–1979. Hg. v. den Bühnen der Stadt Bielefeld. Redaktion: Peter Schütze. Bielefeld 1979. S. 80.

292 hs. in einer Theaterkritik zu „Der Weiber Streik", 1964/65 (Zeitungsausschnitt ohne Quellenangabe), in: Volkstheater Frankfurt, Archiv, Grauer Ordner.

293 k. u. in einer Theaterkritik zu „Der Weiber Streik", 1964/65 (Zeitungsausschnitt, evt. aus der Westfälischen Zeitung, ohne Quellenangabe), in: Volkstheater Frankfurt, Archiv, Grauer Ordner.

294 Hannelore Zeppenfeld in einem Brief an d. Verf., 25. 5. 2003.

295 Stefanie Zweig in einer Theaterkritik zu „Telemachos Clay", 1965 (Zeitungsausschnitt ohne Quellenangabe), in: Volkstheater Frankfurt, Archiv, Grauer Ordner.

296 Heinrich Heym in einer Theaterkritik zu „Der Trauschein", 1966 (Zeitungsausschnitt, evt. aus der Frankfurter Allgemeinen Zeitung, ohne Quellenangabe), in: Volkstheater Frankfurt, Archiv, Grauer Ordner.

297 WL [d. i. Wendelin Leweke] in: Frankfurter Neue Presse, 7. 2. 1966.

298 Heinrich Heym in einer Theaterkritik zu „Der Trauschein", 1966 (Zeitungsausschnitt, evt. aus der Frankfurter Allgemeinen Zeitung, ohne Quellenangabe), in: Volkstheater Frankfurt, Archiv, Grauer Ordner.

299 IfS, Magistratsakten 2.338, Brief von Liesel Christ an den Oberbürgermeister Prof. Dr. Willi Brundert, Frankfurt am Main, 15. 2. 1967.

300 Martin Lüttge in einer Postkarte an d. Verf., 6. 5. 2003.

301 Liesel Christ in einem Interview mit JWT [d. i. Jutta W. Thomasius], um 1967/68 (Zeitungsausschnitt ohne Quellenangabe), in: Volkstheater Frankfurt, Archiv, Grauer Ordner.

302 Liesel Christ in: Frankfurter Rundschau, 22. 3. 1968.

303 Liesel Christ in einem Interview mit gus, um 7. 4. 1969 (Zeitungsausschnitt ohne Quellenangabe), in: Volkstheater Frankfurt, Archiv, Grauer Ordner.

304 H. S. in: Westfalen-Blatt, Bielefeld, 9. 9. 1968.

305 M. B. in: Neue Westfälische, Bielefeld, 7. 10. 1968.

306 IfS, Akten der Stadtverordneten-Versammlung (im folgenden abgekürzt zitiert als: StvV) 2.317, Antrag der CDU-Fraktion (Dr. Hans-Jürgen Moog) der StvV, Nr. 594, 18. 3. 1970.

307 Hans-Jürgen Moog zit. nach: Frankfurter Rundschau, 25. 3. 1970.

308 Liesel Christ zit. nach: Frankfurter Rundschau, 25. 3. 1970.

309 Ebd.

310 Ebd.

311 IfS, Akten der StvV 2.317, Brief von Liesel Christ an den Kulturausschuss der Frankfurter StvV, Bielefeld, 10. 4. 1970.

312 Vgl. dazu die Geleitworte von Roland Petri und Rudi Sölch in: 10 Jahre / 1971–1981 / Volkstheater Frankfurt. *Festschrift und Chronik, hg. unter Mitarbeit v. Günther Vogt.* [Frankfurt am Main: Volkstheater Frankfurt 1981.]

313 IfS, Akten der StvV 2.317, Bericht des Magistrats (Rudi Sölch) an die StvV, B 253, 10. 8. 1970.

314 IfS, Akten der StvV 2.317, Protokoll über die Sitzung des Kulturausschusses der StvV, 7. 9. 1970, und Protokoll-Auszug der StvV Frankfurt am Main, VII. Wahlperiode (Kulturausschuss), § 1.726, 17. 9. 1970.

315 Liesel Christ in einem Interview mit Jutta W. Thomasius in: Frankfurter Neue Presse, 2. 1. 1970 [d. i. wohl 1971!].
316 Ebd.
317 Das in der Literatur häufig wechselnde Gründungsdatum und die Gründungsmitglieder des Vereins sind hier nach dem amtlichen Dokument wiedergegeben, nämlich nach dem Gründungsprotokoll des Vereins „Frankfurter Volkstheater", Frankfurt am Main, 28. 1. 1971, dessen Kopie von Georg Bürger, Frankfurt am Main, zur Verfügung gestellt wurde.
318 G. V. [d. i. Günther Vogt]: Fünf Jahre Frankfurter Volkstheater. Ein Rückblick. In: Volkstheater Frankfurt, Spielzeit 1976/77, Programmheft 1.
319 IfS, Akten der StvV 2.317, Bericht des Magistrats (Rudi Sölch) an die StvV, B 253, 10. 8. 1970.
320 Spendenaufruf des Volkstheaters Frankfurt/Main, Heinrich Heym und Liesel Christ, Frankfurt am Main, [14. 4. 1971]. Exemplare u. a. in: IfS, Itzerott 1.600; Hessisches Hauptstaatsarchiv Wiesbaden, Bestand Innenministerium, Abt. 503, Nr. 4.825.
321 Liesel Christ in einem Interview mit Jutta W. Thomasius in: Frankfurter Neue Presse, 2. 1. 1970 [d. i. wohl 1971!].
322 Wendelin Leweke in: FNP, 21. 6. 1971.
323 Liesel Christ in einem Interview mit jwt [d. i. Jutta W. Thomasius] in: Frankfurter Neue Presse, 14. 7. 1971.
324 bg [d. i. Renate Bang] in: Frankfurter Rundschau, 9. 7. 1971.
325 sd. [d. i. Siegfried Diehl] in: Frankfurter Allgemeine Zeitung, 22. 6. 1971.
326 sd. [d. i. Siegfried Diehl] in: Frankfurter Allgemeine Zeitung, 15. 11. 1971.
327 Anekdote von Rudi Arndt in: Frankfurter Neue Presse, 15. 4. 1989.
328 Rudi Arndt in einem Hörfunkinterview in: Rhein Main Journal, HR 4, 14. 4. 1989.
329 Heinrich Heym in: Frankfurter Allgemeine Zeitung, 28. 10. 1972.
330 Martin Berg zit. nach: Frankfurter Allgemeine Zeitung, 28. 10. 1972.
331 Heinrich Heym in: Frankfurter Allgemeine Zeitung, 28. 10. 1972.
332 Spendenaufruf des Volkstheaters Frankfurt/Main, Heinrich Heym und Liesel Christ, Frankfurt am Main, [14. 4. 1971].
333 Liesel Christ in einem Fernsehinterview, 1971, in: Mama Prinzipalin, Hessen 3, 15. 4. 1994.
334 ze in: Frankfurter Allgemeine Zeitung, 29. 6. 1973.
335 Kurt Karas zit. nach: Volkstheater Frankfurt, Spielzeit 1971/72, Programmheft [2 ?] („Der politische Kannengießer").
336 Gisela Dahlem-Christ in einem Gespräch mit d. Verf., 14. 4. 2003.
337 Gespräch von Wolfgang Kaus mit d. Verf., 27. 12. 2002. Falls nicht anders vermerkt, stammen alle Zitate und Erinnerungen von Wolfgang Kaus in diesem Abschnitt aus dem genannten Gespräch.
338 Liesel Christ in einem Offenen Brief an Wolfgang Kaus in: Volkstheater Frankfurt, Spielzeit 1983/84, Programmheft 4.
339 Wolfgang Kaus in seiner Antwort in der Umfrage zum 25-jährigen Jubiläum des Volkstheaters in: Volkstheater Frankfurt, Spielzeit 1995/96, Programmheft 5.
340 Liesel Christ: Zum Geleit ins neue Haus. In: Volkstheater Frankfurt, Spielzeit 1975/76, Programmheft 1.
341 Jutta W. Thomasius in: Frankfurter Neue Presse, 11. 10. 1975.
342 Hy. [d. i. Heinrich Heym] in: Frankfurter Allgemeine Zeitung, 11. 10. 1975.
343 bg [d. i. Renate Bang] in: Frankfurter Rundschau, 11. 10. 1975.
344 Jutta W. Thomasius in: Frankfurter Neue Presse, 11. 10. 1975.
345 sd. [d. i. Siegfried Diehl] in: Frankfurter Allgemeine Zeitung, 15. 6. 1976.
346 Volkstheater Frankfurt, Spielzeit 1976/77, Programmheft 3 („Die Jubilarin").
347 Nachlass Joseph Breitbach, Brief von Joseph Breitbach an Gisela Dahlem-Christ, Volkstheater Frankfurt, o. O., 19. 12. 1976.
348 Joseph Breitbach in einem Interview mit Siegfried Diehl in: Frankfurter Allgemeine Zeitung, 9. 3. 1977.

349 Joseph Breitbach in einem Interview mit gesch [d. i. Gerhard Schmidt] in: Frankfurter Rundschau, 10. 3. 1977.
350 Ebd.
351 Ebd.
352 Ebd.
353 Nachlass Joseph Breitbach, Brief von Wolfgang Mettmann (im Namen von Joseph Breitbach) an Gisela Dahlem-Christ, o. O., 25. 1. 1977.
354 Volkstheater Frankfurt, Spielzeit 1976/77, Programmheft 3 („Die Jubilarin", gelbe Ausgabe).
355 Karl Korn in: Frankfurter Allgemeine Zeitung, 12. 3. 1977.
356 JWT [d. i. Jutta W. Thomasius] in: Frankfurter Neue Presse, 11. 3. 1977.
357 Joseph Breitbach in einem Interview mit JWT [d. i. Jutta W. Thomasius] in: Frankfurter Neue Presse, 11. 3. 1977.
358 Nachlass Joseph Breitbach, Foto mit Widmung von Liesel Christ an Joseph Breitbach, 23. 3. 1977.
359 Brief von Liesel Christ an Wolfgang Mettmann, Frankfurt am Main, [vor 18. 6. 1981]. Original im Besitz von Wolfgang Mettmann, Aschau/Chiemsee.
360 sd. [d. i. Siegfried Diehl] in: Frankfurter Allgemeine Zeitung, 25. 3. 1970.
361 Liesel Christ: Mei Frankfort, a. a. O., S. 39.
362 Rosemarie Schanze: Entwicklungsmomente und Praxis der Neuen Mundartbewegung. In: Hessische Blätter für Volks- und Kulturforschung, NF 11/12 (1981), S. 22f.
363 Wolfgang Kaus: Warum der „URFAUST" bei uns? In: Volkstheater Frankfurt, Spielzeit 1978/79, Programmheft 5.
364 Ebd.
365 bg [d. i. Renate Bang] in: Frankfurter Rundschau, 16. 6. 1979.
366 Ebd.
367 Jutta W. Thomasius in: Frankfurter Neue Presse, 16. 6. 1979.
368 Wolfgang Kaus in einem Gespräch mit d. Verf., 27. 12. 2002.
369 Jutta W. Thomasius in: Frankfurter Neue Presse, 16. 6. 1979.
370 bg [d. i. Renate Bang] in: Frankfurter Rundschau, 16. 6. 1979.
371 Adolf Fink in: Frankfurter Allgemeine Zeitung, 16. 6. 1979.
372 Gisela Dahlem-Christ in einem Gespräch mit d. Verf., 3. 1. 2003.
373 Walter Wallmann: Im Licht der Paulskirche. Memoiren eines Politischen. Potsdam: Goetz 2002. S. 114.
374 Dieter Bartetzko in: Auftritt 1/1984, S. 13.
375 Stefanie Zweig in: Abendpost – Nachtausgabe, Frankfurt am Main, 29. 10. 1979.
376 Ebd.
377 bg [d. i. Renate Bang] in: Frankfurter Rundschau, 29. 10. 1979.
378 Jutta W. Thomasius in: Frankfurter Neue Presse, 23. 1. 1980.
379 Hans Zürn in einem Gespräch mit d. Verf., 9. 7. 2003, in dem er auch die folgende Anekdote erzählte.
380 Liesel Christ in einem Vortrag an der Frankfurter Johann Wolfgang Goethe-Universität, 28. 11. 1989.
381 Adolf Fink in: Frankfurter Allgemeine Zeitung, 20. 6. 1981.
382 bg Renate Bang in: Frankfurter Rundschau, 20. 6. 1981.
383 Liesel Christ in einem Vortrag an der Frankfurter Johann Wolfgang Goethe-Universität, 28. 11. 1989.
384 Adolf Fink in: Frankfurter Allgemeine Zeitung, 20. 6. 1981.
385 Ebd.
386 Wolfgang Kaus in einem Interview mit Renate Bang in: Frankfurter Rundschau, 11. 6. 1981.
387 Dieter Bartetzko zit. nach: Frankfurter Allgemeine Zeitung, 19. 10. 1991.
388 So wurde Liesel Christ von Frank Lehmann genannt in seinem Nachruf am Frehlichen Frankfort-Telefon, nach 15. 8. 1996.

389 Senioren Zeitschrift 3/1979. Zit. nach: Porträts Frankfurter Senioren. Hg. v. Dezernat Soziales und Jugend der Stadt Frankfurt am Main. Frankfurt am Main 1999. S. 32.
390 Kai Gniffke: Volksbildung in Frankfurt am Main 1890–1990. Frankfurt am Main: Kramer 1990. S. 85.
391 Begründung der Jury der Volksbühne für die Verleihung des „Harlekins" zit. nach: Akt, 16. Jg., Nr. 11, Nov. 1984, S. 1.
392 Hilmar Hoffmann zit. nach: Frankfurter Neue Presse, 5. 11. 1984.
393 Liesel Christ in einem Interview mit Dieter Bartetzko in: Auftritt 1/1984, S. 13.
394 Liesel Christ in einem Interview mit Cz. in: Frankfurter Rundschau, um 1. 6. 1961.
395 Erich Lissner [in: Frankfurter Rundschau], nach 20. 8. 1957 (Zeitungsausschnitt ohne Quellenangabe), in: Nachlass Liesel Christ, Rotes Album, und Renate Bang in: Frankfurter Rundschau, 16. 6. 1980.
396 Wolfgang Kaus in einem Gespräch mit d. Verf., 27. 12. 2002.
397 aad in: Frankfurter Allgemeine Zeitung, 8. 3. 1985.
398 Stefanie Zweig in: Abendpost – Nachtausgabe, Frankfurt am Main, 7. 3. 1985.
399 Stefanie Zweig in: Abendpost – Nachtausgabe, Frankfurt am Main, 20. 4. 1985.
400 Walter Flamme in einem Brief an d. Verf., 16. 6. 2003.
401 Wolfgang Kaus in einem Gespräch mit d. Verf., 27. 12. 2002.
402 Stefanie Zweig in: Abendpost – Nachtausgabe, Frankfurt am Main, 27. 4. 1987.
403 Brief von Sabine Hock an Ilka Ruiz, Frankfurt am Main, 19. 8. 1991.
404 Erich Neureuther in einem Gespräch mit d. Verf., 19. 12. 2003.
405 Ebd.
406 Liesel Christ in einem Interview mit Jutta W. Thomasius in: Frankfurter Neue Presse, 21. 9. 1984.
407 Siegfried Dörfer zit. nach: Abendpost – Nachtausgabe, Frankfurt am Main, 17. 3. 1983.
408 H. P. Müller in der 1. Ansage am Frehlichen Frankfort-Telefon, 4. 12. 1981. Zit. nach Laternenpreis '92: Des Frehliche Frankfort-Telefon. [Frankfurt am Main]: Frankfurter Sparkasse 1992. [S. 3].
409 Frank Lehmann in der letzten Ansage am Frehliche Frankfort-Telefon, um 25. 2. 1996. Zit. nach: Frankfurter Neue Presse, 26. 2. 1998.
410 Liesel Christ in: Frankfurter Allgemeine Zeitung, 18. 2. 1993.
411 Liesel Christ in einem Interview mit Dieter Bartetzko in: Auftritt 1/1984, S. 13, u. ö.
412 Liesel Christ in ihrem Vorwort zu Hilde Kathrein/Laura Krüger (Hg.): Liebe zu Frankfurt. Die Stadt im Urteil von Dichtern, Denkern, Diplomaten. Frankfurt am Main: Societät 1990. S. 13.
413 Liesel Christ in: Frankfurter Allgemeine Zeitung, 18. 2. 1993.
414 Liesel Christ in ihrem Vorwort zu Hilde Kathrein/Laura Krüger (Hg.): Liebe zu Frankfurt, a. a. O., S. 14.
415 Ebd.
416 Liesel Christ in einem Fernsehinterview in: Mama Prinzipalin, Hessen 3, 15. 4. 1994.
417 Liesel Christ: Mei Frankfort, a. a. O., S. 44.
418 Wolfgang Kaus in einem Gespräch mit d. Verf., 27. 12. 2002.
419 Günter Possmann in einem Brief an d. Verf., 4. 6. 2003.
420 Liesel Christ zit. nach Erika Deusner: [Laudatio zur Verleihung des 11. Elisabeth-Norgall-Preises an Liesel Christ], 9. 3. 1988. Redemanuskript in: IfS, International Women's Club V 22/172.
421 Schlappekicker in: Frankfurter Rundschau, wahrsch. 14. 4. 1984.
422 Die Informationen zur Unterstützung der Theaterarbeit mit Gehörlosen durch Liesel Christ stammen meist von Pater Amandus aus einem Gespräch mit d. Verf., 29. 12. 2003.

423 ZDF Presse Special: „Mit Leib und Seele“ (Pressemappe zum Serienstart), hg. v. d. Abt. Information und Presse/Aktuelle Presse, Mainz, Juni 1989, S. 16.

424 Nachlass Liesel Christ, Grüner Ordner „Mit Leib und Seele“, Drehbuch zu „Mit Leib und Seele“, 42. Folge „Der unheimliche Gast“ vom 13. 5. 1993, Szene 42–22, S. 61f.

425 Bild, 7. 9. 1989.

426 Vgl. Günter Scheinpflug in: Kieler Nachrichten, 7. 9. 1989.

427 Vgl. Wolfram Lotze in: Westdeutsche Zeitung, 7. 9. 1989.

428 max in: Berliner Morgenpost, 6. 9. 1989.

429 Christa Lantz in: Rheinpfalz, Ludwigshafen, 7. 9. 1989.

430 Wolfram Lotze in: Westdeutsche Zeitung, 7. 9. 1989.

431 Uta Ranke-Heinemann zit. nach: Express, Köln, 7. 9. 1989.

432 Liesel Christ in einem Interview mit jwt [d. i. Jutta W. Thomasius] in: Frankfurter Neue Presse, 31. 7. 1992.

433 Horst Reber in: Abendpost – Nachtausgabe, Frankfurt am Main, 17. 4. 1984.

434 Dr. Ilma Bogsch in einer E-Mail an d. Verf., 23. 1. 2004.

435 Liesel Christ in ihrer Dankesrede nach der Verleihung der Goetheplakette zit. nach Peter Lückemeier in: Frankfurter Allgemeine Sonntagszeitung, 17. 4. 1994.

436 Liesel Christ in einem Interview mit Stefanie Zweig in: Abendpost – Nachtausgabe, Frankfurt am Main, 16. 4. 1984.

437 Liesel Christ in einem Interview mit Barbara Haag in: Heilbronner Stimme, 16. 4. 1984, u. ö.

438 Vgl. Hans Riebsamen in einer Theaterkritik zu „Schweisch’, Bub!“, 1989, in: Frankfurter Allgemeine Zeitung, 13. 2. 1989.

439 Liesel Christ in einem Gepräch mit Erika Albers in: Frankfurter Rundschau, 4. 11. 1991.

440 Erika Albers in: Frankfurter Rundschau, 4. 11. 1991.

441 Liesel Christ in einem Interview mit jwt [d. i. Jutta W. Thomasius] in: Frankfurter Neue Presse, 16. 4. 1992.

442 Liesel Christ zit. nach Erika Deusner: [Laudatio zur Verleihung des 11. Elisabeth-Norgall-Preises an Liesel Christ], 9. 3. 1988. Redemanuskript in: IfS, International Women’s Club V 22/172.

443 Liesel Christ in einem Interview mit Stefanie Zweig in: Abendpost – Nachtausgabe, Frankfurt am Main, 16. 4. 1984.

444 Vgl. Walter Flamme in einem Brief an d. Verf., 16. 6. 2003.

445 Ruth Dröse in: Frankfurter Rundschau, 4. 10. 1994.

446 So pflegte sich Liesel Christ, etwa im Kollegenkreis, zu verabschieden.

447 Jutta Ebeling zit. nach: Frankfurter Rundschau, 16. 8. 1996.

448 Hans Eichel zit. nach: Frankfurter Neue Presse, 16. 8. 1996, und Frankfurter Rundschau, 16. 8. 1996.

449 Klaus Berg zit. nach: Frankfurter Rundschau, 16. 8. 1996.

450 Heinz Schenk zit. nach: Frankfurter Rundschau, 16. 8. 1996.

451 „Eine ältere Dame“ zit. nach: Frankfurter Rundschau, 22. 8. 1996.

452 Jutta W. Thomasius in: Frankfurter Neue Presse, 22. 8. 1996.

453 Ferdinand Happ: Gebet. In: ders.: Die Knoppschachtel. Neue und alte Gedichte in Frankfurter Mundart. Frankfurt am Main: Kramer o. J. S. 19.

454 Wolfgang Kaus zit. nach: Frankfurter Neue Presse, 22. 8. 1996.

455 Aus dem Text des Liedes „FFM 1200... un ab demit“, zit. nach der Hülle der CD, Columbia (in Koproduktion mit dem Hessischen Rundfunk und der Frankfurt Projekte GmbH), 1994.

Benutzte Quellen und Literatur

Quellen

Stadtarchiv und Landesgeschichtliche Bibliothek Bielefeld:

Theaterkritiken aus den Bielefelder Tageszeitungen Westfalen-Blatt, Freie Presse, Westfälische Zeitung und Neue Westfälische, 1964–1968.

Theater Bielefeld, Bühnen und Orchester der Stadt Bielefeld, u.a.:

Programmhefte, 1964–1968.

Nachlass Joseph Breitbach:

Korrespondenz zwischen Joseph Breitbach / Wolfgang Mettmann und Liesel Christ / Gisela Dahlem-Christ, 1976–1981.

Programmhefte, Vorankündigungen, Kritiken u. a. Zeitungsausschnitte sowie Fotos zu den Aufführungen des Volksstücks „Die Jubilarin“ im Volkstheater Frankfurt, 1977, und im Theater der Stadt Koblenz, 1978, sowie zu der Fernsehaufzeichnung des Stücks, 1979.

Weitere Fotografien von Liesel Christ mit Widmungen an Joseph Breitbach.

Privatarchiv des Bühnenbildners Herbert Buhe im Besitz von Armin Clauss, Frankfurt am Main, darin u. a.:

Plakatkartons mit Besetzungen und Szenenfotos von Inszenierungen des Stadttheaters Heilbronn, 1938–1944.

Stadttheater Heilbronn, Werbeschriften (Vorschauhefte), 1939–1941.

Zeitungsausschnitte.

Nachlass Liesel Christ im Besitz von Gisela Dahlem-Christ, Frankfurt am Main, darin u. a.:

Stammbuch für die Familie Ludwig Karl Christ, 1916–1950.

Ahnentafel (zum Nachweis der arischen Abstammung) für Wilhelm Wiesemann, o. D. [um 1935].

Graues Fotoalbum, vor allem mit Rollen- und Szenenfotos von Liesel Christ, ca. 1920–1982.

Rotes Album mit eingeklebten Kritiken und Fotos, ca. 1926–1962.

Arbeitsbuch Nr. 202/265043 (Elisabeth Christ verh. Dahlem), 1936–1945.

Leitzordner mit Varia (u. a. Arbeitsverträgen mit verschiedenen Bühnen und dem Hessischen Rundfunk), ca. (1896) 1951–1962.

Blauer Hefter „Hesselbach“ mit Zeitungsausschnitten, vor allem aus Illustrierten, zur „Hesselbach“-Serie, ca. 1960–1983.

Grüner Schnellhefter mit Materialien zu Besuchen und Gastspielen in Heilbronn, ca. 1967–1983.

Grauer Schnellhefter „Eröffnung des Volkstheaters“ mit entsprechenden „Presseberichten und Glückwünschen“, 1971.

Werbung im Rundfunk GmbH, Pressemappe „Bei Mudder Liesl“, Frankfurt am Main, 20. 9. 1984.

Grüner Ordner mit Materialien zu der ZDF-Serie „Mit Leib und Seele“ (u. a. mit Auszügen aus den Drehbüchern, Dispositionen, Drehfolgen und Fotos von den Dreharbeiten, Kritiken u. ä. Zeitungsausschnitten), ca. 1988–1993.

Sammlung von Zeitungsausschnitten, Programmheften, Kritiken und Fotografien.

Frankfurter Neue Presse, Archiv, Frankfurt am Main, u. a.:

Zeitungsausschnittsammlung, Ordner „Liesel Christ", ca. 1969–1999.

Bildarchiv, Mappen „Liesel Christ", ca. 1955–1996.

Hessischer Rundfunk, Abt. Dokumentation und Archive, Frankfurt am Main:

Informationen zu Sendungen mit und über Liesel Christ aus den Datenbanken „Hörfunk" und „Fernsehen", Stand: 11. 4. 2003.

Institut für Stadtgeschichte, vorm. Stadtarchiv, Frankfurt am Main:

Adressbücher der Stadt Frankfurt am Main, 1919–1980.

Aktenbestände, u. a.

- Konzessionsakten 7.437 (Akten des Polizeipräsidiums in Frankfurt am Main, betr. Neues Operetten-Theater Frankfurt am Main GmbH, [1923–1931]),
- Kulturamt 161 (Wiederaufnahme der Tätigkeit von Wanderbühnen nach dem Krieg, u. a. der Rhein-Mainischen Landesbühne, 1945),
- Kulturamt 926 (Hessische Volksbühne, 1952),
- Kulturamt 931 (Theater am Roßmarkt, 1950–1955),
- Kulturamt 1.399 (Allgemeine volksbildende Aufgaben: Frankfurter Bund für Volksbildung, Landesbühne Rhein-Main u. a., 1956–1961),
- Kulturamt 1.522 (Theater am Roßmarkt, 1954–1963),
- Magistratsakten, Az. 6.116, 6 Bde. (Römerbergfestspiele, 1932–1940),
- Magistratsakten, Az. 6.131 (Schauspielschule, 1935–1952),
- Magistratsakten 2.338 (Privattheater, 1955ff.),
- Magistratsakten 9.065 (Stadion GmbH, Abt. Sportliche Veranstaltungen/Stadion Waldtheater, 1931–1933),
- Personalakten 207.270 (Liesel Oestreicher geb. Cahn, Laufz. 1914–1958),
- Schulamt 5.470 (Schule in der Römerstadt, Unterrichtsverteilung und Stundenplan…, 1929–1943),
- Schulamt 5.760 (Schulneubau der Volksschule Heddernheim = Schule in der Römerstadt, 1910–1930),
- Schulamt 6.093 (Schule in der Römerstadt, Schulfeiern, 1930–1938),
- Schulamt 6.095 (Schule in der Römerstadt, Prüfung des Schulbetriebs, 1930–1944),
- Akten der Stadtverordneten-Versammlung 940 (Schule in der Römerstadt, 1929),
- Akten der Stadtverordneten-Versammlung – Büro –, Nr. 2.317 (1970/71),
- Städtische Bühnen 248 (darin: Liste der Inszenierungen an der Landesbühne Rhein-Main, 1955–1960).

Fotosammlung (u. a. Porträtsammlung).

Nachlass Albert Richard Mohr, S1/384, Nr. 100 (Stoltze-Preis; darin: Gratulationsschreiben von Liesel Christ an Albert Richard Mohr, [Frankfurt am Main], nach 15. 4. 1982).

„Nullkartei" (Einwohnermeldekartei, 1870–1930), Mappen „Christ" und „Wiesemann".

Sammlung Itzerott (Genealogische Sammlung), S6b/32, Nr. 1.600 (Christ).

Spielplanvorschauen, Programmhefte und Theaterzettel verschiedener Bühnen, u. a.

- Kleines Theater im Zoo, Frankfurt am Main, 1948–1971,
- Landesbühne Rhein-Main, Frankfurt am Main, ca. 1955–1960,

Blätter der Städtischen Bühnen Frankfurt am Main, ca. 1924–1938,
Volkstheater Frankfurt, 1971–1995.

Vereinsarchive, u. a.
International Women's Club V 22/101 (Protokolle, 1987/88),
International Women's Club V 22/172 (11. Elisabeth-Norgall-Preis, verliehen an Liesel Christ, 1988),
International Women's Club V 22/255 (Jahresberichte, 1981/82).

Zeitgeschichtliche Sammlungen (S2-Dokumentation zur Personengeschichte sowie S3-Dokumentation zur Ortsgeschichte), u. a.
S2/8.796 (Michael Arco),
S2/12.732 (Wolfgang Bieger),
S2/2.733 (Liesel Christ),
S2/1.669 (Sophie Cossäus),
S2/12.595 (Walter Flamme),
S2/958 (Josef Gareis),
S2/753 (Karl Gerold),
S2/13.056 (Lilian Harvey),
S2/2.248 (Niddy Impekoven),
S2/6.472 (Elisabeth Kandt),
S2/11.127 (Wolfgang Kaus),
S2/914 (Clemens Krauß),
S2/922 (Georg Lengbach),
S2/921 (Carl Luley),
S2/6.833 (Gaby Reichardt),
S2/2.972 (Wolf Schmidt),
S2/918 (Hermann Schramm),
S2/126 (Adolf Stoltze),
S2/4.552 (Willo Uhl),
S2/710 (Erik Wirl),
S2/7.419 (Lia Wöhr),
S3/N 28.175 (Frankfurter Lustspielhaus),
S3/N 2.217 (Landesbühne Rhein-Main),
S3/F 18.950 (Liesel-Christ-Anlage),
S3/V 16.069 (Mundarttelefon, d. i. das „Frehliche Frankfort-Telefon"),
S3/N 27.968 (Neues Operetten-Theater),
S3/T 354 (Römerbergfestspiele),
S3/M 3.050 (Schauspielschule),
S3/N 2.536 (Schumanntheater, bis 1945),
S3/N 2.187 (Theater am Roßmarkt, 1950–1963),
S3/N 26.731 (Theater am Roßmarkt: Kritiken, 1950–1963),
S3/N 7.384 (Volkstheater Frankfurt, 1970–1974),
S3/N 15.164 (Volkstheater Frankfurt, 1975–1979),
S3/N 15.165 (Volkstheater Frankfurt, 1980–1984),
S3/N 19.443 (Volkstheater Frankfurt, 1985–1987),
S3/N 21.165, I + II (Volkstheater Frankfurt, 1988–2004).

Stadt- und Universitätsbibliothek, Abteilung Musik und Theater, Frankfurt am Main, u. a.:

Theaterzettel des Opernhauses und des Schauspielhauses, Städtische Bühnen Frankfurt am Main, ca. 1923–1936.

Inszenierungsmappen des Opernhauses, Städtische Bühnen Frankfurt am Main, Spielzeit 1934/35, Nr. 50: „Der gestiefelte Kater".

Tageszettel der Römerbergfestspiele, Städtische Bühnen Frankfurt am Main, 1932–1939.

Inszenierungsmappen der Römerbergfestspiele, Städtische Bühnen Frankfurt am Main, 1932–1939.

Aufführungskartei und Kritikensammlungen zu Inszenierungen der Städtischen Bühnen Frankfurt am Main, ca. 1923–1938.

Mappe: Neues Operetten-Theater (darin: Programme u. ä., ca. 1924–1929).

Mappe: Schumann-Theater (darin: Programme u. ä., ca. 1905–1944).

Programmhefte des Theaters am Roßmarkt, Frankfurt am Main, 1951–1963.

Programmhefte und Spielplanvorschauen (Einzelstücke) der Landesbühne Rhein-Main, Frankfurt am Main, ca. 1954–1960.

Programmhefte des Kleinen Theaters im Zoo, Frankfurt am Main, 1960–1971.

Nachlass Albert Richard Mohr.

Volkstheater Frankfurt – Liesel Christ, Frankfurt am Main:

Grauer Ordner mit Fotos (vor allem aus der Zeit von Liesel Christ bei der Landesbühne Rhein-Main) und Zeitungsausschnitten (u. a. aus der Zeit von Liesel Christ in Bielefeld), ca. 1953–1971.

Theaterarchiv mit Sammlungen von Programmheften, Kritiken, Fotografien u. a. Materialien, vor allem zu den einzelnen Inszenierungen, ab 1971.

Heilbronner Stimme, Dokumentation und Archiv, Heilbronn:

Dossier „Liesel Christ" (darin: Korrespondenz von Liesel Christ mit Elfriede Schöchlin, Zeitungsausschnitte u. ä.), 1967–1996.

Stadtarchiv Heilbronn, u. a.:

Akten Schul- und Kulturamt 234 und 235 (Stadttheater, 1945/46).

Chronik der Stadt Heilbronn, insbesondere für die Jahre 1938–1944 und 1946/47.

Fotosammlung (u. a. Sammlung mit Inszenierungsfotos des Stadttheaters Heilbronn).

Heilbronner Bühnenblätter, 1938–1944.

Lohnsteuerkartei und Lohnkarten von Fritz Dahlem und Frau Liesel geb. Christ, 1941–1944.

Programmzettel des Heilbronner Künstlertheaters, 1946/47.

Stiftung E. Fuchs 98 (darin: Korrespondenz von Liesel Christ mit Bürgermeister Erwin Fuchs, 1968/1979, u. a.).

Tageszeitungen, u. a.

  Heilbronner Tagblatt, 1938–1944,

  Heilbronner Stimme, 1946/47.

Zeitgeschichtliche Sammlung, u. a. Mappen „Liesel Christ" sowie „Stadttheater" und „Heilbronner Künstlertheater".

Stadtarchiv Koblenz:

Programmvorschauen (mit Besetzungslisten), Kritiken und Szenenfotos des Stadttheaters Koblenz aus den Spielzeiten 1936/37 und 1937/38.

Stadtarchiv Mainz:

Personalakte Liesel Christ, Az. E 12 14, 1960–1961.

Personalakte Liesel Christ: Kinderzuschlag, 1959–1961.

Städtisches Theater, Bühnenverträge (hier: mit Liesel Christ), Sign. 100, Zugang 1983/25/14, 1958–1959.

Städtisches Theater, Besetzungsbuch, Sign. 100, Zugang 1983/25/4, Spielzeiten 1959–1962 (darin: Besetzungslisten, teilweise mit Programmzetteln).

Zweites Deutsches Fernsehen (ZDF), Historisches Archiv, Mainz:

Informationen zu Sendungen mit und über Liesel Christ aus der Programmkartei bzw. Programmdatenbank des Zentralarchivs, Stand: 6. 6. 2003.

Programmvorschauen, Pressemitteilungen und Pressemappen („ZDF Presse Specials"), ca. 1973–1993.

Presseausschnittsammlung mit Fernsehkritiken, ca. 1984–1993.

Hessisches Hauptstaatsarchiv Wiesbaden:

Aktenbestände:

- Bestand Innenministerium, Abt. 503, Nr. 4.825 (Vergabe von Lottomitteln, 1971–1972).
- Bestand Kultusministerium, Abt. 504, Nr. 2.829 (Förderung des Volkstheaters Frankfurt, 1971–1972).
- Bestand Kultusministerium, Abt. 504, Nr. 6.400 (Förderung der Landesbühne Rhein-Main, 1957–1971).

Interviews und Zeitzeugenaussagen

Ferry Ahrlé, Frankfurt am Main. – Axel Alexander, Bad Vilbel. – Pater Amandus, Frankfurt am Main. – Georg Aufenanger, Hochheim-Massenheim. – Wolfgang Bieger, Frankfurt am Main. – Dr. Ilma Bogsch, Budapest. – Georg Bürger, Frankfurt am Main. – Elfriede Christ, Frankfurt am Main. – Bärbel Christ-Heß, Frankfurt am Main. – Armin Clauss, Frankfurt am Main. – Gisela Dahlem-Christ, Frankfurt am Main. – Eva Demski, Frankfurt am Main. – Danielo Devaux, Bad Homburg. – Dr. Rüdiger Dmoch, Frankfurt am Main. – Buddy Elias, Basel. – Walter Flamme, Frankfurt am Main. – Dr. Wolfgang Fremder, Mörfelden-Walldorf. – Heini Göbel, München. – Hermann Haindl, Hofheim am Taunus. – Prof. Claus Helmer, Frankfurt am Main. – Dieter Henkel, München. – Prof. Dr. Hilmar Hoffmann, Frankfurt am Main. – Wolfgang Kaus, Frankfurt am Main. – Heinz Werner Kraehkamp, Berlin. – Dr. Mati Kranz, Frankfurt am Main. – Martin Lüttge, Mehring. – Martha Marbo, Frankfurt am Main. – Wolfgang Mettmann, Aschau am Chiemsee. – Erich Neureuther, München. – Günter Andreas Pape, Frankfurt am Main. – Dr. Eckhard Peterson, Bad Wildbad. – Günter Possmann, Frankfurt am Main. – Wolfgang Rasch, Frankfurt am Main. – Gaby Reichardt, Hochheim-Massenheim. – Oberbürgermeisterin Petra Roth, Frankfurt am Main. – Heinz Schenk, Wiesbaden-Naurod. – Joachim Schweighöfer, Frankfurt am Main. – Joost Siedhoff, Bergholz-Rehbrücke. – Anna Teluren, Neuss. – Jutta W. Thomasius, Wasserburg am Bodensee. – Silvia Tietz, Frankfurt am Main. – Lilly Uhl, Bad Homburg. – Dr. Walter Wallmann, Frankfurt am Main. – Erich Walther, Oberursel. – Bärbel Weckmüller, Wuppertal. – Hannelore Zeppenfeld, Taunusstein. – Hans Zürn, Frankfurt am Main.

Literatur

BALSER, Frolinde: Aus Trümmern zu einem europäischen Zentrum. Geschichte der Stadt Frankfurt am Main 1945–1989. Hg. v. d. Frankfurter Historischen Kommission. Sigmaringen: Thorbecke 1995. (Geschichte der Stadt Frankfurt am Main, Bd. 6; Veröffentlichungen der Frankfurter Historischen Kommission XX).

BETZDORF, Bogislav: Dinner for one uff hessisch. Mit Zeichnungen von Anna Zimmermann und Fotografien aus dem Film. 1. Aufl. Hamburg: Edition Nautilus 2001.

BOCKIUS, Fritz: 1787–1987. 200 Jahre Theater Koblenz. Koblenz: Görres-Verlag 1987.

BUTTERON, Sigrid/CRONE, Michael/FROST, Reinhard/HOCK, Sabine/KUHN, Peter/SARKOWICZ, Hans: Die *Hessel*bachs. Geschichte einer Funk- und Fernsehfamilie. Eine Dokumentation. Frankfurt am Main: Eichborn 1991.

CHRIST, Liesel: Für viele bin ich immer noch die Mama. In: Frankfurter Neue Presse, Sonderbeilage: 50 Jahre Frankfurter Neue Presse, 15. 4. 1996, S. 25 (1960 – Familie Hesselbach).

CHRIST, Liesel: Mei Frankfort. Aus der Reihe „Ganz persönlich“ / Beschreibungen in Zusammenarbeit mit dem ZDF (hg. v. Dieter Zimmer). Mit 40 Farbfotos von Erhard Pansegrau und Schwarz-Weiß-Fotos. *Mit einem Vorwort von Rut von Wuthenau. Mit Liedertexten von Ernst Nebhut.* Freiburg im Breisgau: Eulen Verlag 1992.

CHRIST, Liesel: Das Schumann-Theater. In: Senioren-Zeitschrift 4/1978, S. 34.

DEUTSCHES BÜHNEN-JAHRBUCH. Hg. v. der Genossenschaft Deutscher Bühnen-Angehöriger. Berlin/Hamburg 1923–2003.

FLAGGE, Ingeborg (Hg.): Main Tower. Tübingen/Berlin: Wasmuth 2000.

75 JAHRE BUND TÄTIGER ALTSTADTFREUNDE / FREUNDE FRANKFURTS 1922–1997. Hg.: Freunde Frankfurts, Verein zur Pflege der Frankfurter Tradition e. V. Bearb.: Hans-Otto Schembs. Frankfurt am Main: Freunde Frankfurts 1998.

75 JAHRE STADTTHEATER BIELEFELD 1904–1979. Hg. v. den Bühnen der Stadt Bielefeld. Redaktion: Peter Schütze. Bielefeld 1979.

25 JAHRE KLEINES THEATER IM ZOO (DIREKTION FRITZ RÉMOND) 1946–1971. Hg. im Auftrage von Fritz Rémond (…). Verantwortlich für den Inhalt: Lothar Baumgarten. Frankfurt am Main: Rauch [1971].

GARNIER, Dagmar von (Hg.): Buch der 1000 Frauen. Das Frauen-Gedenk-Labyrinth. Teil 2. Erstaufl. Rüsselsheim: Göttert 2001.

GNIFFKE, Kai: Volksbildung in Frankfurt am Main 1890–1990. Festschrift zum hundertjährigen Jubiläum / Frankfurter Bund für Volksbildung e. V. / Volkshochschule Stadt Frankfurt am Main / Frankfurter Bund für Volksbildung GmbH. Hg.: Magistrat der Stadt Frankfurt am Main, Dezernat Schule und Bildung, Amt für Volksbildung/Volkshochschule, Frankfurter Bund für Volksbildung e. V. und Frankfurter Bund für Volksbildung GmbH. Frankfurt am Main: Kramer 1990.

HABICH, Christiane (Hg.): Lilian Harvey. Unter Mitarbeit von Winfried Günther. Hg. v. Deutschen Filmmuseum Frankfurt am Main. Berlin: Haude & Spener 1990.

[HEYM, Heinrich:] 13 Jahre Theater am Roßmarkt 1950–1963 – Rückblick. Die Komödie, Frankfurt am Main 1963 – Ausblick. [Hg.:] Die Komödie, Frankfurt am Main. Frankfurt am Main: Willi-Rauch-Verlag [1963].

HILDEBRANDT, Irma: Tun wir den nächsten Schritt. 18 Frankfurter Frauenporträts. Kreuzlingen/München: Hugendubel (Diederichs) 2000.

[HOCK, Sabine:] 20 Jahre / 1971–1991 / Volkstheater Frankfurt. *Festschrift und Chronik.* [Frankfurt am Main: Volkstheater Frankfurt 1991.]

Hock, Sabine/Kuhn, Peter: Ich kann doch net mei Wort verschimpiern. Über das Weiterleben der Mundart auf der Bühne und in den Medien. In: Forschung Frankfurt 1/1990, S. 32–37.

Hoffmann, Hilmar: Der Ehrenbürger. Aus dem Leben des Mäzens Bruno H. Schubert. Frankfurt am Main: Societät 2003.

hr Fernsehspiel – Spielfilm – Theater 1955–1988. Hg.: Wolfgang Sieber. Red.: Rainer Knuth. Bearb.: Sabine Schaarschmidt. Frankfurt am Main: Hessischer Rundfunk 1989. (Bestandsverzeichnis Nr. 5).

hr Fernseh-Unterhaltung 1957–1970. Hg.: Wolfgang Sieber. Bearb.: Irena Richter. Frankfurt am Main: Hessischer Rundfunk 1987. (Bestandsverzeichnis Nr. 2).

hr – 50 Jahre Rundfunk für Hessen. Eine mediengeschichtliche Dokumentation. Hg. v. Heiner Boehncke, Michael Crone, Rainer Götze und Hans Sarkowicz. Unter Mitarbeit von Bernd-Peter Arnold, Liesel Christ, Hansgeorg Dickmann, Ludwig von Friedeburg, Leo Karl Gerhartz, Uwe Günzler, Herbert Heckmann, Werner Holzer, Gerd Kadelbach, Albert Mangelsdorff, Rolf Messerschmidt, Ulrich Olshausen, Hans Prescher, Heinz Schenk, Wilfried F. Schoeller. Redaktion: Susanne Wolf. 1. Aufl. Frankfurt am Main: Insel/Hessischer Rundfunk 1995.

100 Jahre Theater Bielefeld. *Festschrift zum 100-jährigen Jubiläum des Stadttheaters.* Hg. vom Theater Bielefeld. Redaktion: Andrea Görsch. Bielefeld 2004.

Kathrein, Hilde/Krüger, Laura (Hg.): Liebe zu Frankfurt. Die Stadt im Urteil von Dichtern, Denkern, Diplomaten. *Mit einem Vorwort von Liesel Christ.* Frankfurt am Main: Societät 1990.

Kaus, Wolfgang (Ausw.): Matinee zum Gedenken an Liesel Christ. Gedichte, die sie liebte, Lieder, die sie mochte. *Programm mit den Texten der Gedenkveranstaltungen vom 29. 9. 1996 und 20. 10. 1996 im Volkstheater Frankfurt.* Frankfurt am Main: Volkstheater Frankfurt 1996.

Klötzer, Wolfgang: Berühmte Frankfurterinnen. *Nachdruck eines erstmals in „Madame" (1981) erschienenen Aufsatzes.* In: ders.: „Wahrlich eine schöne und lebendige Stadt…". Kleine Schriften zur Frankfurter Kulturgeschichte. Im Auftrag des Frankfurter Vereins für Geschichte und Landeskunde hg. v. Otto Rudolf Kissel, Dieter Rebentisch und Hans-Otto Schembs. Frankfurt am Main: Kramer 1985. (Archiv für Frankfurts Geschichte und Kunst 60). S. 240–246.

Landbeck, Hanne: Generation Soap. Mit deutschen Seifenopern auf dem Weg zum Glück. Hg. v. Filmmuseum Potsdam. 1. Aufl. Berlin: Aufbau 2002. (Aufbau Taschenbuch 8098).

Langen Müller's Schauspielerlexikon der Gegenwart. Deutschland / Österreich / Schweiz. Red.: Hermann J. Huber. München/Wien: Langen Müller 1986. S. 153.

Laternenpreis '92: Des Frehliche Frankfort-Telefon. *Broschüre*, erschienen zur Verleihung des Laternenpreises 1992. [Frankfurt am Main]: Frankfurter Sparkasse 1992.

Lebende Bilder einer Stadt. Kino und Film in Frankfurt am Main. Katalog. Redaktion: Rudolf Worschech, Michael Schurig, Thomas Worschech. Frankfurt am Main: Deutsches Filmmuseum 1995. (Schriftenreihe des Deutschen Filmmuseums Frankfurt am Main, hg. v. Hilmar Hoffmann und Walter Schobert).

Lorei, Madlen/Kirn, Richard: Frankfurt und die goldenen zwanziger Jahre. Neuaufl. der Ausgabe von 1966. Frankfurt am Main: Societät 1981.

Mahal, Günther: Faust und Frankfurt. Anstöße, Reaktionen, Verknüpfungen, Reibungen. Frankfurt am Main: Kramer 1994.

Meissner, Hans: Die Hochschule für Theater der Stadt des deutschen Handwerks Frankfurt am Main in den Jahren 1933–1940. Frankfurt am Main 1940.

METTMANN, Wolfgang (Hg.): Erinnerung an Joseph Breitbach. Katalog zur Ausstellung anläßlich des 80. Geburtstags am 20. 9. 1983. Koblenz: Stadtbibliothek 1983.

MOHR, Albert Richard (Hg.): Die Römerberg-Festspiele Frankfurt am Main 1932–1939. Ein Beitrag zur Theatergeschichte in Bildern und zeitgenössischen Berichten. Frankfurt am Main: Kramer 1968.

MOOS, Günter: Wegweiser zu Grabstätten bekannter Persönlichkeiten auf Frankfurter Friedhöfen. Frankfurt am Main 2003.

NEBHUT, Ernst: Goldiges Frankfurt. Frankfurt am Main: Kramer 1973.

PORTRÄTS FRANKFURTER SENIOREN. Hg. v. Dezernat Soziales und Jugend der Stadt Frankfurt am Main. Redaktion: Senioren Zeitschrift (Lore Kämper, Maria Schuster). Frankfurt am Main 1999.

SCHÄFER, Harald: Die Hesselbachs. Erinnerungen an eine erfolgreiche Familien-Serie aus den Anfangstagen des Fernsehens. Frankfurt am Main: R. G. Fischer 1996. (Edition Fischer).

SCHÄFER, Harald: Struktur-Untersuchungen zur Situation der Familie vor und auf dem Bildschirm. [Phil. Diss.] Marburg: Marburger Studienkreis für Europäische Ethnologie 1973. (Marburger Studien zur vergleichenden Ethnosoziologie, Bd. 4).

SCHMID, Armin und Renate: Frankfurt in stürmischer Zeit 1930–1933. Stuttgart: Theiss 1987.

SCHMIDT, Wolf: Die Hesselbachs. Babba. *Roman.* Gütersloh: Mohn [1967].

SCHMIDT, Wolf: Die Hesselbachs. Mamma. *Roman.* Gütersloh: Mohn [1967].

SCHWARZ, Ruth: Der Eschenheimer Turm. Ein Wahrzeichen Frankfurts. Frankfurt am Main: Kramer 2001.

[STOLTZE, Friedrich:] Neues von Friedrich Stoltze. Liebenswertes, Satirisch-Humoristisches, Selten-Gehörtes. Hg. v. Wolfgang Kaus. Frankfurt am Main: Kramer 2003.

UNSER FERNSEHEN 1952–1979. Geschichte und Geschichten des Mediums, der Menschen, der Sender und Sendungen. Eine HÖRZU-Serie. [Berlin:] Springer [1979].

DIE VOLKSBÜHNE. Zeitschrift der Volksbühne Frankfurt am Main. Frankfurt am Main 1951/52–1968/69.

WALLMANN, Walter: Im Licht der Paulskirche. Memoiren eines Politischen. Potsdam: Goetz 2002.

WILDBADER BADBLATT. Amtliche Kurliste – Konzertanzeiger. Wildbad 1939–1940.

WÖHR, LIA: Meine Welt ist ein großes Theater. Aufgeschrieben von Wendelin Leweke. Frankfurt am Main: Societät 1994.

10 JAHRE / 1971–1981 / VOLKSTHEATER FRANKFURT. *Festschrift und Chronik, hg. unter Mitarbeit v. Günther Vogt.* [Frankfurt am Main: Volkstheater Frankfurt 1981.]

[ZWEIG, Stefanie:] 40 Jahre Komödie 1950–1990. Hg.: Die Komödie, Frankfurt am Main. Frankfurt am Main 1990.

Benutzte weiterführende Literatur (in Auswahl)

BLÄTTER DER STÄDTISCHEN BÜHNEN FRANKFURT AM MAIN. [Von 1933/34 bis 1937/38, H. 9, erschienen u. d. T.: Der 30. Januar. Braune Blätter der Städtischen Bühnen Frankfurt am Main.] Leipzig: Beck 1924–1941.

BOEHNCKE, Heiner/CRONE, Michael/SARKOWICZ, Hans [Hg.]: FunkBilder. Fotos und Texte zur Geschichte des Rundfunks in Hessen. Frankfurt am Main: Eichborn 1990.

FRANKFURTER BIOGRAPHIE. Personengeschichtliches Lexikon. Im Auftrag der Frankfurter Historischen Kommission hg. v. Wolfgang Klötzer. Bearb. v. Sabine

Hock und Reinhard Frost. 2 Bde. Frankfurt am Main: Kramer 1994/96. (Veröffentlichungen der Frankfurter Historischen Kommission XIX/1 u. 2).

Frankfurter Theater Almanach. Amtliche Ausgabe. Frankfurt am Main: Koebcke 1922/23–1939/40.

Hansmann, Alfred: 1 200 Jahre Praunheim 804–2004. Eine Reise in Praunheims Vergangenheit. Festschrift. Hg. v. Vereinsring Praunheim e. V. Frankfurt am Main 2004.

Heym, Heinrich (Hg.): Frankfurt und sein Theater. Im Auftrage der Städtischen Bühnen hg. (...). Frankfurt am Main: Kramer 1963. Bibliotheksausgabe mit Nachwort und Register. Frankfurt am Main: Kramer 1971.

Kirschner, Jürgen: Was wird aus dem Theater? Die Diskussion um das Frankfurter Schauspiel 1945–1951. Frankfurt am Main: Kramer 1989. (Studien zur Frankfurter Geschichte 20).

Lorei, Madlen/Kirn, Richard: Frankfurt und die drei wilden Jahre [1945–1948]. Ein Bericht. 3. Aufl. Frankfurt am Main: Verlag Frankfurter Bücher 1963.

Mohr, Albert Richard: Die Frankfurter Oper 1924–1944. Ein Beitrag zur Theatergeschichte mit zeitgenössischen Berichten und Bildern. Frankfurt am Main: Kramer 1971.

Mohr, Albert Richard: Das Frankfurter Opernhaus 1880–1980. Ein Beitrag zur Frankfurter Theatergeschichte. Frankfurt am Main: Kramer 1980.

Mohr, Albert Richard: Das Frankfurter Schauspiel 1929–1944. Eine Dokumentation zur Theatergeschichte mit zeitgenössischen Berichten und Bildern. Frankfurt am Main: Kramer 1974.

Mohr, Albert Richard: Hans Meissner und das Frankfurter Theater. Ein Beitrag zur Theatergeschichte mit Bildern und zeitgenössischen Berichten. Frankfurt am Main: Kramer 1968.

Picard, Tobias: Willi Klar, Fotograf der Nachkriegs- und Wiederaufbaujahre in Frankfurt am Main. In: Archiv für Frankfurts Geschichte und Kunst 67 (2001), S. 101–123.

Pülm, Wolfgang: Heddernheim. Die wechselvolle Geschichte eines Frankfurter Stadtteils. Hg. v. der Frankfurter Sparkasse. Frankfurt am Main 1996.

Ritzel, Helmut/Rothammel, Jean H.: Bilder zur Praunheimer Geschichte. Mit Beiträgen von Ingeburg Ritzel. Hg. v. der Frankfurter Sparkasse von 1822 (Polytechnische Gesellschaft). 3., erw. Aufl. Frankfurt am Main 1988.

Schembs, Hans-Otto: Vom Saalbau zu den Bürgerhäusern. Die Geschichte der Saalbau-Aktiengesellschaft und der Saalbau GmbH in Frankfurt am Main. Hg. v. der Saalbau GmbH. Frankfurt am Main: Kramer 1989.

Schültke, Bettina: Theater oder Propaganda? Die Städtischen Bühnen Frankfurt am Main 1933–1945. Frankfurt am Main: Kramer 1997. (Studien zur Frankfurter Geschichte 40).

Siedhoff, Thomas: Das Neue Theater in Frankfurt am Main 1911–1935. Versuch der systematischen Würdigung eines Theaterbetriebs. Frankfurt am Main: Kramer 1985. (Studien zur Frankfurter Geschichte 19).

Eine ungekürzte Fassung der Biographie von Liesel Christ mit ausführlichen Quellen- und Literaturnachweisen kann im Institut für Stadtgeschichte, Frankfurt am Main, eingesehen werden.
Außerdem hat die Verfasserin ein umfassendes Rollenverzeichnis von Liesel Christ mit weiterführenden Quellen- und Literaturangaben erstellt, das als Typoskript ebenfalls im Institut für Stadtgeschichte, Frankfurt am Main, vorliegt.

Personenregister

Abbildungsnachweis

Kurt Bethke: S. 107 (unten), 111, 112 (2), 118 (2), 119 (2), 120, 123. – Heinz Bogler: S. 113 (unten). – Privatarchiv Herbert Buhe (Armin Clauss): S. 58 (2), 59, 60 (oben). – Nachlass Liesel Christ (Gisela Dahlem-Christ): S. 13, 16, 19 (2), 20, 25, 26, 32, 37, 40, 43, 49, 51, 57, 60 (unten), 63, 64, 75, 79, 80, 84, 87, 125, 135, 145, 155, 170, 177, 185, 194, 195, 197, 199, 203. – Bärbel Christ-Heß: S. 157. – Günter Englert: S. 91, 93 (2), 94, 97, 103, 105, 107 (oben), 134, 161 (oben), 164. – Maja Gerecht: S. 188, 191. – Mick Grosse: S. 193. – Hermann Haindl: S. 206. – HR-Werbung: S. 186. – Willi Klar: S. 82, 136, 137, 173, 175, 176, 179, 180 (2), 181, 182 (2). – Harald Meisert: S. 167 (oben). – picture-alliance/dpa: S. 205. – Klaus-Ludwig Schulz: S. 204. – Stadtarchiv Heilbronn: S. 55, 56 (2), 61. – Stadt- und Universitätsbibliothek Frankfurt am Main: S. 23, 42. – StuGraPho: S. 201, 202 sowie Repro auf S. 206. – Theater unterwegs (Dieter Henkel): S. 184. – Volkstheater Frankfurt, Archiv: S. 18, 29, 38, 88, 99, 113 (oben), 132, 139 (2), 141, 146, 153, 156, 161 (unten), 163, 167 (unten). – Egon Wachendörfer: S. 162. – Scans: Wolfgang Faust, Frankfurt am Main.

Wir haben uns bemüht, die Inhaber der Urheber- und Nutzungsrechte für die Abbildungen zu ermitteln und deren Veröffentlichungsgenehmigung einzuholen. Falls dies in einzelnen Fällen nicht gelungen sein sollte, so bitten wir die Inhaber der Rechte, sich an den Verlag zu wenden. Berechtigte Ansprüche werden dann selbstverständlich nachträglich abgegolten.